auptstatt/im Landt Thracia am Meere gelegen. Mcclv

S.Sophie/Keyser Constantini Pallast/vnnd sunst ein ander rotunder Pallast/so dieser
Keyser auch gebawen hat neben S.Sophien Tempel/wie der zum grössern theil verfallen is

ter der Hauptstatt Constantinopel.

PERA. Von Constantinopel gen Peram/ oder(wie es die Türcken nennen) Gal lata/ist ein Büchsenschutz weit vber das Meere/vnnd haben die Türcken vnd auch die Juden daselbst ausser halb d' Ringkmawr jre Begrebnuß/ wie die auffgerichten Stein anzeigen
F An diesem Ort zu der rechten Hand am Meere ligen die Büchsen so der Türck von Griechisch Weyssenburg/Rhodys vnd Ofen zu vnsern zeiten genommen hat.

DDdd iij   Es

Jerry Brotton

THIS
苏女
丹王
与

伊丽莎白时期的英国
与伊斯兰世界

ORIENT
ISLE

Elizabethan
England and
the Islamic
World

[英] 杰里·布罗顿 著
张珉璐 译

民主与建设出版社
·北京·

媒体评价

在这本优雅而有趣的书中,杰里·布罗顿生动地描述了伊丽莎白时代历史上被忽视的一个方面——英格兰与伊斯兰世界第一次产生持久的互动,而詹金森只是促进这一面的迷人人物之一……在其中,对于所有关于偶像崇拜和异教徒的谈论,讨论可能是活跃的、有目的的,边界是互相渗透的,身份是流动的,即使在那个充满宗教色彩的时代,所谓的文明冲突也是十分微弱的。

——贾森·古德温,《纽约时报图书评论》

我们习惯于把伊丽莎白视为一个令人目眩但本质上权势有限的君主,痴迷于固守她在欧洲西北部的小角落……但正如布罗顿所展示的那样,在她统治的最后四分之一的时间里,英国也深深地与伊斯兰世界的3个大国打交道。《女王与苏丹》既是对那个非凡时代的丰富多彩的描述,也提醒我们,我们自己的命运和更广泛的伊斯兰世界的命运交织在一起的时间比我们想象的要长得多。

——丹·琼斯,《泰晤士报》

伊丽莎白的牙齿不好,这是因为在16世纪大量的糖从摩洛哥流入英国。糖渍水果是她的最爱。这一点只是一段英格兰和伊斯兰世界间更大、更重要的经济、文化和政治关系的历史的一个方面。当时女王所在的岛屿相当微不足道,而伊斯兰世界控制着地中海的一半地区，并控制着欧洲通往东方的通道。杰里·布罗顿的这本精彩著作揭示了新教英格兰与伊斯兰世界这段密切互动的有启发性的历史，展示了在十字军东征和大英帝国在中东崛起的500年间，穆斯林是如何塑造英国的文化、消费主义和文学的。

——《华尔街日报》

《女王与苏丹》让人想起，在英国尚未学会如何主宰世界的世界里，它如何努力为自己寻找一席之地，而且在这一过程中经常犯下巨大的外交错误。布罗顿是一位才华横溢的作家，他能够将这段历史呈现为一系列令人兴奋的关键、充满悬念的邂逅。

——《华盛顿邮报》

杰里·布罗顿这本光彩夺目的新书阐述了英国与伊斯兰世界的关系曾经是多么广泛和复杂……在大众旅行兴起之前的一段时间里，当大多数人去世时离他们出生的地方只有一步之遥的时候，仍然有一些人的冒险经历将他们带到了已知世界的边缘，那里的文化与他们自己的文化是如此不同，以至于看起来像梦一样。布罗顿的书里全是这些内容……在许多人认为伊斯兰教是最近的怪异的入侵者的时代，布罗顿这本优秀历史著作提醒我们，仔细研究英国的"岛屿故事"就会发现，他们错得多么离谱。

——《卫报》

致我的妻子，夏洛特

这一个君王们的御座,这一个统于一尊的岛屿,

这一片庄严的大地,这一个战神的别邸,

这一个新的伊甸——地上的天堂,

这一个造化女神为了防御毒害和战祸的侵入

而为她自己造下的堡垒,

这一个英雄豪杰的诞生之地,这一个小小的世界,

这一个镶嵌在银色的海水之中的宝石

(那海水就像是一堵围墙,

或是一道沿屋的壕沟,

杜绝了宵小的觊觎),

这一个幸福的国土,这一个英格兰。

—— 莎士比亚,《理查二世》,2.1.40–50

目 录

序 言　　1
1　征服突尼斯　　13
2　苏丹、沙皇和沙阿　　37
3　争夺巴巴里　　63
4　君士坦丁堡的合适人选　　93
5　不洁的联盟　　117
6　伊莎贝尔女苏丹　　151
7　伦敦的土耳其化　　173
8　穆罕默德的鸽子　　207
9　逃离苏丹宫殿　　239
10　舍利热　　273
11　不止一个摩尔人　　313
后记　　353

注　释　　365
出版后记　　397

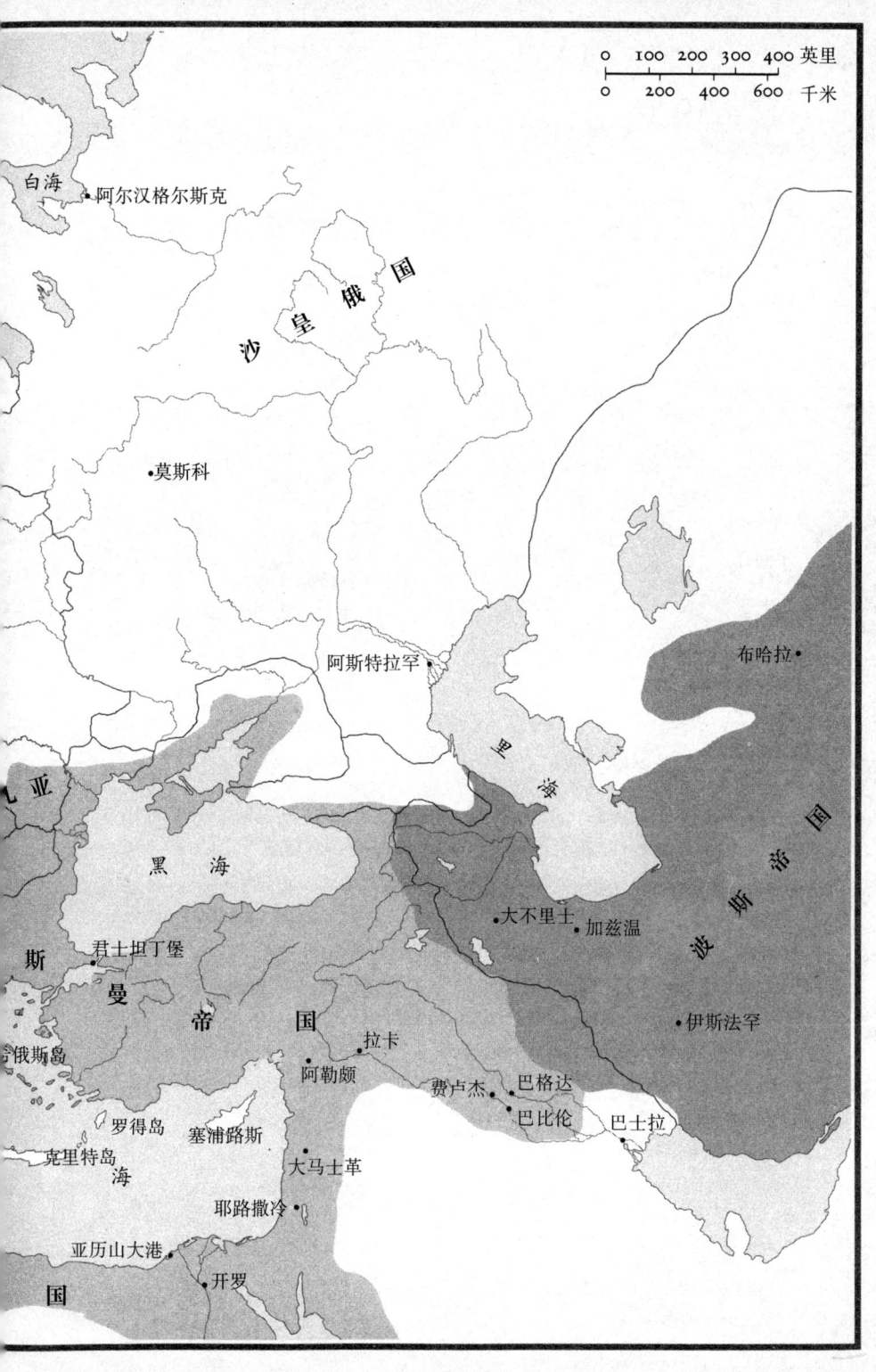

序　言

　　1579 年 9 月底,一封写给英国女王伊丽莎白一世的信寄到了伦敦。包裹这封信的是一个绸缎制成的袋子,配有银囊,那封信精美绝伦,与女王曾收到过的任何外交信函都不同。信是写在一张缀有金沙的巨大的羊皮纸上的,精心设计的花押非常显眼,横跨顶端的饰纹华丽精致。这封信用奥斯曼土耳其语——该语言采用了一种风格化的阿拉伯字母——写成。写这封信的是 33 岁的奥斯曼苏丹穆拉德三世(Murad III),他在所有正式信函中都使用这种语言。这是有史以来土耳其苏丹和英格兰统治者之间的第一次交流。这封信是为了一个英格兰商人的到访而写的,商人名叫威廉·哈本(William Harborne),他在同年春天抵达了君士坦丁堡,要求奥斯曼帝国授予英格兰优于迄今为止奥斯曼帝国授予其他基督教国家的特权。

　　这封信辗转了 6 个月,才从君士坦丁堡抵达伦敦,在伦敦被提交给女王,同时呈递给女王的还有一份由王室文士编写的拉丁文译文。这封信遵循奥斯曼帝国给臣民的书面命令(hukum)的标准惯例,被称为一道直接的"给英格兰女王伊丽莎白的命令"。穆拉德告诉伊丽莎白,他已获悉"她的商人抵达了我们神圣的领土进行贸易"一事。他已下诏,若"她的代理人和商人从英格兰领土乘船而来,不会受到任何人的干涉"。只要这位遥远国度的女王愿意接受穆拉德的宗主地位，向他称臣，他将乐意保护她的商人。

伊丽莎白很快回信。日期是 1579 年 10 月 25 日，回信的开头和穆拉德的一样意味深长。女王在开头这样描述自己：

> 伊丽莎白，承蒙天地唯一的创造者、最强大的上帝的恩典，英格兰、法兰西及爱尔兰女王，对抗各种偶像崇拜者、冒称耶稣之名的基督徒的最战无不胜、最强大的基督信仰捍卫者，向最尊贵、最无敌的君主，穆拉德苏丹（Zuldan Murad Chan），最强大的土耳其王国的统治者，东方帝国最至高无上的君王致以问候，祝您幸运快乐。[1]

伊丽莎白迫切地炫耀自己的帝国野心，虽然自称法兰西女王有些言过其实。她向穆拉德保证，她和苏丹一样厌恶那些"偶像崇拜者"天主教徒和"冒称"基督教徒之人。但是她的主要兴趣是与奥斯曼建立商业关系，即使这意味着必须以一种臣服的立场来回信：

> 最尊贵、最战无不胜的皇帝，我们今年收到了陛下于 3 月 15 日在君士坦丁堡写给我们的信，我们从中了解到，陛下面见了居住在您的皇城里的我们的臣民威廉·哈本，慷慨仁慈地接受了他的卑微请求，准许他和另外两个随行商人，以及其他他的公司里的我们的商人带着商品从海上和陆上访问贵国的领土，再从那里安全自由地离开回国。[2]

苏丹与女王之间长达17年的诚挚通信自此开始，这标志着一个在历史上不太可能形成的联盟就此产生。对这位已经统治了21年的老谋深算的新教女王来说，面对天主教对自己的咄咄相逼，与苏丹交好是另一个旨在确保她的政治地位的精明之举。

自1570年教皇庇护五世（Pope Pius V）对伊丽莎白施以绝罚以来，欧洲天主教势力就开始仅允许英格兰商人在它们的港口和城市展开有限的商业活动。为了应对随之而来的日益严重的经济危机，一批商人聚在一起，提议在女王的祝福下探索与传说中的东方土地直接开展贸易的可能性。威尼斯人和西班牙人长期以来一直是东方贸易的中间人，大部分来自波斯和东印度群岛的令人垂涎的香料和优质丝绸都是通过他们的港口运来的，但少数有进取精神的英格兰商人想出了一个新的商业模式，可以在帮助他们筹集资金的同时降低他们自己的个人风险。

在给穆拉德写第一封信的不久之前，伊丽莎白已经授权创立了英格兰的第一家股份制公司——莫斯科公司（Muscovy Company），这种模式将在土耳其以及后来的印度和美洲殖民地被不断复制。成立股份制公司的逻辑很简单：考虑到长期远航东方需要高昂费用并存在不确定性，商人们签订合同以分担成本，并根据他们投资的资本分享可能得到的利润。这是一种无意中产生的有关做生意的模式的新概念，它即将引发革命性的长期后果。

对于年轻而缺乏经验的奥斯曼帝国苏丹来说，与英格兰女王结盟是一个更大的地缘政治世界图景中的一小部分。穆拉德比伊丽莎白小13岁，已经登上了这个有着400年历史并处于鼎盛时期的奥斯曼帝国的宝座，当时它仍然统治着北非、中亚、中东和巴尔干半岛的大片地区。他也在多条战线上面临着挑战：与东方波斯萨法维王朝（Safavid dynasty）旷日持久的战争、巴尔干地区人民对奥斯曼统治的反抗、来自欧洲的西班牙和神圣罗马帝国的挑战，以及国内君士坦丁堡朝廷中的党派之争。穆拉德虔诚、体弱、久坐不动，有患癫痫病的倾向，更专注于他在多普卡帕宫（Topkapi Palace）的城墙内的宫内局势，而把管理帝国的任务大部分委托给了他的维齐和总督。[3] 他最钟爱的妃子是出生于阿尔巴尼亚的萨菲耶苏丹（Safiye Sultan），在他那传说中的后宫这片受保护地区内部，他允许她行使前所未有的政治权力，并放纵他的母亲努尔巴努苏丹（Nurbanu Sultan）发号施令，与他妃子的相抵牾，这带来了灾难性的后果。[4] 苏丹更感兴趣的是邀请苏菲派神秘主义者（Sufi mystics）为他解梦，而不是管理他那幅员辽阔的帝国，这对伊丽莎白来说可能是一种幸运。穆拉德的宫廷志得意满地声称：自己与英格兰的结盟非常彻底，女王的商人只要抬起他们的食指并念诵清真言、作证言，就能成为穆斯林。[5]

英格兰对伊斯兰世界的迷恋，要远远早于苏丹和女王之间的第一次书信交流。早在16世纪50年代，英格兰商人已经开始在摩洛哥和叙利亚地区经商了。亨利八世经常"身着土耳其样式服装"出席盛典：一身丝绸和天鹅绒，戴穆斯林的头巾，腰佩一把弯刀。他的商人进口了大量的丝绸、精致的纺织品和充满异国情调的商品，如大黄、红醋栗、甜葡萄酒等东方商品，还有摩洛哥的糖。他女儿伊丽莎白甚至由于大量食用这种糖而黑了牙齿。[6] 亨利八世的女儿加速了交往的进程，并着手推进向伊斯兰世界拓展业务的一项新政策。在伊丽莎白统治结束的时候，有数千英格兰臣民生活在伊斯兰世界中，有些人从事贸易和外交工作，另一些人从事海盗和冒险活动,还有许多人被迫改宗,像奴隶一样生活。他们四处闯荡,行迹遍布阿勒颇(Aleppo)、拉卡(Raqqa)、费卢杰(Fallujah)、巴格达(Baghdad)、的黎波里(Tripoli)和阿尔及尔(Algiers)等地。

离开英格兰前往东方的商人和冒险家们带回来了新的商品和新的思想,改变了国内的文化和社会。在伊丽莎白时代,富裕家庭几乎家家户户都有"土耳其地毯",地板和墙壁上都有精美的编织物,上面带有由安纳托利亚、埃及、叙利亚或波斯织工编织的伊斯兰图案,还有蚕丝被或手绣挂毯。甚至连16世纪的英格兰的语言中也充斥着与伊斯兰国家进行商业交流而产生的词汇。"糖"(sugar)、"糖果"(candy)、"深红色"(crimson,来自土耳其语的"kirmiz")、"绿松石"(turquoise,或"土耳其石")、"靛蓝"(indigo)、"郁金香"(tulip,来自波斯语中"tulbend"一词的土耳其发音,意为"穆斯林头巾"),还有"零"(zero),都在这个时期进入了英语并具有了它们的现代词义,这主要是由于英格兰与伊斯兰国家之间的贸易活动。[7]

尽管这种交流十分广泛,但伊丽莎白和她的臣民并不认识"穆斯林"(Muslim)这个词,它在1615年才在英语中第一次出现,定义为"受穆罕默德的信仰指导的人"。[8]英语中第一次提到"伊斯兰"(Islam)是在1625年,当时旅游作家塞缪尔·珀切斯(Samuel Purchas)引用了一位爪哇君主的话——"伊斯兰教不认同基督教"。[9]伊丽莎白时代的人使用了各种各样的替代称谓:"穆罕默德的追随者"(Mahometans)、"奥斯曼人"(Ottomans)、"撒拉逊人"(Saracens)、"波斯人"(Persians)、"摩尔人"(Moors)、

"异教徒"(Pagans)和"土耳其人"(Turks)——最后这个笼统的词语可以被用来指称任何一个我们今天认为是穆斯林的人。这些称谓激起了一系列的信念和臆断,从恐惧和厌恶到惊奇和好奇,不一而足。当时很少有人试图以伊斯兰教自己的神学术语去理解它。相反,在都铎时期,一套强大的失实描述、错误印象和误解发展了起来,决定了这两种信仰之间的关系。在伊丽莎白统治时期蓬勃发展的友好关系并非起因于宽容原则,而是政治上的权宜之计所致。尽管如此,随之而来的交流导致穆斯林和英格兰新教徒之间产生了各种遭遇和交易,在有关伊丽莎白时代的大部分历史著述中,它们在很大程度上被忽视了。

英格兰仍然很喜欢把自己看作一支世界强权,但在 16 世纪,它只是一个位于已知世界的边缘的国家,而奥斯曼帝国疆土从埃及延伸到中欧,人们公认奥斯曼苏丹在世界舞台上扮演着一个远为强大和重要的角色。在伊丽莎白统治时期,随着英格兰与伊斯兰世界的交流日益增多,英格兰学者们试图了解奥斯曼帝国的规模和力量。在 1603 年,来自肯特的文法学校教师理查德·诺尔斯(Richard Knolles)出版了一本长达 1200 页、具有里程碑意义的研究著作:《土耳其人通史:从民族起源到奥斯曼家族的崛起》(*The General Historie of the Turkes, from the first beginning of that Nation to the rising of the Othoman Familie*),这是第一本用英文写成的奥斯曼帝国编年史。通过借鉴详细描写土耳其人崛起的欧洲大陆的著作,诺尔斯的书成了研究奥斯曼帝国的权威标准,他将之描述为"土耳其人的辉煌帝国,世界当下的恐怖"。[10]

东方的种种都紧紧抓住了伊丽莎白时代的英格兰人的好奇心,

这种猎奇的心态不可避免地延伸到戏剧界。1601年8月初,伟大的戏剧表演家菲利普·亨斯洛(Philip Henslowe)在日记中写道,他为一部关于先知穆罕默德的新戏花了10先令4便士,其中包括"穆罕默德的服饰"以及"为穆罕默德制作的王冠和其他东西"。3周后,他向演员爱德华·艾利安(Edward Alleyn)支付了40先令让他出演《穆罕默德之书》('the book of Mahemett'),这指的是一部今天已失传了的关于穆罕默德的戏剧,而非《古兰经》。艾利安以慷慨激昂的朗诵风格闻名,他扮演了克里斯托弗·马洛(Christopher Marlowe)剧作中的大部分主要角色,包括帖木儿,这个角色在第二部的高潮中诅咒穆罕默德,并在舞台上焚烧了古兰经。在2005年发生伦敦爆炸事件后,伦敦巴比肯剧院上演《帖木儿大帝》时这一幕受到了审查,引发了丑闻。亨斯洛的日记中包含了许多有关道具、服饰和钱款的参考信息,这些都与以"穆罕默德"为特色和命名的戏剧有关,其中还包括一个在1598年3月被记录为"老穆罕默德的头"的物品。

这种迷恋在1600年加剧,当时摩洛哥苏丹艾哈迈德·曼苏尔(Ahmad al-Mansur)派遣了一支由他的大使穆罕默德·安努里(Muhammad al-Annuri)率领的代表团前往伦敦与伊丽莎白女王会晤,并提议建立一个反对天主教西班牙的军事联盟。穆斯林刚刚被逐出西班牙南部,曼苏尔渴望夺回这些土地。伊丽莎白同样渴望引开一路向北试图推翻她的政权并将英国带回天主教怀抱的西班牙海军(自1588年无敌舰队第一次战败以来,西班牙曾多次尝试再举进攻英格兰)。这次出使是伊丽莎白和摩洛哥人20多年来的友好往来的顶峰,它成功建立了一个联盟,与女王和苏丹穆拉德三世之间的那个类似。这段往来在新教英格兰和伊斯兰摩洛哥之间打造了一个广泛的反西班牙联盟，还导致了巴巴里公司于1585年创立，这使英国商人可以向摩洛哥人出售羊毛和军火，作为回报，他们进口了硝石（用来制造火药）、丝绸、棉花、香料、黄金，以及大量的糖。伊丽莎白只是由于自身的恐惧而非来自基督徒的责难才对与摩洛哥摩尔人之间的友好关系有所节制，她害怕这种关系会破坏她与奥斯曼人之间的友谊，当时奥斯曼人与曼苏尔的摩洛哥王国正在争夺北非的政治控制大权，互为敌手。

摩洛哥大使抵达伦敦数月后的1601年底，莎士比亚开始创作《威尼斯的摩尔人奥赛罗的悲剧》（*The Tragedy of Othello, the Moor of Venice*，下文简称《奥赛罗》）。《奥赛罗》是莎士比亚在事业巅峰时期写下的，与他的其他伟大悲剧《哈姆雷特》《麦克白》和《李尔王》齐名，都是他在1599年（开始创作《哈姆雷特》的时间）至1606年（普遍认为是他创作《麦克白》和《李尔王》的时间）间充满创造力的时期写成的。与他的其他具有北欧背景的戏剧不同，《奥赛罗》的故事背景被设定在了地中海地区，讲述的是一名北非士兵被雇佣他的基督教社区摧残并身亡的悲剧，剧中充满了同情。追溯摩洛哥大使在伦敦逗留的6个月期间的活动，就有可能看出莎士比亚在描写"高贵的摩尔人"这个话题时可能运用到的部分原始材料。

奥赛罗同时受到他的基督徒雇主的钦佩和敬畏。他因为军事才干受到雇佣，却被贬抑为外邦人。安努里和奥赛罗都是摩尔人，一个是真实的，另一个是虚构的，都走入了一个一开始接纳他们后来又驱逐他们的基督教世界。奥赛罗被称为"一个到处为家、漂泊流浪的异邦人"。[11]在莎士比亚的戏剧中，摩尔人隐晦的身世和自相矛盾的身份迷失在了他那矛盾的"旅人的历史"中，[12] 因为奥赛罗似乎在异教、伊斯兰教和基督教之间徘徊，"在傲慢的敌人［大概是奥斯曼土耳其人］手中被俘为虏"，然后"被卖为奴隶"，最后被基督徒"救赎"。[13] 在这部戏剧中，主人公反映了界定着伊丽莎白与伊斯兰教的关系的那种希望和恐惧，而这种关系正是本书的主题。

信奉新教的英格兰在伊丽莎白女王的统治下，比直至今日的历史上任何时期都更亲近伊斯兰教。穆斯林在远早于十字军东征的 8 世纪早期入侵欧洲，基督教与伊斯兰教之间的对抗自那时起就已经开始了，但最近天主教徒和新教徒之间的分裂使这两种信仰之间的简单划分变得复杂起来。教皇戏剧性地决定对伊丽莎白施以绝罚，这迫使女王重新考虑英格兰在世界中的地位。她放弃了与欧洲天主教势力和解的努力，决定与摩洛哥、波斯和奥斯曼帝国等更强大的伊斯兰国家结盟。对许多英国天主教徒和新教徒来说，这种联盟令人憎恶，但对一些政治家和商人来说，它们代表了利润和可能性。

本书讲述了伊丽莎白时代的臣民闯荡伊斯兰世界的非凡故事、他们学到的东西、他们的发现以及讲述的故事如何影响了祖国的生活。它展示了一些人是如何怀着真挚的热情想要组建新教-伊斯兰教联盟的，以此反对教皇和西班牙天主教势力，后者决心消灭所有形式的异端邪说，无论是改革后的基督教还是"穆罕默德的"伊斯兰教。它揭示了伊丽莎白时代的英格兰在何种程度上必须乐意将伊斯兰教视为一种可以与之做买卖的信仰，同时也展示了改信伊斯兰教（当时被他们称作"土耳其化"）是如何被许多男男女女加以严肃考虑的，无论对此感到恐惧还是觉得有吸引力，由于他们已经经历过一次国教上的转变,因此能够想象另一次转变。天主教欧洲对伊丽莎白女王与奥斯曼土耳其苏丹和摩洛哥苏丹建立友好关系感到恐惧,并试图将新教与伊斯兰教这两个异端视为同一枚硬币的两面。在奥斯曼帝国被认为是世界上最强大和最成功的军事机器的时代,在西班牙和意大利,英格兰与奥斯曼帝国结盟的可能性就被视为对欧洲天主教霸权的真正威胁。

新教布道者托马斯·贝肯(Thomas Becon)表达了许多人的担忧,他在1542年写道:"想想,在许多地方,基督的子民是如何被最粗暴地侵略、处置、俘虏的,他们受到不幸的对待,被监禁、伤害、谋杀,他们所有的货物都被糟蹋,被最恶毒的尼禄般的暴君——土耳其君主——掠走,他是基督教的死敌,是基督信仰的破坏者,是一切良好秩序的颠覆者,是所有虔诚和纯洁无辜的敌人。"[14]对许多基督徒来说,伊斯兰教是基督教的对立面以及不共戴天的敌人。但另一些人则持有截然不同的观点。这些人包括极具影响力的法国政治哲学家让·博丹(Jean Bodin),他在1576年写了一篇赞美伊斯兰教的文章,其中特别赞美了奥斯曼人,认为他们建成了一个由贤能之士统治的宽容的社会,而他们的成功是建立在对百姓福祉、社会正义、军事纪律和慈善的信念之上的。博丹嘲笑西班牙帝国自诩继承了古罗马衣钵的说法,认为"如果世界上有任何地方具有帝国和真正的君主统治的威严,那必定是从[奥斯曼帝国]苏丹那里散发出来的。他坐拥亚洲、非洲及欧洲最为富庶的地方,他的权威在整个地中海地区无远弗届"。[15]博丹知道许多历史上基督教国家与奥斯曼人结盟的例子。1453年君士坦丁堡陷落后,威尼斯人和苏丹穆罕默德二世达成了互惠互利的商业条约;在1536年,法国国王弗朗索瓦一世与苏丹苏莱曼一世正式结盟,以对抗他们共同的敌人查理五世。在大多数涉及基督教与伊斯兰教关系的历史著述中,贝肯的这种辩论几乎淹没了博丹这样的更为深思熟虑的声音。本书的目的之一是展示伊丽莎白时代的英格兰如何在两种宗教之间保持微妙的平衡,这在欧洲是独一无二的。

英国人以多种方式对伊斯兰势力做出了回应:把它们视为一支可能能使英格兰免遭天主教威胁的力量、一个可以击溃所有基督教国家的军事帝国,以及一个只要与之合作就能让国家富裕起来的国际商业力量。成千上万的英国商人、外交官、水手、士兵、布道者、工匠和仆人在从北非到波斯的伊斯兰国家生活过,每个人都提供了自己的视角。其中不乏显著的人物,例如安东尼·詹金森(Anthony Jenkinson),这位商人在16世纪60年代会见了奥斯曼苏丹、俄国沙皇和波斯沙阿,几乎凭借一己之力开辟了英国与亚洲的贸易往来;威廉·哈本是英国第一个出使奥斯曼帝国的官方大使;商人萨姆森·罗利(Samson Rowlie)被俘虏、阉割,他改信了伊斯兰教并以哈桑阿迦(Hassan Aga)这个名字作为阿尔及尔的首席宦官和司库度过了余生;安东尼·舍利(Anthony Sherley)爵士是一个不服国教的叛国者、投机主义者,他一路远行到波斯,在那里结识了沙阿阿巴斯一世(Shah Abbas I),并"入乡随俗",成了沙阿的私人特使,以波斯人的打扮游访了欧洲各国首都并称颂欧洲和波斯结成反抗土耳其人的军事联盟所具有的优点。他们每个人都有自己特殊的目标和期望,它们都注入了一股经验的洪流,这些多种多样且经常相互矛盾的经验共同构成了伊丽莎白时代探索伊斯兰世界的各种路径。

伊丽莎白时代的人民如何与伊斯兰世界接触的故事从来都不

在都铎王朝历史学家的视野之内,他们认为莎士比亚笔下的英格兰是"这一个统于一尊的岛屿"(this sceptred isle),光荣孤立于世界其他绝大部分地区,与土耳其人、撒拉逊人和伊斯兰教教徒的相遇只不过是大胆的文学想象。而事实远非如此。在一个由波斯帝国、奥斯曼帝国、哈布斯堡王朝和西班牙帝国主宰的地缘政治世界中,伊丽莎白女王是位于边缘地带的一个小角色,她在不同的时刻公然承认伊斯兰势力具有优势,并一再使英国与之保持友好关系。这并不意味着伊丽莎白统治下的英格兰是一个基督徒和穆斯林可以在宗教宽容和接受彼此文化差异的氛围中愉快共存的太平世界。双方的关系往往是以互相猜疑、误解和摇摆不定为底色的。其后果也是多种多样且有时自相矛盾的。卷入其中的人大多数人是由自身利益驱使的,他们并不相信自己正在终结某种文明之间的深刻冲突。这是一段阐明了伊丽莎白时代的微妙而复杂的历史,它也解释了我们自己的时代。

1
征服突尼斯

1554年6月，腓力王子在英吉利海峡航行时，遇到了不合时令的暴风雨天气。这位未来的西班牙和葡萄牙国王，以及新大陆大部分地区的统治者，此刻即将与玛丽·都铎成婚，而根据婚约条款，他凭借妻子的权利（jure uxoris）将会成为英格兰和爱尔兰的国王。这次联姻将对英格兰都铎王朝后续的历史产生深远影响。玛丽是亨利八世与他第一任妻子——西班牙人阿拉贡的凯瑟琳——所生的长女，在她6岁那年已经被许配给她母亲的侄子，神圣罗马帝国的皇帝查理五世。但查理在离他国家更近的地方找到了更有前景的结婚对象，玛丽最终将会嫁给他的儿子。在亨利八世决定与罗马天主教廷决裂之前，西班牙与英格兰之间的联姻被视为皇亲之间的便利合作方式，但宗教改革改变了一切。1553年，玛丽那体弱多病、没有子嗣的弟弟爱德华去世，将王位的继承权交给了姐姐，此时英格兰和西班牙站在严重的宗教分歧的对立两端。

就在婚礼前5天，腓力乘坐的西班牙小船队由28艘英国船只护送进港，抵达南安普顿。当他踏上英国土地，英国王室总管什鲁斯伯里伯爵弗朗西斯·塔尔博特（Francis Talbot）正式向这位27岁的西班牙王子颁发了嘉德勋章，这是英国君主所能授予的最高级别的骑士头衔。腓力的西班牙顾问们举止得体，但他们仍然对这个国家持怀疑态度，在过去 5 年中，这个国家广泛接受加尔文宗，使之成为国家的官方宗教。一位西班牙人私下指出，英国人是"野蛮人和极端异端分子"，他们杀害僧侣，藐视上帝和他的圣徒。西班牙的常驻大使西蒙·勒纳尔（Simon Renard）完全能够预想到，说服一个严重分裂的国家接受这样一桩婚姻将会困难重重。许多英国百姓担心自己会"沦为奴隶，因为女王打心底是一个西班牙女人，对英国人毫不在意，而只会在乎西班牙人和主教。他们说，玛丽的念想就是要强行为腓力加冕，并剥夺伊丽莎白的继承权，枉顾法律，为所欲为"。[1]

有人劝告腓力不能疏远英国宫廷，但行事需小心谨慎。腓力在南安普顿休整了 3 天时间，才从旅途劳顿中恢复过来。随后，在一支由 2000 名骑着马的英国和西班牙贵族组成的庞大随从队伍的陪同下，王子骑马前往温彻斯特。温彻斯特的大法官兼主教斯蒂芬·加德纳（Stephen Gardiner）与其他 5 位显要的英国主教在温彻斯特大教堂面见了腓力王子，大家对他"不吝赞美"。[2]

当天晚上，腓力第一次见到他未来的妻子。玛丽对她年轻的未婚夫一见倾心。据一个见过腓力的人说，这个年轻人"招人喜欢"，"有着宽阔的前额、深灰色的眼睛、挺直的鼻子和阳刚的面容"。[3] 腓力和他的随从却没有如此恭维玛丽。虽然将她形容为"一个完美的圣人"（"着装差劲"），但第一次与这位年届 38 岁的女王见面时，王子的一位顾问就冷冷地打量她，说她"比我们想象中还要老"。还有些人则更为直白，觉得她"矮小，而且相当臃肿"。外界报道将这次会面描述为一次伟大的成功，因为两人"在王座华盖下愉快地交谈"。[4] 腓力说西班牙语，玛丽虽然能听懂她母亲的家乡话,但说得不好,所以她用法语回复。

　　无论公众舆论如何,这桩婚姻只是权宜之计,是在腓力的父亲查理五世的授意下缔结的。王子的顾问和心腹鲁伊·戈麦斯(Ruy Gómez)直率地解释了原因。他写道,"国王明白这桩婚姻并不是为了肉体的欢愉,而是为了让这个王国复归和保护那些〔在佛兰德斯的〕领土"。5 也就是说,这桩婚姻将使英格兰回到教皇的管辖之下,可以加强查理对信奉新教的低地国家的影响力,后者把他们遥远的天主教国王的权威不放在眼里,颇为棘手。这将使英格兰与西班牙结盟,共同抵抗后者的对手法兰西,而法国国王弗朗索瓦一世本人此时已经与哈布斯堡王朝的另一个强大敌人——奥斯曼帝国及其苏丹苏莱曼一世——结盟。

　　对玛丽而言,这段婚姻能为她提供个人和政治上的安稳,她在人生的大部分时间里都不曾享有过这种安稳。当她只有 17 岁时,她父亲娶了安妮·博林(Anne Boleyn),并宣布与她母亲的婚姻无效,将玛丽贬为私生女。玛丽仍然虔诚地信奉她母亲的天主教信仰,因此她的弟弟爱德华禁止她继承王位。爱德华去世之后,她领导了一场成功的叛乱,废黜了爱德华选定的继承人,他的近亲新教徒简·格雷(Jane Grey)。加冕成为女王后,当玛丽宣布了她有意与腓力联姻时,引起了更多的非议。1554 年 1 月,托马斯·怀亚特(Thomas Wyatt)发起叛乱,反对玛丽与西班牙结盟。虽然反叛很快被镇压了,托马斯也被处决,但这场叛乱表达了国内两类人——支持英国宗教改革并反对与西班牙联姻的人与那些仍然忠于教皇权威并支持联姻的人——之间的对立情绪,后者认为这场联姻能够让走了 20 年弯路的英国宗教回归正轨。

　　1554 年 7 月 25 日,星期三,在温彻斯特大教堂拥挤的人群前,加德纳主教主持了玛丽和腓力的婚礼,当天也是圣雅各(St. James,亦称"摩尔人屠戮者",是西班牙的主保圣人)节。在婚礼现场,人们为新娘和新郎的队伍搭起了一座高高的脚手架,墙上挂满了琳琅满目的挂毯和金线编织的锦缎,圣坛旁边建了两个木台,"女王陛下站在右边的木台上,国王站在左边的木台上"。[6] 女王和她的顾问确保让女王站在右边,而不是腓力,这个主宰位置通常是为君主保留的。腓力接受了屈就于女王的位置,左边。在场的西班牙人和英国人都把这个决定看在眼里。仪式开始之前,西班牙使者向加德纳呈上了一份指定腓力为那不勒斯国王的文件,这是查理让给儿子的头衔,以确保玛丽嫁给了一个头衔与她相配的国王。婚礼结束,传令官用拉丁语、法语和英语(虽然不是西班牙语)宣读了新婚夫妇的头衔。他们现在是英格兰、法国、那不勒斯、耶路撒冷和爱尔兰的国王和女王,是信仰的捍卫者;西班牙和西西里王储;奥地利的大公;米兰、勃艮第和布拉班特的公爵;哈布斯堡、佛兰德斯和蒂罗尔的伯爵。

为了平复人们对这桩婚姻可能产生的疑虑,英格兰人传播了一些祝福诗篇,提醒大家腓力是英王爱德华三世的后裔,因此正如一位作家所指出的,他是"英国人腓力"。他们"告诉我们,他是英国人,而不是西班牙人",腓力的一位顾问这样写道,与此同时,按照母亲的血统,玛丽自然也是西班牙人,没有什么能比这更令人满意了。7月31日,这对新婚夫妇在公众的美好祝福下前往伦敦。8月3日,腓力在温莎停留,正式受封为嘉德骑士,18日他们成功抵达伦敦。处决怀亚特叛乱支持者的绞架已被拆除,取而代之的是匆忙搭建的台子,用来表演庆祝这次的结合的节目。腓力观赏了为了向他表示敬意而精心准备的表演,他夸耀说,全城都在欢迎他,"到处都是愉悦与爱戴的迹象"。[7]

游行队伍止步于白厅前,夫妇俩进入了私密的房间。在腓力的父亲所赠予的结婚礼物中,最让人惊艳的一件就挂在那里的墙上:12块巨大挂毯,都是用顶级的金线、银线和丝线编织而成的。每块都超过15英尺高,宽度从23英尺到40英尺不等,即使在白厅这样巨大的房间里,这些挂毯也大得令人震惊。用一个旁观者的话来说,它们是查理五世"对抗土耳其人并获得胜利"的物质证据。[8] 这组挂毯今天被人称为"征服突尼斯挂毯"(Conquest of Tunis tapestries),如今悬挂在西班牙的马德里王宫中,上面详尽描述了16世纪时伊斯兰教与基督教之间最激烈的冲突之一:1535年夏天,查理五世对突尼斯发起远征,击败了土耳其帕夏,被西方人称为"巴巴罗萨"(Barbarossa)的奥斯曼海军元帅海雷丁(Kheired-Din)。

"Barbarossa"在意大利语中是"红胡子"的意思,尽管容易和"野蛮的"(barbarous)混淆,但这个名字是对海雷丁由于劫掠基督教的城镇并在地中海上摧毁基督教船只而产生的可怕威名的一种承认。1534年,苏莱曼大帝任命海雷丁为奥斯曼舰队的首领,鼓励他掠夺意大利和北非的海岸,这次攻击最终使他在8月份攻占了具有战略意义的突尼斯城。海雷丁废黜了城内的国王,即残暴的穆雷·哈桑(Mulay Hassan),他是哈布斯堡皇帝的一个附庸。对查理来说,更糟的是巴巴罗萨得到了弗朗索瓦一世的武器支援,后者与奥斯曼人的联盟关系日益紧密,这威胁到了西班牙在地中海盆地的影响力。

查理觉得他需要果断作出回应。由于他自视为"信仰的捍卫者",日后在北非展开一场反抗异教徒的十字军远征的前景对他很有吸引力。1269 年，法国国王路易九世在围攻突尼斯时死于痢疾——这是一个不幸的结局，但它使路易九世被封为圣人。查理不仅想在路易失败的地方取得成功，而且也想获得圣徒的身份。1534 年秋天，他开始组建一支庞大的舰队。资助这次远征的部分资金来自西班牙征服者们送回西班牙的黄金，正如一个人所说的，它们被用于"向土耳其人、路德和其他信仰的敌人开战的神圣事业上"。[9]

1535 年 6 月 14 日，这支由 400 多艘船只组成，载有 3 万名西班牙、意大利、葡萄牙、佛兰德斯和德意志士兵的船队启航了，并在该月晚些时间抵达突尼斯。在一场艰苦的围城战和一场在市郊发生的激烈战斗之后，估计有 3 万多人伤亡，海雷丁逃走了，突尼斯在 7 月 21 日落入了查理军队的手中。哈布斯堡的公文信件声称，大约有 2 万名基督徒奴隶重获自由，尽管在对该城为期 3 天的劫掠中，有更多的穆斯林被屠杀，还有大约 1 万名穆斯林（估计）被贩卖为奴。[10]

查理对获胜充满信心，因此随军带着佛兰德斯艺术家扬·维米恩（Jan Vermeyen）来详细记录事件。然后，他委托布鲁塞尔的顶级挂毯制造商威廉·德·潘梅克（William de Pannemaker）根据维米恩的图画编织了 12 张巨大的挂毯。挂毯上的内容以地中海战区的全景图为始，依次描绘了战役的关键时刻，以突尼斯最终沦陷和被洗劫的生动场景终结。42 个织工花了好几年时间才织完这一套挂毯，花费了 1.5 万佛兰德斯镑。1554 年夏天，当这些挂毯最终在布鲁塞尔完工后，立即被打包送往伦敦，在那里首次向公众展示，以庆祝玛丽和腓力的联姻。

每一块挂毯都在彰显哈布斯堡帝国强大的军事力量和雄厚的

财政实力。对于那些在那年 8 月得以欣赏它们的英格兰人和西班牙随行人员来说，这些挂毯传递了明确的信息：西班牙国王将尽一切可能保护他的宗教和帝国利益。对许多目睹这些美丽而又令人生畏的场景的英格兰人来说，挂毯以现实的细节为他们提供了从第一目击者的角度对穆斯林的描绘。对一代又一代的英国人来说，穆斯林是遥远而充满异国情调的群体，生活在世界地图的模糊边缘，或是文学传奇作品中。突然间，玛丽的宫廷里出现了真人大小的包着头巾的土耳其人和柏柏尔士兵冲向他们的受害者，而后者的妻子和孩子遭到屠杀或被变卖为奴的图像。这幅击溃"异教徒"的生动图像给英国的新教徒们一个严酷的警告，即，与罗马决裂的异端是不能被忍受的。伊斯兰教和新教都是异端邪说，在可能的情况下要通过政治联盟来根除，或者，如有必要，还可以直接通过军事打击来消灭。

对天主教徒而言，这一信息似乎是一个赐福的救恩，使他们摆脱了路德宗和伊斯兰教这对双生幽魂。但对英国新教徒来说，这证实了他们最担心的事情。正如一位新教评论者在 1555 年 7 月所注意到的那样，玛丽和腓力的宗教顾问们认为"土耳其人和我们信奉纯粹的福音教义的人是一回事"。[11] 早在 1535 年的秋天，在玛丽的父亲与她的母亲离婚并脱离罗马教廷之后，她就已经把新教和穆斯林"异端"联系在一起，她那时戏剧性地恳求查理五世发动一场十字军远征，讨伐自己的父亲。"这样做"，她写道，他"将以全能的天主所喜悦的方式提供了一次侍奉，并为他自己挣得不亚于征服突尼斯或整个非洲的名誉和荣耀"。[12]

鉴于亨利对待自己的长女极其无情，玛丽充满激情的恳求也并不像它乍看上去那么令人震惊。正如16世纪众多基督徒与他们的信仰发生的深刻变化做斗争一样,玛丽对穆斯林土耳其人的理解是由对伊斯兰教的误解造成的,这种误解已经持续了近千年,可以直接追溯到7世纪伊斯兰教在阿拉伯起源的时候。在先知穆罕默德于632年在麦地那去世之后,基督徒对伊斯兰教做出了各种前后矛盾的反应,从冷漠、困惑到恐惧、厌恶,不一而足。对许多基督徒来说,首要问题就是作为一种宗教和政治力量的伊斯兰教在公元7、8世纪时快速取得了成功。

与伊斯兰教的政治实力和神学理论的统一形成鲜明对比的是,基督教在异教的罗马帝国统治下遭受了数百年的迫害,而罗马帝国灭亡后,基督教又分裂为以君士坦丁堡为大本营的东正教和由驻在罗马的教皇领导的西方拉丁教会。

与犹太教和基督教一样,伊斯兰教的一神论信仰起源至少可以追溯到亚伯拉罕时代。诺亚、亚伯拉罕、摩西和耶稣都被认为是没有完美传达上帝的话语的先知。因此,《摩西五经》(Torah)、《诗篇》(Psalms)和《福音书》(Gospel)被认为是预示了先知穆罕默德在诵读《古兰经》(Qur'an)时所传达的终极神启的神圣经文。基督徒声称耶稣的信息取代了摩西和犹太教信仰的信息;穆斯林如今声称穆罕默德的预言取代了耶稣的预言。他们的简单朴素来自伊斯兰教的五大支柱:念功(shahâda),即念诵基本信仰;礼功(salât),即每日祷告和做净礼;天课(zakat),即交济贫税;斋功(sawm),即在斋月斋戒;朝功(hajj),即朝圣麦加。

伊斯兰教拒绝圣礼和神圣的代祷者,不接受基督教的三位一体信仰。在伊斯兰教中,耶稣被认为是一位神圣的先知,但他没有被钉在十字架上,他也不是神的儿子。就穆斯林而言,敬拜耶稣是一种亵渎神明的错误做法。尽管如此,作为圣书的子民(People of the Book),犹太人和基督徒甚至在伊斯兰之境(dâr al-Islam)中仍然保留着宗教自由的权利,他们在那里被归为顺民(dhimmi),即受保护的少数群体。

伊斯兰教的大部分神学细节在早期的基督教评论者那里都难寻踪迹,原因很容易理解。首先,接近伊斯兰世界的文化和语言就困难重重:直到 16 世纪中叶,古兰经只有 3 个版本的拉丁文译本。[13] 其次,早期基督教徒对伊斯兰教心怀偏见。面对一个不断扩张且似乎难以抵抗的伊斯兰帝国,一些早期的基督教社群决定改宗,但对做出这个决定背后的原因缄默不语,这是可以理解的。那些没有改宗的人努力寻找让人信服的理由,来说明基督教的天佑信仰具有优越性。结果,从 11 世纪开始涌现出大量的护教——为基督教辩护——著作,却几乎没有人尝试将伊斯兰教作为一种独立的宗教去认识和理解。相反,基督徒把伊斯兰教描述为检验信徒信仰的上帝之鞭。这些著作对伊斯兰教进行了一系列的侮辱、讽刺和造谣,它们奠定了许多今天人们对伊斯兰教的刻板印象的基础。他们声称,穆斯林是野蛮的、放纵的、贪婪的,他们信奉一种好战的、残暴的、凶残的宗教。穆罕默德被谴责成一个淫荡、烂醉、患癫痫病的骗子,有着变态的性癖好,而《古兰经》被嘲讽成犹太教和基督教信仰的虚假拼凑。[14]

由于"伊斯兰教"和"穆斯林"这两个词直到 17 世纪才出现在英语中,所以人们都是用"摩尔人"和"阿拉伯人"这样的种族称谓来称呼他们,而奥斯曼帝国是如此重要,以至于"土耳其人"通常适用于任何种族出身的穆斯林。在提到宗教时,它与"穆罕默德的律法"(law of Muhammad)有关。但是,信仰的重要性必须以某种方式通过圣经来解释，因此在中世纪就出现了"撒拉逊人"（Saracen）、"以实玛利人"（Ishmaelite）和"夏甲族"（Hagarene）这些称呼，这组名称来源于亚伯拉罕的后代。在《旧约》中，以实玛利是亚伯拉罕与他妻子撒拉的使女夏甲（Hagar）的非婚生子。以实玛利后来生了12个儿子，基督教和犹太教作家认为他们是12个阿拉伯部落的奠基人（《创世纪》25:12-16）。对中世纪作家来说，这些称呼——尤其是"撒拉逊人"——先是成了阿拉伯人的同义词，后来就等同于所有的穆斯林。

到十字军东征的时候，"撒拉逊人"主要被视为一股军事威胁。基督徒对伊斯兰教这一敌对信仰的误解在两个方面加深了。其一是伊斯兰教被视为一种异教：撒拉逊人是崇拜偶像的"perfidi"——背教的或不忠的人，即"异教徒"——他们崇拜的偶像包括阿波罗和穆罕默德。随着基督徒们开始意识到他们的对手是一神论者而不是异教徒，便又出现了这种看法：伊斯兰教是真正信仰的另一个异端，是基督教神学与接受上帝却拒绝三位一体的犹太教神学令人困惑的混合体。穆罕默德被讥讽为邪教的终极首领、一个骗子先知，他欺骗了他的追随者，用魔鬼的巫术和虚假的神迹向他们承诺了一个堕落的天堂。

将伊斯兰教解释为基督教徒更熟悉的与异端团体做斗争的一部分，比为这一信仰提供一种有意义的解释更为容易。将撒拉逊人描述为异端，使信徒能够接受他们是上帝的计划的一部分，接受他们是《启示录》中的天启、审判日和人类救赎的一个可怕但必要的预兆。即便是奥斯曼人——他们被认为是特洛伊人或斯基泰人的后代——的崛起以及他们在1453年攻占君士坦丁堡的事实，也被解释为基督教由于无法统一它的东方正教与西方拉丁教会而受到的天谴。[15] 在当时的基督徒眼中，伊斯兰教不是一个敌对的宗教，而是自身的一个扭曲的形象。

这种看法持续了数个世纪之久。中世纪的英格兰可能看起来离阿拉伯很远，但有关"撒拉逊人"的事迹早已在整个欧洲的中世纪的基督徒想象中留下了深刻的印象。[16] 阿拉伯人只在732年在法国的图尔（Tour）被打败过。他们征服了整个西班牙，并于1187年占领了耶路撒冷。1143年，出生在林肯郡的神学家兼阿拉伯语言学者凯顿的罗伯特（Robert of Ketton）在西班牙学习阿拉伯语的同时，将古兰经第一次翻译成拉丁语。正如其标题《伪先知穆罕默德的宗教》（*The Religion of Muhammad the Pseudo-prophet*）所表明的，这次翻译的目的就是要表明伊斯兰教是基督教的一个异端——或如罗伯特所说，伊斯兰教是一个"致死的"宗教——并希望以此劝穆斯林改信基督教。尽管参考了阿拉伯语的《古兰经》评注（tafsīrs），但罗伯特的翻译只不过是十分随意的意译，而且在令穆斯林改宗这件事上只有很少或丝毫没有助益。这个译本共有25个抄本存世，直到17世纪中叶在欧洲仍然是《古兰经》的标准版本。

在威廉·朗格兰（William Langland，约1360—1387）的《农夫皮尔斯》（*Piers Plowman*）一诗中，先知被描述为一个"基督教徒"（Cristene man）、一个分裂教会的伪基督徒，他的追随者只有认识到他们所犯的异端错误，即崇拜了"伪称的"弥赛亚（穆罕默德），并改信基督（"我们的信仰，我信上帝，全能的父"），才能得到救赎。[17] 这是一种博学的、文学式的认识伊斯兰教的方式，与此截然不同的是，更流行的英国人的看法继续依靠更古老的传统，认为穆斯林是异教徒。在约克和切斯特上演的神秘剧剧目中，充满了希腊皇帝和罗马皇帝这些角色，还有希律王（Herod）和本丢·彼拉多（Pontius Pilate），他们都被演绎成把穆罕默德当作一个异教偶像来崇拜的人物。一代又一代，异端、异教和千禧年主义就是基督徒对伊斯兰教的全部回应。

路德于 1517 年在维滕堡提出的要求引发了宗教论争，产生了许多深远的影响，并带来了意想不到也常常被忽视的后果，其中一个是基督教对伊斯兰教的认知受到影响。1518 年，路德抨击了教会为了向圣地发起新一轮十字军东征而大肆出售赎罪券敛财的做法，他挑衅地说："向土耳其人发动战争就是反抗上帝，后者通过前者来惩罚我们的罪恶。"[18] 和许多中世纪的神学家一样，路德认为"土耳其人"是不敬神明的代名词，是上帝用来惩罚邪恶、分裂的基督教的天罚，是神秘而不可抗拒的神圣计划的一部分。

1542 年，瑞士出版商约翰·赫博斯特（Johann Herbst）在巴塞尔被关进了监狱，因为他出版了由新教改革者西奥多·比布利安德尔（Theodore Bibliander）修订的凯顿的罗伯特的《古兰经》译本（尽管仍然非常粗略），标题为《撒拉逊人的君主穆罕默德的生平与教诲》(*Machumetis Saracenorum principis vita ac doctrina omnis*)。[19] 路德出面请求巴塞尔当局释放赫博斯特，并主动提出要为新版本写序言，他认为有必要通过了解伊斯兰神学来驳斥它。路德在随后的序言中得出了结论，将天主教徒、穆斯林和犹太人都描述为异端。"因此，"他写道，"正如我所写的那样，我反对犹太人和教皇信徒的偶像，而且我将在被允许的范围内继续这样做，所以我即将开始驳斥穆罕默德的有害信仰。"他以一种典型的直率态度继续写道：

因此，我想看看《古兰经》的完整文本。我毫不怀疑，越是虔诚、博学的人读这些作品，就越能够驳斥穆罕默德的错误。正如一旦公开了犹太人隐藏的秘密，那么他们的愚蠢甚至疯狂就更容易被发现一样，一旦公众可以阅读穆罕默德的相关书籍，并彻底检审其每一部分，那么所有虔诚的人就能更容易理解魔鬼的疯狂和诡计，也将更容易驳斥它们。[20]

路德试图通过一份12世纪的《古兰经》意译本来理解伊斯兰教，定然不会成功。此外，他的天主教对手也大肆抨击他明显不愿支持发动十字军讨伐土耳其人的态度，认为这是路德宗属于"异端邪说"的证据（路德认为，基督教在转向攻打土耳其人之前应该先与自己内部的魔鬼做斗争）。1520年，当教皇利奥十世以绝罚威胁路德时，路德对土耳其的立场被认为是他众多"异端"教义中的一个。1521年1月，教皇颁布谕令《宜乎罗马教宗》（*Decet Romanum Pontificem Luther*），路德被正式处以绝罚，他本人也被冠以"异端"和"分裂分子"之名。[21]

后来，路德改变了有关对土耳其人发动战争的想法，认为这是统治者而非教士的特权。他继续将天主教、伊斯兰教和犹太教描述为"真正"基督教信仰的联合敌人，对教皇克莱芒七世和奥斯曼人报以最恶毒的言论。"教皇是敌基督，"他在1529年写道，"而土耳其人就是魔鬼。"[22] 天主教徒的回应是将路德描绘为一个分裂成7个头且其中一个戴着土耳其头巾的怪物。教皇在纽伦堡帝国议会（为讨论教会改革而召集）中的一位顾问弗朗西斯科·基耶雷加多（Francesco Chieregato）在1523年1月写道，他"一边忙于协商向土耳其发动全面战争，一边要对付那个邪恶的

路德的讽刺画（1529）。画中的路德长着7个头，其中一个戴着土耳其头巾。

马丁·路德,与土耳其人相比,路德才是基督教世界更大的灾祸"。[23] 当《乌托邦》(*Utopia*)的作者兼亨利八世的枢密院成员托马斯·摩尔(Thomas More)被授命回应路德教的挑战时,他在《关于异端的对话》(*Dialog Concerning Heresies*,1528)中提到,"路德教派"比"所有的土耳其人、所有的撒拉逊人、所有的异教徒"都更糟糕。[24]

摩尔的挚友、伟大的人文主义学者鹿特丹的伊拉斯谟在《对土耳其人的战争》(*De bello turcico*)一文中,试图在天主教和新教的教派分裂中找出一条中间道路。伊拉斯谟的论文写于1530年,恰逢奥格斯堡帝国议会,这是一个由查理五世召集的联合大会,旨在讨论他认为基督教世界所面临的两大威胁:路德教派和伊斯兰教。查理的顾问们鼓动查理利用这次大会来推行他祖父阿拉贡的斐迪南二世和祖母卡斯蒂利亚的伊莎贝拉一世当年对西班牙穆斯林实施的政策:强制他们改宗或将之驱逐。"路德的异端邪说,"红衣主教洛伦佐·坎佩焦(Lorenzo Campeggio)写道,"将要按照西班牙对摩尔人采取的规则和惯例予以谴责和惩罚。"[25] 但在查理面临的问题中,路德只占一半,另一半则是奥斯曼帝国惊人的崛起,后者在1530年正敲响着基督教世界的大门。在1453年攻占君士坦丁堡之后,奥斯曼人征服了埃及和叙利亚,并在印度洋向葡萄牙人发起挑战。16世纪20年代,奥斯曼人通过一系列横跨巴尔干半岛的军事行动占领了贝尔格莱德并入侵了匈牙利,建立了一个横跨三大洲的伊斯兰帝国,统治着大约1500万人。就在伊拉斯谟撰写那篇文章的几个月前,奥斯曼帝国向欧洲的扩张达到了顶峰:奥斯曼帝国的一支军队来到了维也纳的城门外。苏莱曼大帝在城门外招摇地走来走去,并嘲笑那些困在城中的基督徒,他戴着一顶嵌有宝石的奢华头盔,是由威尼斯金匠为他打造的,有意地模仿了哈布斯堡皇帝和教皇的冠冕。²⁶事实证明,要使基督教世界团结一致共同抵抗奥斯曼人,几乎是不可能的:威尼斯人和他们保持着友好的商业关系,而法国则一再努力与苏莱曼建立外交和军事同盟,以图打造一座抵御哈布斯堡王朝的堡垒。更糟糕的是,有传言说苏莱曼在得知路德对他的劲敌查理五世造成了威胁后,还鼓励他的伊玛目们在君士坦丁堡的清真寺里为路德的成功祷告。²⁷

路德教派控制了许多德意志国家,奥斯曼人控制了东欧的大部分地区,这对天主教来说是一个关键时刻,伊拉斯谟明白这一点。他问道:奥斯曼人是如何"将信仰我们的宗教的区域从一个广阔的帝国削弱成一条狭长的地带的"?这个问题的答案又回到了伊斯兰教是异教和异端的中世纪老生常谈上。在谈到他所谓的"这个野蛮的民族,他们的起源不明"时,伊拉斯谟认为奥斯曼人的"教派"是"犹太教、基督教、异教和阿里乌派[不承认三位一体]异端的混合物。他们承认基督,但认为他只是众先知中的一个"。正如他的中世纪神学家前辈一样,伊拉斯谟对伊斯兰教的兴趣是次要的,在他心中,伊斯兰教只是一个分裂的基督教的投影。"他们之所以统治了大片土地是因为上帝被激怒了,"伊拉斯谟接着说,"他们在没有上帝的情况下与我们作战,他们有穆罕默德作为他们的守护者,我们有基督——但显而易见的是,他们的暴政已经扩张到很多地方,而我们被剥夺了巨大的权力,被从欧洲的很多地区驱逐了出去,面临着失去一切的危险。"²⁸

与16世纪的基督教分裂问题相比,伊拉斯谟对土耳其问题提出的解决方案具有更为重要的意义。"如果我们真的想解决土耳其人对我们的威胁,"他总结道,"我们必须首先把驻在我们内心的一个更令人讨厌的土耳其民族驱逐,他们贪婪、充满野心、渴求权力、自满、不虔诚、奢侈、享乐、欺骗、愤怒、憎恨、嫉妒。"作为一名天主教徒,伊拉斯谟的口吻听起来却非常像路德派教徒,他恳求读者"重新发现一种真正的基督教精神,然后,如果有必要的话,那就去反抗那些有血有肉的土耳其人吧"。[29]基督教需要改革,但也需要统一;否则,埋在所有信徒——无论是天主教徒还是路德派教徒——心中的土耳其人就会获得胜利。为了取悦分裂的基督教双方,伊拉斯谟使天主教徒能像谴责土耳其人一样谴责新教徒试图分裂信仰;与此同时,他也使新教徒能谴责天主教徒表现出了最糟的"土耳其式"贪婪和不虔诚。

那些聚集在奥格斯堡的人以对待人文主义者的建议的一贯态度忽视了伊拉斯谟的论述,尽管它充满了神学上的雄辩,但在实际用途上很空洞。帝国议会除了令哈布斯堡王朝与路德和土耳其人继续保持冲突外,并没有起到什么作用,尽管奥斯曼帝国对哈布斯堡的威胁产生的压力使路德派在其出现的早期阶段得以生存和繁荣发展。在整个16世纪40年代,查理五世在两条战线上与两个"异端"战斗,成败参半。1541年,在征服了突尼斯之后,他试图乘胜追击,向阿尔及尔进军,却遭遇了彻底的失败。1545年,他在德意志地区与路德派军队交战,这一回最终于1547年在米尔贝格战役中获胜。

"征服突尼斯"这组挂毯于1554年来到伦敦,不仅是为了提醒观看它的人们记得查理早年曾战胜伊斯兰势力,也让人们不可避免地将其与路德派在米尔贝格战役中的失败进行比较。在玛丽和腓力观看了突尼斯挂毯之后的几周内,他们就开始着手铲除在爱德华六世统治时期占领了英格兰的路德派"异端"。立法准备恢复教皇在教会事务上的权威,并在 11 月通过了一项法案,以"清除在这个国家内近来已经崛起、成长且人数激增的异端"。[30]到了 1555 年 2 月,"信奉异端的"路德派教徒第一次被公示火刑,这使玛丽永久背上了"血腥玛丽"的历史恶名。

历史很少会对失败者仁慈,玛丽也不例外。与她的同父异母的妹妹伊丽莎白那已经成为英格兰民族身份的试金石的长达 45 年的新教统治相比,她对天主教的短暂恢复永远显得苍白。几个世纪以来,人们谴责玛丽是一个宗教狂热分子,认为她对新教徒发起了一场凶残的讨伐,并准备将她的王位奉献给西班牙天主教徒,而非确保英格兰的宗教改革走向胜利。这主要是由新教神学家约翰·福克斯(John Foxe)在《行传与见证》(*Acts and Monuments*,1563,俗称《殉道史》)中的好辩记述造成的,在书中,新教徒在被他称为"恐怖与血腥的玛丽女王时期"受到了天主教的迫害。[31]新近的评价认为,玛丽的统治有着更为复杂的情形。[32]虽然她通过立法放弃了教会领袖的头衔,并赋予了教皇对英国教会事务的管辖权,但玛丽在她的宗教权力和世俗权力之间保持了明显的区分。她不动声色地保留了她父亲的成文法令,把英格兰界定为由她,而非教皇或腓力,行使完全所有权(plenum dominium)的帝国,在所有的官方文献上和公共场合,她都确保了女王的地位在他们那备受争议的联合君主制中优先于腓力。在一个尽管经历了爱德华六世统治时期的改革试验但大部分地区天主教仍然居于主导地位的国家里,欢迎玛丽和腓力联姻的人至少和反对的人一样多。由于迫切渴望确保伦敦在一个指望着西班牙和低地国家作为主要出口市场的商业网络中居于中心地位，伦敦的商人非常支持这桩婚姻，他们安排这对夫妇在1554年8月以精心设计的形式进入伦敦，并为此支付了费用。[33]

在这对新婚夫妇驻留伦敦的1554年至1555年冬天举办的宫廷庆典中，同样出现了精心安排的场面。在1555年2月26日的忏悔节当天，盛会中的演员们装扮成土耳其长官、土耳其弓箭手和土耳其妇女。他们表演的确切内容没有被记录下来，但大概是代表了某种罪恶，意在衬托基督教的美德。但是这些演出服装一直保留了下来，在整个16世纪60年代伊丽莎白一世统治时期的表演中仍在使用。[34]

玛丽即位之后迅速采取措施，以令人吃惊的程度强调要延续她父亲和弟弟的外交和商业政策，鼓励国际贸易。早在16世纪20年代，亨利八世的商人就向他进言，在全球贸易中占主导地位的西班牙人、葡萄牙人和奥斯曼帝国几乎没给他们留下追求自身商业利益的空间。往西，西班牙控制着新发现的美洲，肆意开采那里的金银。往南，葡萄牙垄断了非洲和东方贸易航线，阻止英格兰商人与摩洛哥和几内亚建立贸易的尝试。往东，通往亚洲的陆路掌握在奥斯曼人的手中。1527年，立足于塞维利亚的英国商人罗伯特·索尔尼（Robert Thorne）向亨利提议，要灵活战胜他的帝国竞争对手并且到达印度尼西亚的香料群岛，唯一的办法就是让他的商人向北航行。索尔尼解释说，通过"向北航行穿越极点，南下行至赤道，我们就会到达这些岛屿，路程应该比西班牙人或葡萄牙人的要短得多"。他推测，北极地区有一个在冻结的挪威海海域以外的温带航路。他希望英国商人在进口香料的同时，可以发展一种"用我们的织物商品赚钱"的出口贸易。[35]

16世纪50年代,西班牙当局与低地国家许多信奉加尔文主义的省份的冲突逐步升级,由此造成的政治动荡导致英格兰的织物出口崩溃。女王和伦敦市面临着一场经济危机,必须决定"如何补救损失"。尽管在今天看来只是一种愚蠢的行为,但许多商人开始鼓吹索尔尼的"新奇的航线",这条路线后来被称为"西北航道"(Northwest Passage)。[36]1553年5月,爱德华六世的顾问与伦敦的商人,还有冒险家塞巴斯蒂安·卡伯特(Sebastian Cabot)达成协议,发布了"指导前去中国(Cathay)的旅程的法令、指示和宣传",此次行程由"发现未知区域、领土、岛屿和地点的商人冒险家行会和公司"(Mystery and Company of the Merchant Adventurers for the Discovery of Regions, Dominions, Islands and Places Unknown)的主管卡伯特领导。这个无定形的组织只有一个关于自己想去的地方的模糊概念,却有一个了不起的头衔。航行的最终目的地是"Cathay"——这是马可·波罗(Marco Polo)给中国起的名字的英文写法——但这次探险是由一个更宏大的愿望驱动的,即在途中发现"未知地点"。

这些法令代表了令一家英格兰股份制公司的条款形式化的首次尝试,股份制公司是由股东们按照他们的投资金额的比例联合拥有的一种组织。资本接下来被用于一个共同目的,比如商业航行,利润(或亏损)按比例分配给这些股东。在中世纪,跨欧洲的行会曾经联合起来成立股份制公司,但英格兰还从未有过先例。远航探险的空间距离和财务支出对个体商人来说过于巨大,股份制公司的集资降低了风险。伦敦商界能够发起这样一个不受王室影响的项目(尽管得到了王室的默许),这也是它日益强大和团结的一个标志。这一次,共有240名认股人,其中包括许多商人和爱德华的一些最亲密的政治顾问,每人投资25英镑,以筹集卡伯特前往中国所需的6000英镑航行费用。这是一个旨在让英国都铎王朝以重要角色的身份登上16世纪世界舞台的全球计划。

1553年5月10日,休·威洛比(Hugh Willoughby)爵士(而非年迈的卡伯特)和他的领航员理查德·钱塞勒(Richard Chancellor)率领探险船队启程,船队驶经格林威治宫时向里面的国王鸣放礼炮致敬。船上的许多人都知道爱德华六世身患绝症,也暗暗揣测,倘若他们成功穿越冰冻的北部荒野,等待他们返航的会是一位新君主。穿越挪威海海域时,这3艘船遇到了变幻莫测的天气,钱塞勒逐渐与威洛比分开了,后者在拉普兰海岸搁浅了。威洛比的装备完全无法应对这样的气候,由于气温下降到零下34摄氏度,他和他的70名船员在1553—1554年的冬天冻死了。人们在第二年夏天找到了他们的尸体,一起被发现的还有威洛比那结束得十分仓促的日记,上面说派出去求救的搜索队"回来时没有找到人,也没有找到任何类似居所的地方"。[37]钱塞勒要幸运一些,航行到了白海,然后从俄罗斯西北海岸乘雪橇前往莫斯科,在那里他遇到了全罗斯的沙皇伊凡四世·瓦西里耶维奇(Ivan IV Vasilyevich),他更为人知的名字是"伊凡雷帝"。

1554年夏天,凯旋的理查德回到伦敦,发现玛丽和腓力已经成为英国的新君主。当理查德北上俄罗斯时,商人冒险家公司的其他成员南下进入西非,建立了利润丰厚的黄金、胡椒、象牙和奴隶贸易。腓力不想支持这项事业,因为它威胁到了西班牙对大西洋奴隶贸易的垄断,而且还有得罪控制着西非贸易的葡萄牙的风险,因此他说服玛丽支持她的商人探索北方贸易路线。

1555年2月26日，"腓力国王和玛丽王后"授予了"俄罗斯商人［公司］许可证，鉴于他们发现了上述国家"。这是第一份给一家英格兰股份制公司颁发的正式许可证，它实际上取代了爱德华国王1553年发布的法令。这家公司被形容为"一个永远齐心协力、同舟共济的团体"，它后来被简称为莫斯科公司。该公司的商人被授予了垄断"进出"俄罗斯的"正北、东北、西北方向的航线"的权力，目的是"增加王室的收入以及我们国家的总体财富"。君主做出了一些要求商人们"征服、控制和占领各个不忠的城镇、岛屿和大陆"的姿态，但许可证主要还是关于贸易和交换的文件，而非掠夺和征服。[38]

公司最初的抱负是向北走到达中国和香料群岛，但它已经转而决定培养伊凡雷帝的俄罗斯作为中间贸易伙伴。然而，在这个过程中，另一个目标又浮现了。1557年，玛丽和腓力致信伊凡，确认他们之间的新商业联盟，并要求他让莫斯科公司的代表安全前往邻近的帝国势力、商业重地波斯萨法维王朝。[39]虽然玛丽和腓力在统治初期明确表示要铲除国内的新教异端，但经济上和国际关系上的迫切需要迫使他们与另一个被视为异端的伊斯兰教的强大领袖之一建立试探性的关系。

1555年8月，在结婚一年多后，腓力离开英国前往布鲁塞尔。他的父亲厌倦了近40年的统治，准备退位。查理把他日渐庞大的哈布斯堡领土划分给腓力和他的弟弟斐迪南。腓力将成为西班牙和尼德兰的统治者，而斐迪南将成为神圣罗马帝国的皇帝。腓力很高兴摆脱了他那麻烦缠身的新王国，在任何一段重要时间里，他都不会回去了。玛丽倍感失落。她知道丈夫喜欢地图，所以委托葡萄牙地图制作商迪亚哥·欧蒙（Diogo Homem）为他制作了一部华丽的地图集，以提醒他们之间的个人和政治联盟。地图集被简称为《玛丽女王地图集》（Queen Mary Atlas），包含9幅装帧华丽的手工绘制地图，以玛丽和腓力的意象展示世界。象征哈布斯堡帝国的雄鹰飞越美洲和北欧；法国和葡萄牙的政治野心被缩小，路德教的威胁甚至没有得到承认。一幅地图展示了查理五世在打完突尼斯和阿尔及利亚战役之后的地中海区域。北非装饰着伊斯兰教的旗帜，标有"穆罕默塔尼亚"（Mahometania）的字样；在海岸附近，一艘飘扬着圣约翰骑士团旗帜的基督教加莱桨帆船与一艘土耳其战舰交战；北面，奥斯曼帝国的新月旗帜主宰着巴尔干半岛。从中可以推论出它表达的意思：只有玛丽和腓力的盎格鲁－西班牙联盟才能统一支离破碎的基督教世界，并使它摆脱伊斯兰教异端。

前一页的北欧地图讲述了一个稍微不同的故事。英格兰的版图上方是一个巨大的英格兰盾徽，上面画着交织在一起的英格兰和西班牙的纹章，一顶皇冠居于其上，表示玛丽和腓力的联盟。但仔细观察就可以清楚地看到，西班牙的纹章已经从盾徽中被划掉了。地图集的绘制始于1555年年底，欧蒙为了那些精致的装饰花了3年时间才完工，却为时太晚，无法将它上呈给玛丽，因为她已于1558年11月17日逝世。腓力从未见过这部地图集，它被呈送给了新女王。伊丽莎白是唯一有权力从王室委托制作的地图集中划去西班牙纹饰的人。[40] 无论这政治上的破坏圣像的一击是不是她本人发起的，它都象征着短暂的盎格鲁－西班牙联盟已成为历史，哈布斯堡对英格兰的影响也从此终结，而英国返归教皇管辖的希望也就此破灭。

玛丽给她同父异母的妹妹留下了一个政治和宗教都存在分裂的国家。这个国家的一些上层人士追随欧洲的神学领袖，认为新教是类似伊斯兰教的异端，这样的类比将会主宰伊丽莎白统治时期的政治话语。然而，同样是那些上层人士——完全出于现实的原因——允许英国商人接触伊斯兰世界。伊丽莎白将充分利用这项分歧的遗产，在主要信奉天主教的欧洲努力以一个新教统治者的身份存活下去。

2

苏丹、沙皇和沙阿

1558年11月，女王伊丽莎白登基后没几天，她就开始筹划自己的加冕典礼。1559年1月15日，加冕典礼在威斯敏斯特教堂举行。表面上，这次加冕典礼与玛丽在5年前举行的并无二致，但在神学意义上，两者有着显著的不同，因为伊丽莎白开始处理一项复杂的工作：在她同父异母的弟弟进行的新教改革和同父异母的姐姐恢复的天主教之间找到中间路线。加冕仪式一反传统，不仅用传统的拉丁文诵读了弥撒，还用英语俗语也朗读了一遍。更具争议的是，在主持弥撒时，王家礼拜堂的教长乔治·卡鲁（George Carew）坚持执行天主教的举扬圣饼和葡萄酒的仪式，而伊丽莎白沉默地拒领圣餐并退出仪式，似乎以此遵循她的改革原则。事实上，这是精心排练过的，意在安抚伊丽莎白继承的分裂的新教和天主教双方。随着她的统治向前发展，欧洲各地的宗教势力和王朝势力发生重组，它们合起来使伊丽莎白在这一时期的教派冲突中寻求一条虔诚的"中间道路"的尝试以失败告终。

腓力现在是西班牙国王和尼德兰君主了，但他一直都是一个政治务实主义者，妻子去世不到两个月，他就大胆地向小姨子求婚，理由是高贵的"服侍上帝"，但实则半心半意，他想让英格兰保持天主教信仰。[1]他迫切地想要阻止亲法的苏格兰女王玛丽·斯图亚特（Mary Stuart）对英国王位提出主张，因为他不想看到英法联盟给哈布斯堡王朝带来灾难性的结果。伊丽莎白礼貌地拒绝了她姐夫的提议，理由是，腓力是她的姐夫。她希望终结腓力对英格兰事务的影响，但她也在努力避免疏远西班牙。因为她知道，西班牙能轻而易举地阻断自己的商人与低地国家的贸易往来。

仅仅两个月后，1559年3月3日，腓力和法国国王亨利二世签署了《卡托－康布雷西条约》（Treaty of Cateau-Cambrésis），结束了两个国家之间持续了数十年的冲突，并让双方齐心共同对付新教。尽管条约正式承认法国和英格兰之间的和平关系，但这欺骗不了任何人。伊丽莎白继续修订《公祷书》（Book of Common Prayer），恢复了一项由她父亲亨利确立的君主是"教会的最高首脑"的至尊誓言，该誓言曾在玛丽治下被废止。这些举措让伊丽莎白越发孤立于其他欧洲天主教国家，而后者组建了一个松散的联盟，反对伊丽莎白举起的英格兰新教大旗。

这种敌对状态使这位新女王更为迫切地想要通过东北航道来开拓新市场，好绕过这些天主教国家。但是伊丽莎白和她新继承的股份制公司莫斯科公司都面临着严重的人才短缺问题。休·威洛比在拉普兰被冻死，他的副手理查德·钱塞勒于次年再次踏上了这段旅程，又一次到达了白海，但是在1556年返航途中溺亡于苏格兰海岸附近的风暴中。更糟糕的是，该公司的董事兼领导塞巴斯蒂安·卡伯特于1557年去世。这样一来，这家公司就只剩一人具备经验和资格，来继续发展伊丽莎白时代才初具雏形的东方贸易。不幸的是，当伊丽莎白在1559年1月加冕成为女王时，他还在大约4000英里之外的布哈拉（Bukhara，在今天乌兹别克斯坦境内）处理莫斯科公司的业务，是当时伊斯兰教汗国昔班尼王朝统治者阿卜杜拉汗二世的宾客，他的名字叫安东尼·詹金森（Anthony Jenkinson）。

尽管今天很少有人记得这个名字，但在伊丽莎白的时代，詹金森被认为是当时最伟大的旅行先驱之一。他出生于莱斯特郡的马基特哈勃勒，受训成为一名商人，在低地国家和黎凡特跟随英格兰的代理商做学徒（这在当时很常见），专精于纺织布料。1546年，他离开了英格兰，去了佛兰德斯、德意志地区、意大利、葡萄牙和西班牙，然后游历了北非和地中海岛屿以及他所谓的"圣地"。[2] 1553年11月，年仅24岁的詹金森抵达了叙利亚城市阿勒颇（Aleppo）。阿勒颇及其邻近的大马士革（Damascus）都是世界上最古老的城市，它位于丝绸之路的西端，以伊朗丝绸和印度香料贸易闻名，数百年来吸引了东西方的无数商人。1517年马穆鲁克（Mamluks，埃及居统治地位的军事阶层）被奥斯曼人击败后，这座城市就被奥斯曼人控制，并迅速吸引了犹太、亚美尼亚和意大利商人群体在此定居，建立了永久的贸易据点。当詹金森到达此地时，映入眼帘的是遍布于城市中56个市场里的精美丝绸，城内还有一个巨大的中央露天剧场，他被城市的繁荣吸引住了。这座城市已经取代了大马士革，成为该地区首屈一指的贸易中心，人们普遍认为它是伊斯兰世界的威尼斯。

但是，11月4日，一个非同一般的访客踏进了阿勒颇这座城市。当苏丹苏莱曼一世带领着一支庞大的奥斯曼军队进入阿勒颇时，詹金森也在现场，这支军队正在与邻近的波斯萨法维帝国开战。詹金森吃惊地看着这支16世纪的伟大军队席卷而过，由"伟大的土耳其君主本人"苏丹苏莱曼率领,"十分盛大壮观"。詹金森作为绸布商的经历使他对这一场景的描述更像一场时装秀,而非军事行动。看着约 8.8 万名士兵列队行进,他注意到骑兵们"全都穿着鲜红色的衣服",步兵们"全都穿着黄色天鹅绒衣服,帽子也是同样的布料,鞑靼样式,有 2 英尺长,披着一件和他们的额饰一样颜色的长袍"。苏丹的精锐战斗部队近卫军士兵穿着"丝绸,头上戴着一种形状奇怪的东西,叫作'Cuocullucia'"。这是著名的土耳其"伯克"帽(bork),"有着法国风帽的样式",上面插着"一大簇帽缨,当士兵行军的时候,帽缨威武地上下摆动"。最后,苏莱曼本人现身了,"跨坐在一匹白骏马上,马身披着一块金布,上面缀满最珍贵的宝石"。和这个时代的许多欧洲画家(包括贝利尼、丢勒、提香和委罗内塞)一样,让詹金森最为着迷的是苏丹的头饰。他用绸布商的眼光打量布料,注意到苏莱曼"头上裹着上等的白色褶布[头巾],白布长约 15 码,是用丝绸和亚麻织成的,类似卡利卡特[印度]布匹,但更加精致华丽,在他的王冠顶部有一小簇白色的鸵鸟羽毛"。[3] 这种权力和派头的展示令人目眩,为苏莱曼赢得了"华贵者"(the Magnificent)的绰号。

在詹金森那充满敬畏的记述的结尾,他观察到苏莱曼的军队"打算进军波斯,向大苏菲(the Great Sophie)"沙阿伊斯玛仪一世开战,而他们将在阿勒颇过冬。"苏菲"这个头衔来自萨法维家族(Safavids)的开创者阿尔达比勒的萨菲丁(Safi ad-din Ardabili),以及他自封的称号"çafī-ud-dīn"("宗教纯洁"的守护者)。但在基督徒文艺复兴时期的想象中,它也与希腊语词语"sophia",即"智慧"结合在一起,这使许多学者把波斯统治者误认为可敬的玛哥僧。詹金森不知道的是,他所目睹的是奥斯曼帝国与波斯帝国之间的冲突的一个节点，它将对后来的英国与伊斯兰世界之间的关系走向产生深远影响。这场冲突与震撼了包括詹金森的祖国英格兰在内的基督教世界的宗教改革有着惊人的相似之处。这是奥斯曼帝国对波斯萨法维王朝进行的第三次军事打击，起因是伊斯兰教内的逊尼派（奥斯曼帝国）与什叶派（波斯）之间几个世纪以来的旧仇，其源头可以追溯到公元632年穆罕默德死后争夺乌玛（穆斯林社群）的政治控制权的斗争。

问题是围绕着"Khalifat Rasul Allah"（安拉使者的继承者）的头衔——即哈里发——而展开的。整个这个时期消耗着伊斯兰教的问题是，哈里发应该由社群指定还是由穆罕默德的直系后裔继承。随着紧张局势的加剧和派系斗争的加深，乌玛进入了一段内战时期，也就是所谓的菲特纳（fitna）。656年，穆罕默德的堂弟、穆罕默德女儿法蒂玛（Fatimah）的丈夫阿里·伊本·艾比·塔利卜（Ali ibn Abi Talib）声称哈里发是他的世袭权利，但他立即受到了大马士革总督穆阿威叶（Mu'awiyah）的挑战，穆阿威叶是和穆罕默德没有直接关系的倭马亚家族的一员。当阿里于661年在巴格达南部的阿库法（Al-Kufa）被自己立场坚定的追随者刺杀之后，穆阿威叶成了不受挑战的哈里发，于是倭马亚王朝第一个君主定都大马士革，这个短暂、充满暴乱的王朝首次将穆斯林的帝国权力中心移出阿拉伯半岛。

那些接受了穆阿威叶统治的大多数穆斯林被称为逊尼派，该名称来自"Sunnah"——"圣行"，即穆罕默德的传统教义。然而，一个重要的少数派，"阿里什叶派"（'Shī'atu 'Ali，"支持阿里的派别"）不承认倭马亚、阿拔斯、马穆鲁克和奥斯曼王朝推举出来的一连串哈里发。公元681年，阿里仅剩的儿子侯赛因（Husayn

在卡尔巴拉（Karbala，今天伊拉克境内）战役中被倭马亚王朝军队杀害，从那以后，什叶派在政治上对前后相继的哈里发的反对逐渐固化为一种神学上的分歧，把他们与逊尼派区别开来。对什叶派（这个政治少数派以这个名字为我们所知）来说，侯赛因是一个像耶稣一样的人物，为了实现最后的神圣启示而殉难，而这个启示将会验证亚伯拉罕、穆罕默德和阿里的预言。与逊尼派不同的是，什叶派授予了通过法蒂玛传下的穆罕默德的后裔——一群伊玛目——绝对的权力，这些伊玛目天生具有神圣而无误的知识。当阿里的血脉在9世纪消失之后，什叶派的最大支派十二伊玛目派（Twelvers）发展出一种信仰，认为真主隐藏了第12位已"隐遁的"伊玛目，后者有一天将揭露自己马赫迪（Mahdi，"神圣的指引"）或弥赛亚（messiah）的身份，并在千禧年战胜其他所有宗教，统一伊斯兰教。逊尼派神学家谴责这些关于末世论和启示的救世主式信仰，称其为"比达阿"（bid'a，"宗教革新"），是对救赎的一种宗教分裂式和异端式信仰。他们这种谴责与16世纪天主教徒谴责新教徒时所用的言语惊人地相似。

在拒绝承认哈里发的权威后，什叶派对在隐遁的伊玛目回归之前出现的任何形式的政治统治都持怀疑态度。然而，15世纪末波斯在帖木尔王朝统治下的分裂状态助长了各种拥护苏菲主义（伊斯兰教的一个神秘主义派别）的什叶派统治者的兴起，其中最激进的是来自波斯西北部阿尔达比勒（Ardabil）地区的萨法维家族。1501年，他们14岁的精神和政治领袖谢赫伊斯玛仪·萨法维（Sheik Ismail Safavi）在阿塞拜疆和伊朗取得了大捷，宣称自己是波斯的第一位沙阿，并在他刚刚征服的帝国首都大不里士建立了萨法维帝国。在伊朗历史中的一个关键时刻，伊斯玛仪宣称什叶派是帝国的官方宗教,并宣称自己就是隐遁多时的马赫迪。他的追随者敬他如神,他立即对他的逊尼派对手奥斯曼人发动圣战,进军安纳托利亚和叙利亚,攻克巴格达,摧毁他所遇到的逊尼派的圣地。根据波斯编年史家的描述,当伊斯玛仪征服了大不里士时,他命令"阿布·伯克尔(Abu Bakr)、欧麦尔(Umar)和奥斯曼(Usman)[逊尼派哈里发]应该在集市中受到咒骂。那时人们还不知道十二位伊玛目的规矩,[但]……随着时间的推移,什叶派信仰的曙光会大放光芒"。[4]

作为回应,惊恐的奥斯曼苏丹塞利姆一世(Selim I)向萨法维宣战,将其视为自己政治和宗教上的头号威胁,不仅威胁了自己的商业势力,更是威胁了自己身为麦加、麦地那和耶路撒冷"圣城保护者"的头衔。由于伊斯兰教禁止穆斯林之间相互开战,塞利姆需要发布反对伊斯玛仪的什叶派追随者的教令,谴责他们为"不信教者和异端",声称"杀死他们、摧毁他们的社群,是所有[逊尼派]穆斯林明确而重要的义务"。[5]

1501年底,奥斯曼和萨法维爆发冲突的消息传到了欧洲各国首都,威尼斯、法国、葡萄牙,甚至罗马教廷都开始与伊斯玛仪国王通信,试图建立一个反奥斯曼联盟。在伊斯玛仪加冕后,大马士革的威尼斯商人给威尼斯元老院写信,向他们提议:这是"基督教君主与波斯之间结成联盟、发起把土耳其人赶出欧洲的最圣洁的战争的恰当时机"。[6]政治上的权宜和对什叶派信仰的歪曲理解导致了众人为这样的联盟辩护,他们把伊斯玛仪神话为一个武士圣徒,后者带领他虔诚的战士与"不信教者"逊尼派穆斯林战斗,和发动十字军的基督徒并无二致。1502年,威尼斯间谍康斯坦丁诺·拉斯卡利(Constantino Laschari)与伊斯玛仪会面后返回威尼斯,并向威尼斯的元老院报告说,沙阿的"苏菲派宗教一直反对奥斯曼皇室,因为奥斯曼人是异端,并且掠夺了许多穆斯林的领土"。谈到沙阿本人,他总结说:"伊斯玛仪是一位富有、公正、慷慨、受神启的先知。"[7] 威尼斯看到了与伊斯玛仪结盟的优点:可以保护它在地中海东部地区的贸易免受奥斯曼人的攻击。葡萄牙人也可以在与奥斯曼人展开的印度洋海战中寻求伊斯玛仪的支持。没有一个寻求与伊斯玛仪结盟的基督徒深入探究他的什叶派信仰的确切本质;一位威尼斯人认为他"更像是个基督徒",这是一个错误而又权宜的假设,正如一位历史学家所说的:"相较于与一位穆斯林国王结成政治联盟,与一位苏菲派圣人结盟听起来更说得过去。"[8]

1514 年,在查尔迪兰(Chaldiran,在今天的土耳其东部)战役中,配有火炮的奥斯曼军队击败了伊斯玛仪,沙阿神圣不可战胜的神话被击碎。伊斯玛仪的首都很快就被奥斯曼军队占领,他只能向东撤退,沉溺于打猎和酗酒(在波斯诗歌传统中写作"bazm u razm"),再也未能获得足够的权力向奥斯曼人发起构成威胁的挑战。他于 1524 年逝世,儿子塔赫玛斯普一世继承王位,16 世纪 30 到 40 年代之间,波斯多次面临奥斯曼帝国的试探性入侵。16 世纪 40 年代末,塔赫玛斯普攻占了安纳托利亚东部还以颜色。作为回应,苏莱曼于 1553 年调集军队并向阿勒颇进军。但苏丹并没有摆脱自己国内的问题。年过花甲的他疾病缠身,宫内的几个妃子和 8 个政治上野心勃勃的儿子纷争不断,他尤其怀疑岁数最大的儿子穆斯塔法。就在詹金森为苏莱曼驱进阿勒颇的军队发出惊叹的几周前,苏莱曼在安纳托利亚中部的科尼亚(Konya)扎营,并把穆斯塔法叫进他的大帐里,在那里,皇子在他父亲的注视下被宦官用弓弦勒死了。

没有证据表明詹金森对伊斯兰世界中的这些宗教和政治层面的问题有深入的了解，而使这一点更加引人注目的是，在目睹苏莱曼率军进入阿勒颇的数周之内，他不仅设法觐见了苏丹，而且在离开时还获得了由苏丹本人签署、通常只授予国家元首们的正式贸易特权。在没有接受过任何外交训练也没有外交凭证，而英格兰也从未与奥斯曼帝国建交的情况下，詹金森获得了几乎前所未有的权利，能够在整个奥斯曼帝国境内"任何他认为合适的地方装卸他的货物"，且免收"任何关税或通行费"。甚至连苏丹的长期商业盟友法国和威尼斯（有可能是威尼斯为詹金森提供了安全进入阿勒颇的通道）也被告知，不要"干涉或阻挠詹金森的事务"。[9]人们不禁想知道，苏莱曼和他的顾问们如何看待站在他们面前的这个少年老成（有些人可能会说是有勇无谋）、来自位于欧陆边缘的基督教小岛的年轻基督徒绸布商，他既没有外交凭证，又不会说土耳其语（大概是操着一口混合意大利语、法语的黎凡特通用语），却大胆地和他们谈判，争取获得在他们广阔的领土上开展贸易的特殊商业通道。如果要问英格兰和奥斯曼帝国的关系始于何时，那就是从24岁的詹金森于1553年和1554年间的那个冬天在阿勒颇取得非凡成就开始的。

1554年春天，苏莱曼和詹金森都离开了阿勒颇。苏丹往东走，进军波斯，而詹金森则往西走，回到了伦敦。第二年，伦敦的绸布商人同业工会（Mercers' Company）承认了他在黎凡特所取得的成就，将他纳为正式会员。两年后，随着威洛比、钱塞勒和卡伯特相继离世，詹金森的商业与外交经验使他成了领导莫斯科公司下一次俄国之行的合适人选，这趟旅程已经得到了玛丽和腓力的御准。詹金森此时仍然只有27岁，但已经被莫斯科公司的董事们描述为"一个曾周游列国的人,我们打算在下一步的探险中任用他",[10] 于是,他被任命为一支由 4 艘船组成的船队的总船长。船队将驶过令人生畏的白海返回俄国,充分利用伊凡雷帝授予钱塞勒的贸易权。1557 年 5 月,詹金森扬帆起航,在气候相对温和的 7 月抵达白海,然后在 12 月到达了莫斯科和沙皇的皇宫。

再一次地,詹金森发现自己正在与一个转型中的东方帝国的强大皇帝打交道;再一次地,他设法用人格魅力获得了统治者的垂青,并为他和他的王国争取到了前所未有的商路。1557 年圣诞节,伊凡接见了詹金森。詹金森亲吻了沙皇的手,呈上了玛丽和腓力的来信,并与"各种各样的大使和其他陌生人,以及基督徒和异教徒"共进晚餐。伊凡的顾问接下来几乎立即告诉他,"皇帝会赐予我想要的东西":通向里海的不受限制的商业通道,与波斯展开贸易。[11] 这是双方做生意的绝佳时机。英格兰想要绕开跨越欧洲大陆的陆路和被西班牙和葡萄牙控制的海运路线到达东方。伊凡最近征服了喀山(Kazan)和阿斯特拉罕(Astrakhan),它们曾经是突厥穆斯林的汗国,控制着伏尔加河三角洲和里海一带。这使他能够让欧洲贸易商直接进入波斯,乐观的话甚至可以经由波斯前往中国,以取得更密切的商业和军事联系。但在俄国的西部边疆,沙皇与波兰 - 立陶宛联邦和利沃尼亚之间还在持续发生冲突,很难建立一条通往低地国家市场的陆路贸易路线。詹金森和英国人似乎提供了一种解决方案,即一条经由白海的海上航线。尽管看起来有些迂回,但詹金森和伊凡同意建立一条贸易路线,包括从伦敦到白海长达 1700 英里的海上航线和到波斯的 3000 英里长的陆路。

在詹金森的探险中,与他即将面对的通过里海前往波斯的可怕旅途相比，来到俄国和莫斯科的这段路程只是容易的部分。1558年4月23日，圣乔治日，他离开了莫斯科（现在他穿着俄国服饰），同行的只有两个英格兰同伴和一位伊凡提供的突厥语译员。他往东南方向前往喀山，在那里乘船沿伏尔加河向南驶向阿斯特拉罕。在詹金森骑马、乘船、骑骆驼前行的途中，伊凡残酷的军事行动给当地的汗国所造成的破坏，包括"饥荒和瘟疫"，让他感到震惊。7月，他到达了最近被征服的阿斯特拉罕城，这里离里海不到60英里，但他很失望地发现"那里虽有一些商品贸易，但规模小到不值一提"。接下来的一个月，他成为第一个到达里海的英国人，他在那里得知里海的南岸就是波斯帝国的疆界。[12] 这位勇敢的英国人现在已经走出了伊凡的管辖范围，在他牵着一队驮着他那少得可怜的货物的骆驼随商队前行时，多次遇到骚扰、偷窃和敲诈勒索，他沿途还和同时与俄国和波斯不断交战的当地鞑靼军阀做生意。最终，在1558年12月末，也就是玛丽逝世和伊丽莎白女王加冕（这些他当然都不知道）仅仅几个星期后，詹金森到达了布哈拉，在这片由昔班尼王朝统治者阿卜杜拉汗二世统治的土地上获得了相对的安全。

詹金森现在距离波斯已经不远了。但当他开始了解该地区复杂的政治、商业和宗教紧张局势时，他清楚地意识到，至少眼下他不能再往前走了。妨碍他前进的主要原因是他的穆斯林东道主之间的教派分歧。在描述布哈拉的历史时，詹金森写道，"它有时臣服于波斯人，而且［其人民］现在也说着波斯语，但它本身是一个王国，与这里所说的波斯人持续展开最残酷的宗教战争，尽管他们都是穆斯林"。昔班尼王朝统治者是逊尼派，而他们的波斯对手是什叶派，詹金森借助胡须学（pogonology）对他们做了一些模糊的区分。"在引起他们的冲突的众多原因中,"他写道,"有一个是因为波斯人不会像布哈拉人和其他所有鞑靼人那样修剪上唇的胡子,波斯人认为那样做是一个很大的罪过,并称他们为卡菲勒,即基督徒所说的不信教者。"[13] 对一个痴迷于着装效果的绸布商来说,逊尼派修剪胡须和什叶派任胡须生长的区别是值得注意的,而非更深层次上的他们在神学观点上的差异。尽管如此,这仍是现存第一份来自英国目击者的对伊斯兰两个派别之间的区别的记述。

但说到底,詹金森远为关注布哈拉那令人失望的商业潜力,而非其信仰(和胡子)的多样性。在和平时期,有"大批商人来到布哈拉,他们是来自邻国——如印度、波斯、俄国,还有许多其他国家,商路畅通的时候还有中国——的大型商队"。但在如今这个"战争持续不断的"时代,詹金森担心"这些商人如此贫困……以至于那个地区没有任何希望具有较大的商业价值"。更糟糕的是,中亚气候炎热,这意味着这里的商人对詹金森提供的粗糙厚重的英国羊毛织品没什么兴趣。相反,印度和犹太商人用丝绸和棉花交易,"但对于粗纺羊毛织品和其他布料,他们没什么兴趣",尽管他尽了最大努力,"他们也不会买入这种布料商品"。[14]

詹金森考虑过继续前行,前往中国,但似乎意识到了不太可能成功完成这趟艰难且危险的旅程。他指出,这条路线险阻重重,鞑靼和波斯军阀"在我到达这里之前就已经连续打了3年的仗了",这使得"任何商队都不可能毫发无损地"到达中国。此外,他总结道,"这可是历时9个月的行程"。虽然这是个非常夸张的说法,但也表明了詹金森认为他与传说中的"中央王国"之间的距离有多么遥远。就连他试图抵达波斯也困难重重。据当地消息,撒马尔罕王公即将围攻布哈拉，为了抵御进攻，阿卜杜拉汗已经离城；在城外，"流民和小偷"抢劫和杀害前往波斯的商人；詹金森的安全通行信函已经被布哈拉当局没收，而且正如他已经得出的相当阴郁的结论，他那些厚重的英国布匹（再次）"在波斯卖不出去"。[15] 也许布哈拉人已经受够了这个固执的英国人，想要摆脱他；也许在经历了近两年的长期旅行后，詹金森对进一步的探险已经提不起兴趣。不管出于什么原因，1559年3月8日，他离开布哈拉启程回国了。当他到达里海时，他"将我们旗帜中的圣乔治红十字旗立了起来，以纪念我认为是第一批来到里海的基督徒"。[16] 到了9月，他回到了莫斯科，计划在那里过冬，然后再前往白海，继而回到英国。

抵达莫斯科之后，詹金森给他的同事，莫斯科公司的代理人亨利·莱恩（Henry Lane）写信。莱恩曾随钱塞勒的第二次俄国之行来到俄国，现在他人在俄国南部的伏尔加格勒（Volgograd）。詹金森在信中承认，"虽然我们的旅程是如此凄惨、危险，而且耗资巨大"，但"在这样的土地上，商品贸易"仍然是有利可图的。他以如下签字结束给莱恩的信："替我的丫头奥拉·索尔塔娜（Aura Soltana）由衷地感谢你。"当伊丽莎白时代的地理学家和游记作家理查德·哈克卢伊特（Richard Hakluyt）在他的第二版《英格兰民族的主要航海、航行、交往和发现》（*Principal Navigations, Voyages, Traffiques and Discoveries of the English Nation*, 1598/9-1600，下文简称《主要航海》）一书中发表詹金森的这封信时，哈克卢伊特加了一条旁注："这是他后来献给女王的一个年轻鞑靼女孩。"[17] 在詹金森口若悬河地叙述他的英勇事迹和总结盈亏时，他随笔透露出他对男女奴隶贸易有着非常清楚的深入了解,这也是他的商业使命的一部分,也是这个时候大多数其他商人在中亚所开展的活动的一部分。他可能是1558年7月时在阿斯特拉罕买下了这个不幸的"奥拉·索尔塔娜",他对那里的穆斯林诺盖人评论道:"本来我可以买许多漂亮的鞑靼孩子,如果可以的话,我想买1000个,也就是说,一个男孩或女孩只值一条在英格兰卖6便士的面包,但与这类货物相比,当时我们更需要食物。"[18] 在买下这个女孩并把她当作"货物"送给他的朋友莱恩后,詹金森在莫斯科时似乎又把她招了回来,并准备带她回到英格兰,使她成为有史以来第一个进入都铎王朝的穆斯林女性,如果哈克卢伊特说的是真的,她后来还被作为礼物呈送给了伊丽莎白女王。

1560年深秋,詹金森回到了伦敦。他在国外待了两年半,与一些中亚最有权势的统治者打过交道,其中一些是信奉东正教的俄国人,其他的是逊尼派和什叶派的穆斯林。他离开时,英格兰是一个由玛丽和她的西班牙丈夫统治的天主教国家,他回国时却发现英格兰已经变成了一个新生的新教国家。新女王试图在一个仍然因为宗教路线而深陷分裂之苦的国家上强加一种新的宗教和解措施。无论詹金森怎么看待这一切——特别是国家的正式改宗——他都没有说。他向莫斯科公司的董事就进一步与波斯开展贸易的可能性做了汇报。如果英国人能够以某种方式利用该地区逊尼派和什叶派之间的冲突,并通过波斯湾打开商业通路,那么这将给这个崭新的新教王国带来巨大的经济利益。伊丽莎白甫一即位就面对着将近30万英镑的国债,这些债务是她已故的父亲与法国的战争、粮食歉收和布匹贸易下滑等诸多原因带来的结果。她的债主们威胁着要用英国的海外资产抵债。[19] 不须多费口舌,公司的董事和女王就被说服,对立即通过俄国前往波斯表示支持。到次年春季,詹金森的新探险的筹备工作已经取得了很大进展。他此次的最终目的是会见波斯的统治者——沙阿塔赫玛斯普一世。

莫斯科公司从玛丽和腓力那里获得了前往北方探险的御准,但它不得侵犯西班牙帝国在南边非洲和西边美洲的领土。伊丽莎白对她的商人与谁做生意毫无顾忌,无论对方是俄国的东正教徒还是穆斯林。伊丽莎白在顾问的支持下——大多数顾问都对莫斯科公司投了重金,因此能从它的成功中获利——给"俄国皇帝"和"波斯大苏菲"分别写了信,代詹金森向他们请求安全通行权和交易特权。

这两封信采用了王室通信的标准模板,颂扬了收信人,请求对方让詹金森安全通行并获得商业优先权。但这封写给波斯皇帝的信,是她写给穆斯林统治者的第一封信,需要做一些重要的修改。女王和她的顾问对这个萨法维王朝的什叶派统治者沙阿塔赫玛斯普的宗教、政治,甚至身份都知之甚少。无论詹金森传达了关于萨法维政权的什么内容,在伊丽莎白的信中几乎都没有反映出来。信件开头写着:"伊丽莎白,上帝赐福的英格兰女王,向最伟大、最正义的君主,大苏菲,波斯人、米底人、帕提亚人、赫卡尼亚人(Hycanes)、卡曼阿里人(Carmanarians)、马吉安人(Margians)、底格里斯河两岸以及里海与波斯湾之间的所有人民和王国的皇帝致以问候。"[20]

不出所料,伊丽莎白对萨法维王朝及其统治者几乎一无所知,因此她只能根据古典时期和圣经里关于该地区的设想称呼对方。她所描述的不是塔赫玛斯普一世和他的萨法维王朝领地,而是由居鲁士大帝(Cyrus the Great,公元前558—前529年在位)创建的阿契美尼德帝国（Achaemenid Empire）。居鲁士受到基督教神学家的推崇，因为他征服了巴比伦并解放了犹太人，是信仰的天命历史的一部分。有别于似乎是突然冒出来的奥斯曼土耳其人，波斯人可以被纳入圣经历史，这让伊丽莎白得以避免提及她试图与一个伊斯兰帝国建立商业联盟的事实。尽管两国之间"相距甚远"，但伊丽莎白向沙阿保证，詹金森的"事业只建立在与您治下的臣民发展贸易关系的真诚意愿之上"。她小心翼翼地避免提及明确的基督教信仰，她预期，如果詹金森被授予通过波斯的"安全通行证"，"全能的上帝会使这一切成真，这只是一个小小的开始，更重要的时刻将从此生根发芽……无论是大地、海洋还是天堂，都没有足够大的力量将我们分开，因为自然人性中的神圣部分和相互仁爱把我们联系在一起"。[21] 这封信于 1561 年 4 月 25 日"在我们著名的城市伦敦"签名蜡封，共有希伯来语、拉丁语和意大利语 3 个版本。5 月 14 日在詹金森于格雷夫森德登上他的"燕子"号（Swallow）时被交给他。"燕子"号满载着"80 个装有 400 匹粗纺羊毛织品的包裹"，准备驶向俄国。

詹金森的第二次航行没有发生重大事故。在这次探险中，他面临的最大挑战是政治，而不是地理。1561 年 8 月，他到达了莫斯科，试图会见伊凡，却被一位皇室秘书阻挠了。此外，沙皇即将与切尔斯克人公主玛利亚·捷姆鲁戈夫娜（Maria Temryukovna）成婚，据詹金森说，她是一位"遵守穆罕默德律法"的公主。詹金森一如既往地足智多谋，利用自己在这座冰冻之城里的时间卖掉了他的大部分羊毛织物。待到次年 4 月，他终于获得沙皇的接见。詹金森如释重负，很高兴地写道：伊凡对他十分关切,"知道我打算去哪些国家后,对我委以重任"。²² 詹金森被女王任命为莫斯科公司的代理人,是伊丽莎白女王事实上的大使,现在他又被伊凡任命为俄国代表前往波斯。在又耽搁了一些时间后,詹金森最终于4月27日离开莫斯科,与一位波斯大使向伏尔加河进发,"他们一路结伴,建立了深厚的友谊"。²³

在之后的几个月里,詹金森重新踏上他第一次旅行的路线,穿越了阿斯特拉罕到达里海。当他继续向东南方向行进并进入萨法维领土时,他仿佛经历了时光倒流,用古典时代的时间和人物描绘他到达的地区。1562年8月,他到达了位于高加索山脉下里海附近的杰尔宾特(Derbent)城。他唯一的参考依据就是把它认作古波斯的赫卡尼亚省的一部分,并且观赏了穆斯林和基督教徒认为是亚历山大大帝为了阻挡哥革和玛各(Gog and Magog)的可怕族裔而建造的古代墙壁。就在几周后,他到达希尔凡(Shirvan),会见了什叶派的总督阿卜杜拉汗·乌斯塔吉鲁(Abdullah-Khan Ustajlu),他是沙阿塔赫玛斯普的表亲,也是沙阿最亲密的顾问之一,詹金森称其为"Obdolowcan"。然而,这位英国人似乎又一次给他的穆斯林东道主留下了深刻的印象,乌斯塔吉鲁邀他共享盛宴,放鹰行猎。一如既往地,詹金森勤奋地把他看到的每一种奢华面料和物品都列了出来,包括"那个国家流行的"金丝衣服,他在波斯的剩余时间里都穿着这种衣服。当乌斯塔吉鲁问"我们英格兰人与土耳其人是否交好"时,詹金森的回答堪称完美。"我回答说,我们从未和他们建立友谊,因此他们不会让我们通过他们的国家进入大苏菲的领土,而且还有一个叫威尼斯的国家,离我们不远,与这些土耳其人狼狈为奸。"那些可恶的威尼斯人已经与沙阿不共戴天的敌人奥斯曼人成了好友,并且阻止诚实的英国人接触他们明显的盟友——萨法维帝国。结合詹金森的人格魅力和能言善辩，这些话听起来恰恰是可信的，因为威尼斯从1453年君士坦丁堡陷落到1517年奥斯曼帝国征服埃及后续订贸易特权合同期间与奥斯曼帝国有过战略联盟关系。阿卜杜拉汗被说服了，认为英国人不仅值得信任，而且甚至可能对沙阿很有用。当他进一步追问"涉及宗教的问题和我们各国的情况"及"Almaine的皇帝［可能指的是腓力二世］与土耳其苏丹哪个更强大"时，詹金森机敏地"做出了我认为最得体的回答"，他大概是回避了这个（相当棘手的）问题，并把讨论转向了与大苏菲会晤以"寻求友谊和自由通行"的前景上。[24]

在获得了总督的"极大好感"并得到了安全通行信函、骆驼和马匹后，詹金森就继续上路了。10月16日，他到达了阿尔达比勒，这是另一个充满历史感的地方，历史与现实在这里交汇，"波斯君主通常被埋葬于此，亚历山大大帝入侵波斯的时候把宫廷带到了这里"。在这里，詹金森观察到，"已故的君主［沙阿］伊斯玛仪被葬在了一座带有华丽墓穴的美丽清真寺里"，虽然他没有提及他是否成功进入清真寺，是否看到了沙阿的坟墓。[25] 詹金森现在身处古代圣经（及古兰经）世界的正中心，也是萨法维王朝什叶派信仰最神圣的地方。他离实现到达沙阿的皇宫这个最终目标也不远了。最终，1562年11月2日，他来到了沙阿塔赫玛斯普的帝国首都加兹温，在现代德黑兰西北方向90英里处。

即将面见詹金森的沙阿与他那个狂热、具有超凡魅力的父亲截然不同。仅仅在他出生6个月后，伊斯玛仪就在查尔迪兰战役中惨败于奥斯曼人，塔赫玛斯普在一个被追随者视为弥赛亚的统治者的阴影下长大，但在他只有10岁的时候，伊斯玛仪就潦倒而死。在塔赫玛斯普动荡的未成年岁月里，他面临着追随者的内战，以及来自西边的奥斯曼人和东边的乌兹别克人从未间断的威胁。为了追求更温和、更虔诚的对外对内政策，他与奥斯曼人签署了《阿马西亚和约》（Peace of Amasya，1555），随后颁布了《诚心悔改诏书》（Edict of Sincere Repentance，1556），试图通过禁止绘画、饮酒和许多曾是萨法维的核心信仰的苏菲仪式来重振什叶派的教法。与他父亲狂热的千禧年主义形成鲜明对比的是，塔赫玛斯普认为自己是一个虔诚的沙阿，试图巩固帝国的政治和宗教边界，而不是扩大其疆域。[26]当詹金森抵达加兹温时，沙阿刚刚完成了一项宏伟的公共工程，目的是将这座城市从逊尼派城市转变为什叶派的政治和宗教中心。为此，塔赫玛斯普修建了皇家浴池、蓄水池和集贸市场，以及一个位于城市以北的全新皇家园林建筑群，被称为"Sa'ādatābād"，里面建有宫殿、步行区、水渠和能打马球和骑射的训练场。[27]

1562年11月20日下午，詹金森终于在沙阿的新宫殿里受到了接见，他显然没觉得有什么特别的。他以往对优雅服饰和物阜民丰的描述不见了。相反，他直接断言萨法维的统治者——他称之为"肖·托马斯"（Shaw Thomas）——"不够勇敢"，正是"由于他的优柔寡断，土耳其人侵略了他的国家"。真正令他着迷的是沙阿的什叶派教义。他写道，"他自称圣洁，是穆罕默德和穆特扎立（Murtezallie）的血脉"，穆特扎立是穆罕默德的堂弟阿里·伊本·艾比·塔里卜。他继续写道，"尽管这些波斯人和土耳其人或鞑靼人一样是伊斯兰教徒，但他们崇拜的是一个虚假的令人满意的穆特扎立，说他是穆罕默德最重要的信徒，并每天诅咒和斥责穆罕默德的其他3个信徒，他们分别是Omar［欧麦尔·伊本·哈塔卜]、Usiran［奥斯曼·伊本·阿方］和 Abebecke［阿布·伯克尔·伊本·阿比·古哈法］"，詹金森差不多把前三位哈里发的名字音译了过来。尽管在声称"这三人残杀了那个穆特扎立"时弄错了伊斯兰教的早期历史，但詹金森抓住了关键：正是由于伊斯兰教的什叶派和逊尼派之间的这个冲突"以及在圣人和律法上的其他差别，导致他们与土耳其人和鞑靼人爆发了致命的战争"。显然，对于逊尼派和什叶派神学之间的复杂区别，詹金森的探讨就只能到此为止了。他总结道："我现在没必要详细地探讨他们的宗教，那无外乎是穆罕默德的律法和古兰经。"[28]

在得到了苏丹苏莱曼和沙皇伊凡的欢心，并断断续续花了5年时间试图亲近波斯的大苏菲之后，詹金森与东方君主交好的运气终于用光了。他的雄辩口才并不能改变他与沙阿塔赫玛斯普的会晤令人失望的事实。在面见沙阿前，有人递给詹金森一双鞋子，"这样我就不会踩在他的圣洁之地上——他们称基督徒为 Gower［来自波斯语的 gaur，即非穆斯林］，即不信教者和不洁之人：他们认为所有不像他们那样信仰虚假肮脏的先知穆罕默德和穆特扎立的人都是不信教者和异教徒"。詹金森向沙阿呈上了伊丽莎白的信，并谈到了他希望"为了两个君主的荣誉建立友谊，允许我们的商人和人民在他的领土上自由通行，引进我们的商品，输出他们的商品"。沙阿不为所动。他要求知道为什么伊丽莎白的信是用拉丁语、希伯来语和意大利语写的，他声称"我们国内没有一个懂这些语言的人"。他还"要求我回答我是哪个国家的法兰克人［欧洲基督徒］，以及我在那里是做什么的"。会谈变得越来越糟：在沙阿的皇宫内，没有人知道英格兰这个小地方、它的女王或伦敦这个"著名的城市"。和阿卜杜拉汗一样，与无足轻重的英格兰相比，沙阿塔赫玛斯普远为感兴趣的是"Almaine［德意志］的皇帝腓力［二世］国王和土耳其苏丹谁是最强大的"。詹金森判断，现在不是像回答阿卜杜拉汗那样批评奥斯曼人的时候，因此他"随机应变，没有贬损土耳其苏丹"。但随后，沙阿对詹金森的盘问发生了急剧的转折：

> 随后，他跟我说了很多关于宗教的事，问我是不是一个Gower，即不信教的人，还是信守穆罕默德的律法的穆斯林。我回答他说，我既不是不信教者也不是穆罕默德的信徒，而是一名基督徒。他对一个格鲁吉亚国王的儿子［一个改宗的穆斯林，卡特利国王大卫十一世（David XI of Kartli）］说了几句话，那人曾是基督徒，在大苏菲这里藏身，此人回答说，基督徒信仰耶稣基督，相信基督是上帝之子、最伟大的先知。大苏菲问我：你相信这些吗？我回答说：是的，我相信。他说，哎，你这个不信教的人，我们不需要与不信教者为友。他想让我离开。因此我向他表达敬意之后便退下了。[29]

即使在离家数千英里的地方，这位来自莱斯特郡的勇敢的年轻绸布商站在两个穆斯林统治者——一个是什叶派的沙阿塔赫玛斯普，另一个是从东正教改宗信仰伊斯兰教的格鲁吉亚国王大卫十一世——面前，仍然坚持自己的立场并承认自己对基督是上帝之子的信仰。那一定是一个可怕的时刻，而詹金森也一定意识到自己那时有生命危险。在他离开的时候，他身后跟着一个"拿着一盆沙子的男人，沿着我走出宫殿的路线一路撒沙子，甚至从大苏菲的眼前一直撒到皇宫大门，这种做法象征着除掉不信教者造成的污染"。詹金森一定曾想象过,他与沙阿塔赫玛斯普的会面将成功地让两国结成贸易盟友。然而,他发现自己实际上被逐出了沙阿的宫廷,他的性命也岌岌可危,在波斯的冒险因无法克服的宗教差异而以失败告终。但他很快发现,神学并不是他被驱逐的唯一原因。

就在詹金森到达加兹温的 4 天前,一个土耳其大使来到这里,"为同样伟大的土耳其苏丹和大苏菲缔结永久的和平"。9 年前的 1553 年 11 月,苏丹苏莱曼在命人勒死儿子穆斯塔法的几周后于前往波斯的途中进军阿勒颇,詹金森当时就在那里。这个杀子决定最终让詹金森与沙阿塔赫玛斯普之间的协商无果而终。穆斯塔法的死让苏莱曼的另外两个儿子塞利姆(Selim)和巴耶济德(Bayezid)为了争夺继承权而斗争。不可避免的派系斗争和密谋最终导致巴耶济德反叛了他的兄弟和父亲。在 1559 年 5 月的科尼亚战役中被他们击败后,巴耶济德逃到了沙阿塔赫玛斯普在加兹温的宫廷寻求庇护。沙阿最初乐于庇护这个他的劲敌的有声望的反叛者,并利用巴耶济德作为谈判筹码来延续《阿马西亚和约》。作为交换,苏莱曼和塞利姆要求移交巴耶济德。最终,在 1561 年,沙阿塔赫玛斯普同意了,一个奥斯曼帝国的代表团被派往加兹温。巴耶济德和他的 4 个儿子在那里被交了出来,于 1562 年 7 月离城时分被立即绞死。[30] 惊愕的詹金森报告说:巴耶济德"按照土耳其苏丹的意愿被杀害了,大苏菲把他的头颅作为礼物送给苏丹,这个不近人情的父亲收下了,这是他极度渴望的"。巴耶济德被沙阿下令杀死的说法可能是不准确的,但在批准这另一场政治性杀子的行为中,他和苏莱曼都表现出了凶残的口是心非。

詹金森后来得知,在加兹温与沙阿探讨订正和约的奥斯曼帝国大使曾咨询过当地的土耳其商人，他们都认为詹金森对土耳其人的生意不利，因为詹金森的"到来（称呼我为法兰克人）很大程度上会摧毁他们的贸易"。果然，詹金森获悉沙阿被说服"不要好好招待我，打发我走时也不要给信件或礼物，因为我是一个法兰克人，这个民族是他的兄弟土耳其苏丹的敌人"。如果沙阿坚持与英国人结盟，而且"被苏丹知道了的话，必然就会破坏他们的新同盟和友谊"。沙阿进一步被说服相信"他不需要、也不必和与他相距甚远的国家的不信教者交朋友，他最好把我和我携带的信件当礼物送给苏丹"。[31] 詹金森曾在阿勒颇从苏莱曼那里获得了贸易特权，现在有可能会再次面见苏莱曼，只不过，这次是被一位敌对的穆斯林统治者当成礼物送到苏莱曼面前。更糟的是，他很有可能会落得和巴耶济德一样的下场，没到君士坦丁堡就已经被处死了。

幸运的是，詹金森在阿卜杜拉汗及其儿子沙–阿里·米尔扎（Shah-Ali Mirza）的帮助下得到了解救，他们说服沙阿相信"如果他对我下毒手，那很少会有外国人进入他的国家"，这将对贸易产生不利影响。随着奥斯曼代表团的离去，沙阿塔赫玛斯普也改变了态度。1563年3月20日，"他给我送来了一件华丽的金缕衣，让我毫发无损地离开了"。詹金森立即返回阿卜杜拉汗在希尔万相对安全的宫廷。总督解释说，如果不是沙–阿里·米尔扎为詹金森出面，那么他就会"被彻底抛弃，被送到苏丹那里去"。詹金森还说，"如果不是他们与苏丹凑巧达成和平与联盟关系"，那么沙阿塔赫玛斯普就会授予他贸易特权。[32] 在他短暂但如有神佑的职业生涯中，詹金森仅此一次碰上了极坏的运气。

从向来好客的阿卜杜拉汗那里取得贸易特权总好过一无所获。

5月,詹金森中断无望的计划,踏上了返回莫斯科的漫长旅程。1563年8月,詹金森回到了莫斯科,向伊凡献上了一箱丝绸和珠宝,以及"大苏菲赐我的衣服"。作为回报,他从沙皇那里进一步获得了贸易特权。他在莫斯科度过了冬季,然后向北出发,于1564年7月到达白海。在登船返回英格兰途中,他面对了"损失船只、货物和生命的极大危险",但他几乎只是随意提及这一点,没做更多的解释。1564年9月28日,詹金森最终回到了伦敦,距离他离开伦敦已近三年半了。[33]

在十多年的非凡历险中,与任何一位都铎王朝的冒险家相比,詹金森都走得更远,取得了更多的成就。他会见了3位亚洲最强大和恐怖的统治者后,还能幸存下来讲述冒险的故事,与俄国和波斯展开贸易,并对该地区的逊尼派和什叶派之间的冲突有了前所未有的了解。最终,16世纪50年代早期他与奥斯曼人建立的商业联盟阻碍了他10年后与波斯建立贸易关系的企图,因为他进入了一个有着复杂的宗教和民族情况的世界,而他对此几乎毫无所知,甚至差点搭上了性命。也许,他之所以能够幸免于难,是因为苏莱曼和塔赫玛斯普对伊丽莎白的英格兰毫无兴趣。他们似乎甚至不知道英格兰位于何处,将其视为一个大得多的地缘政治格局中的边缘角色而不予考虑(如果他们真的考虑过的话)。

在接下来的20年里,詹金森又进行了5次远航。16世纪60年代后期,詹金森的接班人亚瑟·爱德华兹(Arthur Edwards)在萨法维的宫廷中逗留的时间要远超詹金森,也获得了前任未能取得的宝贵的贸易特权。莫斯科公司的股票价格从原来的25英镑涨到后来的200英镑,但贸易未能实现持久的利润。前往东方的路途太过遥远,回报又太微薄,沿途政局太不稳定,土耳其人、波斯人和鞑靼人之间不断发生小规模冲突,导致发生绑架、勒索赎金、抢劫,甚至在该地区做生意的英国商人也不幸接连遭到谋杀。[34]

詹金森曾于 1566 年和 1571 年两次回到俄国。在这两次旅途中,他用机智和技巧确保了英格兰和伊凡之间的友好贸易协定,伊凡也藉着与詹金森这位老朋友见面的机会,提出与伊丽莎白女王联姻这一最不可能的提议。女王的宫廷里还留着詹金森的波斯历险的另一项有形遗产。据 1564 年详细记载伊丽莎白的家仆的记录描述,"我们亲爱的鞑靼女人伊波莉塔(Ippolyta)"穿着格拉纳达丝绸剪裁的连衣裙,并向女王介绍了穿西班牙皮鞋的时尚。伊波莉塔大概就是"奥拉·索尔塔娜",即詹金森在 1560 年献给伊丽莎白的那个"年轻鞑靼女孩"。[35] 16 世纪 70 年代末,詹金森回到英格兰,从此再也没有离开过。他在北安普顿郡打理商业和地产,收益颇丰。1610 年他逝世时,家财万贯。

在超过 30 年的非凡岁月里,安东尼·詹金森会见过一位奥斯曼苏丹,曾被派往中国却在俄国停驻了片刻,在那里与沙皇成为朋友,最后到达了波斯国王的宫廷。这就是 16 世纪的旅游和发现的本质,曲折迂回。在伦敦政商精英的心目中,詹金森的成功为英国与俄国和波斯建立联系赋予了正当性,并且为伊丽莎白时期的英国人在未来 40 多年内与穆斯林进一步建立甚至更紧密的联盟铺平了道路。伊斯兰世界由于詹金森而向英格兰迈进了仅仅一小步。1586 年,诗人威廉·华纳(William Warner)发布了他那著名的记述历史的长诗《阿尔比恩的英格兰》(*Albion's England*)的新版,在其中,詹金森被誉为英国最伟大的探险家之一,在伊丽莎白统治时期和华纳的一生中改变了国家在世界上的地位:

他的丰功伟绩该从何说起,

从欧洲、亚洲,还是非洲?因为这些地方他都曾踏足,

为了全英格兰人民的利益:而非一己之利,

从伊丽莎白治国起,从我人生开蒙起,

商业与荣誉就隶属于他和英格兰。[36]

如此盛赞本应超越华纳和詹金森的一生经久不衰,然而,即便写下了这些诗句,英格兰与波斯的贸易却很快成了过去,随之消逝的还有詹金森的盛名。伊丽莎白和她的商人正在离家更近的地方寻找绕过天主教欧洲的更有利可图的联盟。此时他们不再望向北方和东方,而是转向了南方。是时候与巴巴里的摩尔人做生意了。

3

争夺巴巴里

在第二版的《主要航海》中,理查德·哈克卢伊特声称,早在 1551 年,英格兰"就为了进入巴巴里地区的摩洛哥王国而进行了第一次远航"。[1] 英语中的"巴巴里"(Barbary)一词由希腊语和拉丁语中的"野蛮人之地"和阿拉伯语中描绘那片地区当地居民的"柏柏尔人"(Berber)混合而成。在伊丽莎白女王的时代,人们地理知识匮乏,在他们心中,巴巴里要么是指摩洛哥王国,要么就是更通常地指远至南方几内亚的整个北非海岸。在西班牙经商的英国商人知道,沿大西洋海岸南下,在相对温和的环境下,从一个港口(例如布里斯托)到另一个港口(通常是阿加迪尔)的距离大约是 1800 英里,直接运输货物是相对容易的。对爱德华六世那羽翼未丰的新教国家来说,这也是一个有吸引力的选择,因为摩洛哥在政治上既独立于西班牙和葡萄牙,也独立于奥斯曼帝国。自 15 世纪末以来,柏柏尔人的瓦塔斯王朝统治着摩洛哥北部大部分疆土,却无法反抗葡萄牙人侵入其沿海地区。16 世纪初,摩洛哥南部出现了一个新的王朝。阿拉伯人的后裔萨阿德人(the Sa'adians)定都马拉喀什(Marrakesh)。1537 年,他们在阿加迪尔击败了葡萄牙人,并最终在 1554 年推翻了瓦塔斯王朝。

1551 年,就在瓦塔斯王朝的统治开始崩溃时,在一群英国商人的赞助下，托马斯·温德姆（Thomas Wyndham）远航前往摩洛哥南部港口，出售英格兰的亚麻布、羊毛织物和"其他各种受摩尔人欢迎的东西"，买入杏仁、椰枣和后来让伊丽莎白女王得了严重蛀牙的摩洛哥糖。² 在温德姆的大部分资助者看来，虽然许多人也想要开拓更遥远的东方市场（4名资助温德姆的人很快成了莫斯科公司的创始成员），但巴巴里才是他们在西班牙的既定业务的自然延伸。并非所有人都欢迎英国人的到来。1552 年，一位英国商人承认："我们在巴巴里新开展的贸易活动让葡萄牙人感到受到了极大的冒犯。"葡萄牙人仍然占据着丹吉尔（Tangier）和卡萨布兰卡附近的马扎干（Mazagan），以及位于现代加纳境内的埃尔米纳（El Mina）。葡萄牙人声称自己垄断了这绵延3000英里的海岸线的贸易，虽然这看起来不现实，但这并不妨碍他们抗议英国人的侵犯。西班牙人也备感震惊，他们的外交人员报告说：第一批船只不仅装载着亚麻布和羊毛织物，还有"长矛和盔甲"，而随后的远征队"满载着各种军火"。³ 葡萄牙人和西班牙人认为英国人正在武装他们的摩洛哥反对者，可想而知，支持新教的爱德华六世及英格兰的摄政者无意减轻他们的焦虑，但在玛丽和腓力于 1554 年成婚时，英格兰王室同意了葡萄牙的要求，中止了贸易。

与此形成鲜明对比的是，伊丽莎白登基后对与摩洛哥进行贸易鲜有顾虑，1559 年，她的首届议会起草了一系列的经济改革措施，以应对英格兰迫在眉睫的国际孤立局势。措施规定限制进口，但鼓励海外出口，并派遣更庞大的海军阵容通过"新航道"进入"那些到达几内亚、巴巴里和莫斯科"的地区。10 年内，英国每年进口 250 吨摩洛哥糖，价值 1.8 万英镑，进口总值超过 2.8 万英镑，比与葡萄牙的贸易总额高出近25%。⁴ 1562年，由于葡萄牙的战船和英格兰商船在非洲海岸附近不断发生冲突，葡萄牙大使向伊丽莎白提出抗议，声称她的商人又开始向当地人出售武器，使摩洛哥人得以反抗葡萄牙人。伊丽莎白在一份由她的国务秘书伯利勋爵威廉·塞西尔（William Cecil）起草的备忘录中轻描淡写地回答说，"将要仰赖异教徒和撒拉逊人的基督教民众人数越多，信仰就会越强烈"，而且她"不能容许任何人通过垄断和私人航海来牟取私利，而不奉献于整个基督教世界的公共事业"。⁵这是一个非常狡猾的回答，尤其是此时摩洛哥军队正在围攻马扎干的葡萄牙人。除了伊丽莎白此番刻意回避的评论，英国人在向摩洛哥推进商业发展时，几乎没有直接提到过宗教。这说明，是贸易利润以及伊丽莎白在外交政策上日益增长的信心使她在1571年受到葡萄牙人禁止英国与摩洛哥开展贸易的压力时，以摩洛哥不是葡萄牙人的财产因此可以随意与任何人开展贸易为由加以拒绝。

伊丽莎白有充足的理由抗拒这类政治压力。英国商人在摩洛哥的贸易正变得非常有利可图，有30多个伦敦最有权势的商人参与其中，有的是单独行动，其他则是合伙经营。几乎在每一种情况下，不管涉及何种商品，贸易都是通过犹太人作为中介进行的，而在从收取基督徒俘虏赎金到经营国内利润丰厚的甘蔗农场的一切事务上，新的萨阿德王朝也逐渐依靠这些中间人。在摩洛哥，伊萨克·卡贝萨（Isaac Cabeça）是所有犹太糖业大亨中最有权势的人物之一。伊萨克和他的兄弟亚伯拉罕出身于一个塞法迪犹太人家庭，他们为了逃离西班牙的强迫改宗而来到摩洛哥，在这里复归犹太教，并在他们的穆斯林恩主的荫庇下，先是从事笔译和口译的工作,然后做商人和银行家,兴旺发达。到了 16 世纪 60 年代末,伊萨克向一个由威廉·加勒德(William Garrard)爵士领头的六人商贾财团出售食糖,并从他们手中买进布匹。作为伦敦最有影响力的布商之一,加勒德从 1552 年起就一直在摩洛哥做买卖,并赞助了前往西非的贩奴远航以及理查德·钱塞勒那不幸的俄国之旅,这使他被任命为莫斯科公司的创始领事之一。[6]

1568 年,卡贝萨宣布破产,并被萨阿德苏丹阿卜杜拉·加利卜(Abdullah al-Ghalib)监禁,因为他拖欠了 3 个皇家甘蔗农场共计 5 万盎司白银的租金。加勒德的财团甚为震惊:卡贝萨欠他们超过 1000 英镑的布匹赊账(这是一种常规做法——通常带有利息——以汇票或食糖支付)。由于他两样都没有,所以英国商人的代理人和无力偿还的卡贝萨达成协议:"如果他答应偿还旧债"1000 英镑,并向该财团提供价值 1.6 万英镑的食糖,那么他们会帮他向苏丹求情。[7]他们雇用了"一个在那里管事的摩尔人",名叫坦加尔费(Tangarffe),由他出面向加利卜苏丹请求释放卡贝萨。但首先,坦加尔费坚持要求,无论他为解决卡贝萨的债务付出了什么代价,英国人的代理人必须"答应对此负责"。其中两个代理人同意了,卡贝萨被释放了。但由于错综复杂的债务和信贷链条把基督徒、犹太人和穆斯林捆绑在了一起,很难断定谁欠谁什么,于是英国商人开始首先在高等海事法庭(High Court of Admiralty)互相起诉,然后转移到了大法官法庭。这些错综复杂、难分难解的案件审理一直拖延未能解决,跨越了整个 16 世纪 70 年代。在卡贝萨缺席的情况下所采集的证词中,他仅被提及是"一个著名而快活的商人",他的宗教信仰在很大程度上与差点使他陷入深渊的金融机巧并无关系。[8]

当英国商人在摩洛哥与穆斯林和犹太人做生意时,数千里外的伦敦和罗马发生的事件即将改变英国在欧洲的地位,也将改变英国与伊斯兰世界的关系。1570年5月24日凌晨,住在泰晤士河以南的柏蒙西(Bermondsey)的知名天主教同情者约翰·费尔顿(John Felton)穿过伦敦大桥,将一份印刷文件钉在圣保罗大教堂附近的伦敦主教宅邸的大门上。这份文件是教皇庇护五世于2月25日在罗马发布的教皇谕令的复本,标题为《在至高处统治》(*Regnans in Excelsis*),宣布绝罚伊丽莎白一世。[9]这则以开头用语命名的谕令(bull,以其铅封[bulla]得名)谴责"伊丽莎白是虚假的英国女王",因为她"攫取了这个王国之后,邪恶地篡夺了英格兰教会的最高领袖的地位",使"这个王国沦落到悲惨、毁灭性的境地,而这个国家"在玛丽和腓力国王的统治下"最近才恢复天主教的信仰"。他根据伊丽莎白在16世纪50年代末的立法列举了一连串罪状,包括废除"天主教仪式和典礼"、引入"要求整个国家的子民通读,包含明显的异端邪说的"祈祷书,以及其他"不虔诚的仪式和制度,以满足她自己对加尔文教义的遵从"。他总结道:"我们充分行使教皇的权力,宣布伊丽莎白是一个异端,而且还是异端及上述事端中的她的追随者的保护者,已招致被逐出教会并与基督的身体切断联系的惩罚。此外,我们宣布剥夺她在上述王国中的虚假头衔。"谕令最后还发布了一条特别带有离间意味的法令:"所有不服从她的命令、要求和法律的贵族、臣民、子民及其他上述人员都受我们的指挥和管理。"[10]

对英格兰的天主教徒来说,谕令造成了一个可怕的两难困境,迫使他们在宗教与国家之间做选择。对费尔顿来说,这为他招致了最骇人听闻的死亡。在张贴谕令的数日后，他被捕并被关进了纽盖特监狱，他在监狱中口口声声说伊丽莎白"不该成为英格兰的女王"。这种大逆不道的言论将他送上了伦敦塔的行刑架，成为第一个因天主教信仰而受到国家折磨的英国人。他被判叛国罪，处以绞刑，在他的犯罪现场——圣保罗教堂墓地——被开膛和肢解。8月8日，他向充满敌意的人群和一个名叫布尔（Bull，许多新教观察者没有放过就这个名字开玩笑的机会）的刽子手发表讲话，坚称自己没有做错任何事情，只是宣传了一项庄严的教皇谕令。拒绝了随行新教神职人员行宗教仪式之后，费尔顿被处以绞刑，在失去意识之前被放倒开膛；当刽子手掏出他那颗还在跳动的心脏时，据说他还大喊了"一两声'耶稣'"，然后气绝。[11]

自伊丽莎白登基后，教皇花了10多年的时间才对她施以绝罚，原因是多方面的，尽管其中只有很少与宗教有关。伊丽莎白的姐夫、前追求者腓力相信自己比大多数人更了解英格兰，而且多次否决了教皇想要绝罚伊丽莎白的企图，他要努力避免把伊丽莎白推入那些已经给他带来诸多麻烦的低地国家的加尔文派的怀抱。只要伊丽莎白不迫害英格兰天主教徒，西班牙就不愿意加以干涉。然而，特别是在伊丽莎白于1559年颁布《至尊誓言》（Oath of Supremacy），要求政府官员宣誓效忠女王、承认女王是英格兰教会的最高统治者后，该国的宗教改革者开始对天主教展开了一系列的政治和神学攻击。温彻斯特主教罗伯特·霍恩（Robert Horne）在1566年为誓言辩护时写道："与土耳其苏丹相比，教皇对基督来说是一个更危险的敌人：天主教会的偶像崇拜比土耳其人的更为严重。"[12] 随着宗教争论不断升级，欧洲开始沿着宗派界线分裂，伊丽莎白发现保持中立越来越困难。1562年，她开始向法国新教徒胡格诺派提供军事支持。尽管这次法国的军事冒险失败了,但1566年,她还是资助了低地国家反抗西班牙统治的加尔文派教徒。这两次决策很快都遇到了麻烦。在16世纪60年代晚期,法国的天主教党派吉斯家族在与胡格诺派的斗争中似乎占了上风。西班牙最终也失去了耐心,无法继续忍受英国私掠船对西班牙美洲运宝船的袭击,以及伊丽莎白女王对荷兰加尔文派叛军的公开支持。1568年,他们在经济上至关重要的安特卫普港口扣押了英国商品。同一年,伊丽莎白的表侄女"苏格兰女王"玛丽·斯图亚特逃离了席卷苏格兰的内战,来到英格兰寻求庇护,一时间她成了英格兰天主教徒们关注的焦点,他们希望她成为伊丽莎白的潜在继承人。不到一年,她成了北方叛乱的催化剂,这是一场由威斯特摩兰郡和诺森伯兰郡两地信仰天主教的强大伯爵领导的起义,他们起誓要推翻伊丽莎白,拥立玛丽为王。虽然起义被伊丽莎白成功镇压,但它最终促进了庇护五世采取反对伊丽莎白的行动。

教皇的决定几乎立刻就产生了反噬的效果。腓力是唯一拥有足够的军事力量来强迫执行谕令提出的废黜伊丽莎白的要求的统治者,教皇事先却没有和他磋商,这激怒了他。但在英格兰,这份谕令只是分裂了那里的天主教徒,同时加强了爱国者对伊丽莎白的拥护,并迫使她对国内外推行更为激进的新教政策。1572年8月24日,吉斯家族展开了臭名昭著的"圣巴托洛缪日大屠杀"(St. Bartholomew's Day Massacre),有3000多名胡格诺教徒在巴黎街头惨遭杀害,在法国其他地方也有数千名胡格诺教徒被杀。这一消息在欧洲引起了轩然大波:伊丽莎白的宫廷开始哀悼死难者,谴责那些"滥杀无辜的残忍凶手"。罗马教廷则公开庆祝,就连性情常常十分冷漠的腓力二世都表示,大屠杀"带来了我一生中最大的乐趣之一"。[13]

受到这样的孤立的砥砺,以及伦敦商人集团初步在俄国、波斯和摩洛哥区域开展活动的鼓励,伊丽莎白和她的幕僚们决定在欧洲以外寻找盟友。自 11 世纪以来,十字军队伍里的肆无忌惮的基督教商人就已经与"撒拉逊人"开展了贸易往来,这直接导致了 1215 年举行的第四次拉特兰会议曾威胁要绝罚"所有那些毫无信仰、不虔诚的基督徒,他们反对基督本人和基督徒民众,为撒拉逊人提供武器、铁和木头"。[14]这一禁令在随后几个世纪里的教会会议上得到了强化,但人们更多的是无视它而非遵守它。1453 年君士坦丁堡沦陷前后,威尼斯人依旧继续与奥斯曼帝国进行贸易,而法国早在 1535 年就已经向奥斯曼帝国提出了商业协定,要求后者授予前者的商人贸易特权。它们被称为"条约"(Capitulations,来自拉丁语中的"章节"或"段落",用来描述带有特定条款的协议;直到 17 世纪,这个词才发展出了该词所具有的"投降"的现代意义)。这些条约使法国人在黎凡特地区的贸易中迈出了一大步,并巩固了他们与苏莱曼苏丹结成的意在遏制哈布斯堡帝国扩张的更为正式的陆军和海军联盟。[15]就这样的条约来说,英格兰过于渺小又太过遥远,传统上不太重要。但现在,作为一个由受绝罚且不理会教皇制裁的君主统治的新教国家,再加上一些与摩洛哥人做生意的经验,英格兰及其商人突然比任何其他基督教国家都可以更加自由地与伊斯兰世界进行贸易而不受教会的惩罚。

英格兰突然意识到可以与穆斯林统治者建立商业联盟,这只是对绝罚的间接反应，而16世纪60年代末决定了欧洲政治的更广泛的冲突加剧了这种反应。1566年9月，极端正统的改革派教皇庇护五世即位数月后，苏莱曼大帝逝世，奥斯曼帝国结束了长达46年的不停歇的领土扩张。他的继任者塞利姆二世立即着手结束奥斯曼与波斯的战争，转而对抗地中海地区的基督教国家，以期证明自己。罗马有一个咄咄逼人的教皇，君士坦丁堡有一个好战的苏丹，天生谨慎的腓力二世的统治面临着各种挑战。1568年，早已陷入荷兰加尔文派教徒起义泥潭的他又面临来自格拉纳达的摩里斯科人的反抗。摩里斯科人，或称"新基督徒"，是出生在西班牙的穆斯林，自从卡斯蒂利亚的天主教统治者在1492年从穆斯林手里夺回伊比利亚半岛并执行大规模驱逐后，他们被迫改信了基督教。由于他们对腓力加诸他们身上的日益酷烈的政策感到愤怒，他们主动向塞利姆提出，如果奥斯曼人向他们提供军事援助，他们就会接受奥斯曼帝国的统治。恼怒的腓力认为，摩里斯科人仿佛是支持奥斯曼帝国的扩张和北欧的新教事业的第五纵队一般。[16] 伴随着君士坦丁堡的清真寺里响起支持摩里斯科人的祷告时，苏丹开始向格拉纳达派遣军队。

和伊丽莎白一样，塞利姆对摩洛哥苏丹也有所图谋，尽管他的兴趣更多是在领土上而不是商业上。自从塞利姆即位，他就试图破坏萨阿迪王朝的稳定，而后者利用西班牙和奥斯曼帝国的争斗成功保住了自主权。塞利姆利用了王国统治者加利卜和他的弟弟阿卜杜勒·马利克（Abd al-Malik）、艾哈迈德·曼苏尔之间的分歧，在阿尔及利亚和君士坦丁堡向马利克和曼苏尔提供避难所。兄弟二人准备从他们哥哥那里夺回摩洛哥。然后塞利姆把注意力转向了突尼斯。这座城市在1535年落入了哈布斯堡王朝的手中，这一直是他父亲苏莱曼的心病。1569年末，奥斯曼帝国军队从西班牙支持的哈夫斯王朝统治者手中夺回了这座城市。塞利姆现在统治的北非沿岸地区最远到了摩洛哥，而一旦摩里斯科人的起义获得成功，他就随时可以将领土扩张到西班牙南部。

在控制了地中海西南部之后，塞利姆开始向东展望，计划入侵塞浦路斯，尽管他知道这肯定会导致他与岛上的威尼斯统治者开战。相传这位堕落的苏丹是因为垂涎岛上高品质的葡萄酒而想要夺岛（从各个层面来说，这都站不住脚）。头脑稍微清醒一点的塞利姆的幕僚都知道，无论谁控制了突尼斯和塞浦路斯，那他就控制了地中海盆地的贸易往来，此地的地缘政治极不稳定，一位历史学家曾把它称为16世纪拉丁基督教国家与土耳其穆斯林社群之间"被遗忘的边界"。[17] 1569年，正当塞利姆为塞浦路斯战役做准备时，他迅速批准了16世纪30年代的《法奥条约》（Franco-Ottoman Capitulations），以确保在任何可能使威尼斯、教皇国甚至西班牙联合起来反抗自己的时候，法国都保持中立。

奥斯曼帝国对塞浦路斯的企图不可避免地导致了它于1570年夏向威尼斯宣战。7月，一支超过6万人的土耳其军队入侵了该岛。在接下来的16个月里，保卫塞浦路斯的威尼斯士兵与远为强大的奥斯曼帝国军队展开了一场残酷血战。1571年5月，在土耳其军队围攻法马古斯塔（Famagusta）这个最后据点时，教皇庇护五世和威尼斯当局最终同意组成一个脆弱的神圣同盟，其中还包括西班牙、马耳他骑士团（他们在1565年于马耳他岛的总部击退奥斯曼军队的围攻后声名远扬）和大多数意大利城邦。该联盟匆忙组建了一支由腓力二世同父异母的弟弟奥地利的堂胡安指挥的天主教舰队，由200多艘船只组成，于同年8月起航前往塞浦路斯。

但对法马古斯塔的保卫者来说，为时已晚，他们在船队刚出发的时候就投降了。当堂胡安获悉此事后便前往距离希腊伯罗奔尼撒的佩特雷（Patras）不远处的勒班陀，那里停泊着由300艘船只组成的一支奥斯曼帝国舰队。1571年10月7日上午，双方打响了后来会被认为属于这个世纪最伟大的海战。下午4时，奥斯曼军队被神圣同盟击败，损失了大约210艘船与1.5万名士兵和水手。[18] 在那个短暂的瞬间，基督教世界忘记了自身的分裂，一起庆祝它在近一个世纪以来第一次战胜似乎无敌的土耳其人。这个喜讯传遍欧洲，人们感到莫大的欣喜和宽慰。人们举办庆祝活动、游行、在讲堂里做弥撒，将这场胜利视为在伊斯兰教即将压倒基督教时降下的神圣干涉。人们出版小册子、绘画和诗歌来庆祝，威尼斯人彼得罗·布乔（Pietro Buccio）将之描述为一场"基督教反抗异教徒的奇妙而光荣的胜利"。[19]

当消息传到伦敦时，那里的人民也公开纵情庆祝，尽管伊丽莎白最近才被绝罚。人们因为这场胜利在圣保罗教堂里的布道辞中感谢上帝，英国的编年史家拉斐尔·霍林斯赫德（Raphael Holinshed）写道："城市中到处都是篝火，人们设宴欢庆，因为人们有正当的理由这么做：基督教世界取得了如此重要的一场大胜。"就霍林斯赫德而言，奥斯曼帝国是"我们共同的敌人，在这里不分新教徒还是天主教徒"。[20] 尽管这番言论表明他对奥斯曼人的现实政治认识有限——他们对新教和天主教的分裂了如指掌，并知道如何加以利用——但霍林斯赫德准确抓住了大众的情绪。他在这里暗示，这是一个可以把宗教分裂放在一旁，让基督教团结起来反抗它最大的敌人的重要时刻。

仅仅过了几年，勒班陀大捷就被证明没有什么实质意义，英格兰与其他基督教国家之间的和谐几乎立刻化为了泡影。腓力二世和庇护五世现在联合起来，威胁说要让欧洲摆脱新教"异端"，而伊丽莎白的盟友和她的对手都对此心知肚明。一名低地国家的英格兰间谍在回应勒班陀大捷时汇报说，西班牙的"下一步企图将是征服英格兰的土耳其人"，[21] 而另一个英国间谍威廉·赫尔勒（William Herle）于1573年6月在低地国家写信说，腓力二世痛恨英格兰新教徒，"这股不灭的恨意永远无法消解，他认为他们是上帝的神圣之名及其子耶稣基督的亵渎者，比土耳其人、马拉诺人（Marranos）、犹太人或异教徒更加糟糕"。[22]

伊丽莎白求助于她最值得信任的顾问——国务秘书威廉·塞西尔，现在的伯利勋爵和弗朗西斯·沃尔辛厄姆（Francis Walsingham），后者是驻法兰西的大使兼无情的间谍组织首脑——他们建议女王考虑在地中海的两端与葡萄牙和奥斯曼帝国建立联盟。考虑到最近在摩洛哥贸易上与葡萄牙发生的龃龉，结盟可能有些困难，但两国至少互相派驻了使节，有可能达成妥协。至于奥斯曼帝国就完全是另一回事了。16世纪70年代是奥斯曼帝国权力和领土扩张的全盛时期，尽管身在伦敦的伊丽莎白及其顾问们受视阈所限，还不知道这一点。对他们来说，奥斯曼帝国似乎会是赢家。无论是谁，无论宗教信仰是什么，只要能够对抗教皇和西班牙人，就是受欢迎的。但伦敦与君士坦丁堡之间的距离太过遥远，也没有英格兰大使或商人在那里常驻，想要与苏丹进行协商被证明是极其困难的，甚至是危险的。因此，与奥斯曼结盟的提议被悄然搁置了，伯利开启了与葡萄牙的谈判，同意牺牲英格兰在几内亚的商业利益来保住摩洛哥这个立足点。1576年，一纸英葡条约解决了大部分未解决的商业纠纷，但它甚至没有提到摩洛哥,这让英国人继续在那里自由地做生意而不受惩罚。[23]

甚至在1576年签订协议之前,英国商人便开始在王室的默许下,利用萨阿德王朝不稳定的局势来进行越来越正式的军火交易。交易中的关键人物之一就是来自哈克尼的绸布商人同业工会的一员埃德蒙·霍根(Edmund Hogan)。他在德意志地区和西班牙都有生意,被广泛誉为"伦敦最聪明、最优秀的商人"之一。[24] 1572年,霍根派了一个名叫约翰·威廉姆斯(John Williams)的代理人前往摩洛哥,去核实据说那里有大量优质硝酸钾的情报。硝酸钾是制造火药的关键原料,在西欧非常稀缺,要以高价从波斯和印度进口。英国人手工制作硝石既困难又繁杂(需要用到尿液和动物粪便),而且产量低。结果,当威廉姆斯带着摩洛哥硝石返回时,大家都很兴奋,他告诉霍根,那里的硝石"比他去过的任何地方所生产的都要好得多"。唯一的问题是新任苏丹阿布·阿卜杜拉·穆罕默德二世(Abu Abdallah Muhammad Ⅱ),他在与叔叔马利克进行了短暂的权力斗争后继承了他父亲加利卜的王位。面对马利克的持续反攻,穆罕默德二世没有兴趣用硝石交换英格兰布匹:他告诉威廉姆斯,"如果我们给他们的大炮提供弹药,那么我们就能拥有硝石"。苏丹的顾问劝他不要做这笔买卖,认为"尽管他的法令与之相反……考虑到他需要丸粒商品[铁丸或炮弹]正如基督徒需要硝石一样,不应该把硝石卖给基督徒"。[25]

1575年,威廉姆斯带着硝石样品回到了英格兰,并把它们带去了齐林沃斯城堡(Killingworth Castle),在那儿向伯利和第一代莱斯特伯爵罗伯特·达德利(Robert Dudley)展示,后者当时正在招待出巡中的女王。二人都对硝石的品质惊叹不已,并批准出口子弹、炮弹和其他军火。但对穆罕默德来说，这笔订单来得太迟了。当武器抵达时（正是伯利缔结英葡条约的同时），马利克带领奥斯曼帝国军队从阿尔及利亚进军摩洛哥，并在1576年4月于穆罕默德的首都菲斯（Fez）城外击败了他，随即宣布自己是摩洛哥萨阿德王朝的第四任苏丹。穆罕默德二世逃至休达（Ceuta），在那里向他的劲敌——年轻的葡萄牙国王塞巴斯蒂安一世——寻求不太可能的庇护。

马利克在奥斯曼宫廷里待了很多年，他比他的前任更加都市化和国际化，他渴望与英国人重新建立联系，使之成为摩洛哥对抗西班牙的后盾。在评估了他消耗的军用物资之后，他意识到他需要支持霍根的提议。但是，尽管工匠们最初愿意前往摩洛哥铸造武器，霍根后来报告说：当工匠们准备从哈里奇（Harwich）出发时，他们受了惊，"突然逃跑了"。[26] 他们拒绝离开的原因并不清楚，但这说明并非所有人都像霍根和威廉姆斯那样热衷于与异教徒做买卖。

尽管遭遇了这些问题，但老到的霍根相信缺乏经验的新任苏丹会向他们订货。1577年3月，在一份写给伊丽莎白顾问团的备忘录中，他声称马利克准备给英国提供独家的硝石贸易以换取武器。根据威廉姆斯的情报，马利克曾说："我万分荣幸地得到您英格兰女王的消息，而且我对英格兰民族怀着良好的情感"，他准备"建立联盟，以便她的船只和臣民能够安全地进入这个巴巴里的国家"。霍根还说了另一个有趣的观察：马利克可以提供一条让英国布匹进入土耳其和广阔的东方市场的替代路线。他认为，"所有途经德意志和意大利走出基督教世界运往奥斯曼帝国的基督徒生产的商品，都将可以经由他的［马利克的］国家到达君士坦丁堡。这是一条更近的通道，在获得安全通行权和通行证的情况下，比另一条通道的花销要少"。霍根曾目睹莫斯科公司通过漫长而险恶的东北通道，艰难地维持着英格兰与波斯的贸易。他现在感觉看到了新机遇：通过摩洛哥，然后向东穿越北非，至少可以到达土耳其。通过将布匹"从海上运至巴巴里，和到西班牙一样近，我们就能避开运输中的所有想横插一脚的陌生人，从而使我们的海军能够保护女王陛下的臣民增进财富"。霍根坚持说，这"是非常重大的问题，因为这样一来，我们的运输距离就能缩短2000英里，获得一条不受葡萄牙和西班牙干扰的直达通道"。在结尾，他间接对比了从大西洋通往摩洛哥的海上航路与莫斯科公司前往北极圈的艰苦的东北航线，指出"在我们的时代，自从在巴巴里开展了贸易，这条航路上没有船只没到达目的地"。[27]

霍根在后勤和地理方面的知识可能值得怀疑，但他的决心十分坚定。他设法说服伯利、沃尔辛厄姆和女王的财务顾问和皇家交易所的创始人托马斯·格雷沙姆爵士（Sir Thomas Gresham，他一直在寻找新的项目来扩大伊丽莎白的金库），让他们相信应该让他作为女王的正式代表前往摩洛哥会见苏丹。他要前去讨论的问题完全是他一厢情愿的臆想。正如我们已经看到的，在1561年的时候，那些提交给伊丽莎白的都是些过时的信息，因此她让安东尼·詹金森给沙阿塔赫玛斯普一世捎去了一封有点天真的信。她不想在与另一位穆斯林统治者打交道时重复她的错误，这一次，她给了霍根一封介绍信（已经遗失了），还给了他可能是由伯利起草的详细指示，告诉他在会见摩洛哥苏丹时应该说些什么。值得注意的是，最近受到绝罚的女王似乎重新走上了教皇关于违禁物品交易设定的由来已久的路线。她命令霍根感谢马利克允许英国人在摩洛哥做生意，但同时也要求他就因"食糖案"的赔付方案而与当地犹太商人产生纠纷表达英方的不满。女王严禁霍根讨论军火交易。若苏丹提起"他将不时需要炮弹和弹药一事（我们无论在荣誉上还是在良心上都不能在此事上屈服），我们希望你不要提及"。若苏丹向霍根逼问为什么英国人不能给他提供军火，他就回答，"这关乎我们对上帝的侍奉"，任何有关这样的贸易的企图都将"招致我们所有基督教邻国的君主对我们的仇恨"，并会引发战争。[28]

1577年5月6日，霍根带着女王的指示，以个体商人和伊丽莎白首位派往摩洛哥的大使的双重身份从朴次茅斯起航。15天后，他抵达了萨菲（Safi），并在那里会见了摩洛哥代表团和英格兰常驻商人。月底，他到达了马利克位于马拉喀什的宫廷郊外。当他骑马入城时，"在那里碰见的全是迎接我的西班牙和葡萄牙基督徒，我知道这更多的是因为国王［马利克］的命令，而非出自他们本人的良好意愿"。霍根几乎没有停下来向他的基督徒对手们致意，他有点暴躁地说，他们"像狗一样耷拉着脑袋，尤其是葡萄牙人，我于是只能忍受他们"。6月1日，霍根终于等到了与马利克的会面，他用西班牙语宣读了女王的信件，并耐心地等待它被翻译成阿拉伯语。苏丹（通过西班牙语译员）报以诚挚的回应，并"宣称，他的国家连同国家内所有的一切，都会服从陛下的命令"。在接下来的一个月里，马利克与霍根发展了一段短暂但亲密的友谊。他们一起用膳、观剧、欣赏音乐直到午夜，在马利克的船上寻欢作乐，用霍根所谓的苏丹的"英国狗"来逗公牛，甚至观看一种被这个困惑的英国人描述为"莫里斯舞"的舞蹈。在享乐之余，霍根设法促成了一项协议，要求"那里的犹太人"解决他们对英国人的债务，而且在没有提及用武器来交换的情况下，他获得了"300公担［13吨］硝石"。

霍根在给伦敦写的信中对马利克的统治做出了极为正面的评价，也就丝毫不足为怪了。他给伊丽莎白写信说："我发现他对陛下的商人比任何国家的都友好"，尽管他承认苏丹仍然面临着国内来自被废黜的穆罕默德的挑战。霍根指出："他的国家还未完全平静，因为黑国王［阿卜杜拉·穆罕默德］在山区保持着少量兵力。"但真正引起霍根注意的，是马利克明显反感西班牙和他对英格兰的支持。他在报告中写道，马利克说，"比起来自西班牙的任何人，我更重视来自英格兰的你"，因为腓力二世"无法治理自己的国家，而是受教皇和宗教裁判所管辖。马利克完全不喜欢那种宗教［天主教］，我发现他是个非常热忱的新教徒，拥有良好的宗教和生活，熟悉旧约和新约的内容，因此十分喜爱陛下的国度所信奉的上帝的真正宗教"。[29] 霍根明显偏颇的报告读起来更像是路德派的宣传，而不是一个热衷于阅读新约、拥抱"真正的"新教信仰的穆斯林统治者的神学宣示。正如葡萄牙人和威尼斯人将什叶派萨法维人塑造成与早期基督教战士相似的圣洁斗士一样，霍根这样的英格兰新教商人也以他们自己的神学形象重塑了逊尼派的萨阿迪王朝统治者，以减轻他们在与穆斯林经商时可能会产生的不安。

在披露了马利克抱持的新教信仰后，霍根继续说明，苏丹准备用他在奥斯曼人中的影响力来确保"所有要驶经他的巴巴里海岸，并穿越［直布罗陀］海峡进入黎凡特海域的英国船只"能够"安全通行，并且这些船只及船上的商人和他们的货物可以驶过黎凡特海域和土耳其苏丹的领土"。在霍根看来，他现在正与一个是准新教徒的摩洛哥统治者打交道,后者在其王国中为他提供了自由贸易,以及不受限制地前往奥斯曼帝国的领土和东方更远的市场的权利。在这样的假设下,贸易得以暂时维持,但这一假设经不起仔细推敲,在摩洛哥随后的灾难事件中也无法幸存。

在霍根结束他的旅程记述时,他写道:"涉及女王陛下与皇帝[马利克]之间的私事,我带回了皇帝给女王的私信,以满足陛下。"霍根在不用苏丹渴望得到的武器来交换的情况下将大量硝石运走,这是极不可能的,而这些武器的出口已获伯利、沃尔辛厄姆和格雷沙姆的批准,无疑背后得到了女王的同意。长久以来,各国的历史都有晦暗的一面,无论它们的宗教或意识形态是什么,在向他们表面上的对手出售武器的时候,它们都会掩盖真相,伊丽莎白时代的人也不例外。正式的书面指示有时远非指向事实真相,很有可能伊丽莎白担心她写给霍根的信会遭到葡萄牙或西班牙间谍的拦截,于是她炮制了一套书面指示,煞费苦心地谴责武器交易,却用口头指示来批准交易。

霍根在1577年7月下旬返回伦敦后发生的事,似乎证实了这一幕。他带回了马利克写给伊丽莎白的信,信中同意了伊丽莎白的所有要求,并提议互派使节,以使他们的新联盟正式成立。葡萄牙驻伦敦大使弗朗西斯科·吉拉尔迪(Francisco Giraldi)出离愤怒,他肯定认为霍根在访问摩洛哥期间用英格兰的军火交换了硝石。1577年8月9日,他正式向沃尔辛厄姆投诉,我们从中得以认识到伦敦人对英-摩贸易的了解程度。"我希望郑重地告诉您,"他尖刻地写道,"这座城市到处传诵那个暴君谢里夫[Shereef,阿拉伯语中"贵族"一词的变体]对女王陛下使节的招待;他如何去面见他,口头上用这个名字来尊称他,一如一个乘船而来带来这个消息的葡萄牙人所详细告诉我的。另外,那个霍根在盖伦帆船和另外两艘更小的船上装载了大量的货物和武器,我的大人,我敢肯定,对国王的胃口来说,这些都不算什么。"[30] 伊丽莎白不得不小心行事。她在9月份给马利克回信时,她很欢迎他派驻使节,但在此事上请他保密。现在看来,建立正式的英-摩商业和军事联盟可能只需要几个月的时间,指日可待。

霍根坚持认为摩洛哥可以让英格兰商人进入奥斯曼帝国的市场,这重新引发了英国对与君士坦丁堡建立贸易的兴趣,长期以来沃尔辛厄姆都倡导这么做。他意识到,基督教国家间流传的奥斯曼帝国在勒班陀战败后已经灭亡的报告是极度夸张之辞。1572年5月教皇庇护五世去世后,神圣同盟迅速瓦解,威尼斯渴望与奥斯曼帝国重建商业关系,于1573年3月签署了一份和平条约,承认了塞利姆对塞浦路斯的统治权,甚至还向他缴纳了贡赋。奥斯曼帝国的大维齐(相当于首相)索库鲁·穆罕默德帕夏(Sokollu Mehmed Pasha)用行动驳斥了奥斯曼海军霸权在此地区已经终结的说法。他实行了大规模的海军重建计划,并吹嘘说"奥斯曼国无比强大,若苏丹下诏以银造锚、以丝绸为绳索、以锦缎作帆,整支舰队也能照做"。[31] 正当奥斯曼人重建海军时,哈布斯堡王朝在1573年夺取了突尼斯。但一年后,一支甚至比勒班陀战役前还要强大的土耳其新舰队夺回了这座城市,并使奥斯曼帝国恢复了在地中海东部地区的主导地位。

就沃尔辛厄姆所知,奥斯曼人比以往任何时候都更强大,在可见的未来,他们看起来好像要控制从地中海进入亚洲的入口。然而,世道无常,塞利姆在1574年12月突然身亡(据传是在洗澡时不慎跌倒而死），并由他那个孱弱任性的儿子穆拉德三世继位。穆拉德三世隐居皇宫，对挑战西班牙哈布斯堡王朝不感兴趣。沃尔辛厄姆没有因此感到气馁，他仍然决心与奥斯曼帝国建立联盟。

新苏丹做的第一件事就是那一成不变的臭名昭著的行为，他下令勒死了他的5个弟弟，以防止他们篡位。他让他最宠爱的妃子（haseki）萨菲耶苏丹在托普卡帕宫内受保护的后宫中行使前所未有的政治权力，这使他变得臭名昭著。萨菲耶是奥斯曼帝国历史上最神秘的人物之一，据说是阿尔巴尼亚人，在少女时期被奥斯曼军队俘虏，然后被献给了穆拉德。穆拉德还令他的母亲努尔巴努——一个在皇室中的威尼斯女贵族——成了皇太后，她施行了与他的儿媳妇相对的政策，带来了灾难性的后果。

奥斯曼人喜欢通过强调伊斯兰信仰与新教信仰之间的共性来吸引新教徒，这是特别吸引沃尔辛厄姆的一项政策。1574年，奥斯曼帝国的文书部门给"佛兰德斯和西班牙的路德派教徒"写了一封特别的信，称赞了新教改革者，因为：

> 对你们来说，你们不崇拜偶像，你们禁绝了偶像、圣像和教堂的钟声，并通过宣称全能的主就是唯一、神圣的耶稣是他的先知和仆人来表明你们的信仰，现在全心全意地寻求和渴望真正的信仰；但被他们称为教皇的不忠之人不承认他的创造者是唯一，而是为神圣的耶稣（愿主福安之！）赋予神性，并崇拜他亲手制造的偶像和圣像，因此质疑主的唯一性，唆使许多主的仆人走上这条邪道。[32]

就像霍根幻想马利克"几乎"是新教徒一样，在奥斯曼人的呼吁中，路德派教徒几乎变成了穆斯林，似乎和他们一样拒绝代祷，都认为耶稣是一名先知，只有"不忠"的、被误导信奉三位一体的天主教教皇才会认为他有神性。无论这是不是对新教信仰的蓄意误解，其目的都是明确的：土耳其人渴望利用天主教与他们所谓的"Luterān mezhebi"（路德教派）之间的政治分歧。

正当霍根忙于与摩洛哥协商时，奥斯曼人将注意力从天主教和路德教派上转回到了麻烦的波斯什叶派王朝。一年前沙阿塔赫玛斯普去世后，穆拉德希望利用波斯的内部动荡而宣布发动战争，意在征服高加索地区，开启了一场将定义他的统治的漫长而损耗严重的冲突。土耳其人突然入侵高加索地区，使莫斯科公司在这个地区步履维艰的波斯贸易戛然而止。就沃尔辛厄姆而言，英国商人需要做出的反应是显而易见的。奥斯曼帝国是一个对新教徒有好感的强大帝国，他们需要武装自己的军队，显然迫切需要英格兰的两种主要商品：布匹和枪炮。

在和土耳其做生意的问题上，伦敦最大的两家商业公司及其主要商人得出了同样的结论。爱德华·奥斯本（Edward Osborne）和他的贸易伙伴理查德·史泰博（Richard Staper）都是纺织工匠行会的成员，他们在西班牙、葡萄牙、巴西和低地国家有广泛的商业利益，1575 年，他们提议取道波兰打开土耳其的贸易。根据理查德·哈克卢伊特的说法，"大约在 1575 年，前述商人自费派遣约翰·怀特（John Wright）和约瑟夫·克莱门茨（Joseph Clements）取道波兰前往君士坦丁堡，约瑟夫在那里逗留了 18 个月才从大君［Grand Signior，英国人用来描述奥斯曼苏丹的称谓］那里为威廉·哈本先生获得安全通行资格，然后为爱德华·奥斯本爵士取得自由进出他的领地的安全通行资格"。³³哈克卢伊特的赞美是可以理解的，因为他受雇于奥斯本和史泰博。他们帮助他在牛津大学获得了纺织工匠行会的奖学金，并在他离校之后继续资助他。也许这就是为什么哈克卢伊特没有提及他们的对手绸布商人同业工会在那之前就资助了一次渡海前往土耳其的探险。

1577年6月，正当克莱门茨在君士坦丁堡时，绸布商人同业工会的托马斯·科德尔（Thomas Cordell）获得了奥斯曼帝国的特许（firman），使前往的黎波里、亚历山大港和君士坦丁堡销售布匹、锡、铅和钢铁的商船能够安全通行。在当时准备出航的船中，有一艘叫"鹈鹕"号（Pelican），这艘排水量为120吨的盖伦帆船最终没有出航，而是后来被更名为"金牡鹿"号（Golden Hind），并成为弗朗西斯·德雷克爵士（Sir Francis Drake）在1577年11月驶离普利茅斯进行英国人的首次环球航行时的旗舰。科德尔可能是从法国商人那里获得特许的，后者在1569年批准的《法奥条约》的保护下与奥斯曼人做生意。根据条约条款，奥斯曼人将基督教商人视为受临时特许（aman）保护的外邦非穆斯林（harbis）。他们拥有类似顺民的地位（musta'min），但被免除了一年的纳税义务。³⁴没有现存记录显示科德尔是否到达了君士坦丁堡，或克莱门茨是如何获得他的宝贵特许的，但我们知道，到了1578年春天，英国人已经准备与奥斯曼人经商了。但是，就在奥斯本的代理人威廉·哈本于7月出发前往君士坦丁堡后，来自摩洛哥的消息震撼了整个欧洲和地中海地区。

自从马利克于1576年继位后，阿卜杜拉·穆罕默德被放逐到葡萄牙占领的休达。在穆罕默德短暂的统治期间，他因为对基督徒的敌意而臭名昭著，但在如今这个紧要关头，他给塞巴斯蒂安提供了一个非同寻常的提议。如果这位年轻的葡萄牙国王肯入侵摩洛哥，废黜马利克并恢复穆罕默德的统治者地位，后者承诺将这个王国变为葡萄牙的附属国。任何老练的基督教统治者都会毫不犹豫地摒弃这样一个自私自利的提议，但让这位虔诚而天真的塞巴斯蒂安的顾问们吃惊的是，他迫切想要找个借口来发动一场光荣的十字军远征，以证明自己的勇气，因此无法拒绝这样的提议。塞巴斯蒂安是16世纪那些愚蠢而盲目的君主之一，要不是他自负又冲动，他可能还将是一个让人同情的悲剧人物。他最大的不幸是在仅仅3岁时继承了祖父若望三世（John Ⅲ）的王位。在国王若望三世的统治下，葡萄牙帝国国力达到了顶峰，垄断了远东的香料贸易，殖民巴西，并且到达了中国和日本。但到了16世纪70年代塞巴斯蒂安成年后，帝国已经在走下坡路了，这与他的舅舅腓力二世统治的邻国西班牙帝国形成了鲜明对比。在宗教虔诚和对领导一场扫荡摩尔人的非洲的十字军远征的痴迷下，年轻的葡萄牙国王被蒙蔽了双眼，看不出来这是一次愚蠢的行动。他的军队规模很小，而且几乎没有得到任何其他基督教国家的支持，而对方是一支由奥斯曼帝国暗中撑腰的摩洛哥军队。1578年春，塞巴斯蒂安开始组建一支由葡萄牙应征兵组成的杂牌军队，他们包括忠于穆罕默德的摩洛哥人、德意志的加尔文派雇佣军和来自卡斯蒂利亚的探险家。其中还有英国最臭名昭著的叛国者之一，托马斯·斯图克利（Thomas Stukeley）。[35]

"关于这个人，"伯利写道，"可以写满好几卷书。"即使以伊丽莎白时代英格兰的标准来看，斯图克利——士兵、间谍、海盗、探险家、叛徒、告密者、阴谋家——的经历也是相当传奇。据传他是亨利八世的私生子，由于煽动叛乱和诈骗而遭到追捕，他30岁时逃出英国。16世纪50年代，他在欧洲大陆上英勇无畏地战斗，作为私掠船船长攻击西班牙和法国船只，获得了伊丽莎白的支持。1568年，他因涉嫌叛国并与爱尔兰天主教叛军勾结被捕。他公开抨击伊丽莎白，过分地宣称"不会再为她这个婊子和她的政府卖命"，[36]他先是逃至西班牙，然后在教皇宣布绝罚谕令后来到罗马。忠诚的伊丽莎白党人对斯图克利的行为感到震惊。霍林斯赫德斥责他是"一个受所有基督教徒唾弃之人、一个不忠的畜生"，而历史学家威廉·卡姆登（William Camden）更是严厉地谴责他是"一个恶棍、挥霍无度的浪荡之人、吹牛大王"。[37]在公开反叛伊丽莎白后，斯图克利先是鼓动腓力二世，然后是教皇庇护五世资助他个人入侵爱尔兰。1571年，他在勒班陀战役中指挥西班牙的加莱桨帆船，到了1578年，他终于获得了教皇格里高利十三世（Pope Gregory XIII）对他的爱尔兰冒险的谨慎支持，只获得了一艘船和600名意大利士兵。

当斯图克利于5月在前往爱尔兰的途中到达里斯本时，塞巴斯蒂安仍然极度缺乏士兵。他恳求这位英国人放弃他的爱尔兰冒险，加入他那个同样不可思议的非洲探险。国王以他一如既往的简洁风格给教皇写了一封信，解释说他为斯图克利做了更宏大的计划，而且后者"在这件事上比教皇、我们任何人或世界上任何人都更在行，总而言之他现在最好不要去［爱尔兰］"。作为一个典型的投机主义者（加上在一艘漏水的船上和一帮难以管制的士兵一起航行毫无吸引力），斯图克利同意了，他放弃了教皇和爱尔兰，如今口口声声说这只会给他带来"饥饿和虱子"。1578年整个夏天，这位英国叛国者看着塞巴斯蒂安募集了一支由1.6万名爱闹脾气的士兵组成的军队，这个数字很快被一支由非战斗人员组成的队伍超越了，一名评论者将后者形容为"令人讨厌的辎重"，其成员包括主教、神父和"数之不尽的苦工、奴隶、黑人、穆拉托人（Mulattoes）、马童、洗衣工，还有那些法国人戏称为'欢乐的女儿'的甜美丫头"。[38] 舰队终于在6月底准备好了，但塞巴斯蒂安得到了明智的建议：盛夏不是带领一支穿着盔甲的骑士军队与一支由老兵组成的常备军在摩洛哥的酷热中战斗的时候。一如既往地，这位鲁莽的国王拒绝听取建议。6月26日，他带领着由数百艘船组成的舰队离开了里斯本，前往非洲。

7月12日，为了补充淡水，舰队混乱不堪地在摩洛哥西北海岸的艾西拉（Asilah）登陆，但未能达到目的。只要重新登船并沿海岸行驶几个小时，他们就能到达原定登陆地点拉腊什（Larache），但塞巴斯蒂安选择了自杀式的做法：长达一周的向内陆强行行军以到达目的地。一位现代历史学家评论说："在一段长达35英里的险恶地段行军，只为到达走20英里海路就能安全到达的地点"，这是"一个糊涂的年轻人无法抗拒的吸引力"。[39] 8月3日，星期天，疲惫不堪、士气低落的军队在中午温度超过37摄氏度且口粮不足的情况下，全副武装行军了好几天，终于到达了位于当地名为凯比尔堡（El-Ksar el-Kebir，葡萄牙语为Alcácer-Quibir）以北平原上的马哈赞河（Mekhazen River）。在那里他们与马利克的强大军队狭路相逢，很快就被对方包围，那是由至少6万名柏柏尔人、阿拉伯人、土耳其人和摩里斯科人老兵组成的军队，人数是塞巴斯蒂安那支可怜部队的4倍。更糟的是，塞巴斯蒂安更喜欢配备长矛的步兵而不是骑兵和火绳枪兵（装备簧轮火枪的士兵），这很快被证明是一个致命的错误，因为他们面对的是马利克的 3 万骑兵和 3000 名训练有素的摩里斯科火绳枪兵,后者中的大多数可能装备了英国提供的军火。面对几乎必然被歼灭的局面,塞巴斯蒂安的顾问们在晚上举行了一场军事会议。他们的共识是要避免灾难,并体面地撤退到海岸。塞巴斯蒂安对这一建议嗤之以鼻,并在第二天一早下令出兵交战,希望能出奇制胜。

第二天,"8 月 4 日,星期一,在我们所说的 1578 年,两位国王大约在 12 点开战"。塞巴斯蒂安再次让他的军队瘫痪了,因为他选择了一天中最热、太阳最耀眼的时候战斗。他不知道的是,他的对手马利克在他到达战场之前就已经身患绝症。那些与生病的国王关系密切的人怀疑他被心怀不满的土耳其支持者下了毒,其他人则担心是瘟疫;但无论是什么原因,他那天早上对部队发表讲话时,已经命不久矣。摩洛哥炮兵首先开火,短暂阻止了塞巴斯蒂安步兵的前进。几乎是马上,"双方徒步的火绳枪兵密如雨点地开枪,如同狂怒可怕的暴风雨,枪炮的轰隆声使地球也为之震动,仿佛会坠落地狱一般"。战斗迅速演变成肉搏战:塞巴斯蒂安的德意志和西班牙军团非常凶猛,他们冲破了对手的防线,随后紧跟着葡萄牙骑兵。当摩洛哥人屈服时,马利克翻身上马集合他的军队,但这对他来说太难了。马利克瘫倒在担架上,不到一个小时就身亡了。如果这个消息传到了战场上的其他地方,那么塞巴斯蒂安很可能会赢下一场不太可能的胜利,但"他的死讯被摩洛哥人巧妙地隐瞒了",马利克的部队也集结了起来。

随着战争进入白热化,第二个国王倒下了。穆罕默德带领骑兵发起了一次不太成功的冲锋,看清了战场的走势。他试图逃跑穿过马哈赞河,但被他的马颠了下来,"而且由于不熟水性,被淹死了"。斯图克利也死得不光彩：在摩尔人发动第一波攻势时，他抛弃了他的意大利军团，"一枚炮弹炸断了他的双腿，结束了他的生命"。[40] 他也许对伊丽莎白不屑一顾，但很可能是她的一枚炮弹杀死了他。最后，随着成群的摩尔人步兵残杀最后几批筋疲力尽的士兵，第三位国王倒在了战场上。塞巴斯蒂安在追求发起一次打击异教徒的十字军的梦想时犯了所有能犯的错误，但最后他被证明是一个勇敢，甚至是一个能鼓舞人心的战士，他"没有抛弃他的人民：认为逃跑避险是不光彩的，他与跟随他的少数几人表现得很勇敢。他杀了很多人，把很多人送进了地狱，许多人因此称他为闪电"。他最后一次被人看见时，尽管大势已去，但他还是再次冲入战场中心，在那里被砍到了。杀他的人可能不知道他是葡萄牙阿维斯家族最后一个无可争议的国王，这个家族自1385年起就统治着葡萄牙王国。

经过6小时的浴血奋战，凯比尔堡之战——在欧洲被称为"阿尔卡塞尔－吉比尔之战"或"三王之战"，而摩洛哥人称之为"马哈赞河之战"，在英国外交信函中被称为"阿尔卡扎之战"——结束。塞巴斯蒂安1.6万人的军队被消灭了。有报道称，大约有3000名到1.2万名士兵被杀，但确定的是，成功逃脱的不超过200人。其余的人，包括成千上万的非战斗人员，都被掳走了：富裕的人被赎回，但绝大多数被卖为奴隶。马利克的弟弟曼苏尔在战斗中幸存了下来，在确保获得胜利后立即继承了王位。他下令将三名死者的遗体运送至他的新王国里：

> 三个国王的尸体被抬进一个大帐里，场面极其恐怖，旁观者潸然泪下。有什么景象比目睹三个最强大的国王在一场

战争中一同战死并躺在一起更令人悲伤恐惧呢？其中一个国王的军队在他活着的时候被击溃了，但在他死后立即击败了另外两个国王的军队：这三个国王都觊觎摩洛哥王国，却都没能拥有它。[41]

一个月后，当战败的消息传到里斯本时，一个常驻里斯本的德意志商人在家书中写道："不止这座城市，整片土地都充满了哀恸、绝望和悲伤。人们在街头失魂落魄地四处游荡，他们在一天内失去了国王、丈夫、儿子以及这些人携带的全部财物。但更可怕的是，这个王国现在必将落入西班牙的统治之下，这是他们最不能容忍的。"[42]这是一个奇耻大辱，许多葡萄牙历史学家相信这个国家至今还未从中恢复过来。尽管塞巴斯蒂安的尸体最终被运送回国，安葬在贝伦的圣玛利亚大教堂，但许多人拒绝相信国王已故，声称他其实逃离了战场，有一天会返回拯救这个看起来极为衰败的国家。在19世纪末，人们甚至唤起"塞巴斯蒂安主义"（Sebastianism）的救世主信仰来捍卫巴西的君主制，至今它仍然是现代葡萄牙语中"怀念之情"（saudosismo）概念——缅怀已经失去或未必失去的东西的感情——的一部分。

欧洲各国的统治者都在评估这场战斗的意义。奥斯曼人在看到另一个穆斯林统治者（虽然是敬重他们的统治者）摧毁了一支基督教军队，尤其是在他们自己在勒班陀战败后，感到甚为恼火，但他们安慰自己说，曼苏尔将继续支持土耳其，巩固他们在北非的统治。腓力二世在得知他的外甥塞巴斯蒂安去世的消息后表面上显得悲伤欲绝，然而他马上看到了可以利用里斯本权位空缺的机会。西班牙的教廷大使在写给罗马的信中将塞巴斯蒂安的战败归咎于伊丽莎白对马利克的支持,他怒吼道:"没有什么坏事是这个女人做不出来的,事实摆在眼前,她用武器,尤其是火炮,援助了马利克。"英国人显然对损失了苦心经营的穆斯林盟友感到震惊,他们也对葡萄牙落入腓力之手的前景感到沮丧。若事实果真如此,这将使西班牙国王可以有效地支配整个伊比利亚半岛、低地国家、新大陆和葡萄牙在东南亚的领土的巨额财富。由于没有直接继承人,塞巴斯蒂安的王位由他年迈的叔祖父红衣主教恩里克(Cardinal Henry)继承。恩里克的继任受到了他的侄子克拉图的修道院长堂安东尼奥(Don António, Prior of Crato)的挑战,他是国王曼努埃尔一世(King Manuel I,若望三世的父亲)的孙子。堂安东尼奥曾在阿尔卡塞尔-吉比尔之战中英勇战斗,他在那里被俘虏,但被成功赎回。英格兰和法兰西都绝望地试图通过支持这位葡萄牙王位觊觎者来阻止腓力二世,但这种国外支持几乎无助于堂安东尼奥对王位的主张,特别是其中还涉及"异端"英国人,后者因为提供了击败塞巴斯蒂安的武器而受到谴责。1580年8月,腓力的军队挺进葡萄牙,在阿尔坎塔拉(Alcântara)战役中击败了堂安东尼奥的军队。堂安东尼奥先是逃至法兰西,后来又逃到英格兰,希望在政治上建立反对西班牙接管葡萄牙的力量。在第二年4月,西班牙的腓力二世加冕为葡萄牙和阿尔加维国王腓力一世,并接管葡萄牙在新大陆的领土,缔造了有史以来最大的帝国之一。

在阿尔卡塞尔-吉比尔之战前的几年里,英国商人与萨阿迪王朝建立了一种不稳定的关系,涉及颇有问题的宗教相似性和以武器交换货物,这为英格兰第一次与一个逊尼派伊斯兰王国直接建立联盟创造了条件。鉴于新教徒和穆斯林共同享有反西班牙的情感,伊丽莎白和她的许多最亲近的顾问都希望建立这种关系。阿尔卡塞尔-吉比尔之战改变了一切,伊丽莎白试图与伊斯兰世界建立联盟的努力似乎已成泡影,她面临的政治孤立比以往任何时候都更加彻底。西班牙现在更是将这个异端女王视为眼中钉。

4
君士坦丁堡的合适人选

1578年秋,当阿尔卡塞尔-吉比尔之战的战果传到伦敦时,弗朗西斯·沃尔辛厄姆爵士认为,这标志着英-摩联盟还没出世就已经胎死腹中。他一贯务实,于是把注意力转向了别处——奥斯曼帝国。该年年底,他撰写了英-土早期关系史上最重要的文件之一。他写给伊丽莎白和她的顾问的《土耳其贸易备忘录》为随后伊丽莎白时代英国与奥斯曼帝国间的各种关系绘制了蓝图。

沃尔辛厄姆的特点是注重细节以及拥有无人匹敌的对现实政治的理解,他在备忘录中力求为贸易辩护,并预测了每一种可能性。英格兰在俄罗斯、波斯以及最近的摩洛哥的经验告诉他,在发展更正式的政治联盟前先建立贸易关系是至关重要的,因此他首先概述了"进入苏丹的领地做贸易可能带来的利润"。他认为,这将加强海军在国防和国际贸易中的作用,促使商人直接将英国商品出口到土耳其市场,而不是通过昂贵的中间商进行贸易,还可以进口免税的土耳其货物,然后在全欧洲销售。然而,这面临着多重的障碍:沃尔辛厄姆明白,所有对地中海商业感兴趣的天主教势力都将试图用各种"手段和武力"来阻止英国和土耳其进行贸易。他幽默而不形于色地评论说,毫无疑问,"对我们并不是最有利的"西班牙将会与法兰西和威尼斯在战略性外交和海军上联盟，以阻止英格兰的贸易。沃尔辛厄姆正确地预料到，一旦腓力"拥有了葡萄牙王国"，困难还会加剧。

沃尔辛厄姆的解决方案是，"选择一个合适的人，带着女王陛下写给苏丹的亲笔信前往那里，以获得充足的安全通行权，而他将常驻那里，费用由商人支付"。这是一个精明的提议。无论被选中的人是谁，都将利用贸易和政治之间的模糊界限，在王室授权下出行，但费用由伦敦商人支付，使女王以最低的财政投资获得最大的外交回报。这个人将无限期地留在君士坦丁堡，以挫败来自威尼斯、法兰西和西班牙的驻地商人或外交官试图破坏英国贸易的企图。沃尔辛厄姆强调说，第一次访问需要"最大限度地保密"，并且最初走陆路，以阻止他乘船离开伦敦的消息传到君士坦丁堡驻地大使的耳朵里。这项宏伟的长期计划如下：每年安排 20 艘载有充足商品的英格兰商船在冬季驶过地中海，在土耳其实现盈利。但沃尔辛厄姆担心：英格兰能提供装满 20 艘船的足够的布料吗？这支小船队所带去的商品会充斥土耳其市场，导致布料价格暴跌吗？他还想知道，在"苏丹和大苏菲开战期间我们出口克尔赛绒呢（kerseys）的情况与战前是一样的吗"？最后，他采纳了埃德蒙·霍根的计划，将摩洛哥贸易与君士坦丁堡联系在一起，认为这样能"导致苏丹给巴巴里国王和其他非洲君主去信，让他们的港口向我们的商人开放"。[1] 在马利克去世后，沃尔辛厄姆显然对摩洛哥王位继承的问题感到担忧，并希望他可以利用奥斯曼帝国的影响力来确保英国在该地区的贸易畅通无阻。

那个带领英格兰冒险打开土耳其贸易的"合适人选"就是威廉·哈本。哈本出生于大雅茅斯的一个小士绅家族，1559 年作为代理商开始出国游历，16 世纪 70 年代他为爱德华·奥斯本工作。1577年，土耳其冒险之行的计划已经得到了讨论，他与爱德华·奥斯本、理查德·史泰博和安东尼·詹金森一起被任命为新成立的西班牙公司（Spanish Company）的主要成员。当时詹金森的俄国和波斯之行已经结束，但如果他与哈本在这段时间相遇的话，那么年长的詹金森肯定会在年轻的哈本身上看到志趣相投的灵魂。他们身上当然都具备进行这种艰苦险恶的长途旅行进入伊斯兰世界的任务所需的特质。两人都极富魅力、坚忍不拔、足智多谋，而且都专注于绸布生意，都是新教女王的忠诚仆人。他们对上述这一点从来直言不讳，即便这种坦诚会危及他们的职业生涯，有时甚至是他们的生命。

就像哈本那个时代的很多英国商人一样，他在动身前往土耳其之前曾受雇做过政府间谍，这表明选择他完成此项任务是奥斯本、史泰博和沃尔辛厄姆共同努力的结果。无论这项任命背后有过什么讨论，在1578年8月初，就在阿尔卡塞尔－吉比尔战役之前，哈本还有几个星期就要开启为期4个月的前往君士坦丁堡的陆路旅程，陪同他的有约瑟夫·克莱门茨和一个随从仆人。他们穿越德意志地区来到波兰，哈本在利沃夫遇见了他的姐夫（可能是英格兰代理商约翰·怀特）和一个名叫穆斯塔法贝伊（Mustafa Beg）的奥斯曼译员（外交翻译和特使）。与詹金森在波斯时的坏运气相反，就在穆斯塔法随行的一支奥斯曼代表团重新签署波兰与土耳其新任苏丹穆拉德三世之间的和平条约的时候，哈本也迎来了自己的好运。哈本加入了穆斯塔法返回君士坦丁堡的外交队伍，取道詹金森在1561年返回英国时倡议的穿过摩尔达维亚、罗马尼亚和保加利亚的路线，最终，哈本于1578年10月28日抵达奥斯曼帝国的首都。[2]

哈本并没有记录下初到奥斯曼帝国首都时的所见所感，但作为一个来自诺福克的英国新教商人，他内心肯定同时感受到了恐惧和喜悦。君士坦丁堡是世界上最伟大的帝国首都之一，自1453年被苏丹穆罕默德二世征服后发生了翻天覆地的变化，而且后来它将被称为伊斯坦布尔，取自希腊语"到城里去"，但奥斯曼帝国在几个世纪中的官方事务中也称其为君士坦丁尼亚（Kostantiniyye），或像基督徒一直沿用的称呼那样称其为君士坦丁堡（这也是我在本书中使用的称谓）。奥斯曼帝国将这座原本只有5万人口的被围攻的拜占庭衰败城市改造成了伊斯兰世界的首都、一座充满活力的多族群和多教派城市。哈本到达时，城中人口估计在30万到50万之间，远超伦敦（20万）、巴黎（22万）、那不勒斯（28万）或威尼斯（16万）。出于纯粹的政治和商业需求，穆罕默德二世和他的继任者（包括穆拉德）将其打造成了一座国际化的大都会。他们迫使来自不同族群和宗教背景的商人和工匠在那里重新定居，繁衍后代。这座城市中有58%的人口是穆斯林，32%是基督徒，10%是犹太人。在基督徒和犹太人中，还包括从最近征服的巴尔干地区受到驱逐而迁来的希腊人、亚美尼亚人和其他各种族群。[3]

对哈本来说，城市中的建筑一定显得陌生而吓人。在穆罕默德二世的命令下，标志性的希腊东正教圣索菲亚大教堂被改建成一座清真寺，他还实施了一项宏伟的公共建筑计划，建成了一座俯瞰着金角湾的新皇宫托普卡帕宫、法提赫清真寺（Fatih Mosque）和库里耶（Külliye，富有典型奥斯曼帝国建筑特色的建筑群），以及以贝德斯坦（bedestan，今天被称为"大巴扎"[Grand Bazaar]的市场）为主的商业区和一系列的城市商队旅馆

（khans）。在金角湾的北侧，穆罕默德下令让犹太商人和基督教商人移居加拉太（Galata）——热那亚人修建的壮观的加拉太塔仍然是它的标志性建筑，哈本在君士坦丁堡期间也居住在这里。穆罕默德二世在任期间下令建造了190座清真寺、24所宗教学校、32个浴场和12个市场，将这座城市从一个希腊东正教城市转变为伊斯兰城市。主要由于建筑师米玛·希南（Mimar Sinan）的非凡成就，穆罕默德二世的孙子苏丹苏莱曼让城市发生了更显著的变化。在希南漫长的生涯中，他在君士坦丁堡修建了120座建筑，其中很多可能都是哈本能看到的，包括塞札德清真寺（Şehzade Mosque）、不朽的苏莱曼尼耶清真寺（Süleymaniye Mosque）和库里耶，它们都是在哈本到达前20年就已经建成了的。

自1574年即位以来，年轻而虔诚的新苏丹穆拉德三世就着魔于规划在帝国首都外的建筑项目。他在出生地马尼萨（Manisa）修建了一座宏伟的清真寺，但建成已经是8年后的事了。也许是他的神秘信仰使然，他更想在麦加和麦地那的圣地上留下自己的印记。他在麦加受人尊敬的天房附近修建了一座新的拱廊，改造了麦地那的先知寺，并在这两座城市里建造了一系列的新建筑，包括宗教学校、收容所和为他心爱的苏菲派托钵僧修建的居所。在君士坦丁堡，哈本很少能看到他来讨好的苏丹的踪迹，这是有原因的。成为苏丹后，穆拉德很少离开他位于君士坦丁堡的宫殿，围绕在他身边的是为数众多的顾问、神秘主义者、占星家、诗人、书法家和音乐家。[4]

如果说君士坦丁堡的规模和壮丽使哈本感到目眩，那么在他初次遭遇高度等级化的如迷宫一般的奥斯曼政治官僚机构时，他肯定是摸不着头脑的。他要解决的首要问题就是沟通。哈本用拉丁语或意大利语(他似乎讲得很流利)和与他对接的奥斯曼官员通信,信件随后被翻译成土耳其语,给创造性发挥和策略性误读都留下了很大的空间。接着,哈本要解决的就是如何才能获得进入奥斯曼宫廷的正式访问权。

法语称土耳其政府为"高门"(土耳其语为Bâbıâli),通过它,外国政要被允许跟随一支精心安排的队伍进入奥斯曼宫廷建筑。任何不合礼仪之处都将引来灾难。一旦进入了以托普卡帕宫为中心的皇家建筑群,他们还会遇到一系列由苏丹管理的令人困惑的不同部门。

内侍部门主要由后宫组成,负责服侍苏丹,包括他的妃子和奴隶。哈本到达君士坦丁堡的时候,通过萨菲耶苏丹掌握的权力,后宫能对帝国政策产生很大影响。财政和外交职责被委托给外事部门和文书抄写部门,这两个部门都是由大维齐控制的。苏丹任命的大维齐对一个由维齐和帕夏组成的迪万(divan,帝国咨询委员会)拥有行政管理权。然而,迪万也还要与各种社会和经济部门的要求竞争。它们包括宗教部门和军事部门,后者控制着苏丹那令人畏惧且变化无常的战斗部队近卫军。更加令人困惑的是,奥斯曼帝国的统治管理人员分为土耳其贵族和德米舍梅阶层(devşirme,被绑架的基督徒孩子,他们被迫改信伊斯兰教,并效忠于苏丹的行政或军事部门)。这两组人员都声称他们的头衔是"奥斯曼家的人"(Osmanli),以彰显他们是国家统治阶级的成员,尽管在发生冲突时,双方都利用对方的弱点谋取政治利益。苏丹故意采用德米舍梅制度作为分而治之的统治方法,方便他们令两股势力相互争斗,但对外人来说,这是一种不稳定的政治运作方式,令人感到困惑。

哈本的第一个任务就是与大维齐，73岁的索库鲁·穆罕默德帕夏对话。老谋深算的索库鲁·穆罕默德是波斯尼亚人，属于德米舍梅阶层的他职位升得很快，在1565年被苏莱曼任命为大维齐。索库鲁·穆罕默德不但站稳了脚跟，而且很成功，在14年中侍奉了3任苏丹，这就是他拥有高明的政治手腕的最好证据，而在哈本到来之时，他正痛苦地陷入了一场与萨菲耶苏丹的权力斗争之中。

不出所料的是，哈本对于这类宫廷阴谋一无所知，尤其是因为他在君士坦丁堡的活动有一个灾难性的开端。在他现存最早的通信中，他的痛苦得到了颇有画面感的细致描述，那是一封向索库鲁·穆罕默德提交的请愿书，这是第一封由外国人写给一位大维齐的请愿书。哈本用意大利文写了这封请愿书，由一位译员提交给文书部门，并在那里按照正式的惯例被翻译出来（包括原告被以第三人称呈现），以供索库鲁·穆罕默德考虑。哈本抱怨说：在他安全到达君士坦丁堡不久后，他让一位仆人把留在利沃夫的货物和钱送来，不料这个仆人在"离这座名城不到一日的路程处被贼人暗杀，他们抢走了他的货物和钱，总计4000达克特［1300英镑］"。[5]考虑到当时平均一艘英国船只装载的货物价值约7000英镑，这是一笔巨大的损失（我们不知道那个丢掉性命的可怜仆人的名字，他再也没有被提起过）。

被抢的货物包括普通的粗羊毛绒布以及锡和铅，公然违反了教皇禁止与穆斯林交易后两类商品的禁令。哈本抱怨说，大维齐知道杀死他仆人的贼以及他货物的下落，但他的军官（chiauses）"根本不作为——他们甚至不愿意去贼人已经供认的地点找货物，而是徒然浪费时间"。尽管形势明显很敏感，但哈本在请愿书结尾处请求苏丹准许英格兰商人在整个奥斯曼控制的地中海东部地区安全通行，并允许他们出口铅。

令人沮丧的是，哈本随后的信件和奥斯曼文书部门的记录都没有揭示他的损失是否获得了赔偿，尽管他不太有可能在没有得到赔偿的情况下继续进行贸易。哈克卢伊特无疑相信，哈本把他的损失变成了更大的利润。他如此描述这位精明的英国人："行事十分明智谨慎，几个月后，他不仅为自己从苏丹那里获得了充足的特权……而且还获得了苏丹写给女王陛下的尊贵而友好的信件。"[6]对于真实发生的事情，这个描述实在是太平淡了。

自从哈本到来后，神圣罗马帝国驻君士坦丁堡的大使约阿西姆·冯·钦岑多夫（Joachim von Sinzendorf）一直对他心存戒备。他向维也纳的哈布斯堡宫廷报告说，"这个所谓的英国商人哈本"已经"在女王预先知道的情况下，在这里开始进行贸易了"。令钦岑多夫倍感震惊的是，尽管没有得到伊丽莎白的正式授权，哈本"用足够做3件长袍的英格兰上等布匹"收买了索库鲁，以获取商业安全通行的协议。在说完这些协议后，钦岑多夫声称大维齐问哈本的译员穆斯塔法贝伊："他还想要一封苏丹给女王的信吗？"哈本听到后大为惊喜，据说他回答道："是的，再好不过了。"

苏丹似乎对这封提议写给伊丽莎白的信毫不知情，因为信件是由索库鲁·穆罕默德写的。哈本只是交了好运，用相对廉价的贿赂就获得了宝贵的通商权利和正式回函。在要求苏丹的书记官写这封信的时候，索库鲁·穆罕默德忽略了一项外交礼节，即苏丹只有在对方首先给他写信时才会回信。据说，大维齐对书记官说："当然要写，因为他们是路德派教徒，是好人！"[7]钦岑多夫的报告有失公正：他声称哈本与大维齐之间的谈判是土耳其－新教更大的阴谋的一部分，目的是使穆拉德能够"在英国建立一个开放、安全的港口，由此踏入西方帝国的领土"，⁸ 这种说法符合他的既定利益。不过，钦岑多夫似乎确实认为，哈本的花招已经促成了英格兰与奥斯曼官方的友好商业合作，这迫使其他国家驻君士坦丁堡的代表紧张戒备。

随后的信件（在本书开头讨论过）是奥斯曼苏丹与英国君主之间的第一次书信来往，而且二者之间的通信交流持续了 17 年。1579 年 3 月初，穆拉德苏丹口授了帝国文书部门一封信，是用迪瓦尼字体（Diwani）写成的，文体是奥斯曼土耳其语的一个变体，被称为法西赫土耳其语（Fasih Türkce，"准确流利的土耳其语"），诗歌和行政机构专用此体。⁹ 在穆斯塔法贝伊的协助下，哈本把它翻译成拉丁语，以便带回伦敦被读出来。拉丁文版开头是这样的：

> 尊贵荣耀、最有声望的伊丽莎白，最神圣的女王，最强大的耶稣崇拜者的高贵君主，拿撒勒子民的事业和事务的最英明的领导者，甘霖之云、高贵和美德之芳泉，永远欢乐荣耀的高贵英格兰王国 [Anletār]（所有人都向往并臣服）的女主人和继承者，愿您诸事顺遂、心想事成，为我们永恒的相互友好向您献上欢乐和好意：此致敬礼。¹⁰

掩埋在充满敬意的修辞下的是精明的现实政治。穆拉德小心谨慎地将伊丽莎白描述为耶稣的"崇拜者"之一和"拿撒勒子民"之一，暗示着基督徒和穆斯林结盟的可能性，因为双方都将耶稣奉为圣人。他还要确保，在赞美伊丽莎白时，她要明白他是主动表达愿望并提出合作的伙伴,她和她的臣民都应当对此心存感激。穆拉德承认哈本"以最尊贵的陛下的名义"并"带着善意、礼貌和友好的举动"来到这里,穆拉德准备同意"我国对您的此等臣民永远开放,经由我国的商品可在此交易:对于尊重或愿意尊重我们的友谊、偏好和援助的人,我们定当鼎力相助"。穆拉德向伊丽莎白保证,他已经向奥斯曼帝国的"所有我们的国王、法官和海上的旅行者"下令,确保"只要是来自英格兰的人乘船而至,所乘船只不论大小,到此交易商品,都可以依法进入我们帝国的领土,自由回国……直接点说,就是他们能够像其他基督徒一样交易各类商品而不受干扰"。

为了避免让伊丽莎白觉得自己正在得到特别许可,这封信提醒她说"我们的密友法国人、威尼斯人、波兰人、德意志国王,以及我们周边的邻国伙伴,都能同样自由地来到这里,然后回国"。奥斯曼帝国的权势和气度是如此之大,以至于可以容纳任何人,从天主教的商人和皇帝到英格兰新教君主。然而,最后一段似乎是哈本(在穆斯塔法的默许下)添加的文字提醒伊丽莎白注意,联盟应该是互惠的,"同时,您也要对我们表示仁慈和友谊,您的国家的大门也应该对我们打开……准许我国臣民和商贾带着商品到您的领地"。[11] 原信中并没有表达这样的愿望,因为奥斯曼人并没有认真地将英格兰视为一支政治势力,哈本试图弱化这种态度,但这种态度已经在致伊丽莎白的信函的包裹方式中得到了强调:信件被封在一个配有银囊的缎袋里,苏丹写给高加索人的君主的信也是这样包裹的。[12]

穆拉德的信并不是1579年9月从君士坦丁堡抵达伦敦的唯一信件。哈本的译员穆斯塔法贝伊也趁机打破常规,给女王写了一封大胆的信。在信中，他再次提到穆斯林和新教徒之间潜在的友好关系，鼓励伊丽莎白和穆拉德建立"一个最神圣的联盟"。穆斯塔法写道：

> 当我在我们最全能的君主［穆拉德］面前商谈时，我突然想到，如果我可以竭尽所能地鼓励我们最全能的君主和神圣的女王陛下结下友谊，这不仅是因为我知道神圣的女王陛下拥有最虔诚的基督教信仰，因此，天下间所有的基督徒都会妒忌神圣的女王陛下，如果可以的话，他们甚至试着以各种方式伤害她，此外还因为，我认为，对神圣的女王陛下来说，能够与如此伟大而强大的一位皇帝［穆拉德］建立友谊是有好处的，几乎所有的君主和国王都发自内心地希望与他建立紧密的联盟。[13]

尽管信的内容显得狂妄自大，但伯利还是认真地将它归了档并做了批注。伊丽莎白认为这封信十分重要，因此在10月份，就在收到信件的几周后回了信，她在信中恳请穆斯塔法帮助她释放英格兰俘虏：

> 您在3月15日的来信已经被威廉·哈本送到了我这里，同时他也转述了您对我臣民的善意。由于陛下［穆拉德苏丹］有意促进我国商贾在他领地上的贸易，我们必须表示感激并互惠互利。由于您的好意，事情到目前为止已经进展得很顺利了，陛下已经有意满足哈本代表自己和同伴向他提出的请求，而且我们也不甘愿被排除在被赐予便利的其他国家臣民

之外,我们已致信陛下表达我们的感激之情,并恳请他批准我国所有臣民都能获得他授予少数几人的同样许可;我们承诺我国领土同样对他的臣民自由开放。我恳求您帮助我们实现这个请求。我们也简单地向他阐述了释放我们在他的加莱桨帆船上做奴隶的臣民的请求,我们恳请您善意大发促成此事。"[14]

在要求释放囚犯的过程中,伊丽莎白默认了奥斯曼帝国在国际法(尽管是不成文的)下的政治合法性。[15]这是前所未有的,对将来任何一次英-奥联盟来说,这都是极为有意义的,特别是考虑到欧洲其余各国在女王被教皇处以绝罚后孤立她的程度。

在君士坦丁堡常驻的欧洲商人和外交官被英格兰闯入者取得的似乎无法解释的突然成功给吓坏了。他们是从穆斯塔法贝伊那里了解到情况的,他似乎想要让两边相斗。1579年9月,腓力二世驻伦敦的大使博纳迪诺·德·门多萨(Bernardino de Mendoza)写道,哈本的代理商同伴约瑟夫·克莱门茨"最近和一个土耳其人回来了,带着一封后者的主人[穆拉德]写给女王的信,信中满是示好的言语,并说如果她在这里给予他的臣民同等的特权,那么他就会在他的国家向英国人提供不受限制的通商条件。我会尽力搞到这封信和他们回信的副本,呈给陛下"。[16]这些"副本"大概是穆斯塔法贝伊提供的,尽管门多萨的情报并不像他可能相信的那样那么准确。他似乎读过了穆拉德来信的拉丁文译文,这封经过了哈本及其同事的美化的信夸大了英-奥联盟的意义,以及随之产生的建立更紧密贸易关系的希望。而他提到的土耳其使者抵达伦敦一事则没有相关记录。

尽管如此,钦岑多夫和门多萨的反应都反映了哈布斯堡王朝对英格兰在君士坦丁堡的商业影响力上升可能引发的政治后果感到紧张。就在两个月后，门多萨向腓力报告说，这些担忧似乎是有根据的。他在11月28日写道，"女王收到了苏丹经由法国寄来的另一封信"。这封信没有留存下来，但门多萨声称，"除了许多其他提议"，穆拉德还"承诺将会热烈欢迎从陆路或海路来到他的国家的英国人；这都是因为他渴望与她建立像他与法兰西国王一样的友谊，并要求她尽可能对法兰西国王表示友好。他说，鉴于他和法兰西国王的友谊，他将很高兴听到她和法王的弟弟［阿朗松公爵］结合的消息，由此可见，法国人已经对他提及此事了"。[17] 伊丽莎白确实与阿朗松有一段著名的暧昧关系，此事若成功，那么将有可能建立一个能够控制地中海海军和商业活动的英–法–奥轴心，从而威胁到哈布斯堡王朝。

门多萨继续解释说："土耳其人也渴望与英国人建立友谊，因为英国人在过去几年里一直往那里运送锡，锡对土耳其人来说价值连城，因为倘若没有锡他们就造不出枪炮，英国人则从中获得了巨大利润，他们仅凭这种货物就在黎凡特地区维持了贸易。"他得到情报——大概又是从穆斯塔法贝伊那里得来的——有5艘英国船只已经在前往君士坦丁堡的途中，而且，"有人告诉我，在其中一艘船上，就载有价值接近2万克朗的锡条，这还没有把他们带去的其他物品算进去。因为向异教徒输送锡破坏了使徒的团契，而且陛下您已下令禁止损害上帝和基督教利益的此类船只航行通过墨西拿灯塔［1546年由查理五世下令建造的瞭望塔，以保护西西里免受土耳其入侵］，我提议西西里的总督没收那些锡，因为我知道他们会在巴勒莫短暂停靠"。[18] 一个月后，他报告说，甚至有更多"装载着钟铜［铜锡合金］和锡"的船只驶向希俄斯岛。[19]这些都象征着新教徒和逊尼派穆斯林结成了破坏偶像的联盟。在女王的批准下,新教英国商人正从教会建筑中取出金属——包括屋顶上的铅和铸钟用的铜锡合金,并将其运往君士坦丁堡,以武装与天主教徒作战的穆斯林。

现在事情发展得更快了。1579年10月下旬,伊丽莎白回复了穆拉德的第一封信和穆斯塔法贝伊的信。她在给穆拉德的回信的开头谴责了那些"冒称基督之名"的基督徒,这清楚表明她领会了新教和伊斯兰教之间在表面上的相似之处。[20]在得知奥斯曼人会授予被他们称为"路德派"的商人优惠的商业待遇后,伊丽莎白和她的顾问显然看到了将她呈现为一个抵制偶像崇拜者和那些"冒称"基督之名的人所具有的优势,而按照天主教势力的说法,这些是新教徒与穆斯林共同拥有的特点。在表明了自己的神学立场之后,这封信就直入正题,要求将贸易特权"扩大到我们所有的臣民身上",并同意允许土耳其人"进出我们的王国"。

信件结尾还有最后一个请求。穆拉德"如此厚爱我们和我们的国家,我们也想冒昧为我们的某些臣民求情,他们正被囚禁在您的加莱桨帆船中做奴隶,我们请求您释放他们,并根据他们的职责恢复他们的自由,因为他们服务于我们:这使我们更有理由请求您大发慈悲,我们一定会祈求我主(唯一高于一切、严厉打击偶像崇拜者、忌邪的神)保佑您所向无敌,洪福齐天"。信中提到的被关俘虏可能是"彼得"号(Peter)和"燕子"号的船员,这两艘英国船只两年前在阿尔及尔附近被俘。这个请求令一些囚犯获释和被赎回,尽管它使英格兰多了一个死敌,即这些摇桨奴的主人土耳其海军元帅吉利奇·阿里帕夏(Qilich Ali Pasha)。

当哈本面临着一个未曾料想到的危机时,双方似乎正在逐渐走向更紧密的商业和政治关系。1579年10月12日,正当索库鲁·穆罕默德帕夏在托普卡帕宫的帝国议会厅里聆听请愿时,一名波斯尼亚的托钵僧突然跳了出来,刺死了他。宫廷中传言是努尔巴努苏丹下令刺杀了他,但不管谋杀的背后动机是什么,索库鲁的死代表宫廷内的权力平衡发生了决定性转变。在接下来的20年里,大维齐的地位逐渐被削弱,11位不同的在位者无法阻止苏丹的后宫将政治事务掌控在自己手中。索库鲁的门生被从政府中革除,随之而去的还有他那更为温和、以西方为导向的外交和经济政策。[21]

哈本没有被索库鲁的死吓倒,他仍然执着地追求签署一份英–奥协议,这充分证明了他的决心和智慧。他花时间来讨好——也许是贿赂——后续继任的大维齐,以使建立商业联盟的希望不灭,因此激怒了其他欧洲国家的常驻外交官,包括法国大使雅克·德·热尔米尼(Jacques de Germigny)。哈本确实缺乏官方认可的外交资格,这已经够糟糕的了,更让人难堪的是,他仍在《法奥条约》的保护下做生意,却使出手段离间法兰西和西班牙。1580年3月,热尔米尼在给亨利三世的一份报告中勃然大怒,"我被告知,这个英国人向大维齐指出了西班牙国王权势扩大的问题的严重性,甚至说后者将占有葡萄牙及其在黎凡特与苏丹相邻的附属领土"。[22]他抗议说,尽管索库鲁已经去世,但哈本"仍然在高门中四处游说,而且似乎大受青睐,主要因为他为他们带来了大量的钢铁、锡和铜合金,并承诺往后仍会带来"。6月,热尔米尼承认,这一切"让我担心,那个英国人很快就会实现他的目标",从苏丹那里获得完全的商业特权。英格兰取得的进展,再加上种种穆拉德和腓力二世逐渐建立友善关系的迹象,会让法国饱受威胁、孤立无援。

一切都太晚了。穆拉德已经同意了一份与西班牙缔结的和平条约上的条款，1580年5月底，就在热尔米尼关于哈本的信件发出去的几天前，穆拉德还签署了一份特权许可——"条约"——授予英国在奥斯曼帝国领土上的完全的通商权。这些条约甚至比沃尔辛厄姆在1578年所写的备忘录更为重要，并且在343年间持续有效，直到1923年奥斯曼帝国崩溃、土耳其共和国诞生后，它们才在《洛桑条约》(Treaty of Lausanne)的条款下失效。协议开头就赞颂"伊丽莎白，英格兰、法兰西以及爱尔兰女王，最尊贵的基督教世界女王"，穆拉德同意"允许她所有的子民和商人携带商品与货物平安、安全地进入我国领土，无论他们乘坐何种交通工具而来，风俗如何，我们一概不予干涉，他们可按照自己国家的方式做买卖"。[23] 它详细列出了授予英国人的特权：他们的船只获得了安全保障，在面临（穆斯林或基督徒）海盗劫掠、海难甚至债务时会得到帮助；商人万一死亡，货物将被还给原主；在商业纠纷中，双方同意遵守当地的卡迪（cadi，法官）根据伊斯兰教法做出的裁决；英国商人免征当地的土地税（kharāj），并被允许在亚历山大港、大马士革、突尼斯、阿尔及尔和开罗任命领事；如果"任何海盗或其他在海上贸易的船只的船长俘虏了英国人，并将之列入买卖人口……如果那人是英国人，并接受神圣的宗教［伊斯兰教］，那么就无条件释放他，但如果他坚持基督徒身份，那就让他回到英国人那里去吧，买主可以向卖家索要他们所付的钱"。[24]

对哈本来说，该条约是他近三年来不知疲倦的贸易、外交和贿赂的胜利。而对法国人而言，这却是一场灾难。英国协议仔细模仿了1569年的《法奥条约》，自1574年穆拉德即位以来，这一条约一直没有续签。现在，英国人有了贸易权，奥斯曼人与西班牙人结盟，而法国人则深陷自己国内的宗教冲突中，在政治上和商业上都处于孤立的地位。在与英格兰签署了条约的几周后，穆拉德给法王亨利三世写了一封简短的信，拒绝承认奥斯曼帝国与英格兰等国的结盟违反了之前与法国签订的协议，假惺惺地向他保证"绝对不会拒绝或排斥任何人的到来"，而且"考虑到我们源远流长的友谊，以及您比其他国王在我这里更为优先和重要，没有什么能让你感到困扰"。[25] 随着欧洲教派各异的统治者们都在争先恐后地拉拢穆拉德，法国人确实面临着失去他们长久以来对高门所具有的影响力的风险。

当法国陷入困境时，哈本的事业却蒸蒸日上。利用英奥间的条约，他在驻地加拉太巩固了一个横跨地中海的繁荣商业网络。在奥斯本和史泰博的财政支持下，他与北至波兰和波罗的海，西至阿尔及尔，东至叙利亚的商人，以及土耳其人、埃及人、希腊人和意大利人都有贸易往来。他买了土耳其的棉花、纱线和地毯，埃及和黑海的亚麻，克里特岛和桑特岛的葡萄酒、橄榄油和红醋栗，一直在用普通的克尔赛绒呢、铅、锡和铜扩大贸易。他走到哪里都有两名近卫军战士陪同，这标志着苏丹对他的尊重，正如一位观察者所言，作为"女王在苏丹宫廷里的代理人，他被授予了最高荣誉"。[26] 哈本甚至利用这种"荣誉"游历了奥斯曼帝国控制的耶路撒冷，这次朝圣可能对他的生意和对他的灵魂一样有益。

就在哈本看起来取得了超出伦敦所有人的预期的成就时，灾难再次来袭。1580年9月，一艘名叫"巴克·罗"号（*Bark*

Roe）的商船载着价值超过 1000 英镑的克尔赛绒呢、锡、巴西苏木、铅和取自英格兰天主教教堂的破碎的钟铜从伦敦启航驶向地中海东部地区。该船的船长是牛津伯爵爱德华·德维尔（Edward de Vere, Earl of Oxford，伊丽莎白最亲近的顾问之一，有少数古怪的人仍然认为他是莎士比亚的代笔）的仆人彼得·贝克（Peter Baker）。贝克因为抢劫基督徒而在伦敦商业圈中有了"贪得无厌"和"恶人"的坏名声，5 年前他在地中海劫掠了一艘载满盐的船只。他负责管理大约 70 名船员，其中包括两名商人，以及一艘装配 24 门大炮、重达 160 吨的船只。船员很久以后报告说，贝克宣称他们将"作为商人"出航，"尽管在海上船长把自己的船武装成了一艘战船"，他宣布"我们正要驶向土耳其做海盗"。另一位船员回忆道，1581 年 1 月，他们"满载着英国的破烂钟铜，而当我们去马耳他岛时"，他们计划如何把这些来自英格兰教堂的金属出售给马耳他岛上的圣约翰骑士团。在马耳他岛附近停留了 15 天后，贝克"把我们召集到甲板上。当晚月光皎洁，我们还没有卸下任何货物，他告诉我们，他想冒险劫掠土耳其人"。船员被分了组，但一个成员承认，"卸下钟铜后，我们就得像海盗一样航行"。[27] 这是一个愚蠢的决定，将他们的不成熟和贪婪暴露无遗，而且会危及正要蓬勃发展的英-奥贸易。

接下来的一个月，"巴克·罗"号到达了希俄斯岛，这是奥斯曼人 1566 年时从热那亚人那里夺来的。在那里，他们遇到了前往圣地途中的哈本，与他同行的还有一群法国商人和佛兰德斯商人。哈本还沉浸在刚获取条约的胜利喜悦之中，完全对贝克的实际计划不以为意。相反，他大摇大摆地在岛上四处炫耀，吹嘘条约中的条款，这让当地的奥斯曼官员感到非常困惑，在他们看来，这一纸新协议终止了英国商人在已失效的法国特权下所享有的贸易权。1581年3月初，当"巴克·罗"号准备离开的时候，哈本报告说，"那个港口的犹太海关人员声称，我们国家使用那个国家［法国］的旗帜和特权是非法的，他们［想要］限制和扣留"贝克的船，直到他得到他在君士坦丁堡的主人的澄清。哈本匆忙制作了"从未展示过的"新条约，犹太海关官员才允许这艘船不受任何指控地离开该岛。[28]

在卖掉所有的货物后，也许是因为在希俄斯岛被扣留而让贝克感到愤懑，他向哈本告别，向南出发，寻找任何他能劫掠的船只。他在罗得岛附近追逐土耳其和希腊的船只，然后向西航行横渡爱琴海，并于3月底在伯罗奔尼撒的迈索尼（Methóni）附近袭击了两艘船。"我们以为那是土耳其人的船，"一名船员坦白，"但当我们抓住他们的时候，我们发现他们是希腊人，他们运的货物是羽纱［用骆驼或山羊毛织成的织物］和生丝。"[29]更糟糕的是，这批货物归一个由希腊和威尼斯商人组成的财团所有，船上的乘客包括来自归奥斯曼帝国管辖的帕特莫斯岛（Patmos）的希腊东正教司祭，贝克现在已经侵犯了这一管辖权。

在这个愚蠢的行为中，贝克惹怒了土耳其、希腊和威尼斯当局，证实了所有他们对这些粗鲁的闯入者的最坏的猜疑，使他们将怒火倾泻在英格兰身上。贝克似乎没有意识到他正在引发的外交危机，他和他的船员们就战利品发生了激烈的争吵。他们坚持认为"他无权抢劫任何基督徒"，并强迫他"返回马耳他岛，以争取合理的处理方法，因为我们担心会因为海盗行为而被指控"。[30] 4月22日，"巴克·罗"号载着船员和两艘希腊船只回到马耳他岛，他们被罗马宗教法庭的马耳他代表费德里科·塞法洛托

（Monsignor Federico Cefalotto）囚禁在瓦莱塔（Valetta）。

在接下来的4个月里，马耳他当局围绕希腊人（他们想要回他们的货物）和威尼斯人（索要1.2万达克特来弥补他们的损失）提出的要求开始对贝克提出一项指控。更糟糕的是，被俘的来自帕特莫斯岛的希腊司祭归土耳其海军元帅吉利奇·阿里帕夏管辖，后者仍在为两年前不得不将桨帆船上的奴隶转交给哈本而耿耿于怀。这位海军元帅立即将这起案件归咎于那个毫不知情的英国人，谴责他是一名间谍和海盗，要求苏丹将其囚禁并处以4万达克特的罚款、撤销两国条约。哈本惊恐不已，他匆忙赶回君士坦丁堡，试图向奥斯曼当局澄清他的罪名，1581年6月9日，他还在那里给伯利勋爵写了一封解释当时情况的信。

写信的时候，哈本知道英－奥联盟前途未卜，更不用说他的个人安危了。这是近三年来的头一次，他丧失了一贯的冷静和彬彬有礼，被内心的恐惧和自怜占据。"看呐，"他给伯利写信说，"我陷入了何等不幸和令人困惑的（几乎不可避免的）厄运啊，我被彼得·贝克那粗野而可憎的所作所为所牵累。"贝克的行为触发了"这位带有恶意的海军元帅的凶狠咆哮"，他扬言要毁掉"我们英国"在这个地区的"交通运输"，同时还有哈本的个人声誉，"发泄他长久以来隐藏起来的对我的恶意"。贝克的愚蠢行为把哈本逼到了绝望的边缘。"这些海盗给我的心灵造成了无法忍受的伤害，难以言喻。"他写道。他最担心的是苏丹穆拉德的反应，他让伯利好好想想，这些指控会如何令"这个异教徒君主反感我这条虫子"。[31] 以往在英－奥通信中常见的浮华尊称和冗长修辞不见了，在这个极度危险的时刻，哈本原形毕露，竟然称穆拉德为异教徒，把自己比作一条可怜的虫子。

哈本有充分的理由感到恐慌。他被奥斯曼帝国当局逮捕并接受了残酷的审讯，他也向伯利承认，他曾利用信贷购买商品并将其运送回伦敦，但由于贝克的海盗行为，他所有的资产都被冻结了，没钱偿还债务。更令他感到屈辱的是，他不得不恳求法兰西大使为他担保，热尔米尼落落大方地答应了此项请求，人们可以想象，后者从中得到了一些满足。热尔米尼告知了亨利三世这个重大反转，并指出贝克和哈本的行径使这里的英国人"坏了名声"。[32] 哈本对奥斯曼人的恳求都是徒劳的。穆拉德撤销了与英格兰签署的条约，并与法国人签署了新的条约。到1581年7月，法国再次控制了欧洲与土耳其的贸易，而哈本的使命似乎就要毁于一旦。

对英国人来说，马耳他岛上的事态每况愈下。马耳他宗教法庭审判了贝克和他的船员。和往常一样，审判聚焦于异端邪说——面对英格兰新教徒时这明显是一个直截了当的议题——甚至商业债务结算问题也很快被卷入了对那些受怀疑暗自怀有改革宗信念的人所企划的阴谋的更深的恐惧之中。贝克被捕的同时，恰逢马耳他也发生了一场政治危机。1580年底，塞法洛托被教皇格里高利十三世任命为大审判官，他一上任就利用新获得的权力，指控岛上的圣约翰骑士团成员中同情胡格诺派的法国人。1581年7月，就在贝克被提审的时候，一群圣约翰骑士决定驱逐年过八旬的大团长让·德拉卡西尔（Jean de la Cassière），这重危机因此而被加重。第二年春天，塞法洛托向他在罗马的上级报告，声称他发现这不仅仅是一起孤立的海盗案件，而是一起企图颠覆马耳他岛的巨大的反天主教阴谋。他写道："夺取马耳他的阴谋是由英格兰女王、阿朗松公爵和土耳其人通过他们的中间人彼得·贝克，亦即英格兰船只'巴克·罗'号的船长一起设计出来的。"塞法洛托提出了可怕的指控，称法国的胡格诺教徒和英国新教徒与土耳其穆斯林站在一起打算破坏他所谓的"天主教联盟"，他还声称发现了一些信件，内容是提议英奥联手入侵马耳他，扭转地中海的政治格局。他下令把贝克和其他 8 名英国人押往罗马，在那里接受异端审判。[33]

当消息传到伦敦后，伯利建议伊丽莎白牺牲贝克这样的叛徒，并向穆拉德道歉，以挽救岌岌可危的英格兰与土耳其之间的贸易。1581 年 6 月 26 日，女王给苏丹送去一封信，对"这不幸的偶然事件"感到遗憾。她小心翼翼地避免说出具体的名字或细节，为"我们最近才获悉的严重错误和痛苦伤害……由我的某些臣民施与你的某些臣民，尚未捉拿归案"道歉。伊丽莎白措辞谨慎，她对贝克的所作所为表示遗憾："破坏了我们的信仰的信誉，侵犯了我们的权威的效力，使我们在言辞中诚心诚意向您的帝王威仪表达的尊重受到了质疑。"她恳求穆拉德"不要收回您对我们的仁慈的恩惠……阻断我臣民的通行"。[34] 仅仅因为贝克的愚蠢行径，伊丽莎白就要以这种方式向哈本所谓的"异教徒君主"卑躬屈膝，这一定让她大发雷霆。但如果不这么做的话，英格兰和土耳其的联盟几乎没有挽回的余地。

就在伊丽莎白写信之际，哈本正在尽力挽救他的声誉，以及他在君士坦丁堡的行动自由。他谦卑地接受了法国外交官的帮助，后者为向他征缴的罚款提出抗辩，他通过他的译员穆斯塔法贝伊尝试与当时的大维齐，毫不起眼的科贾·希南帕夏（Koca Sinan Pasha）开启对话。穆斯塔法接下来报告说，也许是为了回应伊丽莎白的来信，奥斯曼人准备做一笔交易。他们将恢复英国的特权，条件是女王与他们建立正式的贸易和外交关系，并派遣一名官方大使前往高门。哈本决定止损，1581年7月17日，他逃离了君士坦丁堡。他耗费了三年的时间，历尽艰辛、耗资巨万，从无到有建立了英–奥联盟。现在，沃尔辛厄姆的"合适人选"正赶回伦敦，贫厄交加。

5

不洁的联盟

到1581年夏天,事态的发展阻挠了伊丽莎白试图与摩洛哥和土耳其的穆斯林统治者建立正式联盟的企图。马利克在阿尔卡塞尔－吉比尔之战中死亡,这使伊丽莎白的商人们失去了一位他们最忠诚的盟友,他的继任者曼苏尔是否会接受英国的贸易尚不明确。彼得·贝克的愚笨海盗行径似乎让英格兰失去了与奥斯曼建立商业联盟的希望。罗马宗教法庭判定贝克和他的船员有异端罪,他们大多数都要陷入被囚禁在加莱桨帆船中的惨境,尽管据说贝克在到达罗马之前就已逃之夭夭,从此杳无音信,成为在茫茫地中海失踪的众多背教者之一。与此同时,由于威廉·哈本在"巴克·罗"号事件中的表现,返回伦敦的他有可能要面临公众的羞辱。

摩洛哥的贸易不受政府监管,这使那里的英国商人在政权突然发生更迭时特别脆弱,而在君士坦丁堡,由于哈本缺乏外交资质,这经常限制了他与奥斯曼人以及驻地基督教大使谈判的能力。如果两国之间的关系想要继续发展下去,奥斯曼人要求伊丽莎白任命一名官方大使并派驻高门,这将是伊丽莎白的顾问和伦敦商人在政策上做出巨大调整的催化剂。沃尔辛厄姆和伯利长期以来倾向于暗中支持那些受监管的贸易公司,却并不承认政府对它们的行为完全负责，这主要因为他们缺乏资源。但这样的政策在俄罗斯、波斯、摩洛哥都行不通，现在看来，似乎在土耳其也是如此。

自16世纪60年代末期以来，反对不受监管的商业贸易的抗议声音不断出现。当时，莫斯科公司要求垄断北方地区的贸易，阻拦无执照营业者，声称"俄罗斯贸易将会和巴巴里贸易一样被摧毁……我国臣民因为贪婪而把多于那个国家能够消费的我国商品带到了那里，巴巴里的商品也由于同样的原因而大额超出"。[1] 1601年，商人冒险家公司的秘书约翰·惠勒（John Wheeler）发表了他的著作《论商业》（*Treatise of Commerce*），为股份制公司辩护，他声称伦敦的大部分商人认为"成立一家受监管的公司且禁止杂乱无章的零散贸易对女王和国家来说都是最有利可图的"。[2] 对整个伦敦城来说，这可能只是一个无法达成一致的偏颇观点，但在与特别偏远的市场，尤其是与俄罗斯、波斯和地中海东部地区交易时，这种观点似乎是有道理的。惠勒的书出版时，伦敦的商业群体提出了一系列规范与伊斯兰国家贸易的动议，从莫斯科公司开创的股份制模式到政府给受监管的公司颁发独家交易的特许状，回报是一定比例的进口关税。

"巴克·罗"号危机导致的政府政策发生的改变尤其影响了土耳其贸易：1581年9月11日，王室发布了"授予爱德华·奥斯本爵士、理查德·史泰博大人和某些其他伦敦商人的特权或专利特许证"。根据条款，奥斯本被任命为拟议中的股份制公司总管，以表彰他在建立土耳其贸易中的"伟大冒险和勤勉"以及支出的"巨大成本和费用"。由于他熟悉布料贸易，对巴西、葡萄牙和波罗的海诸国市场也了如指掌，这使他成了不二人选。他将领导一

摩洛哥大使摩里斯科人（改宗的西班牙穆斯林）穆罕默德·安努里于1600年8月到访伦敦，他提建立一个英格兰－摩洛哥联盟。可能在6个月后，莎士比亚开始创作《奥赛罗》。

2. 威廉·德·帕尼梅克的挂毯展示了哈布斯堡的天主教军队在1535年大获全胜后洗劫突尼斯的景象。这些描绘屠杀和奴役的场景是在玛丽·都铎与西班牙国王腓力于1554年结婚后首次在伦敦展出的。

con muertos: toman los soldados a prision y por esclauos toda la gente que de los
Reies deuun: los moros no auian podido lleuar consigo: ni bien esconder: hallanse en la
cara que se pusiesen en prision todos los esclauos que pudiesen tomar armas con los
de todas naciones. Los quales estedia son puestos en libertad. Da el emperador su
mperador: aceptando de buena gana las condiçones que le quiso poner.

ICTOREM CAROLVM TER GRATA VOCE SALVTANT
ASAMVM CAESAR QVAMVIS NIL TALE MERENTEM
MNIA POLLICITVM CVM RE NEC IVVERIT VLLA
ESTITVIT MISERVM SOLIOQVE REPONIT AVITO

3. 在1554年与玛丽女王结婚后,天主教徒腓力从法律上说也是英格兰的国王。这幅双人画像绘于1558年,玛丽在这一年去世。

4. 伊丽莎白一世的"彩虹画像",约绘于1600年。画中的珠宝和纺织品都是可辨认的东方风格,揭示了英格兰和伊斯兰世界间的广泛贸易。

5. 迪亚哥·欧蒙的地中海地图,来自《玛丽女王地图集》(1558),图中奥斯曼帝国的旗帜在北非上方飘扬。

DALM Seruia.
ATIA

ITALIA

Cecilia

Mahometana

6. 1578年,充满理想主义而天真的葡萄牙国王塞巴斯蒂安一世在阿尔卡塞尔－吉比尔之战中战败身亡(同时还有两个摩洛哥君主死亡),这在整个欧洲引起了轩然大波。

7. 萨阿迪王朝首都马拉喀什的风景,来自一幅17世纪荷兰艺术家阿德瑞恩·马捷玛(Adriaen Matham)的版画。

支包括他的密友史泰博、托马斯·史密斯（Thomas Smith）、威廉·加勒特（William Garrett）以及其他 12 人组成的商队，这些人"自专利颁发之日起 7 年内，可在苏丹的领土上自由贸易、交通往来和交易商品"。[3] 公司被授权可制订自己的内部章程，作为交换，它同意每年上缴国库 500 英镑的关税。这家公司将称自己为土耳其公司。在"巴克·罗"号事件失利和哈本离开后，公司成员们还不知道要如何重新赢得奥斯曼帝国高门的信任。

这些动议大部分是由政治和商业精英提出的，但在与伊斯兰国家进行了 30 年的贸易之后，这个少数人圈子外的伊丽莎白时代的人们开始日益对发生在摩洛哥和土耳其的事情感兴趣，同时也有些许的不安。满足这种兴趣的地方之一是伦敦的剧院。自 1576 年第一家商业剧场开业以来，舞台迅速成为大众的希望和恐惧的试金石，上演着他们感兴趣的从巫术和罗马天主教到通奸和易装的一切戏码。16 世纪 80、90 年代，伦敦各地都在兴建新剧院，挨着执行死刑、鞭刑和皇家进城礼等公共活动的场地，伊丽莎白时代的大众正在学会在丰富多彩、引人入胜的戏剧里享受闲暇时光。经营这些剧场的各戏剧团体都吹嘘说，他们的赞助人是国内最有权势的贵族、他们的戏剧经常在伊丽莎白的宫廷上演。然而，伦敦的市政和宗教当局对公众戏剧持怀疑态度。布道者们谴责剧院在滋生懒惰、淫欲和虚荣，担心剧院由于是受利润驱动的机构，是定期有数百名观众聚集的地方，具有取代教会的潜在颠覆性威胁。前剧作家和戏剧界最早、最尖锐的批评者斯蒂芬·戈森（Stephen Gosson）于 1579 年撰写文章抨击在他看来戏剧所具有的不洁、一无是处的商业本质，认为"我们不会蠢到品尝每一种药物,购买每一样小玩意儿,演员应当关了他们的剧场,把垃圾带到别的国家去"。[4]戈森也曾是一名失败的演员,他谴责戏剧是"魔鬼的发明、偶像崇拜的祭品,世俗的浮华,虚荣的花朵,叛教的根源,培育罪恶、暴动和通奸。扔掉它们"。[5]

1581年,伊丽莎白对这种攻击做出了回应,她指定一名节庆典礼官负责审查城中所有被认为冒犯了教会或国家的演出。为预防背上这样的恶名,早期的剧院经理往往在伦敦的古罗马城墙外建造剧场,那里是不受市政当局监督、王室或贵族的管控相对宽松的所谓的"自由区"。玫瑰剧院、希望剧院和天鹅剧院都是在泰晤士河南岸——或班克塞德(Bankside)——修建的露天剧场,那些地方充满了危险而有时又堕落迷人的氛围。人们到南岸逛妓院或熊坑,或者去看一场戏。在许多伦敦人眼中,这三项活动相去不远。当菲利普·亨斯洛第一次签下玫瑰酒馆租约时,经营的是一家妓院,妓院的利润接着被用来经营他在后院搭建的剧院。[6]他还在一个养熊场的地址上建造了希望剧院,可以容纳一千名观众,人们只要支付一便士就可以看一出戏,然后在第二天,花上相同数目的钱观看绑在柱子上的熊被狗撕咬、被人鞭打。[7]

结果,在伊丽莎白时代的伦敦,剧院处境危险:作为一个充满活力的新产业,剧院对伦敦的经济繁荣作出了贡献,各行各业、成千上万的人前去观看,然而,它还是遭到当局的无情打击,坐落在城市的边缘地带,从业者在伦敦最贫穷的地区工作,与妓女、侍者、工匠和"外来人"——为逃离宗教迫害和奴役而从低地国家、北非、奥斯曼帝国,甚至新大陆来的人——这些不稳定和边缘化的群体一起生活。伦敦的剧院上演着外国人所经历的和描述的来自伊斯兰世界的奴役、改宗、海盗劫掠和英雄冒险的故事,因为它是反映伦敦自己的社会、习俗和人民的一面镜子。

1581年夏天,一位剧作者将最近发生在土耳其及其周边地区的包含着贸易、金钱、宗教和民族差异议题的故事搬上了舞台。剧作者罗伯特·威尔逊（Robert Wilson）是一位才华横溢的年轻演员和剧作家,他所在的演员团体由伊丽莎白的宠臣莱斯特伯爵罗伯特·达德利资助。这出戏名叫《伦敦三夫人》(*The Three Ladies of London*)。1583年后,威尔逊将会为一家名为"伊丽莎白女王剧团"的演员公司工作,并因为创作了在几年后开张的玫瑰剧院上演的剧作而铸就了名声。但在16世纪80年代初,他还在"莱斯特剧团"熟悉业务,写作的戏剧更偏向于中世纪的道德剧和古罗马时期的城市喜剧,即使是斯蒂芬·戈森,可能也会对他作品中表现出来的节制感到满意。

《伦敦三夫人》集中讲述三位夫人之间的斗争,她们是爱情、良心和金钱的人格化。故事发生在伦敦,在开头部分,爱情夫人和良心夫人抱怨金钱夫人以及她的雇员——名为"虚伪""欺诈""买卖圣职"和"高利贷"的4个邪恶角色——破坏了传统的公民美德,代之以对金钱的追求。人们认为这些问题的来源是那些"舶来品",就是为了购买它们,人们才会以高额的利息借贷。这种行为被称为高利贷,被认为是不道德的。爱情夫人抱怨道:

> 为了金钱夫人,人们从意大利、巴巴里、土耳其、
> 犹地亚赶来：不,异教徒自身
> 以身犯险贪婪地攫取她的财富,
> 他们抛弃了母亲、君主、国家、宗教、朋友和亲属,
> 不,他们不在乎他们所抛弃的,

> 所以他们赢得了金钱夫人。[8]

人们认为像霍根和哈本这种在摩洛哥和土耳其等伊斯兰王国进行海外贸易的商人是问题产生的根源，它侵蚀了英国历史悠久的社会关系。

随着剧情向前发展，"高利贷"和"买卖圣职"两个配角开始代表金钱夫人工作。英格兰的经济问题被视为源自从伊斯兰世界进口的货物，而这二人代表的罪恶均被视为狡猾的意大利天主教徒渗透圣洁的新教英格兰所带来的。"高利贷"解释说，他之所以离开出生地威尼斯来到伦敦，是因为"英国是一个有钱可赚的地方"。[9]"买卖圣职"承认，他"出生、哺育、成长在罗马，一个拥有古老宗教的城市"，在被英国商人偷运到伦敦之前，他一直在贩卖教会的特权（包括教皇的赎罪券），在此他对金钱夫人说："我听说了他们是多么高看你。"[10]威尔逊随后插入一位名叫梅尔卡多鲁斯（Mercadorus）的意大利商人，他毫无生气，心灵邪恶，带着可笑口音。他对金钱夫人——尊称她为"夫人"（Madonna）——说："出于对你的爱，我认为任何痛苦都不过分。"[11]金钱夫人命令他"到那些摩尔人、土耳其人和异教徒中"卖英国的谷物、皮革和牛肉。他必须用"这些好商品"交换一些带异国情调的东方"小玩意儿"回英国，如琥珀、黑玉、珊瑚以及"各种这类小玩意儿"，[12]它们很昂贵却丝毫没有内在价值。以喜剧穿插的形式，梅尔卡多鲁斯声称人们对英国与摩洛哥和土耳其之间的贸易有广泛的了解和关注：

> 你难道以为我们一直在卖这些谷物、面包、牛肉和培根，

给我们的同胞一直带一些小玩意儿?

是的,夫人,要告诉你吗?我和我的同胞一直在卖
造军火的钟铜,是的,此外还有军火本身,
我的国家还有其他国家和这个国家一样得到这些军火,
也从来没有被发现。[13]

这出戏非常直白地拿令人不安的时事问题开玩笑,嘲笑英国对俗艳无用的东西的嗜好,英国人为了这些东西用教堂的金属武装穆斯林。这个国家被视为病态的,输出有用的资源,换回吸引人的不健康的"小玩意儿",甚至还用军火去武装自己的对手。[14] 当梅尔卡多鲁斯继续干着坏事时,"高利贷"谋杀了人格化的好客,以确保钱能被用来购买"小玩意儿",而非花在穷人身上。爱情夫人被迫与"虚伪"结婚,而良心夫人陷入了债务,转而经营了一家妓院。[15]

与此同时,梅尔卡多鲁斯来到了土耳其,在那里遇见了一个"土耳其的放高利贷的犹太人"格朗图斯(Gerontus),后者曾经借钱给梅尔卡多鲁斯,让他在伦敦买货物。格朗图斯抱怨梅尔卡多鲁斯违反了契约条款。"你知道,我借给你2000杜卡特,期限3个月",他对梅尔卡多鲁斯说,但这个意大利人寡廉鲜耻,"从这个国家逃走了"。他抱怨道,如果犹太人是这个样子,将永远不会被人信任,"但你们基督徒中许多人没有良心,谎称信仰并违反日期[也就是契约约定的到期日期]"。[16] 他要求梅尔卡多鲁斯偿还本金和利息,但梅尔卡多鲁斯欺骗了他,承诺再过几天就会清算,同时向他索要"小装饰品"或"一些奇妙的新玩意儿",因为"英格兰的贵妇们喜欢买这种东西"。[17] 受到引诱的格朗图

斯给了他香水、宝石和"其他许多能吸走这些绿头［贪婪］荡妇的钱的东西",[18] 这暗中指出了另一批要对英国的消费主义负责的人群,这一次,是女人们。

当梅尔卡多鲁斯再次违约时,格朗图斯以"强大的穆罕默德"的名义发誓要逮捕他并将其带到"土耳其法官"面前解决争端。该法官是英国舞台上出现的第一个有据可考的土耳其人。格朗图斯担心梅尔卡多鲁斯会通过皈依伊斯兰教而披上"土耳其人的衣服抵赖我的钱"。[19] 这是因为土耳其法官提醒格朗图斯,"如果任何一个人放弃他的信仰、国王、国家而变成一个穆斯林",那么他所有的"债务就会被免掉"。[20] 果然,梅尔卡多鲁斯戴着头巾上台,反复说"我愿意成为土耳其人",[21] 并同意对着法官的圣书(可能是古兰经)发誓。格朗图斯吓坏了,他担心自己会因为梅尔卡多鲁斯的叛教行为而被指责,随即取消了债务。得意扬扬的梅尔卡多鲁斯如愿以偿,但争端过后他又拒绝"土耳其化",让法官在他离开前作了如下说教:"犹太人比基督徒还基督徒,而基督徒比犹太人还犹太人。"[22] 梅尔卡多鲁斯在退下前说了一句邪恶的、道德感低得可怜的话:

> 我会成为土耳其人?不。这会使我的金钱夫人微笑,
> 当她知道我是怎么消遣卑鄙的犹太人的。[23]

在错综复杂的三方互动中,天主教的梅尔卡多鲁斯被视为恶棍,而非土耳其人或犹太人,因为后二者都试图体面地解决债务问题。他们最终都被金钱所腐蚀,这是一出拿不守信用开玩笑的新教道德剧:威尔逊在剧终时指责意大利天主教商人为剧中的罪

魁祸首，同时为穆斯林和犹太人开脱。[24] 在最后一幕，一位名叫尼莫(Nemo)的法官传讯并囚禁金钱夫人、爱情夫人和良心夫人，无助地尝试确保"我们不会被那些对消逝的世俗财富永不满足的欲望所侵蚀"。[25] 在拉丁语中，尼莫的意思就是"没有人"，这几乎很难激起能对在伦敦蔓延的物质主义加以遏制的信心。

威尔逊的这出戏剧不过是一部拙劣的闹剧，介于充满苍白的人格化符号的中世纪道德剧和其后更有活力、更真实的伊丽莎白时代戏剧之间，这出戏没能经受住时间的考验。如今，很少有人研究它，也没有人将它重新搬上舞台。但在1581年末，它无疑非常具有话题性。它表达了人们对土耳其贸易使英格兰变得富裕、该贸易使英国人和奥斯曼人及他们的犹太中间人结盟，以及它巩固了新教对天主教的反抗所产生的希望和焦虑。如果金钱能让一个天主教徒改信伊斯兰教，并让一个犹太人崇拜穆罕默德，那么信奉新教的英国人该有多么容易就能被诱导去信奉天主教、犹太教，甚至伊斯兰教？

对威尔逊来说，在奥斯曼人控制的地中海进行的国际贸易所产生的不良影响只是更大的高利贷问题的症候之一。1571年，《高利贷法案》通过，明确规定利息的法定限额：可以按贷款的10%支付。1581年5月19日，为了回应公众对1571年法案的"质疑和提问"，政府发布了一份《恢复反高利贷法令》。这些"质疑"显然与放债者想要以更高的利率放贷相关，这在一定程度上是由不断增长的包括摩洛哥和土耳其的海外贸易引起的。因此，新法案并不是"反"高利贷，只是重新规定了它的条款。威尔逊的戏剧探讨了大众对高利贷的困惑。很久以来，高利贷一直被认为是一种不道德的行为，受到了宗教权威的谴责，到了16世纪末，主要由于海外贸易的扩张，它渐渐被视为一种必要之恶。做生意的传统方式是在集市上面对面的以物易物，或当场用钱币交易，现在却被一个跨越巨大时空的国际信贷网络替代，货物交易要用汇票，由货币和利率决定盈亏。[26] 伊丽莎白时代的英国经济繁荣仰赖高利贷，但没人愿意承认：他们认为让别人——天主教徒、犹太人，甚至是穆斯林——去做这件事，是极其可取的方式。

像安东尼·詹金森、埃德蒙·霍根和威廉·哈本这样的新教商人都需要从穆斯林商人那里贷款购买商品，他们总是向犹太中间人寻求帮助。尽管在基督教和伊斯兰神学传统中，这种做法是被明文禁止的，但《托拉》和《塔木德》允许使用金融贷款，所以英国人可以让犹太商人或放债人借钱给他们。这些宗教上的对待高利贷的不同态度是当时排犹偏见的核心。在政局平稳与利润颇丰的时期，基督徒商人及穆斯林商人接受犹太商人和放债人参与到他们的贸易中，但当经济不景气、亏损的时候，犹太人就成了替罪羊。威尔逊在戏剧中轻易地把放高利贷且轻信的犹太人格朗图斯与土耳其穆斯林混在一起，然后逗台下的新教英国观众因为他被天主教徒梅尔卡多鲁斯耍弄而哈哈大笑。但在接下来的10年里，在克利斯托弗·马洛（Christopher Marlowe）和威廉·莎士比亚（William Shakespeare）的笔下，伊丽莎白时代舞台上对犹太人和国际金融的描绘将变得更黑暗、更复杂。

威尔逊的戏剧在伦敦剧院内的观众中引发的对与穆斯林和犹太人进行交易的关心，在英国教会的高层中也产生了共鸣。1582年9月，伦敦主教约翰·艾尔默（John Aylmer）给伦敦市长托马斯·布兰科（Thomas Blanke）写了一封信，感叹"一些在土耳其的俘虏的悲惨"的命运。艾尔默希望用伦敦教会的钱将这些英国人赎回,"将他们从现在所受的悲惨奴役中解脱出来,让他们的灵魂远离危险"。接着,艾尔默抨击了英-奥条约,这是我们已知的第一次这种抨击:

> 在我看来这肯定是非常奇怪又危险的。对世俗和转瞬即逝的东西的渴望竟能把人带到那么远的地方,这样的买卖不仅我们的先辈闻所未闻,只有出卖灵魂追逐不义之财的人才会尝试,这极大地玷污了我们的宗教信仰,使我们的国家蒙受屈辱。所以,如果阁下和您的同事可以与异教徒保持交往,利用您的权威将我们人民的灵魂从穆罕默德湾拯救回来,我想您会因为做了这件高尚的事而被人永久纪念。[27]

艾尔默这样的诟病对伦敦城中的商人或伊丽莎白的顾问几乎产生不了任何影响,他们似乎对进入"穆罕默德湾"这件事丝毫也没有心理负担。相反,即便是在艾尔默写信时,他们还正在谋划通过获得商业垄断权来扩大与土耳其和摩洛哥两个地区的贸易往来。就贸易而论,物质利益在不知不觉中压倒了宗教利益。

在英国人看到新商机的地方,西班牙人却看到了他们的地缘政治利益受到严重威胁。西班牙驻伦敦大使门多萨早在1582年就给腓力二世写了一份很长的备忘录,概述了英国与什叶派和逊尼派穆斯林的王国成功结盟后,会对哈布斯堡王朝产生什么商业和地缘政治危险,他写道:

英国人经过与莫斯科人和伏尔加河沿岸的鞑靼人协商，让他们的货物可以沿河运到里海；同时在阿斯特拉罕建造大船的波斯人允许英国人在米底和波斯通行，交易和分销他们的商品，交换通过从东印度群岛流向里海的河流到达波斯的货物。波斯人授予了英国人这种特权。

他继续表达对英–奥贸易的担忧，重申这对英国来说是"极其有利可图的"。"因为他们把大量锡和铅带到了那里，而土耳其人几乎是用等重的金子来购买，锡对铸造枪炮、铅对于发动战争都至关重要。"现在土耳其对锡和铅都很需要，这使教皇根据事实宣布，将对任何向异教徒提供或出售这些材料的人施以绝罚。

门多萨警告说，英国人正在与奥斯曼人商议通过君士坦丁堡从波斯进口商品，并由陆路经过俄罗斯从波斯进口商品，"而不是像现在，不得不通过意大利"。[28] 门多萨补充说，由于奥斯曼人的共谋，英国人"可能垄断了药品和香料贸易"，从而"通过转移意大利的英国贸易而削弱陛下的力量"。事实上，英国根本没有实现这样一个全球垄断地位的资源，但门多萨的信表明，英国在东方取得的成就让西班牙深感不安。就门多萨在1582年春天所能看到的而言，英国在俄罗斯、波斯、摩洛哥和土耳其取得的外交成就表明，一切皆有可能。

没有人比威廉·哈本更惊讶于伊丽莎白恢复了对奥斯曼帝国贸易的兴趣。回到伦敦后，威尔逊的戏剧正在上演，这位蒙羞的英国人肯定认为他的土耳其生涯已经结束了。那年9月成立土耳其公司的条款中也没有提到他，但伯利、奥斯本和史泰博明白，哈本的经历远比他的名声重要，决定提议让他回到君士坦丁堡。当奥斯本和史泰博与伯利就委任哈本成为女王第一位土耳其大使的问题争论时，耐心等待着的哈本感到如释重负。他们还就成立土耳其公司的财务条款——请求女王偿付哈本高达600英镑的债务，支付差旅费用和5年任期的工资，并拨付1000英镑的年度预算为苏丹置办奢华的"礼物"（毫不遮掩的贿赂）——发生了争论。

伯利对此表示反对，因为他知道，小气的伊丽莎白通常不想付出任何代价就得到海外贸易带来的全部财政和政治利益。[29] 可能女王也对是否要迈出正式和奥斯曼人建立外交和商业联盟这一大步感到犹豫。奥斯本和史泰博感兴趣的是贸易，而非政治，坚守自己的立场。他们提醒伯利，伊丽莎白向穆拉德承诺"派遣她的大使来回应陛下的善意……每时每刻都在期待他的出现"，任何拖延都可能使穆拉德觉得被疏远了，他可能会"认为自己被骗了"，拒绝批准新的英国合作条约。[30] 伊丽莎白不肯让步，新公司的董事们被迫承担了哈本的账务。

女王似乎很高兴节省了哈本的出使费用。1582年11月20日，她向哈本颁发了"作为女王陛下在土耳其地区的特使或代表"的正式委任状。在赞扬了"我们亲爱的仆人威廉·哈本的忠诚、顺从、智慧和性情"后，委任状任命他为"我们真正的演说家、信使、代理人和代表"。他还拿到一封给穆拉德的信，信中重申了哈本的外交资格，希望这个任命能够巩固英格兰和土耳其之间"完美而不可侵犯的"联盟，"这两个国家之间的高贵交流将会兴旺"。[31] 过了几周，哈本登上了土耳其公司的船只"苏珊"号（*Susan*），开赴君士坦丁堡。短短不到18个月的时间里，他已经从承认自己是一条害怕丢了性命的"虫子"，摇身一变成了英国首位驻奥斯曼帝国大使和新成立的土耳其公司在君士坦丁堡的官方代表。

当哈本起航时，为了响应一个实力雄厚的新投资者——莱斯特伯爵罗伯特·达德利——突如其来的兴趣，伦敦的商人们也在重新评估摩洛哥的贸易。伯爵是伊丽莎白最忠实的宠臣之一，多年来一直是她考虑结婚的对象。1562 年，他被任命为枢密院成员，随后成为王室总管。除了热心支持艺术和赞助罗伯特·威尔逊及其演员公司外，莱斯特还是贸易和探险的热情倡导者，曾投资商人冒险家公司和莫斯科公司，他同时是弗朗西斯·德雷克的 1577—1578 年环球航行的主要发起人。到了 1581 年，莫斯科公司贸易陷入困境，土耳其公司即将获得王室特许状，莱斯特将他的注意力转向了摩洛哥。

伯爵有充分的理由对摩洛哥感兴趣。尽管在阿尔卡塞尔－吉比尔之战后仍未全然恢复，但摩洛哥的商机是显而易见的。同样诱人的是伊丽莎白和曼苏尔之间建立政治和军事同盟的可能性。早在一年前的 1580 年 6 月，曼苏尔就开始与伊丽莎白书信往来（许多已佚失），在信中夸赞她是"基督宗教"最伟大的信徒，称她为"基督国度的女王，伊莎贝尔女苏丹（sultana Isabel）"，并承诺建立互惠联盟。"因为你们正在尽力推动我们的事业，"曼苏尔写道，"所以我们这边也会尽力而为。"[32] 如果莱斯特能从中促成英格兰－摩洛哥联盟，那么他最珍视的两个梦想也就实现了：一是与伊丽莎白更加亲近，另一个是挑衅西班牙。

1581 年 6 月，伊丽莎白向一位"在巴巴里做生意的商人"约翰·辛科特（John Symcot）颁发特许证，允许他出售 600 吨的英国木材"并在巴巴里交换等价的硝石带回国"。[33] 辛科特是莱斯特的代理人，是莱斯特说服伊丽莎白给他这个许诺重新开放利润丰厚的硝石贸易的特许证的。这项委托并没有逃过西班牙大使门多萨的眼睛，他自然也向腓力报告了辛科特的贸易和莱斯特的涉入。"一些英国人已经到了这个国家，"1581年10月，他告诉腓力，"他们已经和摩洛哥国王安排好把这里的木材运走，准备用来建造他的加莱桨帆船。尽管莱斯特为了牟利也牵涉其中，但木材数量太多，他们不得不把一部分运到荷兰，因为这里摆不下。"[34]

不幸的是，整个冒险自始至终对莱斯特来说是一场灾难。辛科特已经因涉嫌欺诈陷入麻烦，伦敦市长和治安官将他逮捕归案。莱斯特出离愤怒，要求立即予以释放，并坚持说辛科特"要用总额2000英镑的钱把一定数量的硝石和其他商品从巴巴里带回国内，以维持女王陛下的军火库"。[35] 伯爵诉诸的国家理由很难掩盖他的个人利益，但是由于他与女王非常亲近，这奏效了，1582年10月，辛科特被释放，并获许驶向摩洛哥。

英国商人在摩洛哥不受管制，做着体面的生意，并没有受辛科特到来的影响。自1578年曼苏尔即位以来，他们一直私下进行着糖、布和木材贸易。辛科特到来后立即开始利用他的王室特许权和莱斯特的影响力，仿佛这是一项专卖权，他利用伊丽莎白的特许从曼苏尔那里得到了一纸协议，获得了对铁、铅和锡贸易的控制。他扣留了一些运往英国的货物，他甚至被指控私自拆了商人们的信件并与曼苏尔分享。随之而来的是广泛的反对。一群英国商人给沃尔辛厄姆写信，抱怨"约翰·辛科特和他的同僚们在进行邪恶、不正当的交易"，而辛科特做出回应，抗议这些针对他的"恶言恶行"，坚称他只是在替女王和莱斯特做事。[36]

整个夏季，随着纠纷不断升级，这些英国商人再次给沃尔辛厄姆写信，请求他为他们的委屈伸冤。这些商人处境艰难：作为合法但不受监管的商人，他们对那些让商品涌进摩洛哥市场从而导致价格和利润下降的唯利是图的英国商人感到愤怒，但他们也反对可能致使他们散伙的悄悄出现的国家垄断（这是他们对辛科特的到来的看法）。由于未来处于危险之中，商人们转向宗教来证明他们的抱怨是正当的。迄今为止，他们对与穆斯林做生意没有显露出疑虑，现在却告诉沃尔辛厄姆，肆无忌惮的英国商人通过"不正当的交易"让"禁售商品"流入"巴巴里的异教徒国家"，导致"在其他国家里蔓延着一种说法，认为英国以外的地区会遭受英国用军火和其他设备帮助异教徒的伤害，这使我们至真至纯的宗教受到怀疑"。武装异教徒只能使摩洛哥海盗变强并"使其他宣称信奉基督教的人有被俘的危险，甚至是女王陛下在西班牙做生意的臣民"。[37] 根据这种焦虑不安的断言，被禁止的摩洛哥贸易将英国新教徒置于被武装的穆斯林囚禁和在天主教国家中破产的双重危险之中。

除了恐惧，该诉状还描绘了一幅和谐的、有利可图的英－摩贸易的美好图景，"直到第一批买卖非法商品的货主打破了这一幕"。这是一种幻觉，但很强大：这些闯入者被描述为诱骗摩洛哥统治者的友情的人，从后者那里"获得准许，让糖屋租赁者犹太人把其他人很久以前就付了钱的糖给他们，通过这种不正当的手段，犹太人让这些人破产，女王陛下的臣民因此损失了近 4 万英镑，有关此事的情形将使阁下感到乏味"。[38] 英国商人、穆斯林统治者和犹太中间人的三方贸易在摩洛哥已经延续了几十年，几乎没有引起过宗教或教派纷争，但是一旦私人贸易受到威胁，这些普通商人就通过披露不道德的英国商人和贪婪的穆斯林国王与邪恶的犹太放债者之间的骇人故事,使出宗教这个撒手锏来反对垄断者。然而,问题实际上不是穆斯林或犹太人而是由英国闯入者辛科特引起的,商人们指控他交易"那些禁售商品,它们及其他这类商品让他们"与曼苏尔缔结"一些新的秘密合同",这将终结商业竞争,进而终结不受监管的贸易。原告请求沃尔辛厄姆给辛科特写信,并向莱斯特施压,以阻止二人专横的干扰。作为莱斯特的亲密伙伴,沃尔辛厄姆不太可能支持商人们对女王宠臣的抗议。此外,他对来自君士坦丁堡的消息更感兴趣,威廉·哈本于 1583 年 3 月 29 日安全抵达了目的地。

这年春天,哈本回到君士坦丁堡,吃一堑长一智,他变得更加谨慎。他在博斯普鲁斯海峡边的芬狄克里区租了一间名叫"Rapamat"("艾哈迈德"[Ahmad]的变体,来自房主艾哈迈德帕夏的名字)的房子,与其他欧洲大使在加拉太的山上投下的窥视目光保持了安全的距离。这一次他组建了一支正式的大使队伍,成员有他的秘书爱德华·巴顿(Edward Barton)、译员、仆人、马倌以及一名近卫军卫兵。[39] 他立即向大维齐坎尼杰里·希亚伍什帕夏(Kanijeli Siyavuş Pasha)和他的老对手,海军元帅吉利奇·阿里帕夏致以敬意。他还参观了圣索菲亚大教堂,恭敬地承认它是"苏丹的大主教的主要教区和教堂"。[40]

4 月 24 日,穆拉德三世在托普卡帕宫正式接见了哈本。后者呈上了一系列礼物,根据被激怒了的威尼斯大使记载,有"镶着珠宝的漂亮无比的手表、10 双鞋、两条可爱的哈巴狗、12 匹王室布料、2 匹白色亚麻,以及 13 块镀金银器"。[41] 在验证了这一次他呈上的正确的大使资质后,他得到的奖赏是恢复 1581 年取消的英-奥条约。这样，他就拥有了在奥斯曼帝国境内任命代表英国商业利益的领事人选的权利。他还吹嘘自己在重新谈判中为英国商品进入奥斯曼帝国的关税争取到了极大的优惠。"在我第一次到达宫廷并代表女王陛下向大君发表演说时，就从他那里为公司降低了近乎一半的关税。"他回忆道。将奥斯曼帝国的关税税率从 5% 降低到 2%，这使土耳其公司获得了战胜其他欧洲竞争对手的一个重要优势。[42]

在与穆拉德会面后的第二天，哈本任命哈维·米勒斯（Harvie Millers）为"我们在开罗、亚历山大港、埃及和其他毗邻地区的领事，以保护女王陛下臣民的人身和财产安全"。[43] 两个月后，理查德·弗罗斯特（Richard Frost）被任命为阿勒颇、大马士革、安曼、的黎波里（在黎巴嫩）和耶路撒冷的领事。他随后还任命了希俄斯岛和佩特雷以及阿尔及尔和突尼斯的领事，在从直布罗陀海峡到圣地再到爱奥尼亚海这样一条巨大的弧线上，建成了一个跨越地中海地区的引人瞩目的英国居民网络。哈本报告说，穆拉德已经同意"移交俘虏"，"在我们的请求下让他们获得了自由"。[44]

威尼斯的大使詹弗朗切斯科·莫罗西尼（Gianfrancesco Morosini）原以为自己已经看着哈本永远离开，他被这个英国人的突然再次出现激怒了。和法国大使一样，他对这"违反"了与苏丹签订的条约——"除了威尼斯的船只，条约要求其他船只都必须悬挂法国国旗航行"——感到愤怒。他报告说，哈本"没有基督徒陪同，身旁只有土耳其人"，并任性地添油加醋说，"土耳其人也轻蔑地称他为路德教徒，并表示很不高兴见到他"。[45] 然而，他承认，哈本"受到了陛下［穆拉德］的欢迎，如此强大的女王从 4000 英里外派使者来告诉他她完全支持他并渴望他的友谊，这使他感到高兴。苏丹还认为她是伤害基督徒的非常合适的工具，因为女王在信中对他们公开表现出了一种恶意"。[46]

出乎意料的是，哈本建立了一个散布在地中海地区的忠于沃尔辛厄姆的间谍网络，它能够捋顺商业关系（有希望避免类似"巴克·罗"号事件引起的灾难），并提供有关西班牙和奥斯曼的重要军事情报。如今，在如何反击驻君士坦丁堡的包括法国和威尼斯大使在内的天主教大使所采取的反对他的策略方面，他也更有经验了。他报告说，法国大使和威尼斯大使"极度反对我们，但威尼斯大使否认了自己的行为，假装和我们友好，还亲自拜访我们"，而法国大使发誓"要恢复以前的友善关系"。[47]

听闻哈本取得成功，史泰博和奥斯本无疑大大地松了一口气，因为他们最近资助了另一队野心更大的商人前往黎凡特，目标是到达波斯、阿克巴大帝的莫卧儿王宫，甚至中国。1583年2月，由拉尔夫·菲奇（Ralph Fitch）和约翰·纽伯里（John Newberry）领导的一队人马登上"老虎"号（Tiger）轮船离开伦敦，前往叙利亚，随身带着伊丽莎白写给阿克巴或"卡巴亚的艾克巴国王"（Echebar king of Cambaya）以及"中国国王"的信函。他们于4月抵达的黎波里，然后从陆路前往阿勒颇，再前往巴士拉和霍尔木兹，却在那里被葡萄牙当局逮捕，被用船运往果阿。由于当地耶稣会士的斡旋，他们获得了释放，逃往阿格拉（Agra）。他们声称自己于1585年夏末受到了阿克巴的接见，是他接见的第一批英国人，尽管没人知道他们之间发生了什么事情。但从这里开始，队伍分裂了，纽伯里失踪。无畏的菲奇继续前行，到达了孟加拉、缅甸和马六甲，并于1591年4月回到英格兰。[48]菲奇史诗般的冒险故事流传了很长时间，莎士比亚在《麦克白》（1606）中提到了他们——一个女巫在密谋对付一个水手的妻子时说:"丈夫是'老虎'号的船长,到阿勒颇去了。"⁴⁹尽管这次冒险未能取得任何实际上的商业突破,但这是伦敦商界信心正在增长的另一个标志。

哈本在君士坦丁堡的好运与辛科特到了摩洛哥之后在英国人间引发的不光彩争吵形成了鲜明的对比。他的成功转移了女王对摩洛哥的注意力,这就给了沃尔辛厄姆考虑如何应对普通商人日益激烈的控诉的空间。幸运的是,1583年夏天辛科特回到英国后突然去世了。这无疑减轻了沃尔辛厄姆指控他和莱斯特在摩洛哥实施激进商业策略的压力,但更大的问题在于是否要引入商业垄断。莱斯特动用自己巨大的个人财富和作为伊丽莎白近臣的优势,无情地为建立一个能对摩洛哥贸易实行垄断的受监管的公司到处游说——当然,是严格按照他的条件来建立公司。1585年4月,伊丽莎白给曼苏尔写信,感谢他在辛科特事件中支持莱斯特,这是她对宠臣的摩洛哥政策的默许。这是她在知道了伦敦商人已经起草了赞成和反对贸易垄断的请愿书后做出的一个先发制人的决定。

7月15日,请愿书出版了。那些反对成立一家受监管的公司的人又一次援引宗教上的差异,认为这样的公司将是无效的,因为"巴巴里国王和他所有的臣民都是野蛮的异教徒,对真神一无所知;他的官吏们实行暴政统治;因此,如果对他或他的任何地方长官有所了解,就该知道在他的王国里实施这个公司的任何条例都是非常危险的"。他们的理由基于一个信任问题:一个基督徒怎么能信任一个穆斯林?如果穆斯林的统治者拒绝遵守新公司的条款,它又怎么能行得通?最后,他们引用了古典自由放任经济哲学：在该地区已经有了长期存在的"自由交易"、每个商人都"凭自己的本事立足"后，为什么还需要监管？[50]

支持莱斯特监管政策的商人们采用了一种更为积极的普通法视角来看待规范贸易，他们相信该法规将"通过组建公司使理性的人保持秩序，限制不理性的人进入巴巴里贸易"。他们指出，英国商品的过度供给使"在那里出售的商品失去很多优势"，形成鲜明对比的是，对摩洛哥商品，"也就是糖的需求使它们获得巨大优势"，创建一个受监管的公司（拥有被政府赋予某个特定地区的贸易特权的特许状的一个组织）就可能使其受到抑制。他们还提议，任何英国人在摩洛哥的越界行为都会"因为受到规则制约和害怕在国内受到惩罚而被遏制"，如果有人在摩洛哥控诉他的同胞，"那他也就是从基督徒变成了一个异教徒并放弃国籍，再也不能进入他的国家"。最后，他们辩称，监管是对"看到那个国家的商品大量囤积在少数几个狡猾的人手中"的直接回应。[51]那些甚至更加狡猾的头脑，如莱斯特的，坚称需要用垄断反对垄断。

结果不出所料。在同一天，1585年7月15日，"女王陛下向某些贵族和商人授予巴巴里贸易的特许状或特权"，这为后来所谓的巴巴里公司的奠基提供了一份特许执照。大部分内容几乎都是从不到4年前授予土耳其公司的特许状逐字复制过来的。但二者有两个重大区别。第一，新公司不是一个股份制公司，而是一个规制公司（前者允许成员使用个人资本以风险自担的方式进行交易，后者则是正式的、共享的集体投资，利润和损失共担）。第二，就一家商业公司而言，莱斯特被授予了前所未有的行政管理权。除了莱斯特和沃里克伯爵，在摩洛哥做生意的40名伦敦商人按照特许证的说法被称为"长期遭受巨额损失的人"。而避免这种损失的办法是：规定"在为期 12 年的时间里，任何其他人都不得在与巴巴里所谓的交易或贸易中享有全部的自由和许可"，除了上述这些人。尽管该公司没有正式的总管，但所有的军需品都必须得到"莱斯特伯爵的同意"，这使这项特权成了不过是伊丽莎白送给莱斯特及其密友们的一份礼物，让他们随心所欲地运营摩洛哥的贸易。[52] 莱斯特现在可以不受惩罚地将木材和军火运到摩洛哥，作为回报，伊丽莎白得到保证，将有一名不花费王室资金的公司常驻代理人能够与曼苏尔建立外交联盟，以抵御西班牙日益增长的威胁。

另一名英国代理人在距离摩洛哥 2000 多英里外的伊斯兰世界工作，他就是恢复了活力的威廉·哈本。他继续发挥着作用，这证明了任命一名常驻代理人的高明之处。1583 年 1 月，哈本成功地介入了另一起危及英格兰-伊斯兰世界关系的航海事件，但这次的事件是有意针对英国的。1584 年 5 月，土耳其公司的船"耶稣"号（Jesus）被俘获，船上的货物遭到没收，船员被监禁在的黎波里（在利比亚）。当地政府认为船上的一名代理商欠当地一个土耳其商人 450 克朗，立即俘获了它，并将船长和一名船员绞死。如果不是因为"耶稣"号上机灵的水手长托马斯·桑德斯（Thomas Sanders）设法将一封信从囚禁地的黎波里偷运给他在德文郡塔维斯托克（Tavistock）的父亲，这艘船的命运可能至今不明。桑德斯提供了现存最早的英国人成为桨帆船奴隶的记录。他生动地描述了自己所受的"悲惨束缚和奴役"，讲述了他如何被卖到土耳其的加莱桨帆船上的耸人听闻的故事。"我们被三人一组地锁在一根船桨上，赤裸着上身摇桨"，掠夺贩卖非洲奴隶的希腊船只。他还记录了一些同胞被迫接受割礼而"土耳其化"，信中生动描述了割礼的过程。53

消息传到伦敦后，在土耳其公司的理事们看来，这起事件是一个土耳其附庸国公然违反已恢复的英－奥条约。他们勃然大怒，成功地请求伊丽莎白向苏丹穆拉德提及此事，穆拉德转而给的黎波里的统治者卡伊德·拉马丹帕夏（Kaid Ramadan Pasha）写信，要求他立即释放船和船员，并归还货物。受到女王和苏丹的激励，哈本自己大胆地在1585年1月给拉马丹写信，要求立即归还。这个英国人谴责帕夏的行为"违背双方君主"在条约中"宣告的神圣联盟"，并警告说，除非他归还船员和货物，否则他将"独自在另一个世界面对上帝，在这个世界面对大君，因为你对那么多可怜的平民犯下了令人发指的罪行，你的残忍使他们一部分人死亡，一部分被极为悲惨地囚禁"。54

哈本的论点预见到了伦敦对受监管的摩洛哥贸易的呼声；这里是一个基督徒要求一个穆斯林遵守条约中的规定的条款，无关信仰或个性。如今，哈本以命令式的口吻面对一位穆斯林统治者，这与他在"巴克·罗"号事件中遭遇惨败后为自己申辩的烦躁和自怜的形象也形成了鲜明对比。他可以利用苏丹作为外交令牌，这固然是有帮助的，但毫无疑问的是，他最终履行了自己的职责，而英国人开始在黎凡特贸易中有所作为了。这封信成功了：俘虏们被释放了，大部分在地中海沿岸消失，从此杳无音信。

一旦哈本牢牢地确立了自己是掌控地中海沿岸的英国领事网络的大使，他在君士坦丁堡的第二个阶段就扮演了更为明显的政治角色。他定期与沃尔辛厄姆通信，沃尔辛厄姆简要地向他说明了应该如何诱使穆拉德加入一个迫切需要的反西班牙联盟。直到 1585 年初，英国与西班牙的关系几乎处于随时开战的状态，英格兰在欧洲孤立无援。有鉴于此，伊丽莎白最终站在了建议对西班牙采取更激进措施的顾问们的一边。沃尔辛厄姆是其中最重要的一员，他起草了《激怒西班牙国王的阴谋》，倡议让德雷克对西班牙舰队发动预先攻击。伊丽莎白同意了，让德雷克有 25 艘船的船队在大西洋和加勒比海上对西班牙船只发起了一系列攻击。8 月 10 日，她与荷兰的加尔文派教徒签订了了《无双宫条约》（Treaty of Nonsuch），在低地国家与西班牙人开战。根据条款，女王向荷兰提供 12.5 万英镑的资金支持，并指派莱斯特率领一支英国远征军前去支援，他此时仍在为成功组建巴巴里公司而洋洋自得。腓力二世将该条约解读为对西班牙的宣战，同年 10 月，他告知罗马教皇西克斯图斯五世（Pope Sixtus V）自己打算入侵英国。这是一个重大的决定。1585 年 12 月，一项为了驶向英国而组建一支大型舰队的计划提上了日程。[55]

沃尔辛厄姆敏锐地意识到与西班牙开战将在所难免，他已经和自己在低地国家的代理人以及在君士坦丁堡的哈本通了信，讨论建立一个对抗西班牙的威胁的英格兰－伊斯兰国家联盟的必要。同年 12 月，间谍威廉·赫尔勒从安特卫普给伊丽莎白写信，坚称让穆斯林武装反抗天主教徒的政策不仅是权宜之计，而且是正义之举。"陛下利用菲斯等国的国王，"他写道，"并不是武装一个野蛮人反对另一个基督徒，而是武装一个野蛮人反对一个异端[腓力二世]，后者是任何时代最危险的人，是篡夺王位者，以及上帝的真正宗教的颠覆者，你注定是信仰的捍卫者，要保卫它。"[56] 这样的论点使沃尔辛厄姆的奥斯曼帝国政策更容易被人接受。

秋天，沃尔辛厄姆鼓励哈本，让他去煽动奥斯曼帝国对西班牙发起军事侵略，并表示伊丽莎白赞成这件事。10月8日，他写道：

> 如果有可能，我劝你在那边让大君把他时常全部用于对付波斯人而非西班牙（根据你的信息来看应该是这样的）的军队的一部分转移，从而将这位国王的危险企图和谋划从基督教世界的这个部分挪开。在女王陛下成功处理了低地国家有关西班牙国王的事务后，现在女王和我已完全下定决心守卫那个陷入困境的国家，反抗他的作为，腓力和我们之间必有一战，没有别的可能，我愿再次代表女王要求你尽忠职守、全力以赴。[57]

如果哈本能说服穆拉德相信让奥斯曼人袭击地中海的天主教西班牙舰队是他的利益所在，就可能阻碍腓力入侵英国的计划。一贯现实的沃尔辛厄姆欣赏这个雄心勃勃的计划，并在信的末尾建议哈本，"即使苏丹不能完全接受这个建议"，那么"至少让他在西班牙国王的领土上展示他的海军实力，使西班牙国王犹豫不决，这样他就不会那么大胆地把他最好的军队派到这些地方去"。[58]

像沃尔辛厄姆一样，威尼斯大使莫洛西尼明白对宗教的务实态度在所有这类诡计中所扮演的角色。1585年，他给威尼斯元老院写信，告知穆拉德"极其珍视与伟大的英格兰女王之间的友谊，因为他确信由于宗教分裂，她永远不会团结其他天主教君主来反对他；相反，她将是阻挠和挫败这种联盟的极好的工具"。[59] 逊尼派穆斯林和新教统治者在结盟时都只告诉了对方一半的真实理由。

正当沃尔辛厄姆把一个商人变成了精通军事事务的间谍时，莱斯特派遣了一名士兵去监管摩洛哥的通商事务。在根据他选择的条款建立了拥有特权的巴巴里公司后，伯爵有责任指派英国的第一位驻摩洛哥的官方大使。他的人选是与威廉·哈本截然不同的亨利·罗伯茨（Henry Roberts）。罗伯茨是莱斯特的一个门客，一名拥有爱尔兰作战经验和私掠西班牙商船经验的士兵，对贸易或外交却知之甚少。他后来声称："我被迫开始这次航行，这完全违背我的意志，为此我放弃了在爱尔兰定居的住所。"这次重新安置花了他500英镑。[60]

不管事实真相如何，罗伯茨的任命与克拉图的修道院长堂安东尼奥密切相关。自1580年将葡萄牙王位输给腓力二世后，堂安东尼奥依靠伊丽莎白的支持申索王位。伊丽莎白和莱斯特任命罗伯茨，不仅想要通过巴巴里公司与摩洛哥建立正式的贸易关系，还要确保曼苏尔支持堂安东尼奥继承葡萄牙王位，这就让新教的英格兰及伊斯兰教的摩洛哥随时可能与腓力二世发生冲突。

1585年8月14日，罗伯茨带着3艘船离开英国，整整一个月后抵达摩洛哥西海岸的萨菲。作为第一位英格兰驻摩洛哥的官方大使，他受到了当地政府"充满仁慈和荣耀的"接待，并与当地的英国、法国和佛兰德斯商人一起用餐，然后向内陆出发，前往90英里外的萨阿迪王朝的首都——"红城"马拉喀什。[61]

罗伯茨在闷热的9月抵达马拉喀什，该城是摩洛哥的第二大城市，拥有近2万人口，是穿越撒哈拉沙漠商队进行盐、象牙、香料、黄金和奴隶贸易的门户，建成于11世纪柏柏尔人的穆拉比特王朝（Berber Almoravid），与在它北边280英里的比它还要古老的菲斯城保持着持久的竞争关系。菲斯的宗教学校蜚声整个伊斯兰世界，是当时神学和教法学的伟大中心之一。直到16世纪50年代，菲斯仍是摩洛哥的首都，但随着萨阿迪王朝的崛起，政权转移至南方。当罗伯茨抵达马拉喀什时，曼苏尔正在将这座城市改造成伊斯兰世界伟大王都之一。

1578年，摩洛哥统治者开始修建一座皇家宫殿（Dar al-Makhzen），它的设计目的是与摩尔人在格拉纳达修建的阿尔罕布拉宫（Alhambra Palace）和腓力二世当时正在马德里西北部建造的埃斯科里亚尔修道院（El Escorial）一决高下。腓力修建宫殿的资金来自新大陆的黄金和白银，而曼苏尔的则来自摩洛哥糖业贸易的利润。卡拉拉大理石从托斯卡纳（Tuscany）进口，2000名俘虏被从菲斯（包括许多在阿尔卡塞尔－吉比尔之战中幸存下来的葡萄牙人）派来建造这座宫殿和新的清真寺、伊斯兰学校、医院、工厂，甚至苏丹的萨阿迪王朝祖先的陵墓。被俘的葡萄牙贵族安东尼奥·德·萨尔达尼亚（Antonio de Saldanha）写了一部曼苏尔统治时期的编年史，其中记载，在重建工程中，还有为基督教商人准备的经营场所："大街上为其留出商店的位置，所有在此出售的法国、意大利、英国和西班牙的商品比原产地价格还低。马拉喀什城取得了前无古人、后无来者的伟大成就。"[62]

罗伯茨到达马拉喀什后报告说："我被皇帝［曼苏尔］安排在犹太人居住区的一所漂亮房子里，该区是全城最美丽、最安静的地方。"[63] 另一个叫"梅拉区"（mellah）的有围墙的犹太人居住区是1438年在菲斯城外的盐碱滩上设立的第一个犹太人居住区。它的名字来自阿拉伯语的"mallah"，意为"盐渍土"。[64] 马拉喀什的梅拉区修建于16世纪50年代晚期，与菲斯的建设原则相同，但它与威尼斯（1516）和罗马（1555）这些基督教城市中建立的犹太人聚居区截然不同。在欧洲，对犹太人的宗教迫害严格限制了他们的就业权利、财产所有权和行动自由。在穆斯林的统治下，犹太人（和英国新教徒一样）被授予受保护的少数群体的地位（顺民），而且可以在政府中和财政方面身居要职，并且在糖和基督徒俘虏贸易方面占据垄断地位。其中居住的绝大多数是塞法迪犹太人，他们中的数千人是自1492年伊比利亚半岛驱逐穆斯林和犹太人后开始陆续抵达摩洛哥的。犹太人的国际化经验和代表摩洛哥新统治者处理国际政治、文化和商业事务的能力，确保了曼苏尔在马拉喀什积极建设一个犹太人聚居区，那里有豪宅、他们自己的市场（funduq）和犹太会堂，以及为其他如罗伯茨这样的顺民修建的基督教小教堂。

对罗伯茨这样的一个士兵来说，习惯了英格兰和爱尔兰的单一语言环境以及新教和天主教之间明显的宗教分歧，马拉喀什这个多宗教和多语言世界必然对他产生了很大的冲击。马拉喀什是一个欣欣向荣的新都，也是一座多元文化的城市，城中有柏柏尔人、阿拉伯人、塞法迪犹太人、非洲人、摩里斯科人和基督教徒，其中许多是商人和外交官，其他还有希望被赎身的奴隶和俘虏，每个人都声称自己有不同于别人的宗教信仰。行走在这片犹太人居住区中，罗伯茨会听到阿拉伯语、希伯来语、西班牙语（此地大多数欧洲居民的通用语）、葡萄牙语、意大利语、法语，甚至德语。马拉喀什也成了一个夹在不同宗教间的全新的群体——背教者（renegado）——的家园。西班牙语词语"renegado"（来自拉丁语中的"renegare"，"否认"的意思）指背教者，特别指皈依伊斯兰教的基督徒，尽管这个词也可用来指犹太教和伊斯兰教的背教者。在16世纪80年代早期，这个词第一次出现在英语中，通常是西班牙语的变形，表明该词是与西班牙天主教而非英国新教有关的现象，这正如罗伯茨和哈本也开始在马拉喀什和君士坦丁堡这样截然不同的城市体会到了伊斯兰教的复杂性。⁶⁵

罗伯茨这个英国新教徒更习惯在爱尔兰镇压天主教叛乱，而不是在世界大都会中行走活动，他突然发现自己就住在葡萄牙人埃斯特沃·迪亚斯（Estêvão Dias）这样的人旁边。1545年左右，埃斯特沃·迪亚斯出生在塔维拉（Tavira）的一个犹太家庭，他是一个马拉诺，也就是被迫皈依基督教的犹太人。1564年，迪亚斯被里斯本宗教法庭判决为"暗中支持犹太人者"，这迫使他移民到低地国家，以经商为生。1581年，他在马拉喀什定居，在那之前他走遍了整个意大利。他在马拉喀什重新皈依犹太教，给自己起了拉比·约瑟夫（Rabbi Joseph）这个名字，开始为自己的犹太信仰写一篇不凡的辩护，名为《马拉喀什对话集》（*Marrakesh Dialogs*）。迪亚斯的辩护以两个佛兰德斯兄弟之间的对话来表达。这两个人都是商人：一个是天主教徒，另一个名叫伯纳德（Bernard），在摩洛哥经商期间皈依了犹太教，并取名奥巴迪尔·本·以色列（Obadia Ben Israel）。两兄弟在对话中为各自的宗教辩护。奥巴迪尔批评从三位一体到偶像崇拜的天主教信仰，谴责最近路德宗和加尔文宗的兴起，他认为这是基督教需要皈依犹太教的标志。⁶⁶

令人沮丧的是，罗伯茨在记录自己在马拉喀什的时光的简短记录中，没有表现出描写与拉比·约瑟夫这样的人的邂逅的兴趣。相反，他把自己局限于平淡无奇的处理国内事务的细节中。他和3个英国代理人——罗伯特·莱昂（Robert Lion）、迈尔斯·迪肯森（Miles Dickonson）和埃德蒙·马斯蒂奇（Edmond Mastidge）——

住在一间宽敞的房子里。房子包括两个会计室、两个仓库和一个书房，租金为每年 14 英镑。在他的 100 英镑的薪水外，罗伯茨可以从公司账务中报销从住宿、食物和衣服到家具、洗衣、马和一个摩洛哥马夫的花销。治疗莱昂"被狗咬了的腿"的费用甚至也能报销（1 英镑 5 先令 3 便士）。在这样一个遥远而陌生的国度，这些花销并不令人吃惊，但会大幅缩减巴巴里公司的利润。

在罗伯茨到达后的 3 天内，曼苏尔接见了他。"传达了我的信息和女王陛下的信，并受到无上的礼遇，并在 3 年时间内不时受到这样的接见，"他写道，"出于各种各样美好合理的原因，我忍住不在这里写出来。"[67] 这样的谨慎是可以理解的。尽管罗伯茨的正式活动仅限于作为王室代表监管公司的商业活动，但他在这 3 年时间里一边代表莱斯特（在伊丽莎白的默许下）进行军火交易，剩下的时间都花在试图说服曼苏尔加入反西班牙联盟，支持堂安东尼奥申索葡萄牙王位。

现在，莱斯特和沃尔辛厄姆都在利用他们在伊斯兰世界地中海两端的联盟，共同致力于破坏西班牙入侵英格兰的军事准备。正如马拉喀什的罗伯茨接到让曼苏尔支持堂安东尼奥的王位主张的命令一样，哈本也在君士坦丁堡寻求与穆拉德一起对抗西班牙的更直接的方法。

1586 年 7 月，腓力已经制定了组建一支庞大的西班牙无敌舰队入侵英格兰的计划，两国之间的敌意也蔓延到了摩洛哥。10 月，一艘名叫"海豚"号（*Dolphin*）的英国船只抵达萨菲，卸载布匹和金属等价值约 5000 英镑的货物。随后发生的事让人联想到"巴克·罗"号事件的海盗行为。"海豚"号船长约翰·贾尔斯（John

Giles）突然袭击并捕获了一艘西班牙轻快帆船，扣押了船上所有的货物。西班牙船员逃到马拉喀什。由于害怕得罪西班牙人，曼苏尔谴责了贾尔斯的海盗行为，并威胁除非归还西班牙帆船及其货物，否则他将扣押"海豚"号的所有货物，并对英国商人进一步实施惩罚。罗伯茨派遣两名英国商人前往萨菲，命令贾尔斯归还帆船。然而，明显让新任大使尴尬的是，贾尔斯拒绝了要求，声称这艘西班牙船是在公海上被合法捕获的。作为回应，曼苏尔立即逮捕了"海豚"号上所有的英国商人，带走了货物。罗伯茨再次试图要求涉事人员承担西班牙船只上货物的损失以解决问题，但就像1568年的伊萨克·卡贝萨案一样，英国商人开始为各自该出多少钱而争吵不休。

其中有位商人的仆人被"和一些异教徒关押在"萨菲以南180英里的塔拉乌丹特（Taraoudant）的"异教徒监狱"中，但他设法给伦敦的枢密院写了一封信，恳求他们介入整个"反常的交易"。这封信更多是对作为王室代理人的罗伯茨和巴巴里公司的可怕控诉。二者由于既不能解决英国商人的派系斗争问题也不能解决与曼苏尔合作的难题而受到谴责。这名仆人声称，在英国商人群体中有一个由威廉·戈尔（William Gore，卡贝萨争端涉事商人之一）领导的怀着"恶意和嫉妒"的派系，它更"偏向西班牙人"，拒绝承担任何解决纠纷的费用，因此"违背女王陛下的仆人［倒霉的罗伯茨］的命令"。

除非西班牙人的索赔能得到解决，否则就要面对在可预见的未来被关在一间摩洛哥监狱的前景，这名不幸的仆人开始攻击每一个人，从曼苏尔到莱斯特的巴巴里公司。他开始抱怨"这些异教徒只为我们和英国商品支付了一些小钱，就让巴巴里公司做出混乱的交易，使这个邪恶的国家近来堆满了过剩的货物"。接着，他列举了"国王［曼苏尔］为取悦西班牙人每日施加"的"巨大伤害和虐待"，包括"扣押我们岸上的货物；关押我们船上的商人、船长和水手；在任何一艘由西班牙人装载的船只离开时，威胁我们如果货物出了错，将由我们负责。没有一个基督徒的心能忍受这样残忍的方式，除非我们能补救它"。他的结论是："巴巴里公司无视我们在那些被诅咒的人中所受的委屈和无法忍受的伤害。"[68]

这个可怜的仆人的命运我们无从得知，西班牙帆船的货物再也没有被返还，"海豚"号的货物却被退还给了英格兰商人。巴巴里公司声称这是由于海军大臣埃芬厄姆的查尔斯·霍华德（Charles Howard of Effingham）给曼苏尔写了一封信，而罗伯茨则坚称这全有赖于他的作为——这仅仅是公司内部关系恶化的又一例证。严格按事实来说，这似乎是英国人的一场胜利，但英格兰、摩洛哥和西班牙之间的政治紧张局势比以往任何时候都要极端。这使罗伯茨在马拉喀什期间公司的资产负债表都没有那么显眼了。

莱斯特从来没有真正想要把巴巴里公司做成一个持续经营的商业公司，他的兴趣更多的在政治上：主要是垄断摩洛哥的军火贸易，并进一步说服曼苏尔加入反西班牙联盟。其结果是，与莫斯科公司和黎凡特公司相比，巴巴里公司的贸易条款极其不规范。由于公司允许其代理人申领奢侈的生活费用，公司盈利的机会受到了影响，再加上莱斯特允诺在第一年给曼苏尔价值4000英镑的布匹、铅、铁和锡以确保他在之后几年中能够垄断主要用于军需品的金属贸易，这个问题被加重了。扣除支出的4000英镑，1586年巴巴里公司的销售总额仅达到2994英镑，而且由于每年运送超过2000匹布，摩洛哥市场已饱和，销售价格被压低。更糟糕的是，那些从摩洛哥进口糖、杏仁和黄金的人主要由于运输费用全部登记亏损。7 吨原糖的购买价格是每磅 5 英镑 8 先令，但运回伦敦的成本超过 9 英镑，而伦敦的售价就是 9 英镑，所以每吨损失超过 5 英镑。[69] 由于提炼和运输的成本令人咋舌（更不用说维持贸易所需的贿赂和礼物）并导致了进一步的严重亏损，最初进口硝石带来的兴奋迅速消退了。

到 1586 年，尽管有这样的财务成本，在地中海两端的巴巴里公司和土耳其公司似乎都有助于削弱西班牙侵略英格兰的威胁。两家公司都是出于贸易和政治的双重目的而成立的，想要在穆斯林和新教徒间结成一个战略联盟和可能盈利的商业联盟、培养面对天主教侵略被围攻的都铎英国的军事同盟。虽然政治联盟已取得一些成果，但商业结果却是好坏参半。与萎缩的摩洛哥贸易相比，土耳其公司欣欣向荣。公司投入 4.5 万英镑的启动资金，出口布料和金属，换取丝绸、香料、棉花、醋栗、马海毛、地毯、靛蓝染料和各种药物。在哈本任大使期间的鼎盛时期，公司曾派遣 19 艘吨位在 100 到 300 吨之间、有近 800 名水手的船只，平均每年航行 5 次，在 10 个奥斯曼帝国控制的地中海港口进行贸易。其中一些航行的利润估计超过 7 万英镑，收益率近 300%。[70] 穆拉德和伊丽莎白都从中受益颇丰，反西班牙的战略联盟也随之建立。西班牙对哈本的成功感到愤怒，其他的天主教势力也是如此，但它们在外交上却无能为力。1586 年，新任法国驻君士坦丁堡大使雅克·萨瓦里·德·兰科斯姆（Jacques Savary de Lancosme）向穆拉德重申他的前任热尔米尼长期以来的要求：驱逐哈本。这位英国人冷冷地回复说："我想他还没强大到把我赶走。"[71] 他说得对：至少在君士坦丁堡，英国人站住脚了。

6
伊莎贝尔女苏丹

到了16世纪80年代末,数百名,或者几千名伊丽莎白时代的商人、外交官、水手、工匠和私掠船船长在整个伊斯兰世界贸易往来,从马拉喀什和君士坦丁堡延伸到波斯的加兹温。慢慢地,他们的冒险成果开始在英国,尤其是在伦敦产生了明显的公众影响。最让人瞠目结舌的是,1586年10月2日,一位名叫梅瑞迪斯·汉默(Meredith Hanmer)的威尔士牧师在伦敦塔附近的圣凯瑟琳教堂(St. Katharine's Church)做了一次名为《一个土耳其人的洗礼》的布道。这是第一个被记录在册的穆斯林改信英国新教的例子,尤其考虑到当时的环境,这一点更加引人注目。在布道中,汉默解释说,40岁的奇纳诺(Chinano,可能是土耳其语中"锡南"[Sinan]的英语化改写)来自希腊的埃维厄岛(Euboea)上的尼格罗本都(Nigropontus),该岛在1470年被土耳其人攻陷。"这个土耳其人,"汉默说,"被西班牙人俘虏了,在卡塔赫纳(Catagena)痛苦地生活了25年,我们最尊敬的骑士弗朗西斯·德雷克爵士在那里发现了他。"[1] 1585年,德雷克带了17艘船和2000名船员起航前往美洲的西班牙殖民地,从佛罗里达、加勒比海地区一路抢劫掠夺到南美洲西北海岸。1586年2月,他到达今天哥伦比亚的卡塔赫纳。在那里,他烧毁了修道院,得到赎

金后释放了西班牙人居民,并俘虏了当地的印第安人、摩尔人和土耳其人奴隶,其中就有奇纳诺。²

当年7月,德雷克返回英格兰,枢密院给土耳其公司的理事们写信,询问"如何将弗朗西斯·德雷克爵士从西印度群岛带回来的几百名土耳其人(他们是西班牙桨帆船上的奴隶)转送回本国,由大使〔哈本〕交给大君,以便让当局相信他们享有更大的支持和特权,并且能让他们再释放一些英国俘虏"。³枢密院和土耳其公司都明白,在奥斯曼帝国领土上用土耳其俘虏交换英国俘虏在外交和财政上都很有意义。

哈本花了很多时间协商释放整个地中海英国桨帆船奴隶一事,后来据他说,在他5年的任期里,他花了1203英镑"赎回君士坦丁堡、巴巴里的阿尔及尔和的黎波里,以及其他地方共计54名长期遭受悲惨囚禁的她的子民〔英国人〕"。⁴接下来的几年里,许多土耳其人乘坐土耳其公司的船返回自己的故土。但一些人如奇纳诺,留在了伦敦;不到几周的时间,奇纳诺就引起了汉默的注意。

奇纳诺改宗的动机和诚意并不清楚(尤其是他讲西班牙语而非英语)。但汉默对此毫无兴趣,他抓住他所谓的"这个愚蠢的土耳其人、可怜的撒拉逊人"的改宗事件,作为为英国新教辩护、驳斥伊斯兰教、煽动弥漫伦敦的反天主教和反西班牙情绪的一种手段。"在上帝的帮助下,我打算向你陈述事实,"汉默宣称,"首先是虚假的先知穆罕默德的起源以及摩尔人、撒拉逊人和土耳其人各民族;其次是他们错误的教义和邪恶的宗教蛊惑了不计其数的灵魂:我会给出一个简短的驳斥。"接下来是相当标准的(以及相当长的)对先知穆罕默德和伊斯兰教信仰的谴责,其中充斥着在基督徒身上常见的错误、恐惧、神话、刻板印象和幻想。

根据汉默的说法，先知由一位"异教徒"父亲和一位"以实玛利人"母亲所生。汉默嘲笑穆罕默德是酗酒的癫痫症患者，说他使用魔法"蛊惑人心"，并把"穆罕默德的律法"传遍阿拉伯、波斯和北非。这位牧师声称，穆罕默德"将异教徒的、印度人的与阿拉伯人的、迷信的犹太人的、利甲族人（Rechabites）的、伪基督徒和异端的律法和教义拼凑在《古兰经》里"，编造了一种混乱的神学，否定基督教的三位一体和耶稣为上帝之子，但认可福音书。在汉默看来，穆罕默德的信仰揭露了一个他与犹太人之间的邪恶联盟，后者"不断刺激他让他反对基督徒"。但这位牧师的恶意表现在他把伊斯兰教和天主教混为一谈。在"涌向坟地和墓地去祭拜死尸、尸骨和圣髑的人群"中以及其他"天主教偶像崇拜的虚假神迹"中，"我们不用说这是天主教式的"，汉默责备道，"不，那是土耳其式和穆罕默德式的"。尽管伊丽莎白的商人和外交官们和穆斯林结成战略联盟共同反对天主教国家，但她的传道者的立场没有那么灵活，将伊斯兰教和天主教视为偶像崇拜这项原罪的两种变体。

从汉默的新教观点看，奇纳诺的改宗是照进信仰的黑暗中的一缕亮光。当被问到"现在是什么使他受到触动接受基督教信仰"时，汉默回答道，奇纳诺承认"他在西班牙人统治下过着痛苦的囚禁生活，他来到这里并看到了这片土地，使他被灌输了（如他所说）有关真正的神的知识。他还说，如果上帝不在英国，那么上帝也不在其他任何地方"。奇纳诺"被灌输了"有关"真正的"新教上帝的知识的情景表明，他的改宗可能并不像汉默使他的会众相信的那样是一个自发的快乐决定。为了提升新教英格兰的仁慈这个主题的热度,汉默进一步阐明了奇纳诺改宗的两个原因:"在他到来之前是英国基督徒的美德、谦逊、敬虔,以及作用良好且行事谨慎的政府;在所有人中(正如他主要指出的)他最感谢的是尊贵的骑士弗朗西斯·德雷克爵士和值得尊敬的威廉·霍金斯船长,他说他们是最可敬的基督徒。"事实上,德雷克和霍金斯的可敬品质相当可疑:德雷克是一个得到许可的海盗,霍金斯是一个臭名昭著的奴隶贩子,他最近在加勒比地区的狂暴行为使无数西班牙人、美洲土著和背教者遭受死亡、监禁和奴役。汉默对奇纳诺可能是被迫改宗的这一事实似乎漠不关心,声称这个土耳其人一抵达英格兰,就"看到有人礼貌、温柔、友好地向他打招呼,帮助他和他的同胞,充满了怜悯与同情,而且他还得知老弱病残的基督徒都得到了照顾,而在他的国家和他一直被囚禁的地方,穷人、病人和患者遭到讥讽鄙视,猪狗不如"。当被追问为什么他在受西班牙人奴役的 25 年中从未皈依天主教时,他(或者更可能是汉默)给出了每个伊丽莎白时期的新教徒都想听到的理由:西班牙人"很残忍,手上滴着血,而且崇拜偶像"。

接下来的布道变成了对新教的凭空庆祝和对天主教的谴责诋毁。汉默坚持认为,奇纳诺的改宗表明:穆斯林——他们"不知道改革后的教会里的宗教纯洁"——只是因为天主教西班牙和教廷的政治力量的干预才没有全体皈依新教。他宣称:"让上帝的教会得到清洗,异教徒、犹太人、土耳其人和撒拉逊人就会立即皈依。"汉默甚至选择性地用他所知道的伊丽莎白和穆拉德 7 年前的第一次通信来支持他对犹太人和穆斯林大规模改宗的千禧年信仰:

穆斯塔法贝伊，君士坦丁堡的苏丹的秘书，给英国女王写信，信中的日期为3月15日，伟大耶稣纪年（他是这么写的）1579年，信中说他的主人苏丹和他自己对这片土地和我们的宗教有很深的感情，内容翻译如下："我们知道，在所有基督徒中，至高无上的陛下有最良好的宗教，因此全世界的基督徒都羡慕陛下。"

这显然是对穆斯塔法贝伊所写的信的一种带有误导性的翻译，经过了哈本的修改，以讨好女王，但汉默对这类细节没有兴趣；在这位布道者眼中，这表示奥斯曼统治者承认新教的优越性以及英格兰新教必然会战胜天主教，与这一点相比，英、奥两国恢复友好关系所具有的政治和商业意义是微不足道的。

该布道的印刷版本具有一个纯属伊丽莎白时代的戏剧性的结尾："土耳其人当着会众的面用西班牙语忏悔"，汉默在讲道坛上与奇纳诺进行了一场传道式的对话，"通过熟练的译员提问并得到回答"。奇纳诺"宣布与摩尔人、撒拉逊人和土耳其人的假先知穆罕默德脱离关系"，接受三位一体，"彻底相信耶稣基督过去和现在都是上帝的儿子"，最后，"希望自己能被接受，成为一名虔诚的基督徒并受洗"。在仪式结束时，奇纳诺被领到会众中间一个带有盆子的桌子旁受洗，"想要的名字是威廉"，这是他的解救者霍金斯船长的教名。

在汉默的演说中，奇纳诺的声音（或威廉的声音）是通过他人转述的，一旦布道结束，他就会从历史记录中消失。就像许多其他16世纪的改宗者和背教者一样，他们的生活会因为某种原因突然出现在公众视野中，随后又马上消失。在西班牙入侵似乎即将到来之际,奇纳诺为汉默带有恶意的反天主教立场提供了一个理由。然而,这篇布道透露出,有一群少量但看得见的奇纳诺的土耳其"同胞"在伦敦四处游荡,而许多伦敦人都知道英格兰和奥斯曼帝国结盟以及他们的女王与苏丹热诚通信。虽然它利用奇纳诺改宗作为新教救赎与其竞争的圣书宗教的能力在不断增长的标志,但它却留下了人们关心的与改宗有关的问题未予作答。奇纳诺是真心想要受洗的吗?有什么能阻止他恢复原信仰呢?面对当时在各种信仰间发生的各式各样的受迫的、策略性的或自发性的改宗,人们的宗教信仰有多么真诚?能持续多久?其中也包括新教,在16世纪晚期的欧洲,作为一个仅仅拥有70年历史的宗教体系,现在已经因为自身的派系斗争而分裂并在为自身的生存而斗争。

这种焦虑随着逐渐变多的相反方向上的改宗案例——英国新教徒皈依伊斯兰教,通常是被迫的,有时是为了自保,有时甚至可能出于自愿——而恶化。在托马斯·桑德斯1584年耸人听闻的记录中,他讲述了"耶稣"号及其船员如何被的黎波里的总督扣押,最终多亏哈本的努力才被释放,还描述了英国的船上侍者如何"自愿土耳其化的"。正如桑德斯报道的,当总督的儿子试图说服两名"耶稣"号船员皈依伊斯兰教时,他求助于父亲的一个仆人,"这是受我们女王保护的一个自耕农的儿子,国王的儿子强迫他土耳其化;他的名字叫约翰·纳尔逊(John Nelson)。国王把他带到这些年轻人面前,然后对他们说:'你们受不了像你们的同胞、同伴这样吗?像他那样变成土耳其人?'"桑德斯和他的船员们冒险拒绝了这样的要求:一些人被强行施了割礼、穿着遵从"土耳其人习惯"的服饰,而另一些人则被扔进了桨帆船。[5]

但纳尔逊和这个匿名的船上侍者的案例表明,越来越多的英国人皈依了伊斯兰教,有一些甚至可能是不顾他们的新教信仰而自愿改宗的。[6]

有关甚至更为有名的改宗伊斯兰教者的报道也开始传到伦敦。1586年6月,就在汉默在圣凯瑟琳教堂为奇纳诺施洗4个月前,威廉·哈本从君士坦丁堡给"哈桑阿迦,阿尔及尔国王哈桑·巴萨的宦官和司库"寄出了信件。哈本熟知哈桑阿迦是萨姆森·罗利,是来自大雅茅斯的他的商人同侪,1577年在"燕子"号上于阿尔及尔附近被土耳其海盗俘虏。船上大部分船员被监禁,罗利被阉,改信了伊斯兰教。在接下来的10多年里,他改名哈桑阿迦,一路升至阿尔及尔的首席宦官和司库,同时也是奥斯曼帝国总督、哈本的老对手吉利奇·阿里帕夏("哈桑·巴萨")最信赖的顾问之一。[7]和罗利一样,阿里帕夏也是一个改信伊斯兰教的基督徒。他出生在卡拉布里亚(Calabria)的一个天主教家庭里,16世纪30年代时被巴巴罗萨·海雷丁的一名船长俘虏成为奴隶,他改宗后成为闻名遐迩的"最伟大的海盗",并于1568年被任命为阿尔及尔的总督。[8]

哈本写信请求哈桑阿迦用他的影响力释放仍被关在阿尔及尔的幸存的"燕子"号船员,他们中的许多人早些年和萨姆森·罗利一起生活和工作。与汉默对奇纳诺的改宗的描述形成直接对比的是,哈本这么做,仿佛表明哈桑阿迦是为了保命而蓄意改宗,以掩饰他真正的不可动摇的新教信仰。他相信罗利仍然承认其"狂热的信仰"存在于"主耶稣基督中,通过其独有的功德和流血使你与我们以及其他良好的基督徒将会得救,同时也因为您像女王陛下的一个真正臣民那样忠实地服从,发自内心地爱你的国家和你的同胞"。哈本相信他的"真正"信仰会驱使他代表英国俘虏向阿里帕夏求情"允许他们被赎回",而他保证哈桑阿迦会向"全世界,特别是对女王陛下和她的大使我表明真正的基督教心灵和英国人的心……尽管你的身体受到土耳其人的奴役,但你正直的心灵却免于那些罪恶"。[9]

就在哈本写这封信的两年后,一个旅行者在著作中描绘了萨姆森·罗利,这番描述丝毫也没有为大使认为罗利的改宗只是出于自保而采取的表面行为的信念提供支持。在描述中,哈桑阿迦穿着华丽长袍,头戴白色头巾,斜倚在镀金宝座上,乃是充满自信、成功有为的穆斯林形象——尽管他受了阉割并且从基督教改宗。和这个时期许多其他在地中海地区"土耳其化"的同时代基督徒一样,总的来说他给人的印象是,相较于作为一名来自大雅茅斯的苦苦挣扎、四处游荡的新教商人的萨姆森·罗利的生涯而言,成为一名富有而有权势的阿尔及利亚统治精英是更有吸引力的。

哈本关于释放"燕子"号船员的请求是否成功我们不得而知,尽管他在随后的信件中没有提及这一点表明事实可能并不如愿。我们也不清楚哈桑阿迦的遭遇,哈本的信是有关他的最后一点消息。哈本还有其他事情要处理,不可能对他在君士坦丁堡任期内进入他视野的每一个俘虏、每一次赎身和每一例改宗都采取行动。但有一个英国旅行家爱德华·韦伯(Edward Webbe)确实要因为哈本救了他而感谢哈本。

作为地中海东部伊丽莎白时代所有冒险家中最富有传奇色彩的一位,韦伯因出版流浪汉回忆录《英国人爱德华·韦伯在历险中遭遇的罕见而奇妙的事》(*The Rare and most wonderful things* which Edward Webbe an Englishman Borne, hath seene and passed in his troublesome travailes, 1590）获得了一定的知名度。1553年或1554年，他出生在伦敦塔附近。1566年，他为安东尼·詹金森效命，接下来的5年时间都在周游俄罗斯。1571年，他被克里米亚鞑靼人俘虏，成为奴隶。被赎回后，他返回英国。在他的船航行到亚历山大港时遭到了土耳其桨帆船的攻击。经过激烈的战斗，大部分船员被杀，韦伯描述了他和10名幸存者如何"被送往君士坦丁堡，并被派往桨帆船，在那里做了5年的苦役"。

韦伯以他具备"炮手的良好技能"设法说服了俘虏者，并跟随奥斯曼军队前往波斯、大马士革、开罗、耶路撒冷、果阿、埃塞俄比亚以及红海沿岸，"在战场上为苏丹服务"。回到君士坦丁堡后，他为苏丹儿子的割礼仪式制作了一件被它描述为"状如挪亚方舟的精巧烟花"。然而，作为一个没有直接军事用途的基督徒，韦伯再次成为"苏丹地牢里的囚犯"，并受迫"抛弃基督、否认它，信奉他们的神穆罕默德：如果我照做，可能会在苏丹那里获得晋升，并且和这个国家的所有贵族一样过着非常幸福的生活"。尽管"裸身遭到痛打"和"毒骂"，他设法抗拒，直到"这使上帝感到满意，派他——即哈本大人，这片土地上的可敬绅士——来释放我和其他人"。韦伯赞扬哈本"表现得非常聪明，为释放我和其他英国俘虏用尽了各种办法"。[10] 不幸的是，韦伯重获的自由是短暂的：在经由意大利回国途中，他被当作异端在罗马和那不勒斯遭受囚禁和折磨，直到1587年才最终抵达英格兰。[11] 我们最后一次听闻他的消息是在1592年，他住在布莱克沃尔（Blackwall），曾经以炮手为生，现在大概靠他的养老金和吹嘘旅行故事过日子。

尽管哈本在协商释放韦伯这样的俘虏时取得了成功，但他在君士坦丁堡的状况却逐步走向黑暗，他颇为戏剧化地说，原因在于"我的许多强大的敌人，同时包括基督教和异教徒，暗中使了卑鄙手段"。[12] 他在回忆录（写于1590年4月弗朗西斯·沃尔辛厄姆去世后的某个时候，但从未发表）中承认，1586年整个下半年，他承受着来自伦敦的巨大压力，"已故的值得回忆的可敬的沃尔辛厄姆秘书先生向我证实，西班牙国王正在为入侵英国做着充分的准备"。根据哈本的回忆，西班牙准备支付威尼斯人16万杜卡特"以中断我们之间的交往，并将我们驱逐出"君士坦丁堡，同时鼓动威尼斯大使利用他对穆拉德的帝国后宫的影响力签订互不侵犯条约，以便腓力二世专注于进攻英国。现在哈本清楚地知道，"自从我第二次来到这里，西班牙人及其追随者对我的所作所为的嫉妒猜疑"远远超出了商业保护主义范畴，他必须要用他的影响力来"阻止威尼斯与西班牙结成受诅咒的联盟"。[13]

哈本坚持认为他的策略基于改革后的宗教信仰。"我尽了最大的努力，"他写道，"使上帝的一个敌人对抗他的另一个敌人以削弱他们双方的实力。"在对汉默谴责天主教徒和穆斯林的务实回应中，新教徒哈本声称要让西班牙人与土耳其人反目成仇，以获得沃尔辛厄姆想要的结果。在与奥斯曼宫廷建立联盟时，他的反天主教的新教信仰显然是有用的，尽管私下里他也因为苏丹及其宫廷取笑他的宗教信仰而感到沮丧。威尼斯大使莫罗西尼写道："每个人都开玩笑地称他为路德派——甚至是那些帕夏们，这让他非常反感，因为他是最纯正的加尔文主义者。"[14]

抛开这些恼人之处，哈本的首要目标是建立一个与穆拉德关系密切的同盟网络。他与苏丹的导师、伟大的土耳其历史学家塞阿德丁·穆罕默德·本·哈桑（Seadeddin Muhammad Ben Hassan）建立了友谊，并与他的旧敌吉利奇·阿里帕夏冰释前嫌，大概是给了他们大量的"礼物"，这确保了他们反对后宫生出与西班牙签订互不侵犯条约的任何计划。哈本的阴谋似乎至少取得了部分成功，因为他能够报告说"西班牙国王不敢从西西里、那不勒斯和黎凡特海域的其他港口撤出他的全部兵力"以用来转身对付英国。

"受诅咒的联盟"受到阻碍，哈本胜利了。"我尽了最大的努力，"他吹嘘道，"不仅打破了他们之间的同盟，而且进一步想要使土耳其海军对抗他［腓力二世］，而当时（由于与波斯的冲突）的形势让我认为不可能，然而在上帝的帮助下我阻止了他的狡猾阴谋，使他的交际或耗费的很多钱财不起作用。"[15] 尽管哈本已劝阻穆拉德与西班牙结盟，但他认为任何说服苏丹与伊丽莎白结盟并用他的海军对抗腓力二世的尝试都是不太可能成功的，这主要是因为进攻波斯的战役让奥斯曼帝国投入了大量财力和军力，最近，他们刚刚占领了萨法维王朝的前首都大不里士。[16]

1587年6月24日，沃尔辛厄姆向哈本表示祝贺："你在与苏丹和他的顾问的谈判中是多么小心谨慎。"他还告诉哈本，女王对后者成功阻止和平条约的签订感到高兴，并说：

> 她很高兴你让大君明白她万分感谢他走出这一步：在你的活动下，他不再赓续西班牙国王想要的停战协定。你将以她的名义不仅劝他继续如此，而且向他展示他当下是多么必要制裁西班牙人的国王，事实上远比波斯还需要，而他的军队似乎全都用来攻打后者了。他可以让忠于他的巴巴里的君

主们袭击西班牙国王，为此目的给他们装配一些桨帆船，只用很少的花费就能给西班牙国王造成极大的烦恼，而女王陛下也会施以援手。[17]

沃尔辛厄姆然后给出了最后一个诱人的提议："你可以向大君表示，女王陛下已经在西班牙海岸布置了一支强大无比、全副武装的舰队，受弗朗西斯·德雷克爵士指挥，这支舰队去年已经破坏和焚烧了西印度群岛的卡塔赫纳和其他地方，已经闯入西班牙和葡萄牙的许多不同港口。"这句话的含义很清楚：英国海军的实力不容小觑，如果穆拉德加入其中，他们就可以消灭地中海上的西班牙海上势力。伊丽莎白并不是真的需要穆拉德的帮助，沃尔辛厄姆煞费苦心地解释："尽管女王陛下不需要其他君主的援助，但使西班牙国王感到更加恐怖将会极大地鼓舞和满足女王陛下，他们会有共同努力削弱腓力的权力的相同的兴趣。这一切，"沃尔辛厄姆总结道，"同时也是为了让大君满意并受到鼓舞，使你在那个国家和宫廷里的对手蒙受耻辱，我让你自己视情况而公布、推进和扩充。"[18]

在成功地恢复了驻君士坦丁堡大使的职业生涯并一手破坏了西班牙与奥斯曼的缓和关系后，哈本现在面临着一项艰巨的任务，即设法对腓力的地中海舰队发动一场由英格兰和奥斯曼帝国联合发起的海上进攻。他很清楚这项事业是不可能完成的，而且局势很快开始紧张起来。1587年11月，当英格兰和西班牙之间的战争似乎一触即发时，哈本给穆拉德写了一封特别的信，抱怨他不愿意批准英格兰和奥斯曼帝国缔结军事联盟。这封信说明了哈本如何使用新教徒和穆斯林之间的宗教和谐来为军事联盟辩护：

不要让这个时机白白浪费,上帝为了摧毁偶像崇拜者,将你创造为勇敢的男人和最强大的世俗君主,为了使你在忽略了他的命令时不会让他向你倾泻最强烈的怒火,我的女主人,只是一个弱女子,也鼓起勇气努力去帮助你。如果你在危险面前将最信任你的盟友、对陛下的友谊和承诺充满信心的女王抛弃,使她的生命和王国置于世间最危险的境地,那全世界都会公正地谴责你的极度忘恩负义。因为这个西班牙人由于我的女主人破坏了他的和平,决心依靠教皇和所有崇拜偶像的君主举全力彻底摧毁她。最终,当基督教世界内没有任何障碍后,他将指挥他那战无不胜的军队摧毁你和你的帝国,变成世上独一无二的统治者。被他们认作世间的上帝的教皇会不停地以虚假的预言劝他这么做,声称他有能力实现目标。然而,如果明智而勇敢的陛下能立即与我的女主人联合在海上作战(全能的上帝、宣誓的信仰、良好的时机、光荣的奥斯曼家族的声誉,以及你的帝国的救赎一致建议),那么这个骄傲的西班牙人和说谎的教皇以及他们所有的追随者将不仅会被他们所珍视的胜利希望所欺骗,也会因为他们的大胆而受到惩罚。由于上帝只保护他的子民,他因此将通过我们惩罚这些偶像崇拜者,那些不知悔改者将改信真正的上帝。而为他的真正名望而战的你将会被他授予胜利以及其他帮助。[19]

哈本的观点选择性地结合了汉默的神学和沃尔辛厄姆的现实政治。汉默把天主教和伊斯兰教视为崇拜偶像的信仰,哈本务实地提议在反对偶像崇拜的新教和伊斯兰教之间建立一个反教皇联盟。其余部分则是沃尔辛厄姆在6月催促他"公布"和"扩充"的内容的简洁概要。

这封写给穆拉德的信是伊丽莎白一世外交政策的官方（即使是私下的）声明，目的是奉承并诱使奥斯曼苏丹采取行动。哈本在临近生命尽头时写了有关这段动荡时期的回忆录，他在其中带着后见之明更清楚地表达了对自己负责提出的这种不洁的联盟的真实态度。他抱怨"长久以来，我被迫了解了土耳其异教徒的反常状况"，并承认由于"我诚挚地不断向上帝祷告，称颂他的圣名，女王陛下在正当防御时可能永远不会需要这个异教徒暴君的帮助，同样，在我居住在那里期间，上帝可能没有让该暴君成为由于我们的罪向基督教世界发泄强烈怒火和施加惩罚的工具"。[20]不管他的公开声明是怎样的，也不管在政治和商业条款中有多么适时而变，哈本私底下对与"异教徒"做交易深感不安。

1588年初，哈本开始向沃尔辛厄姆和土耳其公司给他支付薪水的人请愿将他召回。他的5年大使任期即将结束，他的处境异常紧张，但他的请求似乎由于公司未能定期支付他200英镑的年薪而变得强烈。他抱怨说，"为了促进女王陛下的工作，我在那里支出的费用超过了我记在账上的费用"，[21]而且，在君士坦丁堡的10年间，他仅被支付了400英镑。幸存的账目显示，他的开支不仅由土耳其公司支付，也来自苏丹本人。在哈本用来支付工资、日常开销、赎回俘虏和购买"礼物"（1442英镑）的15 341英镑中，公司支付了13 246英镑；其余的都是"他在君士坦丁堡期间皇帝［穆拉德］发放的津贴"。[22]这些花销远远高于在马拉喀什的亨利·罗伯茨的，但这也反映了伊丽莎白的顾问们准备在君士坦丁堡做更大的商业和政治投资。尽管哈本会声称此类支出被用于在伊丽莎白和穆拉德之间缔结联盟,以及破坏苏丹和腓力二世之间的联盟,但它并没有制造出沃尔辛厄姆希望看到的牢固的军事轴心。西班牙的舰队在地中海上不会马上遭到奥斯曼帝国的攻击,那么,无敌舰队就会准时进攻英格兰。

1588年4月底,正当哈本即将被召回伦敦时,一支由130艘船、8000名水手和1.8万名士兵组成的西班牙舰队准备驶出里斯本,前往英吉利海峡。西班牙在一场仪式中举起了旗帜,让人回想起它在抵抗另一个"异教徒"敌人——奥斯曼人——的勒班陀战役前举行的仪式。1588年7月,英国海军大臣查尔斯·霍华德、弗朗西斯·德雷克和约翰·霍金斯率领的英国舰队在普利茅斯附近与西班牙人交战。到了8月初,双方在英吉利海峡不同地方进行一系列交战之后,英军占据了优势,将西班牙舰队打散,并沿英格兰东部海岸一路追赶。在暴风雨天气中,无敌舰队的残部的大部分在苏格兰和爱尔兰多岩的海岸上撞毁。尽管有重重困难,英国人还是在天主教西班牙的压倒性力量面前取得了胜利。

1588年8月1日,正当西班牙舰队的残部在苏格兰海岸艰难前行,拼尽全力想要返回家乡时,哈本从君士坦丁堡向沃尔辛厄姆发来最后一封信件。苏丹不断违背缔结正式的军事同盟的承诺,这让哈本的希望幻灭了,感到非常沮丧,他告诉沃尔辛厄姆自己已经准备好"马上离开"。他把最后的请愿书呈给苏丹,里面有和以前一样的指控和辩护。他相信奥斯曼人更感兴趣的仍然是与波斯作战,而非西班牙,并孤注一掷地认为堂安东尼奥能够率领一支反西班牙军队夺回葡萄牙的王位,削弱西班牙在伊比利亚、北非及其他地区的势力。[23]

12天之后,他让25岁的秘书爱德华·巴顿暂时接管大使馆

（部分是因为后者的土耳其语很流利），哈本和他的30多名随从永远离开了闷热的君士坦丁堡。11月19日抵达汉堡后，他得知"女王陛下战胜了西班牙人"。[24] 对这个顽强的英国人来说，这一定是个苦乐参半的时刻。在君士坦丁堡生活了10年后，他在看似失去一切的情况下重新与奥斯曼人恢复了商业协议，建立了英格兰在伊斯兰世界的第一个官方大使馆，搭建了一个跨越地中海的庞大的英国代理商网络，并协商释放大量英国俘虏，使他们逃离桨帆船上的恐怖奴役生活。尽管他未能使土耳其穆斯林与西班牙天主教徒形成对立，但他的外交在扰乱西班牙人以及他们的入侵准备方面起到了作用——或者这是哈本在返回英国后所坚持认为的。在诺福克，一种平静的、默默无闻的退休生活正在等待着这位前大使，他于1617年去世，在那里生活了将近30年。

在马拉喀什，亨利·罗伯茨一直面临着一场类似的斗争，他试图用他的智慧说服另一位不情愿的穆斯林统治者在伊丽莎白与西班牙的斗争中支持伊丽莎白。与穆拉德一样，曼苏尔似乎不相信英国人值得冒险；他们似乎不具备与他们的反西班牙言论相符的军事实力和外交地位。堂安东尼奥也得出了同样的结论；1588年春天，他直接请求曼苏尔去劝说伊丽莎白袭击西班牙以帮助他。但狡猾的曼苏尔却含糊其词，静观西班牙入侵英国后会发生什么。

1588年7月12日，罗伯茨给莱斯特写信，告诉他"这里有消息说西班牙国王的舰队将启程前往英格兰；我很清楚的是，这位国王［曼苏尔］会拖延时间，以了解他们的进度：因为，如果西班牙国王战胜英格兰，那么国王什么也不做；如果西班牙国王被推翻，在上帝的帮助下他定会被推翻，国王就会履行承诺，甚至做得更多"。[25] 在西班牙入侵的结果出来之前，堂安东尼奥和伊丽莎白没有能力在摩洛哥或其他任何地方采取行动。

在欧洲和北非的首都，政治家们热切期待着西班牙无敌舰队的新闻。在马拉喀什，西班牙人传播着他们的舰队已经获胜的谣言。但稍后，8月5日，伊丽莎白给曼苏尔写信，告诉他她已战胜西班牙。这封信于9月初到达马拉喀什的英国商人的小社区。该消息引发了特别壮观的庆祝场面。商人们燃放烟火，组织即兴的街头宴会和舞会，并带领一支游行队伍穿过市中心。根据目击者报道，一些迎风飞扬的旗帜上画着伊丽莎白胜利地站在匍匐在地的腓力面前，而另一些人则把西班牙统治者和教皇西克斯图斯的肖像扔进火里，令观看的意大利和西班牙商人惊愕不已。游行队伍接着行进至梅拉区，有3个人攻击了他们。第一个是迭戈·马林（Diego Marín），他是一名西班牙外交官，另外两个是葡萄牙贵族乔奥·戈梅斯·德·席尔瓦（João Gomes de Silva）和西班牙人胡安·德·埃雷迪亚（Juan de Heredia），后者是阿尔卡塞尔－吉比尔之战的幸存者，在被赎买后，他们在这座城市中过着漂泊无依的生活。接下来到底发生了什么尚存争议，但可以肯定的是，这3个人拔出了他们的剑，袭击了英国商人。他们把几个人从马上打翻在地，杀死3到7人，伤了更多的人。梅拉区陷入混乱，犹太人和穆斯林惊恐地看着天主教徒杀害新教徒，欧洲的基督教徒在远处北非的马拉喀什的街头重演了他们的教派冲突。[26]

这种暴力场景威胁到了曼苏尔的首都的和平与商业稳定，令他感到震惊，他立即逮捕了攻击者。我们不清楚德·席尔瓦和埃雷迪亚的遭遇，但马林将在监狱里度过接下来的20年。对一些英国商人来说，庆祝活动让他们丢了性命，但英国海军战胜西班牙无敌舰队一役终于使曼苏尔相信了两件事：强大的西班牙不像他认为的那样战无不胜；不能再将英格兰和她的女统治者视为北非商业和外交世界中的边缘角色。无敌舰队的战败促使西班牙的敌人重新评估他们的联盟：突然间，盎格鲁-摩洛哥联盟似乎变得非常真实，很可能改变北非和伊比利亚微妙的权力平衡。

曼苏尔对英格兰态度的转变，记录在他的宫廷文士和历史学家阿卜杜·阿齐兹·菲什塔里（Abd al-Aziz al-Fishtali）的著作中，他留下了已知最早的非欧洲人士对英国女王的评论。在他对事件的描述中，他将伊丽莎白称为"伊莎贝尔女苏丹"，把腓力描述为"宗教的敌人、异教徒（愿真主增加他的伤痛，削弱他的权势）、卡斯蒂利亚的暴君，他现在是伊斯兰教的反对者、多神论的支柱"。据菲什塔里说，当无敌舰队靠近英国海岸时，"真主送来一阵暴风［reehan sarsaran］吹向暴君的舰队，破坏了他们的阵形，并把他们推向敌人的土地，降下了他们的旗帜"。[27] 菲什塔里使用的"reehan sarsaran"这个词尤其意味深长：它来自《古兰经》（41:16），那里描述了吹向信奉多神论的阿德人的神风。真主惩罚西班牙人的罪恶，正如他惩罚阿德人一样。[28]

信奉新教的英国人同意这种说法，纪念英国胜利的纪念章上有类似的题词："上帝吐纳风雨，他们因之溃散。"（Afflavit Deus et dissipati sunt.）[29] 菲什塔里也将无敌舰队的战败解释为神站在穆斯林——以及英国人———边的标志。这给曼苏尔提供了一个考虑收复安达卢斯（Al-Andalus，西班牙本土的阿拉伯名称）的机会。菲什塔里继续说："感谢真主，在这件重要的事情上，这些行动成了成功和征服的先兆，这标志着他［曼苏尔］履行长久以来的承诺，按照真主的旨意占据他［腓力］的领土，并在他的地盘上以真主的常胜士兵对抗他。"[30]

曼苏尔现在认识到了英格兰的军事能力,并表示愿意与其讨论结盟打击西班牙以及让堂安东尼奥登上葡萄牙王位。不幸的是,似乎没有人告诉亨利·罗伯茨,他的赞助人莱斯特伯爵在一场短暂的疾病后于9月4日突然去世,而就在几个星期前,他还在指挥整个国家抵御西班牙的入侵。莱斯特的死使伊丽莎白极为心烦意乱,这似乎也成了罗伯茨决定离开摩洛哥的催化剂。罗伯茨在摩洛哥的时光给人的印象并不深刻。除了未能与曼苏尔达成政治联盟,在他的监督下,公司在出口商品(主要是布料)上只获得了不规律的收益,却在进口货物,主要是糖上损失极大,共1689英镑。莱斯特和罗伯茨对生意都不够精通或不太感兴趣,以致落入廉价出售英国布料、高价买入摩洛哥糖的陷阱。他们制定的让曼苏尔加入反西班牙联盟的外交策略失败了,而莱斯特的死使罗伯茨比以往任何时候都更加暴露。他在摩洛哥期间几乎完全被曼苏尔所忽视,而当后者得知无敌舰队战败的消息后,他立即被精明的苏丹当成了改变政治方向的马前卒。罗伯茨住在马拉喀什郊外的一个曼苏尔的花园宫殿里,大概不知道他的商人同胞在梅拉区遭受的袭击。9月14日,他"带着国王的命令以及四五十名保护我的安全的射手"离开了摩洛哥,前往英格兰。[31]

在罗伯茨的大使工作的简要记述——据描述是回到伦敦后"他自己简要写就的"——中,他回忆他在离开马拉喀什向西南方向走了150英里后,来到了阿加迪尔港。"在这个港口,"他写道,"我滞留了43天,终于在11月2日和马尔肖克·瑞兹(Marshok Reiz)[他的真实姓名是艾哈迈德·比尔卡西姆(Ahmad Bilqasim)]一起登船。比尔卡西姆是一名军官,也是一位绅士,摩洛哥国王派他作为大使和我一起去觐见女王陛下。"[32]他自己的大使任期已结束,而罗伯茨现在陪同摩洛哥首位驻英国大使前往英格兰。他不知道的是,设置大使馆只是精心安排的一场互换外交人员的一个组成因素,这场交换的目的是组成一个盎格鲁－葡萄牙－摩洛哥军事轴心。当罗伯茨和比尔卡西姆乘船前往英格兰时,葡萄牙王位觊觎者堂安东尼奥已经同意将他的兄弟堂克里斯托瓦尔（Don Cristobal）作为人质送到曼苏尔的宫廷,以确保苏丹兑现拟建军事联盟的承诺。

11月10日,堂克里斯托瓦尔带着4艘战船和6艘商船离开伦敦前往摩洛哥。沿着和罗伯茨、比尔卡西姆所走的相反的路线,这位葡萄牙人于1589年1月抵达马拉喀什,然后他就立即请求曼苏尔支持堂安东尼奥夺回王位。菲什塔里没有放过这个带有讽刺意味的形势,他写道,堂克里斯托瓦尔需要"我们的刀剑,在真主的帮助下胜利夺回失去的王位……虽然我们穆斯林的刀剑和它们锋利的剑刃不久前"在阿尔卡塞尔－吉比尔之战中"摧毁了他的王权的大厦",而"只有借助我们他才能夺回它"。[33]

就在堂克里斯托瓦尔到达摩洛哥时,罗伯茨和比尔卡西姆登陆英格兰。和往常一样,罗伯茨吃了一顿饭,抱怨说:"经历了海上诸多的苦难和糟糕的天气后,我终于在新年这天抵达康沃尔的圣艾夫斯。"从那里开始,两个人"走陆路北上前往伦敦,巴巴里公司最主要的商人都骑着好马在城外迎接我们,总共有四五十人。于是大使和我就坐上了四轮马车,在火把的照耀中进了城,那是1589年1月12日晚,星期日"。[34]摩洛哥大使戏剧性地抵达伦敦,以一种相称的戏剧性方式结束了伊丽莎白时期英国与伊斯兰世界之间的一段混乱关系,在这期间,哈本的第二次出使君士坦丁堡取得了成功、巴巴里公司得以诞生、西班牙无敌舰队战败了；它也为另一部在接下来的 10 年里将要上演的戏剧做好了准备，而这一次是在伦敦的公共剧院的舞台上演的。

7

伦敦的土耳其化

1588年夏天，伦敦正准备应对西班牙的入侵，如果这次入侵成功，将会不可避免地令获胜的腓力耀武扬威地返回这座城市，一如34年前他作为玛丽·都铎的配偶骑马穿城而过。6个月后，腓力的无敌舰队被毁，伦敦人看到的是一名穆斯林大使骑马庄重地穿过首都，而非一名天主教征服者。艾哈迈德·比尔卡西姆——或马尔肖克·瑞兹，这是他的英国东道主们对他的称呼——在一队随行人员陪同下进入伦敦，其中还包括巴巴里公司的高层，这幅景象象征着伊丽莎白对伊斯兰世界的外交政策公开发生了重大转变。摩洛哥和奥斯曼帝国的统治者都目睹了弱小、无足轻重的英格兰战胜了菲什塔里所谓的"卡斯蒂利亚的暴君"手下强大的战争机器，现在他们已经把女王视为国际舞台上重要的政治人物。对伊丽莎白和她的顾问们来说，他们明白与马拉喀什和君士坦丁堡结成战略联盟比以往任何时候都更为重要，因为腓力二世从最近的海军失利的屈辱中恢复过来后必定会企图报复。

关于艾哈迈德·比尔卡西姆在伦敦的什么地方居住以及在伦敦期间和谁见面的档案证据留存下来得很少，但从官方的外交信函中，我们可以看到英格兰和摩洛哥双方都希望他的出使能达到什么目标。大使在1589年1月末写了一份引人注目的备忘录，其中勾勒了曼苏尔计划建立的联盟的规模。它提议：

> 向女王陛下提供援助，不仅是人力、金钱、食物和他的港口的使用权，还有他自己的人，如果陛下乐意要的话；为了更好地抵御共同的敌人西班牙国王，渴望双方可以建成一个可靠、完美的联盟。
>
> 要让她明白，为了更好地推进她的高贵的目标，让堂安东尼奥恢复葡萄牙国王身份，他认为最好由女王派遣海军进入[直布罗陀]海峡，他也应该派遣船只到那里进行援助；为了保卫西班牙在海峡内的那部分巴巴里沿岸领土，西班牙国王应该被迫将军队撤出葡萄牙；堂安东尼奥趁葡萄牙没有外国军队驻扎也许更有可能重新夺回他的国家。
>
> 最后，当100艘船到达巴巴里海岸，他可以自由进入西班牙时，提议向女王陛下交付15万杜卡特酬金。[1]

曼苏尔提出了一次大胆的对抗西班牙的英-摩联合军事行动，这将使堂安东尼奥重夺自1580年就被西班牙的腓力占据的葡萄牙王位，使他自己能够收复失去的穆斯林领土安达卢斯，作为回报，他将付给伊丽莎白15万杜卡特。在他对"夺回"和"恢复"不露声色而又充满感情的强调中，曼苏尔提出要在英格兰和摩洛哥统治者之间缔结一个"完美的联盟"，它既是两个国家意识形态上的结盟，也是地缘政治上的结盟。在西班牙无敌舰队战败后局势的不确定性中，曼苏尔提出了一个穆斯林和基督徒联手的非凡计划。

这个计划出自曼苏尔的独创。事实上，它是伊丽莎白及其顾问在打败西班牙后立即发展起来的一个大得多的被称为"葡萄牙远征"的反西班牙轴心的一部分。1588年9月,伊丽莎白任命弗朗西斯·德雷克爵士为海军司令,任命约翰·诺里斯爵士(Sir John Norris)为将军,计划对西班牙展开大胆的反击。她批准了一项以占领里斯本为目标的军事行动,希望引发民众起义,将堂安东尼奥推上王位,然后袭击塞维利亚,并在亚速尔群岛建立海军基地,攻击西班牙舰队的残部。伊丽莎白的问题是,为了抵御入侵她实际上已经破产。德雷克和诺里斯因此提出以股份制形式筹集远征资金:伊丽莎白拿出2万英镑,剩余的4万英镑从伦敦商人中筹集,投资回报是战利品,而荷兰的加尔文派教徒被要求提供军队、船只和物资,合计价值1万英镑。[2]当伊丽莎白得知曼苏尔准备支付15万杜卡特——按16世纪汇率标准计算大概折合约7万英镑,或者说等于全部战争预算——用作远征行动的花销时,对缺钱的伊丽莎白来说,联合英国国教徒、加尔文派教徒和穆斯林打击西班牙人的可能性必定看起来极具诱惑力。

由于弗朗西斯·沃尔辛厄姆疾病缠身,无法在枢密院履职(他于1590年4月去世),只好由年迈的伯利勋爵领导与比尔卡西姆的谈判。伯利勋爵秉持一贯的谨慎,担心伊丽莎白应该如何建议堂安东尼奥回复曼苏尔的提议,担心摩洛哥提供的军事支持的真正性质,担心"钱应该何时支付"。他还对伊丽莎白冒着丢掉新获得的国际威望的风险与穆斯林统治者共同反抗西班牙人表示担心,写道:"女王陛下不愿拿去年得来的荣誉冒险。"最终,伊丽莎白同意了曼苏尔的提议,尽管还有一些保留,"只要在她的荣誉和良心可以承受的范围内,尽可能做出一样的回报"。[3] 1589年1月,当比尔卡西姆在伦敦安顿下来时,德雷克和诺里斯正在低地国家招募加尔文派军队加入舰队,他们于次月驶向里斯本。

比尔卡西姆对自己的外交角色有了十足的把握,他也向伊丽莎白的顾问们进一步提出了一系列要求。他提出,如果曼苏尔在攻击西班牙时需要保卫自己的国家对抗其他伊斯兰国家,那么他应该被允许"在这个国家内雇佣一些船只和水手",以及木匠、造船工匠和他要求的"供应品和商品"。比尔卡西姆还要求伊丽莎白"奖赏那个布里斯托的可怜人,他从爱尔兰走出来而他的船在旅程中被抛弃了"。这里似乎提到的是不幸的亨利·罗伯茨,作为英国驻摩洛哥第一任大使,他现在已经沦落到要让萨阿迪王朝在伦敦的代表帮他向王室申请救济的境地。由于罗伯茨回国后与巴巴里公司的主管就未支付的薪水争吵了一年多,既不光彩又毫无结果,他的失宠因此显得更加丢脸。[4]

要是摩洛哥大使在那个冬天从政治谈判中抽出时间,他可能

16 世纪荷兰起义中铸造的"起义"银奖章,上面镌刻的文字为"宁要土耳其人不要教皇"(左)和"尽管做弥撒"(右),日期是 1574 年。

会像之后很多外交官员所做的那样，去剧院看戏。剧院上演的戏剧可能会让他大吃一惊，因为这座城市的商业剧场正充斥着比尔卡西姆非常熟悉的来自伊斯兰历史中的场景和人物，尽管剧情可能并不是他熟悉的那个样子。

当时伦敦最流行、最受欢迎的戏剧是《帖木儿》(*Tamburlaine*)，这是海军大臣剧团（以他们的赞助人海军大臣埃芬厄姆的查尔斯·霍华德的官衔命名）的一出分为两部的戏剧，于1587年年底首次在露天的玫瑰剧场上演。这出剧的全名是《帖木儿大帝，通过他那无可匹敌的征服，从一个斯基泰牧羊人变成一个最有权势的君主，（由于他在战争中的暴虐和恐怖）而被称为上帝之鞭》。它是由一位刚刚从剑桥毕业的早熟年轻剧作家于1587年初创作的，他的名字叫克里斯托弗·马洛（Christopher Marlowe）。

他在短暂而辉煌的一生（1564—1593）中曾被指控为间谍、无神论者、鸡奸犯和（最糟糕的）烟草成瘾者，马洛很快看到像罗伯特·威尔逊的《伦敦三夫人》那样的戏剧的局限性，严厉的道德和拟人的角色与机灵的马洛所看到的充满活力和激情的周围世界几乎没有任何关系。马洛在主题和语言上做了回应，改变了整个伊丽莎白时代戏剧的发展方向。马洛选择帖木儿作为主角，后者是一个突厥-蒙古军阀和帖木儿王朝的奠基人。仅在14世纪的30多年里，帖木儿就打赢了一系列非常残酷的战役，蹂躏了中亚，征服了波斯，入侵了俄国并占领了德里苏丹国。1402年，他挺进叙利亚，打败了埃及的马穆鲁克，占领了阿勒颇和大马士革，然后在1402年安卡拉战役中征服并俘获了奥斯曼苏丹巴耶济德一世（Bayezid I）。1405年2月，帖木儿在向中国明朝进军的途中发高烧而死，他的帝国野心也就此止步。

帖木儿为马洛提供了一个主人公，他的身上有着适度的异国情调、充满暴力和魅力，带兵横扫了后古典世界，与鞑靼人、波斯人、土耳其人和基督徒的帝国争夺全球统治权。在马洛的作品中，帖木儿的人生大部分是虚构的（包括他的名字，马洛从读过的拉丁语文献中引用了它，并没有意识到"帖木儿"原本是一个轻蔑的绰号，指的是这位军阀因为年轻时受的伤而跛脚，但是他在马洛的剧本中没有这种残疾）。他变成了一个卑贱的斯基泰牧羊人、一个杰出的演说家和一个魅力四射的扩张狂，喜欢羞辱那些强大的对手，无论他们信仰什么。帖木儿无休止且明显不顾道德的征服欲望让伊丽莎白时代的观众既震惊又着迷。

马洛的剧本戏剧化地展现了主角非凡的野心和对权力的渴望。在开场中，帖木儿受到波斯皇帝迈锡提斯（Mycetes）的威胁，但他很快就向世人证明，他可以用引诱、战斗、指挥和征服来领导历史上最强大的帝国之一。最重要的是，马洛希望创作一个能让观众信服的英雄人物。尽管在舞台上展现剧中涉及的巨大地理空间是一个挑战（从波斯波利斯穿过非洲到大马士革），但是马洛的主人公因其语言所具有的前所未有的力量而令人信服。这个极具魅力的演说家能在说服观众相信他对妻子的爱和他对帝国取得成功有绝对把握的同时，实施野蛮残酷的暴行。在第二部中，帖木儿的残暴发挥到了极致。在最终征服了巴比伦并将其统治者在城墙上绞死后，帖木儿做出了最大胆也最具争议的举动：烧毁古兰经。他声称自己比任何神都伟大，不久后就病倒了，他命令他的儿子们在他死前征服剩余的世界。

马洛这部戏引人入胜，依赖的是语言和情节的创新性结合。

在他之前，大多数英国诗人和戏剧家都根据规定的韵脚和由每一行中的音节数量决定的韵律来写诗。马洛的伟大创新之处在于改造了一个这类的押韵技巧，即五步抑扬格（iambic pentameter），早期的剧作家用这种技术写作押韵的双行诗，创造出一种僵硬重复的节奏，几乎不可能用来表达性格发展和快节奏的戏剧情节。其他人如威尔逊，在《伦敦三夫人》中使用了"禽蛋商格律"，即 12 个音节和 14 个音节交替出现的押韵双行诗。结果就是，《开场白》中的台词听起来平淡又陈腐：

> To sit on honour's seat, it is a lofty reach,
> To seek for praise by making brags, oft times doth get a breach.[5]
> （想坐上荣誉的宝座，这是一个崇高的志向，
> 想通过夸夸其谈获得赞扬，时常会适得其反。）

与之相反，马洛选择使用不押韵的五步抑扬格，我们现在称之为无韵诗。从《帖木儿》的第一段台词开始，差别就清晰可见、令人振奋：

> 告别押韵合辙的轻松语调，
> 和自得其乐的滑稽表演，
> 我们将带你进入威严的军营，
> 在那儿，你将听见斯基泰人帖木儿
> 以惊人的妙语威胁世界，
> 用征服之剑一路横扫国王。
> 请用这面悲剧的镜子来观看他的形象，

然后尽情地为他的业绩喝彩。[6]

这听起来像一份宣言，而这正是马洛想要的效果。他告诉观众要大胆地忘记像威尔逊戏剧中的那些捏造出来的"轻松"节奏和插科打诨，他要带领他们穿越半个世界，进入战争的中心，通过无韵诗的富有魔力的节拍，观众们可以"听见"帖木儿用"惊人的妙语"慷慨陈词——使用及物动词和无韵诗——他要用征服世界证明他是如何言行一致的。

马洛有通过变换抑扬格的节奏调节韵律的本领，还会使用夸张、多音节的词语达到在一句诗行中从暴烈平滑地变为温柔的效果，这使他的许多同时代人感到目眩或艳羡。本·琼生（Ben Jonson）在《马洛的雄伟诗行》（*Marlowe's mighty line*）一文中捕捉到了马洛诗歌的力量感和独创性，但也嘲笑了帖木儿"戏剧性的大摇大摆的行走和高亢激烈的嘶喊，以确保吸引无知的打呵欠的人"，这种粗俗的娱乐只不过迎合了剧院里文化程度低的观众。[7]这个时期的其他作者，包括托马斯·纳什（Thomas Nashe），嘲笑马洛的创新是"无韵诗的自我膨胀"，将之斥为"嗡嗡作响的10音节诗行的夸夸其谈"。[8]马洛的伟大对手罗伯特·格林（Robert Greene）更进一步，抱怨马洛的创新让他破产："因为我不能让穿着厚底靴的悲剧演员在舞台上喷射我的诗句，无法让每一个字像圣玛丽里波教堂的法伯顿复调音乐一样充溢口腔，不敢让无神论者帖木儿把神赶出天堂。"[9]格林和所有马洛的批评者揭露出，马洛已经彻底改变了戏剧的局面，无论他们喜欢还是不喜欢。

根据格林的说法，帖木儿的宏伟、雄辩的风格因其戏剧性效果和它传达的煽动性观点而闻名遐迩。它或许甚至能使马洛质疑观众最珍视的一些信仰，包括他们的宗教。正如古希腊和古罗马的古典作家所展示的那样，说服力是公众人物最受推崇的天赋之一。马洛笔下的演说家和西塞罗一样技艺高超，却也和撒旦一样危险，后者在《创世纪》中的所作所为表明，巧妙而具有说服力的语言有改变人类未来的能力。从这个角度来看，帖木儿的形象甚至显得更加暧昧。他到底是第一部中那个征服了土耳其、波斯和埃及这些基督教敌人的英雄？还是第二部中甚至会对抗天神的残暴可怕的无神论者？

在第一部中，当帖木儿准备与奥斯曼帝国苏丹巴耶济德一世开战时，他因为他的副手特瑞达马斯（Theridamas）令人振奋的反土耳其言论而称赞他：

> 说得好，特瑞达马斯！就用这种口气说话，
> 因为"将要"和"想要"特别适合帖木儿，
> 他的吉星高照，使他确信
> 当他面临敌人之时必将获得军事胜利。
> 我注定要成为上帝之鞭，
> 让全世界感到害怕与恐惧，
> 我将首先征服土耳其人，然后释放
> 那些基督徒战俘，你们把他们当作奴隶。[10]

帖木儿的口气和行为就像一个基督教代理人，被派来征服土耳其人、让世界摆脱他们的伊斯兰教信仰并承诺释放在土耳其桨帆船上做苦役的俘虏。就在马洛创作该剧的时候，威廉·哈本也

正在努力争取解放基督教桨帆船奴隶,尽管使用的是更和平的方法。在两场中,帖木儿打败了巴耶济德并把他关进一个笼子里。巴耶济德被当作脚凳,帖木儿踩着他坐到宝座上以加倍羞辱后者。当巴耶济德徒劳地要求"超凡穆罕默德的神圣祭司们"[11]毒死帖木儿时,后者回应道:

> 让上天看见
> 他们的恐怖之鞭踩躏着帝王们。[12]

帖木儿的道德模糊性使他成为一个迷人的英雄:他既是摧残者又是救助者。马洛创造出来的东西超越了某种类型,他创造了一个角色。

有些观众应该从马洛的台词中听出了来自《诗篇》的诗句:上帝说,"坐在我的右边,等我使你仇敌作你的脚凳"。(《诗篇》110:1)对他们来说,把一个敌人踏在脚下承载着强大而直观的宗教内涵。在约翰·福克斯大受欢迎的《行传与见证》(*Acts and Monuments*)的1583年版中,有一幅木版画给出了这个观念的特别英国式的扭曲版本。它画的是貌似所罗门的亨利八世,把教皇克莱芒七世当作脚凳。马洛知道许多新教神学家——包括福克斯——把教皇和奥斯曼苏丹混为一谈,认为二者都是同一个敌基督的化身,但帖木儿并不是一个改革派基督徒。马洛创造的主人公是一个敌视基督教的穆斯林,同时又是征服土耳其人并解放基督徒的人,他处处让观众的期待落空,不知道该同情什么。

也许格林是对的,帖木儿和他的创造者都是无神论者。在第二部中,帖木儿在篇幅很长的台词中尽其所能地嘲讽所有神祇,包括先知穆罕默德。尽管极尽嘲讽之能事，但马洛显示出他对有关伊斯兰神学的中世纪假设和最近的报道有广泛的了解。事实上，他在第二幕第三场中提到了楂树（Zoacum），这暗示了他甚至可能读过《古兰经》，这棵树在其中的第 37 章中有所记载。[13] 在第二部的开头，帖木儿的副手奥卡尼斯（Orcanes）与匈牙利国王西吉斯蒙德（Sigismund）签署了和平条约，承诺：

在约翰·福克斯的《行传与见证》的 1583 年版中，亨利八世把教皇克莱芒当作一个脚凳。

> 是你神圣的穆罕默德,真主的朋友,
> 使神圣的《古兰经》与我们同在,
> 当你离开这个世界之时,你的荣耀之身
> 卧于棺中,升上天空,
> 悬停于庄严的麦加神庙的屋顶,
> 我发誓保卫这项和平协议不受侵犯! [14]

帖木儿自己就不那么恭敬了。在剧中很靠后的地方,在他夺取巴比伦并下令屠杀当地居民之后,他向摩洛哥国王乌萨卡森(Usumcasane)提问:

> 那些土耳其文的《古兰经》,
> 以及在那个穆罕默德的神庙里所发现的
> 所有迷信书籍都在哪儿?它们将被烧掉。[15]

帖木儿夸口说"穆罕默德对我毫发无损",然后嘲弄先知,注视着燃烧的《古兰经》喊道:

> 现在,穆罕默德,如果你还有任何神力,
> 那你自己下凡,做出一个奇迹。
> 你不值得崇拜,
> 只能看火焰烧毁你的著作。
> 那本是你的信众之所依。[16]

他一边继续谩骂一边问道:

> 为什么你不能发出一阵狂飙,
> 把你的《古兰经》吹回你的宝座?
> 据说你在那里坐在真主本人旁侧。
> 或者把报复降在帖木儿头上,
> 他敢于挥动宝剑针对大人您,
> 践踏你愚蠢神律的条文?[17]

他告诉士兵"穆罕默德还待在地狱里",无法回应这种嘲弄,并说他们应该"另找一个神来崇拜"。[18]然后,说了不到20行台词后,帖木儿突然感到"心烦意乱",两场戏后他就死了。这是巧合,还是马洛最终把神的愤怒降到了他的反英雄人物身上?当帖木儿进入戏剧的最后一场时,他向他的将军特切里斯(Techelles)和其他亲密的顾问讲话,责骂所有宗教,无论是一神论的还是多神论的:

> 哪位大胆的神灵竟如此折磨我的身体,
> 企图征服伟大的帖木儿?
> 疾病现在要检验我是否还是那条汉子,
> 他已被称为世界的恐怖?
> 特切里斯,还有你们,来,拔出宝剑,
> 赶走那个家伙,他的双手在骚扰我的灵魂;
> 来吧,让我们向上天的部队进军,
> 在天空中竖起黑色长幡,
> 表明这是对神的杀戮。
> 嗨,朋友们,我怎么了?我无法站立。

> 来,带我前去与众神作战,
> 他们会因此羡慕帖木儿的健康。[19]

根据罗伯特·格林的说法,这一处和焚烧《古兰经》的桥段显示出帖木儿"敢把神赶出天堂"。但马洛在这里说得很清楚,他的主角是任何神祇的灾难,而不仅仅是伊斯兰教或基督教的神的。他不能被矮化为一个无神论者、穆斯林反英雄,甚或是基督徒英雄;在观众的想象中,他在剧中的不同时刻似乎信奉过所有这些信仰。在这里,人的肉身和神的心灵最终庄严地发生冲突:"世界的恐怖"有灵魂,但他将死于"与众神作战"。马洛认为只有神才能打败这样的人。

如果没有发明出这个来自中亚的卑贱的"斯基泰牧羊人",马洛无法发出这样的挑衅。马洛完全清楚伊丽莎白时期的英国与那些充斥在他的戏剧中的波斯、摩洛哥和奥斯曼帝国的统治者之间的密切关系。当他还在剑桥学习并写作《帖木儿》时,就已经和伯利与沃尔辛厄姆经营的情报网有接触,可能已经非常了解过去 20 年间存在于伊丽莎白的顾问们对伊斯兰世界采取的政策中的暧昧和矛盾之处。[20] 马洛的戏剧无意于称赞或谴责伊丽莎白与伊斯兰世界缔结的战略联盟。它探索的是,和一个可以——而且已经——很快转变为盟友甚或救助者的宿敌结盟所引发的矛盾和暧昧情绪。结果是出现一种全新的戏剧,它接受二元性并鼓励观众陶醉在认同一个像帖木儿这样的卡里斯玛式东方角色的恐惧和愉悦中。这出戏给观众带来了愉悦的战栗,而非阴郁的道德说教;它让观众对剧中的东方主人公做出自己的判断,并"随心所欲地为他的命运喝彩"。根据《星期日泰晤士报》的报道,该剧"在伦敦城的舞台上演时"，观众沉迷其中，不能自拔。[21]

《帖木儿》的成功几乎立即催生了新一代剧作家，他们不仅渴望使用马洛的风格，还想使用他那异国情调的背景。其中第一位是托马斯·基德（Thomas Kyd），他是马洛的密友和前室友，很快被卷入伊丽莎白时代间谍活动的阴暗世界中。随后基德被逮捕、拷打和监禁，罪名是渎神，起因是据他说实际上属于马洛的文件。二人在相距一年多的时间里先后去世，马洛死于1593年5月，基德死于1594年8月。基德可能在《帖木儿》上演的几个月内写了他著名的复仇剧《西班牙悲剧》（*The Spanish Tagedy*）。基德这部充满暴力和血腥的戏剧的背景取自西班牙和葡萄牙之间的政治斗争，考虑到伊丽莎白对堂安东尼奥的支持，这在16世纪80年代末是一个有预见性的话题。它还有一个特色，就是其中有一个戏剧化地描绘苏莱曼大帝追求希腊美女珀尔赛达（Perseda）的虚构情节的剧中剧。《西班牙悲剧》为复仇悲剧树立了新标杆，并且获得了空前的成功，这使他在1592年仓促地写了一部续集《苏莱曼和珀尔赛达》（*Soliman and Perseda*），专门讲了奥斯曼苏丹入侵罗得岛、俘虏珀尔赛达以及最终的垮台。

在马洛正在确立的戏剧潮流中，他的另一位同时代人乔治·皮尔（George Peele）另辟蹊径。相比于把戏剧的背景设置在奥斯曼帝国，他选择了离英国更近的地点与事件。就在无敌舰队战败左右，皮尔回到了更早的涉及伊比利亚的冲突时刻，写下了《阿尔卡扎之战》（*The Battle of Alcazar*），讲述了10年前发生在阿尔卡塞尔-吉比尔的事件。这出戏多次由斯特兰奇勋爵剧团（Lord Strange's Men）在班克塞德的玫瑰剧院上演，要是摩洛哥大使比尔卡西姆看了这出戏,他可能会对他的君主艾哈迈德·曼苏尔由一名英国演员扮演并被更名为"穆莱·穆罕默德·塞特"(Muly Mahamet Seth)感到困惑。与马洛和基德描绘遥远的奥斯曼历史时的自由发挥不同,皮尔在把这个相对较近的历史事件搬上戏剧舞台时做了一个创新性的决定——他利用了描述那场战役的出版物。结果,这部戏剧更像是战争报告,而非史诗剧,受益于马洛的风格,但在背景和主题上明显不同。这是英国戏剧史上第一部使用一个合唱团介绍每一幕的戏剧,也是第一次把地点完全设定在摩洛哥并把摩尔人搬上英国舞台的戏剧。皮尔这部有关"摩尔人"角色的戏剧对随后的伊丽莎白时期的戏剧产生了深远的影响。

皮尔将执政的苏丹阿卜杜勒·马利克一世称为"Abdelmelec,又名摩洛哥的穆莱(Muly Molocco),是合法的摩洛哥国王",与他形成对比的是他那诡计多端的侄子,被流放的阿布·阿卜杜拉,皮尔称他为"穆莱·穆罕默德,摩尔人"(不要和穆莱·穆罕默德·塞特混淆)。阿卜杜勒·马利克被视为合法的"勇敢的巴巴里君主摩洛哥的穆莱",而阿布·阿卜杜拉被刻画为"野蛮的摩尔人,/黑人穆莱·穆罕默德",一个"暴君","他有着黑色的肤色,双手滴着鲜血",这种敌对就更加鲜明了。[22]"摩尔人"一词源于有两种不同含义的希腊语词语"Μαῦρος":第一种意思是指毛里塔尼亚的居民;第二种是形容词,指"黑的"或"暗的"。在中世纪,拉丁语衍生词"Maurus"具有更加明显的民族志意义,在伊斯兰征服北非之后,它变成了"穆罕默德教派"(穆斯林)的同义词。[23] 因此,皮尔在对比两名摩洛哥王位竞争者时,充分利用了这个极具争议的混合了宗教和种族意涵的词。但他比其他剧作家更进一步，引用了认为摩尔人"分两种，即白摩尔人和黑摩尔人"的同时代材料。[24] 脸上用软木炭笔和油彩化妆，手上戴着黑色手套，扮演穆莱·穆罕默德的演员很容易变成邪恶的、诡计多端的"黑摩尔人"，而马利克则完全是他的反面，是一个善良的"白（黄褐色的）摩尔人"，甚至可能还裹着白色袍子，是英国商人做生意的合适人选。

皮尔之所以把马利克描绘成一个远离黑人和穆斯林的高贵的白摩尔人，是因为最终他的儿子曼苏尔将继承王国并与伊丽莎白建立联盟。但这是该剧开始出问题的地方。尽管有外表上的区别，但马利克和穆莱·穆罕默德都是穆斯林，"是穆罕默德的后裔"。[25] 尽管马利克被视为合法的统治者，但他也宣称"我确实钦羡／阿姆拉斯大帝［指奥斯曼苏丹穆拉德三世］的盛名"，[26] 并和后者结盟。更突出的一个区别是，穆莱·穆罕默德与一位基督教国王塞巴斯蒂安一世建立了联盟。从这里往后，皮尔必须努力把塞巴斯蒂安描绘成一个勇敢但悲剧性的人物，他由于错误地信奉天主教而易于被狡诈的穆莱·穆罕默德操纵。

该剧的反天主教倾向随着被皮尔戏剧化的托马斯·斯图克利的出现而加剧，在爱尔兰神职人员和意大利士兵的簇拥下，他向爱尔兰进发，希望让那里"恢复罗马的信仰"。[27] 塞巴斯蒂安劝说斯图克利加入他的摩洛哥远征，但这个夸夸其谈的英国人马洛式的铿锵讲话说明他是帖木儿的苍白影子，是一个机会主义者：

> 我用我的手和剑所做的每一件事，
> 都是为了让我离王冠更近一步，
> 我的舌头所吐露的每一个词，

都是为了接近王冠,
我高贵的胸脯中的每一个想法,
都是为了用尽心思赢得一顶王冠,
我的言行和思想都应该和国王的相称,
我最主要的同伴应该是与国王相伴的人,
我的功绩要与国王旗鼓相当,
我为什么不能成为一个国王?
我现在是爱尔兰的侯爵,
很快就要成为爱尔兰的国王,
我宁愿成为鼹鼠丘的国王,
也不愿成为一个君主最富有的臣民。[28]

自负的斯图克利缺乏帖木儿的雄心和高超的语言技艺。相反,他一心一意地追求一个国家的王权,宁可做一个爱尔兰"鼹鼠丘"国王,也不做任何人的臣民。

在皮尔的剧本结束时,历史素材决定了每个人都要死。这一幕就发生在一个战斗的高潮场景中,在那里,穆莱·穆罕默德要求:"一匹马,一匹马,恶棍,一匹马",这与另一个悲剧性恶棍,也就是4年后莎士比亚的《理查三世》中的理查死亡时的场景(理查王:"一匹马!一匹马!我的王位换一匹马!")如出一辙。唯一活着的人是穆莱·穆罕默德·赛特,伊丽莎白未来的盟友,但即便是他,也只是下令毁掉穆莱·穆罕默德的尸体,然后为塞巴斯蒂安安排了基督教葬礼(这在历史上并没有发生)。和马洛的《帖木儿》一样,皮尔的戏剧也没有明显的说教,因为它的结尾没有以合唱来进行简单的道德说教,也没有引起观众共鸣的角色。只留下自大的马利克、虔诚的塞巴斯蒂安、诡计多端的穆莱·穆罕默德和雇佣兵斯图克利供观众在他们之间做出选择。[29]

观众无法在皮尔的戏剧中找到简单的身份认同，这一定程度上是由 16 世纪 80 年代末英国与伊比利亚和摩洛哥的关系的矛盾性质所导致的。这些矛盾在古典时期的罗马和希腊的规范话语外提供了另一种选择，让伊丽莎白时代的剧作家发展了自己的习语，在舞台上表达同时代观众的希望和恐惧。通过将矛盾设置在一个遥远的地方，剧作家们就可以相对安全地探讨那里的战争、谋杀，无神论和暴政的恐怖，避开伊丽莎白的审查者谨慎的眼睛。我们可以更为传统地认为这部剧是在劝告远离天主教和穆斯林之间的冲突，同时建议伊丽莎白不要与曼苏尔结盟，但都铎时期的剧作家明显不是外交政策顾问。首先且最重要的是，他们想利用英国在摩洛哥及更远的地方的经历所产生的矛盾关系、暧昧情绪以及神学冲突创作出华丽、令人兴奋、引人入胜的戏剧，而不顾道德和意识形态。

然而，《阿尔卡扎之战》并不是皮尔对当时发生在伊比利亚和北非的政治事件进行戏剧创作的唯一尝试。他同时还创作了一首名为《作别吧，约翰·诺里斯爵士和弗朗西斯·德雷克爵士》（'A Farewell to Sir John Norris and Sir Francis Drake'）的诗，期盼着诺里斯和德雷克在 1589 年春启程远征葡萄牙。在《阿尔卡扎之战》中，天主教葡萄牙因为不幸的摩洛哥远征而被毁，皮尔的诗则想象了一场承担了西班牙天主教的责任的英国新教十字军远征。他描述了舰队离开"英格兰海岸和阿尔比恩的白垩悬崖"，前往"葡萄牙宽阔的海湾"和"金色的塔古斯"。在与所有珍视之物道别时，皮尔甚至回顾了他自己最近的戏剧，以及马洛和格

林的:

> 剧院和骄傲的悲剧作家,
> 穆罕默德的头、强大的帖木儿,
> 查理曼国王、汤姆·斯图克利,还有其他的所有一切,
> 我向你们告别。拿起武器,拿起武器,拿起光荣的武器!
> 和高贵的诺里斯还有战无不胜的德雷克一起,
> 在必胜的十字架,勇敢的英格兰徽章下,
> 传播宗教的虔诚。[30]

皮尔援引自十字军东征以来基督教战斗精神的传统象征——"必胜的"红十字架——这个生动形象,期待着英国取得胜利,这是一场更广泛的将要"宣扬宗教的虔诚"的宗教运动的一部分。很清楚,他希望德雷克和诺里斯的英雄壮举将会让马洛的帖木儿,甚至皮尔自己版本的"汤姆·斯图克利"这些伦敦剧院舞台上的角色黯然失色。德雷克和诺里斯以"基督和英格兰无与伦比的女王"之名去"让骄傲的敌基督丢脸／推翻他的纸墙和天主教"的使命如获成功,皮尔似乎已准备好将之搬上舞台。

然而,令皮尔失望的是,1589年1月,葡萄牙远征军的准备工作就开始呈现紧张的迹象。在低地国家,荷兰和英国的指挥官们就可以分出多少士兵的问题发生了争吵。最后的1800人(不包括骑兵)只达到了诺里斯最初要求的一半,武器和弹药的最终供应也是如此。英国整个东南部的人们对此次冒险热情高涨,使军队人数增加到近2万人,但其中许多都是缺乏经验的冒险家,

他们都需要粮饷，增加了德雷克和诺里斯的财政负担。由于资金耗尽又决定继续下去，德雷克和诺里斯下令让 180 艘船组成的舰队于 1589 年 4 月 18 日离开普利茅斯，随船带有不到一个月的供给。[31] 堂安东尼奥和伪装成一名葡萄牙贵族的摩洛哥大使比尔卡西姆也在船上。这是葡萄牙天主教徒和摩洛哥穆斯林的又一次尴尬的联盟，呼应着阿尔卡塞尔-吉比尔之战的那一次，但这一次意图推翻的目标是里斯本而不是马拉喀什。

事情几乎马上就出了问题。尽管伊丽莎白下的命令是在桑坦德（Santander）攻击西班牙舰队，德雷克和诺里斯却首先劫掠了西班牙西北部海岸附近的拉科鲁纳（La Coruña），浪费了宝贵的时间和人力，并引起了西班牙人的警觉。伊丽莎白怒不可遏，忿忿地抱怨道："他们去那里是为了赚钱，而非为国家服务。"但她无力改变他们的路线。[32] 5 月，当舰队到达里斯本时，这座城市已有重兵防守。原先承诺的支持堂安东尼奥的起义并没有出现，围攻很快遭遇惨败，英军由于疾病和逃散减至 6000 人。6 月底英军撤退回国，没能实现任何目标，还造成了严重的牺牲（估计有 1.1 万人死亡），浪费了大量金钱，很多都是伊丽莎白的。德雷克和诺里斯都很丢脸，堂安东尼奥再次回到英格兰，他最后一次夺回葡萄牙王位的机会显然已经不复存在了，而比尔卡西姆则趁混乱局面脱掉葡萄牙衣服，溜回了马拉喀什。

由于管理不善、贪婪和相互指责，伊丽莎白错过了终结西班牙军事威胁的最佳机会。女王为这次远征的惨淡结局指责了所有人，包括曼苏尔，他被指控在对里斯本的关键袭击中表现得口是心非、没有支持英格兰舰队。8 月，曼苏尔给德雷克和诺里斯写信，无力地抗议说他没有被告知舰队已经离开英国，因此无法帮助他们。事实上，即便有曼苏尔的支持，这场灾难性的战役也无法被挽救。他并不是因为两面三刀突然退出的，而是务实的，因为据了解，曼苏尔并不是唯一一个持有人质的统治者。在阿尔卡塞尔-吉比尔之战后，腓力接收了两名逃离战场的摩洛哥王子：阿布·阿卜杜拉·穆罕默德二世的儿子穆莱·谢赫（Mulay al-Shaykh）和曼苏尔的侄子穆莱·纳斯尔（Mulay al-Nasr）。当英格兰和摩洛哥结盟的消息传到腓力二世那里后，他把王子们转移到塞维利亚，这是一种含蓄的威胁——如果把他们送回摩洛哥，那将无疑会引发一场内战。面对这样一个迫在眉睫的对自己的统治的挑战，曼苏尔发动圣战并收复失地的梦想几乎马上就破灭了。为了奖励他，腓力同意将位于摩洛哥海岸的艾西拉（Asilah）和拉腊什两个战略重镇归还。[33] 1589年秋，天主教西班牙、新教英格兰和伊斯兰摩洛哥三方陷入权力斗争，每一方都力图在政治、宗教、金钱和军事方面压制其他两方，在第一轮的较量中，狡诈的腓力略胜一筹。

然而，英国人拒绝对自己与摩洛哥的联盟感到绝望。面对葡萄牙远征军的溃败，堂安东尼奥派了一名特使约翰·德·卡德纳斯（John de Cardenas，化名西普里安［Ciprian］）前往马拉喀什，请求曼苏尔为支持他登上葡萄牙王位提供资金支持。然而，卡德纳斯是一个双重间谍，同时也在为沃尔辛厄姆工作。1589年10月，他给英国雇主写了一封长信，对政治局势和曼苏尔的意图做了非常坦率的评估。与霍根和罗伯茨等前辈相比，他似乎更为坚毅。作为一名间谍而不是商人或士兵，尽管他也会自吹自擂，但在与曼苏尔这样的统治者交往时，他显然更清楚他们的狡猾。

卡德纳斯向伦敦报告说，他等待了近一个月才与曼苏尔会面，他抱怨说，当最终见到摩洛哥苏丹时，他"两次三番被打断，如果我不是坚决地坚持说完我要说的话，那就完全被打断了。我把信息传达给了摩尔人，用各种理由敦促他去履行他的承诺"，在反西班牙联盟中帮助堂安东尼奥和伊丽莎白。曼苏尔给出了答应帮助的回复，但卡德纳斯直接将之视为"假装进一步帮助葡萄牙国王"。就卡德纳斯而言，曼苏尔没有"履行他的承诺"，而且"向我说了一大堆没用的废话"。卡德纳斯堂而皇之地声称，他对摩洛哥统治者发出最后通牒：除非曼苏尔承诺冬天时资助另一次对葡萄牙发动的军事进攻，否则"我将认为他的不爽快就是直接的拒绝"。他吹嘘说自己"把他逼进了绝境"，迫使曼苏尔同意"给出最终的解决方案"。但随后的事件表明，卡德纳斯的威吓对曼苏尔完全没有产生影响。几天后，这个间谍沮丧地报告说：摩洛哥苏丹"兑现之前对我的承诺只是派他的犹太人来找我们"，这个没被提到姓名的官员提供了更含糊的政治支持保证。[34]

显然感到沮丧的卡德纳斯接着突然斥责曼苏尔做生意的方式。"这个摩尔人"，他抗议道，"掠夺犹太人"，使他们经营的糖厂几乎没有利润，导致他们与英国商人合作时违约。但英国人也没能免于批评。在毁灭性的攻击中，卡德纳斯指责英国商人"是让他们自己受到伤害和贸易受损的原因"，因为他们让"商品过剩，价格贬低，也部分由于相互嫉妒和怨恨而竞相给巴巴里商品开出更高价格"。他接着提到了不言而喻的宗教差异问题，严厉抨击了新教伊丽莎白时代的外交政策，认为"可叹的是，基督徒将向基督不共戴天的仇敌提供铁、硫黄、手枪、火枪、剑刃之类的东西"。[35]

尽管卡德纳斯被派往马拉喀什去重振停滞不前的英格兰－摩

洛哥联盟，但他进一步对曼苏尔和曼苏尔对伊丽莎白的态度给出了愤世嫉俗的看法，这次又是集中在宗教问题上。就他所知，"这个摩尔人并不打算履行他的诺言，以他对待我的态度来判断……我可以再加上他对基督徒的天然仇恨，以及他怯懦和极端贪婪的性情"。他谴责曼苏尔试图让伊丽莎白卷入一场她自己从来无意参与的战争："此间的证据显示他的一些承诺一向是虚假的，他的国家并不能履行，也请考虑他的身份和性情：怎么能有理由相信世界上最懦弱的人，另一个活着的萨丹那帕露斯（Sardanapalus），为自己的臣民所憎恨的人，能够用自己国内的财富让自己冒险去打一场在国外的不必要和无休止的战争呢？"[36] 对卡德纳斯来说，向沃尔辛厄姆解释曼苏尔的行为的最佳方式是将他比作萨丹那帕露斯。萨丹那帕露斯是一个半虚构的亚述统治者，以淫乱和懒惰闻名于世，因此成了东方专制主义的代名词。这样一个富有异国情调的角色，简直是从马洛的《帖木儿》的场景中走出来的。卡德纳斯坚持称曼苏尔为"摩尔人"，而他反复提到这位萨阿迪统治者"扮演"他的"角色"的能力，也让人联想到皮尔的《阿尔卡扎之战》中的摩尔人角色。[37] 或许他在前往马拉喀什之前，曾在伦敦的舞台上观看过斯基泰人、土耳其人和摩尔人。可以肯定的是，16世纪90年代初，"摩尔人"的概念不仅在伊丽莎白时代的戏剧中，也在外交中经常使用了。

当卡德纳斯的报告抵达伦敦时，伊丽莎白因为政治上的无能而勃然大怒。1590年8月，她给曼苏尔写信，抱怨他虚假的友谊。不仅因为他在对里斯本的灾难性袭击中没有提供支持，而且他承诺的金钱和释放英国俘虏也没有兑现。伊丽莎白一反常态地闹脾气，威胁说要绕过他直接去找奥斯曼苏丹穆拉德。"如果你不授予我们如此合理地从你那里索要的东西,我们将不得不轻视和你的友谊,"她恼怒地写道,"我们也确定地知道,给予我们臣民极大的恩惠和仁慈的奥斯曼苏丹,不会欣赏你为了取悦西班牙人而虐待他们的做法。"[38] 这听起来更像孩子气的嘲讽而非一种外交手段,不过它透露了很多信息:一位新教英格兰君主试图使一个伊斯兰王国对抗另一个,她认为曼苏尔对奥斯曼人的惧怕远远超过他对英国和西班牙的惧怕。事实上,伊丽莎白已经就曼苏尔一事给穆拉德写信,但这位狡猾的摩洛哥统治者不理会奥斯曼帝国干涉的威胁,写了一封令人愉快的屈尊俯就的信安抚了女王,并向她保证他的爱和友谊。1591 年 1 月,甚至穆拉德也被曼苏尔的行为惹恼了,他给伊丽莎白写信吐露了他对"不守信用的菲斯君主"的恼怒。[39]

曼苏尔似乎对这类威胁无动于衷。他过分专注于完成自即位以来一直在推进的弥赛亚式的计划:将他的帝国扩张到伊斯兰王国宋海(Songhai,在今天的尼日尔)。1590 年秋,当伊丽莎白的信到达他手中时,他那支由摩里斯科人、背教者和欧洲雇佣兵组成的 5000 人军队已经出发,将要在撒哈拉沙漠中穿越 2000 英里向尼日尔河畔的宋海王国首都加奥(Gao)进发。1591 年 3 月 13 日,配备了火枪的摩洛哥军队屠杀了 8 万名仅有骑士枪和标枪的宋海士兵。据说,宋海士兵倒下时徒劳地大喊:"我们是穆斯林,我们是你们的兄弟。"[40] 摩洛哥军队的胜利给曼苏尔带来了极大的财富。他现在控制了跨撒哈拉贸易路线的关键路段,每年都能从宋海获得 1000 名奴隶和 10 万枚金币的朝贡。[41] 当黄金涌入帝国首都时,欧洲商人成群结队地拥入马拉喀什。曼苏尔在政治上和经济上似乎比以往任何时候都更加安全。他给伊丽莎白写信做了非正式的道歉，解释说之所以早先没这么做是因为入侵宋海这件小事，但他向她保证，进入国库的钱将有助于他们联合打败西班牙人。宫廷史官们也记录了他的胜利，说明了他与奥斯曼帝国的竞争关系：曼苏尔现在被认为是马赫迪，是先知穆罕默德的后裔哈里发的合法继承人（不像奥斯曼帝国的苏丹），他会统一伊斯兰教，领导一场反对基督教的圣战。如果新大陆的黄金和白银能够使天主教西班牙在整个欧洲和地中海地区与新教徒和穆斯林作战，那么来自中非的黄金将在帝国统治和宗教上给予曼苏尔合法性。当然，英国人对这些准宗教性的主张并不在意，但伊丽莎白对曼苏尔在宋海的成功表示赞赏，与自己军事上的失利形成了对比，这意味着她比以往任何时候都更需要他的支持，无论她对他的真实动机怎么想。

当伊丽莎白努力将自己的意志强加于马拉喀什，并在君士坦丁堡取得更持久的进展时，伦敦的书商们出版了描绘远离家乡的史诗般的军事胜利和英勇战斗的政治著作、外交报道、旅游者的故事和布道。掠夺传说中的非洲帝国的黄金、被俘的君主、得到赎买的奴隶、政治上的诡计，以及关于横跨地中海和亚洲的普世帝国的天启预言等故事素材迅速成为在伦敦商业剧院中获得戏剧成功的秘诀。人们着迷于马洛、基德和皮尔的早期戏剧中混合的信仰、野心和种族问题，在整个16世纪90年代，它们发展成为主要的戏剧素材，几乎每一位隶属于某个演员公司的伊丽莎白时代的剧作家都开始在他们的戏剧中添加专横的苏丹、狡诈的摩尔人、背教的基督徒、凶残的犹太人和脆弱的公主等角色。无尽的各种各样的不服国教者、异教徒、改宗者、背教者和无神论者在舞台上展示他们的信仰（或缺乏信仰）所具有的政治和个人力量，这已经成了取得商业成功的通行证。

1576年到1603年期间，伦敦公共剧院上演了60多部以土耳其人、摩尔人和波斯人为主题的戏剧，其中至少有40部是在1588年到1599年间上演的，至少有10部明确表示借鉴了马洛的《帖木儿》。⁴²不过，当剧作家引用越来越多的描绘从摩洛哥到波斯这些伊斯兰王国的人文主义、外交、商业和宗教著作时，单纯模仿马洛和利用伊丽莎白时期民众对伊斯兰世界的迷恋之间的界线变得越来越模糊。曾暗示马洛是一个无神论者的罗伯特·格林，几乎立刻对《帖木儿》的风靡做出回应，为女王剧团创作了一部以奥斯曼人为主题的戏剧。《曾经的土耳其人的皇帝，现在土耳其人的统治者的祖父塞利姆的悲剧性统治（第一部）》(*The First Part of the Tragicall Reign of Selimus, Sometime Emperor of the Turkes, and Grandfather to Him that now Reigneth*，下文简称《塞利姆》)在最初的设想中有两部，是一部明显尝试模仿《帖木儿》的戏剧，记录了奥斯曼苏丹塞利姆一世（1512—1520年在位）的生活和统治。⁴³通过格林，塞利姆成了在英国舞台上第一个自己拥有一部戏剧的奥斯曼苏丹，这也是第一部背景完全设在奥斯曼帝国的戏剧。在剧中，塞利姆毒死了他的父亲巴耶济德二世，并谋杀了他的亲兄弟以追求绝对权力。他是帖木儿（在剧中3个不同的场合被提到）和马基雅维利式君主的结合，对他所谓的"神圣的先知穆罕默德""神圣的古兰经"或"诸神、宗教、天堂和地狱"没什么兴趣，他认为这些都是"纯粹的虚构"和"让世界陷入恐惧的讨厌事物"。⁴⁴和中世纪基督教的刻板印象一致，格林把伊斯兰教描绘成反宗教的，与异教关系密切，热衷于崇拜偶像。

塞利姆在"穆罕默德神庙"埋葬了他的父亲，而格林尝试了每一种他知道的戏剧技巧与《帖木儿》的成功进行竞争，从异国情调的场景设置和史诗般的战斗到临终皈依、中毒、绞死、断掌甚至生动的挖眼场景，最后一项在1606年的《李尔王》中也出现了。这出戏的结尾很像《帖木儿》第一部的结尾，"胜利的塞利姆"准备向埃及苏丹进军，而格林的合唱团谋求故事继续上演：

> 如果第一部，绅士们，你们非常喜欢，
> 第二部将讲述更凶险的故事。[45]

不幸的是，观众似乎一点也不喜欢它。格林缺乏马洛在修辞方面的天赋以及操控观众情绪的能力：他在帖木儿的衣服里塞了一个凶残、无情的土耳其人，缺乏那个斯基泰牧羊人所具有的史诗般的魅力。第二部也就没有了。

格林再一次做了尝试，创作了《阿拉贡国王阿方索》（*Alphonsus King of Aragon*）。故事发生在更遥远的15世纪，主人公是阿拉贡和那不勒斯国王阿方索五世（Alfonso V），他打败了一个虚构的浮夸的奥斯曼苏丹阿姆拉克（Amurack）。剧中对伊斯兰教的描绘更加稀奇古怪，而其中一段情节设计甚至比帖木儿焚烧《古兰经》还要更过分：一个黄铜人偶"神明穆罕默德"被搬上舞台，"一个黄铜人头立在舞台后的中央，喷出火焰，里面鼓声隆隆作响"。[46] 穆罕默德虚假的预言能力导致阿姆拉克败在阿方索手上。苏丹将他的女儿伊菲吉娜（Iphigina）献给西班牙国王，然后在某种基督徒战胜奥斯曼人的奇思怪想中，他还许诺因为她的嫁妆，西班牙国王"将拥有土耳其帝国"。[47]

与16世纪90年代早期的其他剧作家一样，格林继续利用大众对所有来自伊斯兰世界的东西的迷恋。许多人试图超越马洛，但大多都失败了，不仅因为观众对这类戏剧的兴趣减弱了，也因为他们无法突破类型化的角色和情节。像托马斯·德克尔（Thomas Dekker）、福尔克·格莱维尔（Fulke Greville）、约翰·戴（John Day）和威廉·豪顿（William Haughton）这样的作家都曾尝试过，每个人都创作了背景横贯非洲和亚洲的更为夸张的戏剧，全都以狂暴专横的人物为主角，他们在舞台上昂首阔步、跺着脚、咆哮、吼叫，同时是征服者和谋杀者。他们戴着头巾，穿着飘逸的长袍，佩带引人注目的弯刀，装饰着招摇的"小胡子"。结果形成了一种怪异的东方主义的戏剧风格，由演员进行夸张做作的表演，这成了英国戏剧传统的一个经久不衰的特点。这个习俗最初是由马洛的"雄伟诗行"与同时代在非洲、地中海、奥斯曼帝国、俄国、波斯，甚至印度生活和工作的英国人送回伦敦的报道相结合而发展出来的。[48]

但当马洛的追随者们炮制出越来越多的模仿《帖木儿》的浮夸作品时，这位多变的年轻剧作家在这部作品获得成功后彻底改变了方向：1589—1590年，他创作了《马耳他岛的犹太人》（The Jew of Malta）。帖木儿是知名的世界历史人物，而这部新剧是一个前所未有的想象力的爆炸式飞跃。该剧没有直接的（或至少是明显的）故事来源，但它那极为难以置信地不讲道德的中心人物的名字来自《圣经》。《圣经》讲述了一个名叫巴拉巴（Barabbas）的暴民的故事，民众要求彼拉多赦免此人而处死耶稣（《马太福音》27:15—26）。在马洛的笔下，巴拉巴（Barabas，与《圣经》中原来的拼写有所不同）成了伊丽莎白时代戏剧中最残暴、最不道德的角色之一：一个享受着贸易带来的财富的富有犹太商人，对威胁到他的财富的那些人可以痛下杀手，并乐在其中。《帖木儿》中的那种惊人的地理跨度、不断转换的地理背景不见了，取而代之的是孤立的背景——马耳他岛。这座地中海岛屿显然是微不足道的，在帖木儿有关帝国征服的掷地有声的演讲中，甚至从未提到过它。帖木儿的雄浑辞令和军事野心也消失了，取而代之的是一个中年犹太人，第一次登场就数着他的"无尽的财富"，并坦承他的同胞"不是来当国王的"。[49]

然而，在两个场景内，岛上的基督教当局就没收了巴拉巴的财富，充当马耳他岛上的奥斯曼人的岁贡。巴拉巴展开了一场疯狂的欺骗和谋杀，以夺回他的财富。他买下了一个叫伊萨莫（Ithamore）的土耳其奴隶，并基于他们共同的宗教身份与他建立了凶残的联盟。巴拉巴告诉伊萨莫，"我们都受了割礼，我们都讨厌基督徒"。[50] 当他自己的女儿阿比盖尔（Abigail）皈依基督教时，他毒死了她（也给整个修道院的修女下了毒）。接着，为了自保，他使马耳他的基督徒和入侵的奥斯曼军队互相争斗，当他们意识到自己在干什么后，他们转而把他活活扔进一个烧滚水的大锅里，这时他责骂他们：

> 要不是我中了你们的诡计，
> 我会把你们玩得团团转，
> 去死吧，基督徒狗，去死吧，土耳其异教徒！[51]

马洛的戏剧利用了马耳他在最近一些政治事件——从1565年奥斯曼帝国对马耳他的不成功围攻到1581年的"巴克·罗"号

事件——中的重要性，以及犹太商人在基督徒和穆斯林之间的生意中扮演的更广泛的商业代理人角色。作为一名剧作家，他感兴趣的不是贸易机制和商品价格，而是这些活动所激发的问题：信任与背叛、信仰和背教、转换和交换。这些是在北非和奥斯曼领土上的霍根、哈本和罗伯茨这样的英国商人几十年来一直陷于其中的问题，但天才的马洛在《马耳他岛的犹太人》中予以完满的表达。这部剧把3个圣书宗教都搬到了舞台上，每一个都比另一个更加贪婪、奸诈和虚伪。通过一段精彩的自承恶行的宣言中，马洛塑造了巴拉巴这个人物，穷形尽相地表达了伊丽莎白时代观众的一整套偏见：

> 关于我自己，我整夜都在外面逛游，
> 杀死城墙下面呻吟的病人；
> 有时候我到处向井中投毒，
> 时不时地，为了照顾那些基督徒窃贼，
> 我高高兴兴地让他们偷点钱，
> 这样我就可以走在过廊里，
> 看着这些人被捆在我的门侧……
> 靠着敲诈、哄骗和作伪，
> 还有各种当掮客的手段，
> 我让监狱里塞满了破产的人，
> 让年幼的孤儿塞满济贫院，
> 每隔一段时间把一些人逼疯，
> 时不时地还有人因为悲伤而上吊，
> 在他胸前钉上一卷长长的卷轴，

我是多么兴致勃勃（interest）地折磨着他。[52]

这些是迎合剧场里的普通观众的公开承认的恶行，这个最臭名昭著的犹太人借此宣称自己正如基督徒的传说中那么可怕。马洛在观众头脑中唤起了与反犹主义相关的每一个神话，特别是与叛教、谋杀和金钱相关的。它的观众不会理解不了"interest"一词的双关：同时意味着利益和兴趣，犹太人的"interest"从来都不会离公众的想象太远。尽管犹太人在1290年被正式驱逐出英国，但伦敦仍有一个重要的犹太人小社群。[53] 巴拉巴在仔细检查他的财富时宣称：

> 给我带来贩卖印度矿物的商人，
> 他们贩卖的是最纯粹的黄金，
> 再给我带来富有的摩尔人，这些人在东方的石头堆里，
> 随随便便就能捡到大笔财富，
> 他们在屋子里把珍珠像鹅卵石一样踢来踢去，
> 白白捡来，按重量卖掉。[54]

帝国征服接触的富裕而充满异国情调的世界仿佛聚积为"一间小屋里的无尽财富"。[55] 马洛在这部戏中比其他任何一部都更清楚地展示了像巴拉巴这样具有超凡魅力的人物是如何能够超越道德、宗教和种族的既定边界的。马洛对巴拉巴的犹太信仰或伊萨莫的伊斯兰信仰的本质没有任何兴趣；他想要表明的是，他们的行为正如许多伦敦观众的行为一样贪婪和无原则。

《马耳他岛的犹太人》使马洛再一次获得了巨大成功，但悲

剧的是，他对伦敦舞台的主宰短暂地结束了。1593年5月30日，他在德特福德（Deptford）的一所房子里被刺死，表面上是与一场有关票据结算的争吵有关。他被谋杀的具体情形的真实原因仍被神秘之雾笼罩着，但无可置疑的是，他的死终结了伊丽莎白时期最有前途的天才剧作家的职业生涯。[56] 马洛的天才之处在于他抓住了围绕在伊丽莎白时期英国与伊斯兰世界的关系周围的恐惧、虚伪和贪婪，并把它们转化为令人振奋的戏剧表演。它们激起了冲突、怀疑和焦虑，与道德绝对主义相比，这些总是更好的戏剧元素。短短5年的极具创造力的岁月永久地改变了英国戏剧的进程。很难想象他的模仿者会超越他的才华，而在那个10年中确实没有人能够做到。但是有一个和马洛一样出生在1564年的人，通过观察他的同侪剧作家悄悄学习他的编剧技巧，吸收他的风格并弄懂了应该如何将伊丽莎白时代的戏剧引向一个新方向。他就是威廉·莎士比亚。

8

穆罕默德的鸽子

在菲利普·亨斯洛的日记中，他在关于1592年春季玫瑰剧院上演季的条目下指出，马洛的《马耳他岛的犹太人》深受欢迎，至少上演了10场，但热度很快就被一部叫作《亨利六世》（*Henry VI*）的新剧超越。亨斯洛记录了这出戏在1592年3月3日首次公演，在上演季剩下的时间里共上演了15次，每次通常会与《马耳他岛的犹太人》的演出时间错开。[1] 如今，很少有人阅读莎士比亚最早期的那些涉及英国历史的作品，但在他职业生涯的前半段时间里，他在16世纪90年代初很快连续写出了三部《亨利六世》，深受观众欢迎。它的出现开创了一种独特的新风格，挑战了马洛在戏剧界的至高地位。

莎士比亚并没有试图通过模仿马洛"惊人的妙语"和异国情调的背景设定来与他一较高下。相反，他更关注本国，关注金雀花王朝，关注那些中世纪的英格兰国王们有缺陷且常常是悲剧性的世系。伦敦的商业剧院从不认为自己足够高贵或安全到可以把最近的英国历史搬上舞台，更不用说通过把那些如亨利六世和理查二世的充满缺点的脆弱国王转变为悲剧人物来赋予历史人情味了。马洛强调了他笔下的男性角色对权力的无情追求，但他们不是英雄。相比之下，莎士比亚却成功地将历史上的失败者塑造成了富有同情心、有着非凡的洞察力的悲情人物。

仿佛是要承认这个变化,《亨利六世（第一部）》上篇的开篇就像《帖木儿》的结局一样,也是一个充满传奇色彩的勇士——在莎士比亚这部剧中是"万王之王"亨利五世——在没有一个明确的足够强大的继承人能够完成他的遗愿下就去世了。[2] 接下来是一系列哀叹,因为年幼的国王和他的大臣们无力阻止内乱,也无力防止他父亲英勇占领的法国领土沦陷。这部戏的核心是它对法国那位神秘而英勇的战士圣女贞德,还有那位英国著名的战士什鲁斯伯里伯爵约翰·塔尔博特（John Talbot, Earl of Shrewsbury）之死的演绎。据说斯特兰奇勋爵剧团在1592年春表演这出戏时,有"上万名观众为之动容,潸然泪下"。[3] 许多观众可能已经熟知这个故事,并期望看到一个对英国编年史版本的演绎,在这个版本中,据说有灵视能力的贞德在故事中声称她能守卫法国。

在第一幕第二场中,法国王太子查理试图为奥尔良市解围,但被"英国的恶鬼们"击退,他抱怨这些英国人"宁可用牙齿啃下城墙,也绝不肯把围城的兵丁撤退"。随后,他被介绍给贞德,剧中是这样描述贞德的:

> 我带来了一位圣女,
> 她受到上苍的启示,
> 奉命前来替这危城解围,
> 还要把英国士兵逐出我们的国境。[4]

莎士比亚早期的戏剧可以看出马洛的影响,在这里有一个明显的与帖木儿相似的地方,贞德将自己描述为"牧人的女儿","生得黝黑"。⁵ 贞德为了证明自己，接受了王太子的挑战并赢得了胜利，于是他让她做法国军队的领袖。看着这位自称生得黝黑的灵视者，查理惊呼道：

> 据说穆罕默德是由一只鸽子将天意传授给他的，
> 那么，传授天意给你的一定是只天鹰。
> 无论是当年君士坦丁大帝的海伦娜母后，
> 抑或是圣腓力的女儿们，谁都比不上你。
> 从天而降的司理美丽与爱情的女神呵，
> 无论我怎样对你膜拜顶礼，
> 也表达不出我的爱慕之情呵！⁶

王太子尽力了解了贞德的优势和能力，然后想到了一个形容她的异能的类比：如果穆罕默德有一只神秘的鸽子，那么她拥有的必定是一只天鹰。在一部关于战争的戏剧中，鹰和鸽都有明显的象征意义：在王太子和以战场上的英勇著称并与一只猛禽联系在一起的贞德的意识中，没有和平的一席之地。但更重要的是，对伊斯兰教的暗指将法国置于圣战的背景之中。贞德之所以受到招募，是因为她展示了与君士坦丁大帝拥有灵视能力的母亲以及圣腓力有预言能力的女儿等同的神力，正是这种神性让她确立了她在法国历史上作为一名十字军战士的角色。然而，对莎士比亚来说，这种神性延伸到了基督教之外，乃是一种神秘和力量的综合，不可抗拒。

这是莎士比亚唯一一次明确提及先知穆罕默德和伊斯兰教信仰的地方，其中还提到了一个自中世纪起就被普遍接受的可疑的基督教观念，即认为穆罕默德是一个模仿神圣代祷的不诚实的背教者。在梅瑞狄斯·汉默最近的一次布道《一个土耳其人的洗礼》（见第 6 章）中，他描述穆罕默德如何"把谷粒放在耳朵里，教一只鸽子在那里进食，并且说服他的妻子和别人相信他是一个先知，神的灵降临在了他的身上，天使加百列化为一只鸽子来到他的耳朵旁，把秘密告诉他"。[7] 沃尔特·雷利爵士（Sir Walter Raleigh）在他的多卷本《世界史》（History of the World, 1603—1616）中也复述了这个传说："穆罕默德说服了原始淳朴的阿拉伯人，让他们相信是圣灵给他的旨意"。他斥责这是对圣灵像鸽子一样降临在受洗的耶稣身上这个显圣事件的不诚实的模仿。[8] 人们广泛认为托马斯·纳什（Thomas Nashe）是莎士比亚的《亨利六世》的合作者之一，他在《夜的恐怖》（The Terrors of the Night, 1593）中也写了穆罕默德的鸽子的故事，他提到了"土耳其人认为他们的先知受到了鸽子的启示"。[9] 事实上，纳什可能参与草拟了查理和贞德之间的交流的片段。

这是一个拿法国开涮的玩笑，但为了让它能起作用，查理必须相信他提到的穆罕默德的鸽子这件事。在英国编年史中，贞德是一个骗子，但在法国历史上，她是一个圣人。提到神秘的鸟让法国人看起来很轻信，这使莎士比亚对民族差异的表现更犀利。从 1592 年看了这出戏的英国新教观众的角度来看，把信仰天主教的法国人和先知穆罕默德进行对比是说得通的，这基于他们误认为穆斯林崇拜虚假偶像：毕竟，当《阿拉贡国王阿方索》的舞台上出现"穆罕默德"的黄铜头像时，罗伯特·格林和他的大多数同时代人就是这么设想的。然后，查理对更明显属于天主教的预言掌故——使徒约翰的鹰、圣海伦娜和真十字架，以及使徒腓力会做预言的女儿——的描述进一步强调了穆罕默德的"虚假"预言能力。在信奉新教的英国观众眼中,伊斯兰教和天主教之间的相似之处使法国人查理和贞德受到了谴责;更进一步地,查理答应给贞德一个比大流士的"镶满珠宝的骨灰盒"更华丽的骨灰瓮,这里指的是波斯阿契美尼德帝国的最后一位统治者大流士三世。大流士当然不是穆斯林,但对伊丽莎白时期的观众来说,他使人联想起与波斯和奥斯曼帝国联系在一起的东方式盛气凌人和专制。马洛利用伊斯兰教的角色和背景创造了一部相称的史诗剧;莎士比亚则利用它们突出了16世纪90年代早期的伊丽莎白臣民面对的宗教和教派差异。

《亨利六世》里的焦虑而富有煽动性的气氛捕捉到了国民的情绪,1588年打败西班牙无敌舰队后的乐观已经消逝。自1589年夏德雷克和诺里斯的葡萄牙远征惨遭失利起,随之而来的是一系列外交失败,这暗示了已经统治了30多年的如今56岁的伊丽莎白女王的政治权力可能正在衰落。当时,沃尔辛厄姆还有几个月就会去世,莱斯特已经去世了,她的其他许多最信任的大臣也是如此,只剩下伯利,但他已经70多岁了。法国那边传来的消息(在莎士比亚另一个时期的戏剧中非常重要)也很糟糕。国王亨利三世试图调解天主教徒和胡格诺派教徒之间的矛盾,这导致他于1589年8月被谋杀,胡格诺派的纳瓦拉的亨利在争议中成了法国国王亨利四世。

纳瓦拉国王亨利的登基导致了法国的分裂,愤怒的法国天主教联盟在他行军至巴黎时奋起反抗。对西班牙的腓力来说,在无敌舰队战败后让法国首都落入新教徒之手是他无法忍受的,他下令西班牙军队通过低地国家入侵法国。伊丽莎白女王无法容忍西班牙利用它控制的法国北部作为跳板进攻英格兰的局面出现，于是她派出一支由3600人组成的英国军队支援亨利在诺曼底的战役。1591年5月，可能就在莎士比亚创作《亨利六世》的时候，她又派出了4000名士兵，由刚恢复过来的老将约翰·诺里斯爵士指挥。诺里斯再一次被他接到的不明确的命令拖累。在接下来的12个月里，他在亨利突发奇想的指挥下参与了一系列毫无意义的围攻和小冲突，到了1592年春天，他的部队人员逐渐减少，剩下的600名又病又饿。《亨利六世》用生动的细节描述了15世纪20年代英国在法国的一场战役中的政治处置失当，这让观众们痛苦地意识到，过去3年的灾难性战役导致了成千上万的英国士兵死亡或伤残返乡，没有任何迹象表明他们支持法国的新教事业。[10]

甚至君士坦丁堡都能感受到法国的动荡，在那里，哈本的继任者爱德华·巴顿不遗余力地充分利用法国外交团体内部的分歧。自从上任以来，勤勉而有些行为过激的巴顿已经取得了瞩目的成功，他与穆拉德颇有权势的妃子萨菲耶苏丹建立了亲密的个人关系。在1591年7月巴顿写给伯利的一封信中，他自夸地说"我是这里的基督徒的眼中钉，但深受土耳其人的尊敬"，大家认为穆拉德正在准备一支新的土耳其舰队与伊丽莎白女王联合对抗西班牙。[11] 法国驻君士坦丁堡大使雅克·萨瓦里·德·朗科姆（Jacques Savary de Lancosme）是天主教联盟的坚定支持者，现在发现自己因为胡格诺派的亨利四世的继位而陷入困境。巴顿指控朗科姆为腓力二世效命，损害奥斯曼帝国、法国和英国的利益，于是让奥斯曼当局逮捕他。当1592年朗科姆最终获释并被交由巴顿照管时，这位得意扬扬的英国人把他作为囚犯送到了亨利四世那里。[12]

当巴顿相信他已经巩固了法国、英国和奥斯曼帝国之间的三方联盟的时候，亨利四世正在制定通过皈依天主教来打破法国宗教僵局的计划。在1593年整个春天，国王被困在与神学家的讨论中，他们讨论如何向有宗教分歧的双方表现他的改宗。最后，他的天主教顾问们庄严地同意，"陛下不是土耳其人……他应该受到温和地引领，从错误走向真理"。[13]人们同意他宣誓放弃胡格诺信仰，信奉天主教。1593年7月25日，在进入首都之前，亨利在巴黎郊外的圣丹尼修道院（Abbey of St.-Denis）举行了盛大的弥撒。伊丽莎白一度担心亨利会试图通过选择她的一个顾问所说的宗教"变形"来巩固他的政治地位，而她对亨利改宗的消息做出了回应，拒绝向他提供任何进一步的军事支持。[14]就法国天主教徒而言，亨利的转变使他免于变成一个土耳其人，但对英国新教徒来说，他的改宗恰好意味着他变成了一个土耳其人。

随着《亨利六世》的第一部和随后的部分在16世纪90年代上演，莎士比亚关于普遍认为的法国人对"穆罕默德的鸽子"的崇拜的警告必定看起来是有先见之明的。但是这个短语对英国人来说还有更加令人感到不适的意义。1592年3月，流亡的英国天主教宣传家理查德·维尔斯特根（Richard Verstegen）散发了一本小册子，名为《对预先假定是针对英格兰王国的大麻烦的真正原因的声明》（*A Declaration of the True Causes of the Great Troubles, Presupposed to be Intended against the Realm of England*）。他在其中抨击伊丽莎白的枢密院顾问，尤其是伯利，认为他们让英国陷入了政治困境。他批评这些顾问"帮助纳瓦拉的胡格诺派"，这只是英格兰"与世界上所有天主教徒的普遍不和"的一个方面。

他接着说：

> 因此，英格兰的王国不仅与上帝的教会，而且与他们所有的旧盟友和朋友的友好关系遭到破坏，如果我们现在考虑他们与谁有真正的友谊，我们将发现是如此之少，因为他们既不能幸免于得罪朋友，也不能幸免于得罪敌人。但是，如果我们看看他们选择了什么新的盟友，而不是旧的，我们将要看到的是奥斯曼苏丹，菲斯、摩洛哥和阿尔及尔的国王，或者其他的穆罕默德教徒和巴巴里的摩尔人，他们都自称是基督的敌人。[15]

在谴责伊丽莎白与土耳其和摩洛哥"穆罕默德教徒"结盟之后，维尔斯特根嘲笑英国人对北欧各地各种新教团体的支持。"他们还与荷兰和泽兰的几家啤酒酿造商和篮子制造商结盟"，他嘲讽地写道，还有"一伙法国的叛教者和胡格诺派"。

维尔斯特根指出，他完全清楚沃尔辛厄姆和哈本在过去10年里试图将奥斯曼人拉入更紧密的军事联盟。他警示他的读者们：

> 奥斯曼苏丹和他的配偶可能会很高兴跟着英国人入侵紧邻他们的基督教世界的一部分（就像他们已经尝试过的），这样做对英国有好处，尽管没有一个英国人会把日内瓦圣经换成土耳其语的《古兰经》，因为他们的情况相差甚远。

他对英国新教的抨击是显而易见的："英国人因此与不信教者、异教徒和叛乱分子结盟"，这只会让他们在基督教世界里越来越孤立。[16] 英－奥条约所具有的宗教和解的调和腔调反过来困扰着沃尔辛厄姆以及它的英国拥护者们。

伊丽莎白女王的参谋们非常担心维尔斯特根的小册子在国内外会造成不良影响，因此他们委托伯利的外甥，哲学家、科学家和未来的大法官弗朗西斯·培根（Francis Bacon）写了一篇反驳的文章，题为《对1592年涉及诽谤的出版刊物的一些见解》（'Certain Observations made upon a Libel Published this Present Year, 1592'）。在他冗长的文章的结尾处，培根直接提到了维尔斯特根的说法，即"英格兰与奥斯曼苏丹结盟"。首先，他夸张地问道：

> 如果他指的是商人们在君士坦丁堡有一个代理人，那他要如何解释自弗朗索瓦一世以来的法国国王（他们都是良好的天主教徒），如何解释神圣罗马帝国皇帝、西班牙国王本人、威尼斯元老院，以及其他长久以来在宫廷派驻大使的国家？如果他是指苏丹对我们的大使（如果可以这么称呼他的话）表示了特别的敬意，我们正为此向西班牙国王看齐，因为我们通过反对他赢得的敬意已经让我们在世界上享有盛誉。

这是一个基于商业紧急需要的标准理由，自从威廉·哈本到达君士坦丁堡后就一直在使用：每一个基督教统治者在这座城市里都有大使和商人，哈本反对西班牙侵略英国反而赢得了支持，而非失去朋友。

培根的下一个主张在神学上更加模棱两可："如果他指的是苏丹似乎在废除圣像上影响了我们，那么让他考虑一下，圣像问题在教会里曾是多大的一桩丑闻，曾是穆罕默德教派借由渗入的一个主要渠道。"[17]就培根而言，伊斯兰教的无偶像论并不是新教破坏偶像的原因，相反，天主教的公然崇拜偶像导致了伊斯兰教这样的异端分子得以茁壮成长。他的论点又回到了伊拉斯谟在《对土耳其人的战争》中的观点：伊斯兰教因为天主教的不团结而迅速发展，这是基督徒的上帝派来惩罚教会的罪恶的天谴。但这很难成为一个令人信服的为过去30年间伊丽莎白所培育的与伊斯兰世界建立根深蒂固的联盟辩解的理由。那时和现在一样，在追求贸易和为贸易辩解的时候，意识形态上的分歧总是被抛在一旁。

培根有充分的理由对此保持沉默。就在他写这篇文章的时候，伊丽莎白女王与"奥斯曼苏丹"的关系正呈现出新的面貌。在欧洲的宫廷中到处都是这样的流言：伊丽莎白正在为"奥斯曼苏丹入侵基督教世界"提供财政和军事支持。这在一定程度上是由巴顿的出使取得的成功引起的。[18]巴顿也在向伯利请愿，让女王给穆拉德送礼物以表示支持他的上任。

1593年9月，伯利让步了，伦敦的"升天"号（Ascension）在君士坦丁堡停靠，船上装满了给苏丹的贡品。巴顿把金制餐具、布匹和绸缎这些礼物赠送给了穆拉德和他的随从们，同时也给萨菲耶苏丹送了礼物，他将萨菲耶苏丹描述为"女苏丹或皇后（因为她是帝国王位继承人的母亲），比他的其他妃嫔都远为受到尊敬"。巴顿的一名随从描述了这份"以女王的名义送出"的礼物：

> 一件镶有红宝石和钻石的女王画像、三大件金质餐具，十套镶金布衣，一箱非常精美的镀银和镀金的玻璃瓶，还有两匹精美的荷兰布，她欣然地接受了，因此派人去问大使，

他认为她回送什么礼物才能让女王陛下感到非常高兴呢？他回复说，一套模仿土耳其式样的贵族服装会被英国人接受，因为这种服装很稀有。于是她回赠了一件非常华丽的金布长袍，一件银布长袍，还有一束土耳其风格的腰带，奢华而赏心悦目，还回了一封充满喜乐的信。[19]

礼物交换是由这两位高贵女性的中间人进行的：巴顿代表伊丽莎白女王，而萨菲耶则把一切都委托给她的基拉（kira，犹太代理人），在西班牙出生的埃斯佩兰萨·马尔奇（Esperanza Malchi），此人的权力在后宫中仅次于萨菲耶。高兴的巴顿估计这批还没送回英国的女苏丹的礼物价值120英镑。[20] 伊丽莎白那幅饰有珠宝的肖像没有留下记录，但其他留存下来的样本为她赠送的礼物提供了一些线索，其中包括尼古拉斯·希利亚德（Nicholas Hilliard）制作的外部镶有钻石和红宝石的华丽女王肖像吊坠，上面写着她是"信仰的捍卫者"，这是她在与穆拉德通信时反复使用的一个头衔。

交换这些奢侈品是一项经过精心排练的外交行为，旨在庆祝英–奥联盟，这一点体现在萨菲耶的"充满喜乐的信"的译文中，1594年8月，这封信随着她的礼物送到了格林威治宫。这封信明确声明了奥斯曼帝国的政治霸权。它以赞美神和"主穆罕默德的纯净灵魂"开头，然后列出了穆拉德的"统治七个区域和世界的四个部分之皇帝"等诸多头衔，接着提醒女王这封信是"代表苏丹穆拉德可汗的儿子的母亲"萨菲耶写的。这封信随后赞美了伊丽莎白女王，同时也强调了她对穆拉德的顺从：

> 从亚当的所有儿子到今天的苏丹的儿子,他是神的影子,信仰和国家的守护者穆拉德可汗,女性基督徒的拥护者……她追随弥赛亚,承载着华丽而威严的标志,拖着荣耀和权力的裙子,君主无不服从,贞洁与节制的摇篮,英格兰王国的统治者,遵守玛利亚之道的加冕的女主人——愿她能安享晚年,愿她得偿所愿! [21]

就萨菲耶而言,不管他们之间交换了什么礼物,伊丽莎白都受到了穆拉德的帝国和宗教的保护。她的信无意中证实了维尔斯特根和流亡的英国天主教徒对伊丽莎白和她的新教顾问的指控:英格兰被当作奥斯曼帝国的附庸国,准备进行从布料到信仰的任何交易。

1593 年末,就在双方开始交换礼物和往来通信的时候,伦敦收到了消息:在苏丹于 7 月入侵匈牙利后,奥斯曼帝国和哈布斯堡家族之间爆发了战争。这场冲突将持续 13 年,没产生什么重大的结果,而有关这场战争的消息将会在伊丽莎白余下的统治时期的英国出版物中占主导地位。有关冲突的报道到来之时,恰逢伦敦的剧院在因爆发了一场特别严重的瘟疫而关闭一年后重新开放。

1594 年 1 月 24 日,由苏塞克斯伯爵剧团(Earl of Sussex's Men)在玫瑰剧院上演的莎士比亚另一出新剧《泰特斯·安德洛尼克斯,最可悲的罗马悲剧》(*The Most Lamentable Roman Tragedy of Titus Andronicus*)使亨斯洛获得了极大的商业成功。莎士比亚通过将都铎王朝崛起的前史于 1592 年搬上舞台取得早期成功后,现在他又把创作之网投向更遥远的罗马帝国衰落时期和一个虚构的将军的残酷血腥的悲剧上去。

这出戏描绘了泰特斯在与日耳曼哥特人进行了10年的战斗后胜利地返回罗马，他的21个儿子在这场战争中死去了。按照传统的要求，他通过牺牲被囚禁的哥特女王塔摩拉（Tamora）的儿子来试图安抚众神。新任的罗马皇帝萨图尼努斯（Saturninus）娶了塔摩拉成为皇后，她发誓要为儿子的死向泰特斯复仇。塔摩拉的儿子们轮奸了泰特斯的女儿拉维妮娅（Lavinia）并使其致残，导致了一场可怕而无情的暴行循环，最终，泰特斯在杀死塔摩拉之前给她吃了一个由她死去的儿子们做成的馅饼，然后杀了他自己的女儿，他自己也自尽了。到该剧结束时，已经出现或描述了14起杀人事件（从献祭谋杀到杀婴和自杀），有6处被切断的身体部位（包括头、手和舌头）、一次强奸、一次活埋、一场发疯和一个食人的例子。拉维尼娅被强奸和塔摩拉被迫食人的情节是莎士比亚从奥维德的拉丁语诗歌《变形记》（*Metamorphoses*）第6卷忒柔斯（Tereus）和菲洛梅尔（Philomel）的故事改编而来的。莎士比亚使用的16世纪奥维德译文开头一句为"我想要说的是形象如何变成新物体的事"。[22] 对莎士比亚来说，奥维德关于转变和易变性的故事为他的戏剧源源不断地提供了灵感。他陶醉于能够奇迹般地将舞台和平凡的演员转变成无数千变万化的人物、地点和场景。但是莎士比亚并不满足于模仿奥维德，他决心要超越他。在《泰特斯·安德洛尼克斯》中不止有一个强奸犯，而是两个，奥维德写了一个被谋杀的孩子，莎士比亚则写了5个，其中2个孩子被吃掉，而不是一个，而拉维尼娅不仅被割掉了舌头，她的双手也被砍断了。

除了模仿古典作品，莎士比亚也借鉴了他同时代的其他作品。

罗伯特·格林的《塞利姆》给了他创作一个令人毛骨悚然的场景的灵感，在这个场景中，泰特斯为了确保他的儿子们被释放而受骗被砍断了手，却不知道他们已经被萨图尼努斯和塔摩拉斩首了。这就引出了莎士比亚所有作品中最令人毛骨悚然的一句舞台指示："一个信使带着两个脑袋和一只手上台。"23 受马洛的《帖木儿》的影响，泰特斯被塑造为那个斯基泰牧羊人的年迈而悲剧性的版本，一个抱怨自己骁勇奋战和荣誉加身，却忽视了自己的不妥协对自己和家人造成的后果的戏剧性反英雄人物。但如果说这出戏的开头模仿了帖木儿缺乏幽默感的虚张声势，那么它壮观的暴力场面则借鉴了马洛在《马耳他岛的犹太人》巴拉巴的凶残事迹中注入的黑色幽默。当泰特斯的弟弟玛克斯（Marcus）发现被强奸和残害的拉维尼娅时，他说，"侄女，说句话"，24 然后才发现她没了舌头。当玛克斯和他的哥哥争吵应该用谁的手去换后者的儿子们的命时，泰特斯对信使说："帮我一下［直译：把你的手借我］，我就把我的手给你。"25 在戏剧的高潮部分，泰特斯打扮成一名厨师，准备给塔摩拉吃用她的儿子们做的馅饼，观众们常常把这一幕视为关于"罪有应得［直译：一道粗点心］"的一个可怕玩笑。

作为莎士比亚最血腥、最暴力的戏剧，《泰特斯·安德洛尼克斯》有着一段复杂的批评史。尽管它最初很成功，但到了 17 世纪后期，它不再受欢迎，从 18 世纪开始，它的极端暴力导致许多评论家对它的"坏品位"不屑一顾。这些人中包括 T. S. 艾略特（T. S. Eliot），他在 1927 年时称其为"史上最愚蠢、最缺乏创见的剧本之一，让人难以相信这是由莎士比亚创作的［直译：有手］"，26 尽管这个双关可能不是有意为之。20 世纪后期，第二次世界大战的暴行让许多导演和批评家同意英国戏剧评论家哈罗德·霍布森（Harold Hobson）的看法：" 《泰特斯·安德洛尼克斯》的血腥野蛮绝不会让布痕瓦尔德的任何人感到惊讶。"[27] 自 20 世纪 80 年代以来，这部戏剧在戏剧界和批评界经历了一场非凡的复兴。如今，它就像 1594 年第一次演出时一样受欢迎。2014 年，英国媒体津津乐道地报道说，这出戏在环球剧院上演时已经让 5 名观众晕厥了。[28]

在一部暴力似乎是常事而非例外的戏剧中，文明和野蛮之间的区别变得越来越微不足道。最初，罗马代表着一切文明的东西，但它一旦让野蛮的哥特人进入它的大门，它自身也可以变为就像泰特斯所说的"老虎的荒野"。数十年来，在伊丽莎白时期的新教徒和天主教欧洲以及伊斯兰世界的关系中，如何区分文明和野蛮一直是困扰他们的一个问题。对于伊丽莎白和她的顾问们来说，很难看出谁更野蛮：试图根除异端新教的崇拜偶像的天主教徒，还是提供军事和宗教救赎的穆斯林异教徒。

在这种情况下，莎士比亚引入了这出戏中最引人注目的一个人物：最重要的反派摩尔人亚伦（Aaron the Moor）。亚伦是一个彻头彻尾的外来者，是一个不道德、不知悔改的恶棍，他不像哥特人，拒绝被罗马或其他任何社会同化。他在泰特斯进罗马城时带领的哥特俘虏的凯旋游行队伍中首次亮相，尽管为什么北非的摩尔人会与日耳曼哥特人结盟从来没有得到解释。亚伦是塔摩拉的情人，在她嫁给萨图尼努斯后二人依然保持着这种关系，这使她生下了一个"黑摩尔人"孩子，这个孩子被描述为"叫人看见了就丧气的、又黑又丑的孩子"。[29] 一旦塔摩拉被确立为罗马皇后，亚伦就会继续疯狂"暗杀、强奸、屠杀/黑夜的秘密、卑污的行动",³⁰ 挑唆塔摩拉的儿子们强奸拉维尼娅,以谋杀罪陷害泰特斯的儿子们,并诱使泰特斯砍掉自己的手。亚伦只忠于他的"头生子"。³¹ 在这出戏的结尾,幸存下来的罗马人觉得死亡对他来说太便宜他了:他被"齐胸埋在泥土里",³² 然后慢慢死去。

在塞内卡和奥维德这样的作家的经典著作中,经常包括一个具有破坏性的野蛮外来者侵入文明的城市国家并造成混乱的内容,但莎士比亚通过利用伊丽莎白与北非摩尔人令人担忧的关系,振兴和发展了这一传统。最近对《泰特斯·安德洛尼克斯》的风格分析也表明,和《亨利六世》一样,这部剧也不是莎士比亚单独完成的,几个关键的场景——包括许多以艾伦为主角的场景——是由乔治·皮尔写的。³³ 没有人知道皮尔在多大程度上参与了创作,但亚伦显然是以《阿尔卡扎之战》中邪恶、奸诈的黑摩尔人穆莱·穆罕默德为原型的。跟皮尔笔下的角色一样,亚伦是一个"黑摩尔人",一个"不信神明的摩尔人",³⁴ 他把自己的肤色与邪恶联系在一起。当他谋划强奸拉维尼娅时,他把自己比作一条蛇,他的"根根竖起的蓬松的头发"就像"展开了身体预备咬人的毒蛇一样"。³⁵ 当亚伦让泰特斯砍下自己的手时,他笑着说:

> 让傻瓜们去行善,让美男子们去向神明献媚吧,
> 亚伦宁愿让他的灵魂黑得像他的脸一样。³⁶

亚伦成了伊丽莎白时期最早将黑人描绘为奸诈、好色、邪恶形象的刻板印象之一。但通过给他取名亚伦,莎士比亚也把他的角色更直接地与伊丽莎白时代对穆斯林和犹太人的焦虑联系在一起。亚伦是《旧约》中的先知和摩西的兄长,在三个亚伯拉罕宗

教中都是如此。《古兰经》将他尊为与贞女玛利亚有关,而犹太教则颂扬他的利未人后裔为犹太礼法的守护者。莎士比亚的许多观众都应该知道,《圣经》中亚伦最小的儿子名为以他玛(Ithamar),这明显暗指了马洛的《马耳他岛的犹太人》中那个邪恶的土耳其人伊萨莫。

尽管亚伦的名字和种族都会让人想到马洛笔下的土耳其人/摩尔人,但他的言行举止模仿的是巴拉巴。在快到戏剧结尾的地方,当他面对自己的罪行被问到他是否"为这些十恶不赦的事情后悔"时,亚伦回答道:

> 嗯,我只悔恨自己不再多犯下一千件的罪恶,
> 现在我还在咒诅着命运不给我更多的机会哩——可是我想
> 在受到我的咒诅的那些人们中间,
> 没有几个能够逃得过我的恶作剧的作弄:
> 譬如杀死一个人,或是设计谋害他的生命;
> 强奸一个处女,或是阴谋破坏她的贞操;
> 诬陷清白的好人,毁弃亲口发下的誓言;
> 在两个朋友之间挑拨离间,使他们变成势不两立的仇敌;
> 穷人的家畜我会叫它们无端折断了颈项;
> 谷仓和草堆我会叫它们夜间失火,
> 还去吩咐它们的主人用眼泪浇熄它们;
> 我常常从坟墓中间掘起死人的骸骨来,
> 把它们直挺挺地竖立在它们亲友的门前,
> 当他们的哀伤早已冷淡下去的时候;
> 在尸皮上我用刀子刻下一行字句,

> 就像那是一片树皮一样,
> "虽然我死了,愿你们的悲哀永不消灭。"
> 嘿!我曾经干下一千种可怕的事情,
> 就像一个人打死一只苍蝇一般不当作一回事儿,
> 最使我恼恨的,就是我不能再做一万件这样的恶事了。[37]

亚伦津津有味地细数他随性而为的暴行,让人想起了巴拉巴对自己的恶行的态度。即使他被埋在了土里,他还嘲笑那些会求助于良心或祈祷的人:

> 我不是小孩子,你们以为我会用卑怯的祷告,
> 忏悔我所做的恶事吗?
> 要是我能够随心所欲,我要做
> 一万件比我曾经做过的更恶的恶事;
> 要是在我一生之中,我曾经做过一件善事,
> 我要从心底里深深懊悔。[38]

他还在活着时就被埋在了土里,这是一个恶棍意料之中的结局。亚伦身上凝聚了所有与他的非基督徒身份有关的恐惧。他是黑人,是一个摩尔人,但"不信神明";然而,通过将他与巴拉巴和伊萨莫联系起来,莎士比亚也将他与土耳其人和犹太人混为一谈。他聚集了所有观众可能鄙视的东西,但他们又不可抗拒地受到他的吸引。过去和现在一样,我们看着亚伦并听他说话——常常是直接面向我们的独白或旁白,但由于我们是观众,即使我们想要干涉也无力干涉,名副其实地成了"沉默"的共犯,与他

一同谋划那些令人发指的恶行。

在创造这样一个可怕的角色时,莎士比亚利用了他所知道的每一种刻板印象;但在这个过程中,他也让他的观众将这个摩尔人视为表面上"文明"的罗马世界所具有的缺陷的化身。通过将塔摩拉吸收进这个国家并进一步把亚伦吸收进来,罗马人招致了他们自己的毁灭。尽管伊丽莎白时期的英国人渴望效仿罗马帝国,但他们也将它视为天主教的堡垒,自宗教改革以来代表了教皇崇拜偶像的野蛮行径。这样的双重视角也出现在戏剧临近结尾的地方。当罗马士兵抓住亚伦的时候,他和他刚出生的儿子躲在"一座毁废了的修道院"中。[39]当他被带到泰特斯唯一幸存的儿子卢修斯(Lucius)面前时,亚伦承诺,如果罗马人"向我发誓保全我的孩子的生命",他就会供认一切罪行。卢修斯拒绝了,他说:"我应该凭着什么发誓呢?你是不信神明的。"[40]亚伦回道:

> 我固然是不信神明的,可是那有什么关系呢?
> 我知道你是个敬天畏神的人,
> 你的胸膛里有一件叫作良心的东西,
> 还有二十种天主教的教规和仪式,
> 我看你是把它们十分看重的,
> 所以我才一定要你发誓;因为我知道
> 一个痴人是会把一件玩意儿当作神明的,
> 他会终身遵守凭着那神明所发的誓,
> 所以你必须凭着你所敬信的无论什么神明发誓,
> 否则我就什么也不告诉你。[41]

在一个突如其来的变形时刻,观众们被从罗马帝国传送到了宗教改革后的英格兰,在一个反映亨利八世废除修道院的场景中,有一个被"天主教的"罗马士兵俘虏的摩尔人谴责他们盲目崇拜的"教规和仪式"。观众们被置于一种令人讨厌的境地,他们同意亚伦对天主教的轻视,结果却发现,他们是在认同一个认为信仰只不过是一件"玩意儿"的"不信神明的摩尔人"。

《泰特斯·安德洛尼克斯》并不是一部旨在博取对摩尔人的同情而创作的戏剧。亚伦的恶行仍然要归于中世纪道德剧的老传统,但莎士比亚却为他增加了一个新的维度,使他在种族上有所不同,可笑而滑稽,关键在于,他毫无忏悔之意。在政治和宗教联盟不断变化的混乱的后宗教改革的世界里,人们对这样的"野蛮人"所扮演的角色有着深刻的矛盾心理,这出戏就利用了这一点。莎士比亚将传统上对外来者的恐惧与伊丽莎白时期的英格兰与摩尔人和土耳其人甚至更加暧昧的关系结合在一起,创造出充满矛盾和冲突的扣人心弦的戏剧。和《亨利六世》一样,他创作出了一种与马洛的作品不同的新戏剧。没有人真正在意巴拉巴,因为他杀死了自己的孩子并得意忘形地攻击所有宗教信仰,但亚伦是一个虐待狂、残忍的无神论者,却非常关心他的孩子并攻击天主教,这让观众一直以来都在困惑自己应该称赞他还是唾骂他。

正当《泰特斯·安德洛尼克斯》在 1594 年的整个上演季公演的时候,伊丽莎白女王正和曼苏尔就派出一支摩尔人代表团第二次访问英格兰一事在进行协商。1595 年 5 月,杂货商公司的掌事、威尼斯公司和土耳其公司的一位著名商人爱德华·霍姆登(Edward Holmden)从摩洛哥给枢密院写信。他报告说:"仍有消息称,国王的大使将前往英格兰,他是很重要的一个人物,还有两个要塞司令和25人或30人的随行人员……他将于米迦勒节［9月29日］到达这里。动机尚不清楚。"[42] 尽管霍姆登声称不清楚使团的"动机",而它的领队艾哈迈德·本·阿德尔（Ahmad bin Adel）很清楚,他前往英格兰的目的是讨论对西班牙进一步采取军事行动。

英格兰和西班牙之间永恒的外交紧张局面再次导致了双方走向公开冲突。整个1595年针锋相对的海军突袭导致腓力二世批准了对英格兰的又一次入侵,这一次,在对英格兰本土发动全面军事进攻之前,西班牙军队就在信仰天主教的爱尔兰登陆了。当消息传到伦敦时,伊丽莎白女王的枢密院授权对西班牙在大西洋上的主要港口城市以及西印度舰队的所在地加的斯（Cadiz）发起先发制人的打击。摩洛哥代表团到访的目的是商议为伊丽莎白女王的海军行动提供后勤支持,包括摩洛哥的船只和士兵,以及在阿加迪尔修建一座堡垒,这样一来,英国可以攻击往返美洲途中的西班牙运宝船队。没有任何有关那年秋天到达伦敦的代表团的记录留存下来,但是尽管曼苏尔最终拒绝了英国人进入阿加迪尔的要求,他还是派出了几艘加莱桨帆船和一些补给来支持英国进攻加的斯。

在整合了一个包含摩洛哥穆斯林和荷兰加尔文主义者的不太可能的联盟后,伊丽莎白女王的150艘船和6000名士兵组成的舰队在忠心耿耿、经验老到,如今已是英格兰军队副统帅的查尔斯·霍华德和女王的新宠,神采奕奕的30岁的埃塞克斯伯爵罗伯特·德弗罗（Robert Devereux, Earl of Essex）的联合指挥下,于1596年6月驶离普利茅斯。同行的其他人员还有沃尔特·雷利爵士,他在前往圭亚那(Guyana)的漫长而危险的航行中空手而归,正要借此机会恢复自己的政治威望,这是他人生中参加的最后几场大规模海战之一;也有一些年轻人,其中就有王室医生罗杰·马贝克(Roger Marbeck)和 24 岁的诗人约翰·多恩(John Donne),他们想要参加冒险,也想获得战利品。

6月下旬,舰队到了加的斯后便立刻发起进攻,首先是海上突袭,然后是陆地攻击。[43] 在随后短暂而激烈的海上交战中,英国人摧毁了包括"圣腓力"号(St. Philip)在内的数艘西班牙盖伦帆船,罗杰·马贝克目睹了一个"摩尔人奴隶"在与其他 38 名摩洛哥人一起向英国军队寻求庇护之前点燃了船上的弹药库,将船炸毁。马贝克写道:

> 霍华德和埃塞克斯伯爵同意给他们钱和所有其他必需品,赠予他们一艘小船和领航员,以便让他们自由地回到巴巴里,希望他们让他们的国家了解他们所做的伟大功绩和他们所目睹的一切。借此,我毫不怀疑,由于女王陛下已经是一位整个欧洲和整个非洲、亚洲和基督教世界最令人敬佩的君主,今后整个世界都将有这样的理由赞美她所具有的无限的君主美德。[44]

英国人还捕获了两艘西班牙盖伦帆船——"圣马修"号(St. Mathew)和"圣安德鲁"号(St. Andrew),这两艘船都搁浅了,尽管满载着价值约 1200 万杜卡特的金条的西印度舰队在英国人到达之前就被摧毁了。随后,他们洗劫了这座城市,勒索了赎金,在 7 月 4 日启程离开,临走之前还在加的斯放了火,让腓力的西印度舰队大部分沉在了港底。

英格兰获胜的消息迅速传遍了欧洲和北非。尽管远征队未能夺取西印度舰队的巨额财富，但指挥官们却将其视为一场伟大的胜利。英国海军指挥官之一威廉·蒙森（William Monson）宣称："我们这次出征加的斯，使西班牙受到了沉重的打击、严重的掠夺，让他们蒙受了沉重的耻辱。"[45]

但英国人在宣布胜利时并没有独占功劳。当"摩尔人奴隶"回到马拉喀什报告这些事时，曼苏尔立刻标榜自己的功劳。他的宫廷历史学家菲什塔里用典型的惊人妙语描述："天空由于推翻齐什塔拉[Qishtala，即腓力二世]的暴政的冲突而变得黑暗无边。基督徒国家的诸王就像疯狗一样攻击他。对他最凶残的，也是最敢攻击他的王国并勒紧他身上的绳索的人，就是英格兰诸王国的伊莎贝尔女苏丹。"

菲什塔里声称，加的斯的胜利归功于曼苏尔的外交和后勤支持。是曼苏尔"用他的支持诱惑了伊丽莎白女王，使她扳倒他[腓力二世]的意志更为坚定；他向她表示了他愿意与他[腓力二世]对抗的诚意，给她提供大炮使用的铜，还准许她从他的王国中为军火购买硝石……在真主的帮助下，他让她与宗教上的敌人对立起来"。[46]没有人清楚摩洛哥的加莱桨帆船在战斗中起到了什么作用，但根据菲什塔里的说法，英格兰和摩洛哥现在加入了一场反对天主教西班牙的圣战当中。[47]

腓力二世对此的回应是准备了另一支舰队，这一次将首先在爱尔兰登陆并利用那里的天主教叛乱，然后入侵英格兰。1596年10月25日，一支由超过60艘船只组成的船队从里斯本出发前往爱尔兰，但在西班牙西北部海岸附近遭遇了一场可怕的风暴，损失了一半的船只和数千人。腓力二世在国内被打败，在国外过度扩张，几周后被迫宣布他的王国破产。第二年，他又想筹集另一支舰队，但坏天气又一次破坏了他的计划。[48] 连腓力的一些西班牙顾问也认为，在入侵英格兰这件事上，上天已经不再眷顾他们了。似乎上帝确实站在了英国新教徒那边。

尽管由艾哈迈德·本·阿德尔率领的代表团没有物质遗存，但另一个摩尔人确实在伦敦露面了，不过不是在伦敦的宫廷里，而是在舞台上。1596 年末，莎士比亚创作了《威尼斯商人》(The Merchant of Venice)，1600 年首次出版时全称为《威尼斯商人与极端残忍的犹太人夏洛克最精彩的故事》(The Most Excellent History of the Merchant of Venice with the Extreme Cruelty of Shylock the Jew)。夏洛克是一个放债的犹太人，他让剧名中的那个威尼斯商人安东尼奥用身上的一磅肉来抵还债务。莎士比亚对夏洛克的描绘让一代又一代的观众们产生了分歧。安东尼奥借了这笔钱，帮他那不负责任的朋友巴萨尼奥（Bassanio）追求富有的女继承人鲍西娅（Portia），而鲍西娅又同时受到包括摩洛哥亲王在内的一众追求者的追求。这部戏剧的高潮是著名的法庭审判场景，在该场景中，夏洛克准备割下安东尼奥的一磅肉，被伪装成一名律师的鲍西娅阻止，她主张"要是流下一滴基督徒的血，你的土地财产"按照威尼斯的法律，就要全部充公。[49] 由于无法操作，夏洛克被宣判为一个索要威尼斯人性命的"异教徒"。他被剥夺了财富，并被要求"立刻改信基督教"。[50] 他同意接受基督徒开出的所有条款，绝望透顶。

莎士比亚有几个创作这出戏的灵感来源。他的脑海中显然浮现出了加的斯的探险，因为学者们是根据这出戏的开场白中明确提到被俘获的西班牙盖伦帆船"圣安德鲁"号来确定它的创作时间的。威尼斯商人萨莱里奥（Salerio）谈到"我那艘满载货物的'安德鲁'号商船倒插在沙里"——这艘船在加的斯被捕获时搁浅了，当它1596年夏天被带回英格兰时，差点儿再度搁浅。从戏剧的先例来看，莎士比亚是在回应马洛的《马耳他岛的犹太人》和威尔逊的《伦敦三夫人》，后二者对犹太商人和穆斯林的描述形成了鲜明对比。

差不多同时发生的另一件事可能也使莎士比亚产生了塑造夏洛克的灵感。伊丽莎白女王的私人医生罗德里戈·洛佩斯（Roderigo Lopez）是一个在葡萄牙出生的犹太教徒，后来改信了新教，1594年1月因叛国罪以及与西班牙人密谋毒害女王的罪名而被逮捕。尽管洛佩斯确实被西班牙人收买做了间谍，但意图谋杀的指控完全是由埃塞克斯伯爵捏造的，当时他急于证明自己对女王的忠诚并想要胜过他的对手伯利。洛佩斯只是一个被卷入埃塞克斯伯爵的和伯利勋爵的阴谋的小卒，没有一丝生还的机会。在对他的审判中，他受到了被贿力以5万克朗收买毒害伊丽莎白女王的指控。他的公诉人之一弗朗西斯·培根爵士抓住了洛佩斯改宗中的一个疑点："他是一个葡萄牙人，疑似暗中信犹太教（尽管他在这里让自己遵守基督教的仪式）。"

洛佩斯被判处了死刑，于6月处决。根据历史学家威廉·卡姆登的说法，他在绞刑台上抗议说："他敬爱女王，也爱耶稣基督；这是来自一个犹太人的表白，引起了围观人群的一场大笑。"[51]对于那些围观洛佩斯被绞死、开膛和肢解的人来说，他的自我辩白是好笑的模棱两可的认罪，是一个改宗者的表里不一，当他说敬爱时，其实指的是痛恨。

伴随着洛佩斯的惨死而发出的残酷、令人不安的笑声也渗入了莎士比亚的戏剧中。莎士比亚似乎甚至想让这部戏成为一部喜剧（1623年出版的对开本就被列为喜剧），在过去400年间的不同时期，观众们都觉得自己能够或者可能被煽动起来，因为夏洛克的垮台以及随之而来的鲍西娅和安东尼奥的反犹太主义辱骂而发笑。但这种笑声与亚伦和夏洛克的前身——马洛笔下的巴拉巴——所引发的笑声是不一样的。和巴拉巴一样，夏洛克看着女儿杰西卡（Jessica）改信基督教，但尽管他对安东尼奥有凶残的企图，但他从未干过巴拉巴那样的邪恶堕落的勾当。莎士比亚为夏洛克赋予了一种人性的深度，不是出于某种隐秘的自由主义倾向，想要表达对犹太信仰的宽容，而是为了突出他的人物的戏剧模糊性和所具有的力量。

夏洛克只出现在了剧中的5个场景中，但在其中最重要的一个里，他所说的台词暗示了莎士比亚对共同人性的呼唤。他告诉索拉尼奥（Solanio）和萨莱里奥：

> 我是犹太人，难道犹太人没有眼睛吗？难道犹太人没有五官四肢、没有知觉、没有感情、没有血气吗？他不是吃着同样的食物，同样的武器可以伤害他，同样的医药可以疗治他，冬天同样会冷，夏天同样会热，就像一个基督徒一样吗？你们要是用刀剑刺我们，我们不是也会出血的吗？[52]

但这番话的结语也提醒了观众，夏洛克是威尼斯社会及其基督徒的产物，他并不比他们更好或更坏：

要是你们欺侮了我们，我们难道不会复仇吗？要是在别的地方我们都跟你们一样，那么在这一点上也是彼此相同的。要是一个基督徒欺侮了一个犹太人，那么照着基督徒的榜样，那犹太人应该怎样表现他的宽容？报仇。你们已经把残虐的手段教给我，我一定会照着你们的教训实行，而且还要加倍奉敬哩。[53]

安东尼奥和夏洛克一样恶毒，贪得无厌。当鲍西娅打扮成律师走进法庭时无意中提到了这一点，她无法区别他们，便问道："这儿哪一个是那商人，哪一个是犹太人？"[54]

在法庭这个场景中，鲍西娅不下10次轻蔑地称夏洛克为"犹太人"，但他并不是唯一一个能感受到她的愤怒的异教徒。根据鲍西娅父亲的遗嘱，她要嫁的人，必须能够从金、银和铅三个匣子中分辨出哪个里面有鲍西娅的肖像画。在这出戏的第二个场景开头，鲍西娅回忆起那些已经失败的追求者，其中包括一个傲慢的意大利人、一个喝醉了的德国人、一个暴躁的法国人、一个穿着品位糟糕的英国人，还有一个好争吵的苏格兰人。然后有人宣告一个新的追求者想试试运气，那就是摩洛哥亲王。一听到这个，鲍西娅立刻就退缩了，她开玩笑说，"假如他有圣人般的德行，偏偏生着一副魔鬼样的面貌，那么与其让他做我的丈夫，还不如让他听我的忏悔"。[55]

但当摩洛哥亲王出场时，他和观众所期望的并不一样。他是一个穿白色衣服的白摩尔人，所说的话更像帖木儿，而不是亚伦。在一段预示了夏洛克对人性的呼吁的讲话中，他请求鲍西娅：

> 不要因为我的肤色而憎厌我；
> 我是骄阳的近邻，
> 我这一身黝黑的制服，
> 便是它的威焰的赐予。
> 给我在终年不见阳光、冰山雪柱的极北找一个最白皙姣好的人来，
> 让我们刺血察验对您的爱情，
> 看看究竟是他的血红还是我的血红。[56]

在以亚伦为原型创造了一个邪恶的黑摩尔人后，莎士比亚现在创作了这个角色的对立面，一个高尚、英勇的白摩尔人，他对与鲍西娅结婚后搬到虚构的基督教城市贝尔蒙特（Belmont）没有什么明显的疑虑。剧中从未提及他的宗教信仰，但他保留了一种有时与摩尔人相关的性冲动，他对鲍西娅吹嘘：

> 我告诉你，小姐，
> 我这副容貌曾经吓破了勇士的肝胆；
> 凭着我的爱情起誓，
> 我们国土里最有声誉的少女也曾为它害过相思。
> 我不愿变更我的肤色，
> 除非为了取得您的欢心，
> 我的温柔的女王。[57]

当他发誓要赢得鲍西娅欢心的时候，他那充满男子气概的自吹自擂就变成了幻想：

> 凭着这一柄
> 曾经手刃波斯王并且使一个三次战败
> 苏莱曼苏丹的波斯王子授首的宝剑起誓。[58]

观众们知道，就算在伊斯兰世界，也没有人能够杀死波斯统治者和王子，也没有人能够打败奥斯曼苏丹苏莱曼大帝。然而，这里有一位来到一个基督教国家的摩洛哥勇士，声称自己曾经击败了奥斯曼帝国和波斯的军队，与曼苏尔在外交和军事上对伊丽莎白女王的提议惊人地相似。正式说来，这些提议只有伊丽莎白最内部的圈子知道，但人们不禁想知道，英－摩恢复友好关系的消息已经在多大程度上传播到了公共领域。

无论如何，摩洛哥亲王的求婚失败了，他选错了匣子，鲍西娅匆匆让他离开舞台，还念了精彩的双行诗：

> 他去得倒还知趣。把帐幕拉下。
> 但愿像他一样肤色的人都像他一样选不中。[59]

摩洛哥亲王其实没什么理由非要出现在一部关于威尼斯商人和犹太放债人的浪漫喜剧中。但是莎士比亚至少有两个在剧中将穆斯林置于犹太人和基督徒的冲突中的先例。在威尔逊的《伦敦三夫人》中，可敬的犹太放债人格朗图斯向一名土耳其法官抱怨缺德的基督教商人梅尔卡多鲁斯的伪善，而在马洛的《马耳他岛的犹太人》中，巴拉巴则与凶残的土耳其人伊萨莫结成了联盟。像往常一样，莎士比亚走了中间路线，把一个犹太人和一个摩尔人放在了舞台上，他们不是道德崇高之人，但是，一旦他们威胁要挑战现状,就会被基督教世界无情地驱逐出去。

在神学层面上,基督教世界总是把穆斯林和犹太人视为否认基督为上帝之子的叛教者,认为他们是代表了同一个宗教错误的两面的异端。在商业层面上,他们密切相关:我们已经看到,犹太人在大多数伊丽莎白商人与摩洛哥、土耳其和波斯的穆斯林宫廷的商业交易中充当中介。实际上,在16世纪90年代,与威尼斯相比,英国人对摩洛哥的犹太商人、放债者和政治中介要熟悉得多。对观看莎士比亚戏剧的伦敦人来说,像摩洛哥犹太糖业大亨伊萨克·卡贝萨在1568年破产以及高等海事法庭和大法官法庭的后续审判这类广为传播的事件,是远比任何犹太威尼斯商人的活动熟悉得多的事情。或许通过摩洛哥亲王这个幌子,这出戏对迅速发展的英-摩联盟表达了关注。但更有可能的是,莎士比亚摆脱了马洛戏剧中纯粹邪恶的犹太人和穆斯林的刻板印象,让形象更为模糊的夏洛克和摩洛哥亲王质疑16世纪伦敦和威尼斯所具有的脆弱的多元文化主义。政治和贸易的迫切需要使这两个地方必须与犹太人、土耳其人和摩尔人结盟。虽然每个人都从中获利,一切都很顺利,但当麻烦来临时,笑声戛然而止,一方常常与其他各方发生冲突。在莎士比亚戏剧的结尾,观众们会感到不自在,他们对剧中自以为是的基督徒和傲慢自大的摩洛哥人、一心想报复的犹太人一样反感。在马洛死后仅仅两年多的时间里,莎士比亚已经调整了他的"惊人的妙语"和暴烈凶残的东方人物,创造出了一个远为微妙但同样精彩的共谋的舞台,在那上面,摩尔人、犹太人和基督徒——甚至是观众——都同样要为延续贪婪、自相残杀和复仇的循环而受到谴责。我们将会看到,莎士比亚在后来的一些最伟大的戏剧中还会继续开拓这一点。

正如《威尼斯商人》中的摩洛哥亲王退出了舞台，巴巴里公司也是如此。1597 年 7 月，也就是在莎士比亚写了《威尼斯商人》的一年后，由于巴巴里公司的特许状已经到期，而私人贸易承诺会提供更好的回报，公司被悄悄解散了。[60] 在摩洛哥，现在每个人都是为自己着想。随着建立正式联盟的计划停滞、王室对贸易的兴趣减弱，伊丽莎白和她的顾问们已经更多地将注意力转回到东方君士坦丁堡的高门。

9

逃离苏丹宫殿

1595年1月15日,苏丹穆拉德三世于君士坦丁堡的托普卡帕宫驾崩。按照奥斯曼帝国的传统,驾崩的消息是保密的,直到他的继承人皇储穆罕默德到达君士坦丁堡并确保权力平稳过渡后才公开。4个星期后,爱德华·巴顿向伯利勋爵转交了一封被他称为一个"好奇的犹太人"的信,信中描述了"这里最近发生的事情","已故的苏丹穆拉德三世的驾崩以及苏丹穆罕默德三世成功登基"。[1]这封信是由一个名叫阿尔瓦罗·门德斯(Alvaro Mendès)的葡萄牙犹太人写的,他在奥斯曼宫廷更广为人知的身份是巴顿的同事萨洛曼·阿本·雅克斯(Salomon Aben Yaèx),有进入帝国迪万的特权。门德斯报告说,1月27日,穆罕默德从爱琴海海岸城市马尼萨回到这里,并将他的父亲葬在圣索菲亚大教堂。随后发生的事情成了奥斯曼帝国历史上最可怕、最遭人唾骂的事件之一:

那天晚上,他的19个他不熟悉的弟弟被带到苏丹穆罕默德面前,他们是他父亲的几个妃子生下的男孩子;他们被带来亲吻他的手背,好让他看到他们还活着;他们中岁数最大的才11岁。他们的国王哥哥告诉他们不要害怕,因为他不希望对他们造成任何伤害；但根据习俗，他们必须接受割礼。这是他的先辈从来没有做过的事，他们亲吻了他的手背之后就直接接受了割礼，然后被拉到一边，被人用手帕敏捷地勒死了。²

威尼斯大使用一个更感人的故事平添了恐惧的气氛。"他们说，"他写道，"那个最年长、最漂亮的小伙子很优秀，所有人都爱他，当他亲吻苏丹的手背时，他大声说：'我的主人，我的哥哥，现在你对我来说是我的父亲，不要让我的生命在我年幼时就这样结束。'苏丹悲伤地扯着胡子，但一句话也没说。他们都被勒死了。"萨洛曼承认，如此残酷的王位继承方式"无疑看起来是一件可怕而残忍的事情，但这是一种惯例"；他还承认，当看到所有 19 具棺材——有些甚至还没一个玩偶大——被摆在他们的父亲的棺材旁时，"所有人都泪如雨下"。³

巴顿之所以煞费苦心地为伯利获取萨洛曼的报告，是因为穆拉德三世的去世对英-奥关系来说是一个关键时刻。伊丽莎白女王与奥斯曼帝国的外交和商业关系大部分建立在她与穆拉德诚恳的私人通信上，这段关系可以追溯到 17 年前，最近又延伸到了他的妃子萨菲耶苏丹，随着穆拉德驾崩，萨菲耶现在晋升为苏丹皇太后（Valide Sultan）。目前还不清楚穆罕默德是否会像他父亲那样支持英国人，但从各种迹象来看并不乐观。穆罕默德发誓要继续支持在匈牙利已显颓势的军事行动，但他看上去完全不像一个勇士。一位英国商人将他描述为"一个天生聪明勇敢的国君，但意外的是，他很迟钝、胆怯，非常柔弱"。⁴

如果巴顿想要继续受到奥斯曼帝国的青睐，他就需要迅速采取行动。他希望，通过把萨洛曼的信寄到伦敦，伯利就会明白给新苏丹送一份合适的礼物以巩固他的外交地位是多么明智的举动。不幸的是，枢密院的动作有点慢。在没有礼物送出的情况下，巴顿不得不随同新苏丹参加下一年在匈牙利针对马克西米利安大公的天主教军队发动的一场军事行动，以示支持。

在一批由苏丹出钱雇佣的随从的陪同下，巴顿于1596年6月与穆罕默德的军队一起出发前往匈牙利。他观察了奥斯曼帝国的作战情况，甚至给了伯利一份奥斯曼军队在1596年10月于匈牙利北部的凯赖斯泰什（Keresztes）大胜奥匈哈布斯堡联军的详细记录。[5]当巴顿参加了这场战役的消息传遍整个欧洲乃至俄罗斯时，伊丽莎白女王被迫发起一波外交魅力攻势，派遣大使远至布拉格和莫斯科，否认她"煽动了基督教最可憎的敌人向基督教君主发动战争"。[6]

尽管如此，英国与奥斯曼帝国的同盟关系由于其重要性仍然得以延续。从明显的宗教差异和对奥斯曼帝国野心的担忧，到奥斯曼人令人厌恶的自相残杀的政治继承方式，无不使这种关系令人感到不安，但这是一种对外交和经济政策具有深远影响的伙伴关系。尽管有些反复无常，奥斯曼苏丹是反抗西班牙的强大军事保障，而由威廉·哈本和其他人在16世纪70年代末建立的贸易，对国内经济产生了显著的影响。与巴巴里公司利润参差不齐的情况相反，土耳其公司的成功使其于1592年与威尼斯公司合并，成立了黎凡特公司，到这个10年结束时，有20艘船每年向地中海出口价值15万英镑的布料。[7]

在伊丽莎白时代人们生活的各个层面上，都可以看到该贸易带来的影响。仅就英文印刷书籍而言，在16世纪末，人们对伊斯兰世界的兴趣明显激增。伦敦出版商公司的登记簿显示，在伊丽莎白统治时期，大约有60本主题与奥斯曼人相关的书出版，其中超过一半是在16世纪90年代出版的。考虑到该登记簿只记录了这个时期全部印刷书籍的60%，且不包含宗教辩论和外交通信，真实数字可能要高得多。[8]

除了阅读观察土耳其人的著作，伊丽莎白时期的人还可以仔细审视他们的统治者。在许多英格兰的大房子里可以看到奥斯曼苏丹的画像，比如汉斯·艾沃斯（Hans Eworth）画的苏莱曼大帝骑马像。[9] 伦敦市长拉尔夫·沃伦爵士（Sir Ralph Warren）、弗吉尼亚殖民地总督约翰·韦斯特（John West）和牛津学者托马斯·基（Thomas Key）的艺术藏品清单中都列有"奥斯曼苏丹"的画像。[10] 1575年，身为诗人、廷臣和军人的菲利普·西德尼爵士（Sir Philip Sidney）从他在斯特拉斯堡的一位通信者那里收到了一幅"土耳其人的新皇帝穆拉德的画像"。[11] 这幅绘于威尼斯的画像以及西德尼对整个16世纪70年代的奥斯曼事务所做的勤勉情报汇编，一起对他的诗歌和散文产生了重大影响。在西德尼的十四行爱情组诗《爱星者与星》（*Astrophil and Stella*，创作于16世纪80年代初）第30首的开篇，他问道：

是否土耳其人的新月打算在今年
把月牙钩伸进基督教国家的疆域？

这里提及伊斯兰新月是对时局的一个暗指，1582年3月到6月，有一个四处流传的流言（事实证明是毫无根据的）说，奥斯

曼人在腓力二世于前一年吞并葡萄牙后准备打击西班牙。西德尼甚至能拿土耳其占领希腊开玩笑:

> 生于希腊的小爱神最近逃离了家园,
> 迫使他出逃的原因是土耳其人心硬,
> 不宜作为他锋利的金箭穿透的靶心,
> 他喜欢我们这儿安宁,便停了逃窜。

小爱神发现土耳其人对自己来说太难了,就逃离了希腊——或者更确切地说是塞浦路斯,那是丘比特的母亲维纳斯的家乡,在 1573 年落于土耳其人之手——转而来到英格兰,只是在诗的后面他在寒冷的天气面前退缩了。除了在爱情诗中如此提及土耳其人,他在早期的《诗辩》(Defense of Poesy, 1579) 中也运用了他对奥斯曼人的知识,他认为,与英格兰相比,"即使是土耳其人和鞑靼人也喜欢诗人"。[12]

伊丽莎白时代的肖像画除了描绘伊斯兰世界的人物外,还有很多再现了流入伦敦的越来越多的东方进口商品。其中包括昂贵而豪华的伊斯兰织物、毛毯、地毯、刺绣,甚至还有在土耳其布尔萨(Bursa)制造的伊兹尼克陶器。珍珠、钻石、蓝宝石、丝绸、织锦和锦缎,都出现在了伊丽莎白时期的画作——包括女王本人的画像——中,这是对成功的盎格鲁-伊斯兰贸易的自觉表现。当时,拥有"土耳其地毯"、被子和绣着阿拉伯字母的安纳托利亚毛毯,也是对个人财富和与伊斯兰世界的联系的自觉声明。除了对摩洛哥贸易的投资,莱斯特伯爵的各种家庭账目表明,在他于 1588 年去世时,他已收集了超过 80 块被描述为土耳其的或波斯的地毯，价值数百英镑（其中仅一件就价值 5 英镑）。[13] 伊丽莎白时期的另一个贵族拉姆利勋爵约翰（John, Lord Lumley）也有类似的存货清单，他在无双宫和拉姆利城堡的家居用品中同样有上百张"土耳其丝绸地毯"。和当时的许多其他贵族一样，拉姆利勋爵也收藏了描绘奥斯曼帝国首都君士坦丁堡的作品。[14]

这种奢侈并不局限于国王、王后和贵族。从土耳其商人那里进口的棉花刺激了兰开夏郡蓬勃发展的纺织业，到伊丽莎白统治结束时，伊朗生丝的制造业为数百名工人提供了就业机会，这些工人以"土耳其方式"生产服装，并为中产阶级的消费者提供家居用品。[15] 由此产生的物品在伊丽莎白时期的富有家庭中非常常见，以至于莎士比亚有足够的信心在 16 世纪 90 年代创作的喜剧中随意提及它们，在《驯悍记》(The Taming of the Shrew)[16] 中，他提到了"珍珠镶嵌的土耳其软垫"，在《错误的喜剧》(The Comedy of Errors)[17] 中，他提到了"土耳其挂毯"。

英国人甚至开始模仿进口纺织品：1579 年，理查德·哈克卢伊特派染色工摩根·哈布尔索恩（Morgan Hubblethorne）前往波斯，让他去找"世界上最好的粗纱羊毛地毯"，并让他带着"土耳其地毯的制作手艺"回来。人们不清楚哈布尔索恩是否带回了哈克卢伊特想要的东西，但到了 16 世纪 90 年代，英国的工匠们（包括女性）使用更便宜、更简单的"土耳其产品"来仿造波斯和土耳其地毯，其实就是将羊毛结绑在亚麻布或大麻纤维上。[18]

莫斯科、土耳其和巴巴里的进口商品让伊丽莎白时期的英国人穿上新式样的丝绸和棉布衣服，喝甜葡萄酒，并使他们能在食物中加入茴香、肉豆蔻、肉豆蔻干皮、姜黄和阿月浑子果实等各种各样的调味品。单是对奥斯曼帝国控制的希腊岛屿出产的葡萄干的需求就非常大，以至于在伊丽莎白统治的鼎盛时期，每年都会进口2300吨的葡萄干。[19] 自1585年起就在奥斯曼帝国领土上工作的黎凡特公司商人约翰·桑德森（John Sanderson）的活动说明了东方商品在伊丽莎白时期的社会中的渗透程度。桑德森给他的妹妹格蕾斯（Grace）送了一张"价值超过10英镑的土耳其地毯"作为结婚礼物，送给他的教士兄弟价值3英镑的"6本土耳其画册"（可能是指有关奥斯曼服饰的书籍），还有"4张土耳其地毯"，价值超过5英镑。[20]

来自伊斯兰国家的商品和手工艺品的展示和消费也不局限于伦敦。1601年，人称哈德威克的贝丝（Bess of Hardwick）的什鲁斯伯里伯爵夫人伊丽莎白·塔尔博特（Elizabeth Talbot, Countess of Shrewsbury）收集了一批东方刺绣、挂毯和针织品，其质量和尺寸与莱斯特和拉姆利收藏的不相上下，她把这些收藏品都放在德比郡的两间大房子——查茨沃斯庄园（Chatsworth House）和哈德威克庄园（Hardwick Hall）——里展示。其中包括46张"土耳其地毯"以及一套引人注目的3幅大型绣花壁挂，上面描绘了基本美德的人格化形象及其对手，可以追溯到16世纪80年代。[21] 第一幅展示了"希望"战胜了犹大，第二幅是"节制"战胜了萨丹那帕露斯（卡德纳斯曾把曼苏尔比作他），而最后一幅挂毯则显示了"信仰"战胜了她的对立面，即不忠的"穆罕默德"。这3幅壁挂都是基于1576年荷兰的一组传统基督教的"美德和恶习"版画制作的，被刺绣工按照当时主流神学的内容加以改编，更实际一点的是，使它们适合挂在哈德威克庄园最好的卧室里，至今它们还在那里公开展出。

"信仰和穆罕默德"这幅壁挂上的"信仰"是以伊丽莎白女

王为原型的。背景是挨着一个大十字架的一座教堂建筑，她站在背景前，右手拿着一本圣经，书脊上用金色的扭曲字体写着"信仰"（Faith）一词，她的左手上有一个圣餐杯，手臂上刺着"忠信"（Fides）的字样。她崛立于蹲在地上的戴着头巾、胡须浓密的穆罕默德面前，他仿佛顺从地匍匐于她的脚下，把脸埋在手中，带着一种忧郁的神情，显然对自己的不忠感到绝望，在他身前的地上有一本《古兰经》。在他上面似乎是穆罕默德生平的场景。在前景中，两组挎着弯刀、戴着头巾的土耳其人在专注地讨论，而穆罕默德在背景中再次出现在一座似乎是16世纪英国人设想的清真寺中。他拿着一本书（大概是《古兰经》）站在一个像哥特式教堂的建筑的那种有天篷遮盖的拱门下。在一个宗教启示的时刻，飘浮在空中的天使拉开了窗帘——令人惊讶的是这一幕里竟然有穆罕默德，因为这类肖像通常是留给天主教的基督或圣母与圣子的形象的。这里的刺绣也许是为了暗示，许多新教徒认为教皇和先知穆罕默德在偶像崇拜上是统一的。[22]

哈德威克庄园的刺绣捕捉到了在16世纪接近尾声时英格兰新教徒对伊斯兰教的矛盾心理，尤其是对奥斯曼人。哈德威克的贝丝想通过购买昂贵、精致的土耳其毛毯和地毯来展示她的财富，但她也想表现出她对基督教的虔诚，于是就复制了一幅圣经信仰胜过穆斯林的古兰经信仰的标准图像，并为前景中不忠信的穆罕默德提供了通过十字架和圣餐得救的可能性。就像伊丽莎白时期的许多视觉艺术一样，这些刺绣是一种精心构造出来的幻象。与拥抱基督教的奇纳诺相比，像萨姆森·罗利这样的遍布北非和地中海的新教徒更有可能拜服在《古兰经》下并皈依伊斯兰教。如同许多其他伊丽莎白时期对伊斯兰教的曲解一样，哈德威克庄园

8. 1549年由汉斯·艾沃斯绘制的苏莱曼大帝骑马像,这是伊丽莎白时期社会名流们收藏的几位伊斯兰统治者的画像之一。

9. 在父亲苏莱曼大帝于1566年死后，苏丹塞利姆二世被军队围住接受他们的效忠。

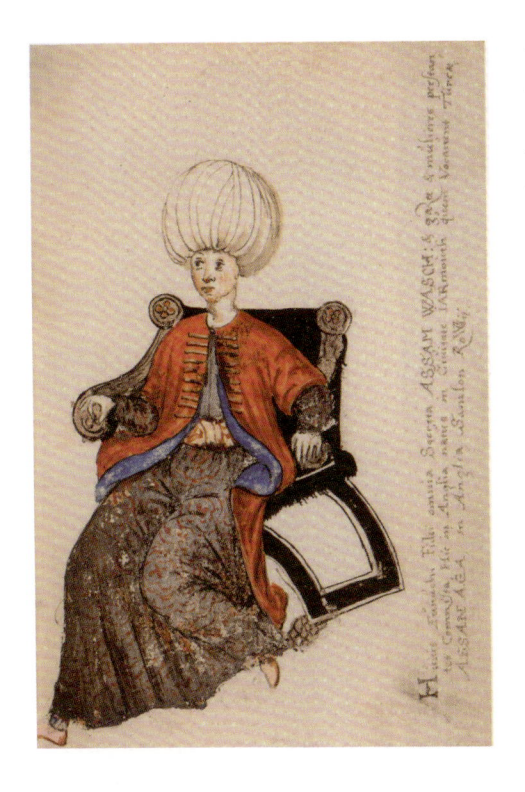

10. 萨姆森·罗利是一位在1577年被土耳其人俘虏的诺福克商人。正如拉丁文题词所述，他被阉割，改信了伊斯兰教，并改名为哈桑阿迦，随后他成了阿尔及尔的首席宦官和司库。

11. 在英国和奥斯曼帝国达成协约的鼎盛时期，这件什鲁斯伯里伯爵夫人伊丽莎白·塔尔博特委托制作的刺绣壁挂描绘了"信仰"的人格化形象——看上去与伊丽莎白女王十分相像——与穆罕默德。

12. 一本 1588 年至 1589 年的奥斯曼画册中的苏丹穆拉德三世画像。在超过 20 年的时间里，穆拉德与伊丽莎白女王就政治与商业进行了通信。

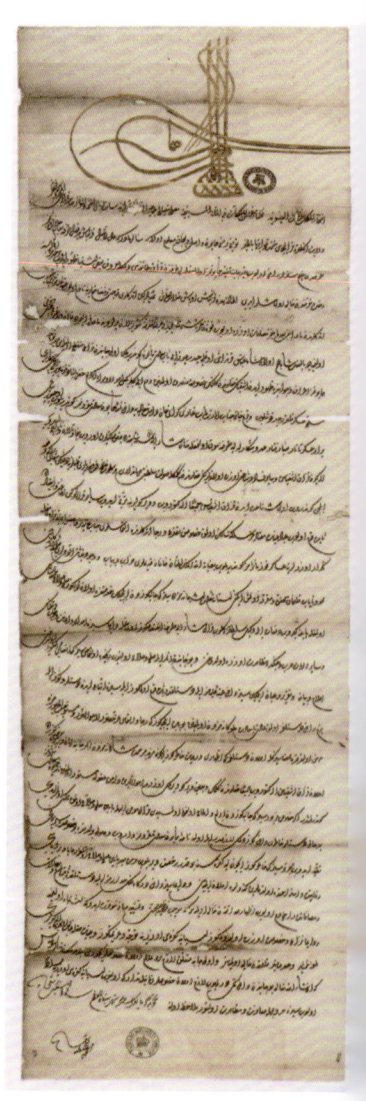

13. 一封 1590 年 6 月 20 日苏丹穆拉德三世写给伊丽莎白女王的信，顶端有用奥斯曼书法写的花押。

14. 尼古拉斯·希利亚德制作的珠宝装饰（1595），由黄金、钻石、水晶和红宝石制成。16世纪90年代，伊丽莎白把这样的珠宝肖像画赠送给奥斯曼宫廷。

15&16. 安东尼·舍利爵士和与他竞争的大使波斯骑兵侯赛因·阿里·伯克·巴亚特的雕版画，是他们1600年联合出使布拉格向皇帝鲁道夫二世提议缔结一个欧洲－波斯联盟时由埃吉迪乌斯·萨德勒尔制的。在阿里·贝格最终抛弃安东尼爵士并返回波斯前，二人有过激烈的争吵。

17&18. 1622年，罗伯特·舍利爵士和他的妻子特蕾莎在舍利的驻罗马大使馆期间，安东尼·凡·戴爵士为他们画了这幅具有浓郁东方风格的绘画。特蕾莎是一个切尔卡西亚酋长的女儿。她受洗皈依了主教信仰。

19. 萨法维波斯的统治者沙阿阿巴斯一世,来自一幅17世纪的莫卧儿绘画。鹰猎是他的爱好之一,他的朋友安东尼·舍利爵士也有同样的爱好。

20. 奥斯曼帝国首都君士坦丁堡，17世纪早期景象。在这座拜占庭城市于1453年落入穆罕默德一世之手后，这种奥斯曼人的典型建筑就重新定义了它。

21. 萨默赛特宫会议（1604）。这次会议促使英国与西班牙和解，标志着伊丽莎白时期的英国与伊斯兰世界关系的断绝。图中，英国代表坐在右边，西班牙代表和佛兰德斯代表坐在左边，他们中间的桌子上铺有一张奥斯曼毛毯。

的刺绣只是一种一厢情愿的幻想。它对穆罕默德、《古兰经》、清真寺,甚至穆斯林服饰的描绘全都基于二手材料,而贝丝或她的佚名刺绣工不太可能知道他们的君主在与摩洛哥和土耳其的穆斯林统治者结成联盟方面取得了多大进展。

对哈德威克的贝丝这样的伊丽莎白时代的精英人士来说,伊斯兰教的诱惑和恐惧只能通过信仰,最终通过让异教徒穆斯林皈依新教的真正信仰的梦想来解决。对伊丽莎白时代的伦敦剧作家来说,这种矛盾的情绪也是不可抗拒的原材料来源。与许多同时代人不同,莎士比亚从来没有在他的任何一部戏剧中创作过土耳其人角色(有一个特殊的例外,我们稍后会讨论)。但在16世纪90年代中期,就在哈德威克的刺绣完成几年后,他创作了一系列主要关于英国历史的戏剧,这些戏剧都被土耳其人的幽灵所困扰。他在这10年里创作的13部戏剧中都提到了土耳其人,其中超过三分之一都是在他的历史剧中。16世纪90年代早期,他以第一组关于亨利六世和理查三世统治时期的四联剧确立了名声,在这10年的后半期,他开始创作第二组四联剧,将理查二世、亨利四世(分为两部)和亨利五世的生活搬上戏剧舞台。当时出现了描写基督徒和穆斯林在中欧的冲突,尤其是奥斯曼帝国侵入匈牙利的英语"战争书"新体裁,在此背景下,他描写了英国政治史上这段以王位继承、废黜、叛乱和内战为特点的动荡时期。不可避免地,在莎士比亚的脑海中反复出现的幽灵是暴虐、自相残杀、不忠的谜一般的土耳其人。[23]

第二组四联剧始于《理查二世》(*King Richard II*),大概是莎士比亚在1595年创作的。这出戏的高潮是波林勃洛克的亨利

（Henry of Bolingbroke），也就是后来的亨利四世废黜理查二世。在第四幕中，波林勃洛克在逼迫理查下台后准备接受王位时，卡莱尔主教（Bishop of Carlisle）警告他的支持者们废黜合法国王会造成可怕的后果。他说了一个在这组四联剧的余下部分中不断回响的预言：

> 这位被你们称为国王的海瑞福德公爵［波林勃洛克］
> 是一个欺君罔上的奸恶的叛徒；
> 要是你们把王冠加在他的头上，让我预言
> 英国人的血将要滋润英国的土壤，
> 后世的子孙将要为这件罪行而痛苦呻吟；
> 和平将要安睡在土耳其人和异教徒的国内，
> 扰攘的战争将要破坏我们这和平的乐土，
> 造成骨肉至亲自相残杀的局面。[24]

卡莱尔主教痛斥波林勃洛克试图攫取王位是宗教和政治上的背叛行为，这种残忍而不合法的行为对于伊丽莎白时期的戏迷来说实在是太熟悉了。整个16世纪90年代，他们看到了各种"土耳其"苏丹在伦敦的舞台上昂首阔步、谋杀和征服。如果波林勃洛克废黜一个受膏的国王，他将会把国家引向一场"骨肉至亲自相残杀的"永恒战争。卡莱尔主教认为，废黜一个国王打破了由上帝界定和宣布的自然的契约和法则。他认为"土耳其人和异教徒"同样是不符合自然法则的，通过描述宗教差异的语言预言了混乱和灾难：土耳其人在政治上就是万物自然秩序崩溃的代名词。

卡莱尔主教的预言被忽视了。理查二世被刺身亡，波林勃洛

克加冕为王。在两部《亨利四世》中，卡莱尔主教的预言应验了，因为整个国家陷入了一系列的内战之中。《亨利四世·上部》（1596）以新王波林勃洛克哀叹他的王国被"阋墙的惨变"所撕裂。[25] 为了赎废黜理查的罪，亨利四世承诺发起一场十字军东征：

> 朋友们，我将要立即征集一支纯粹英格兰土著的军队，
> 开往基督的圣陵；
> 在他那神圣的十字架之下，我是立誓为他作战的兵士，
> 我们英国人生来的使命
> 就是要用武器把那些异教徒从那曾经被教主的宝足所践踏的圣地上驱逐出去，
> 在一千四百年以前，
> 他为了我们的缘故，曾经被钉在痛苦的十字架上。[26]

亨利使用基督教正义的语言宣称自己是一名十字军战士，准备以耶稣之名打一场圣战。他一点也不令人信服，但他表达了莎士比亚对由信仰和归属感塑造的国家认同的看法。耶稣不曾走过亨利的军队将要追击敌人的那片"圣地"，这一点并不重要。重要的是，国王通过共同的信仰和共同的敌人促进了国民团结。在推翻了理查二世并将英格兰拖入土耳其人的地狱之后，这位新王似乎表现得像一个虔诚的基督教君主，他试图通过收复卡莱尔主教先前所称的"黑肤色的异教徒、土耳其人、撒拉逊人"手中的圣地来驱除他的罪恶。《理查二世》的结局将亨利与篡权的凶残的土耳其苏丹联系在一起；现在，在这出描述他的统治的新戏第一部的开头，他看起来要不像一个忏悔的基督教统治者，要不像

一个诡计多端的马基雅维利式君主,沾染了土耳其人的暴虐。

就像在他早期的历史剧和喜剧中一样,莎士比亚越来越善于利用这种矛盾的类比来获取观众的拥戴。在第二组四联剧中,这使他能创造出一个更为模糊而多面的国王,后者的权力是脆弱的,而且是战略性地行使的。莎士比亚也变得有足够的信心开始驱逐马洛的幽灵。在上部中,反对亨利四世的叛军领袖是亨利·珀西(Henry Percy,绰号"急性子"),他是诺森伯兰伯爵(Earl of Northumberland)的儿子。正如他的绰号所暗示的,"急性子"是一名冲动的战士,他在一场战斗前用帖木儿式的夸张语言慷慨陈词:"活着把世上的君王们放在我们足下践踏。"[27]——这明显是帖木儿对待苏丹巴耶济德的方式。然而,在伦敦东市场路的一家酒馆里,哈尔(Hal,亨利四世的儿子)嘲笑"急性子"夸大其词的自命不凡,他冷冷地说:"我还不能抱着像珀西,那北方的'急性子'那样的心理;他会在一顿早餐的时间杀了七八十个苏格兰人,洗了洗他的手,对他的妻子说:'这种生活太平静啦!我要的是活动。'"[28] 从伦敦的酒馆和妓院来看,"急性子"这样的马洛的"雄伟诗行"的继承者开始看起来像是退回到了一个充满异教英雄和英雄征服的更古老的半神话世界,而那里已经被以亨利四世和他那更难以捉摸的儿子为代表的充满机会主义言辞和诡计的新世界所取代。

在两部《亨利四世》中,莎士比亚在亨利的精英宫廷和反叛者的伦敦黑暗地下世界——在东市场路的酒馆和妓院中,哈尔王子和约翰·福尔斯塔夫爵士(Sir John Falstaff)、奎克莉夫人(Mistress Quickly)以及他们的同伙在一起厮混——之间来回转换。在《亨利四世(下部)》(1597—1598)中,他甚至故意戏仿当时戏剧中流行的富有异国情调的故事和人物。在第二幕第四场中，怯懦的士兵皮斯托尔（Pistol）篡改了一连串来自皮尔的《阿尔卡扎之战》和他已遗失的《土耳其人穆罕默德和希腊美人希琳》(*The Turkish Mahamet and Hiren the Fair Greek*）以及马洛的《帖木儿》中的仿英雄诗体引文。"希琳不在这儿吗？"他问桃儿（Doll）姑娘，在对奎克莉夫人说"吃吃喝喝，把你自己养得胖胖的，我的好卡莉波利斯"[29]（直接引自《阿尔卡扎之战》的一句话）后，他模仿了马洛剧中的话："虚伪骄纵的亚洲翡翠。"莎士比亚俏皮地抛开了马洛和皮尔，在此过程中，在他们对摩尔人和土耳其人的刻画的基础上，创造了他自己的中心戏剧角色：一个有魅力但孤僻、爱说反话又暴戾、可能甚至对自己也高深莫测的领袖。

在《亨利四世（下部）》的结尾，亨利四世已经去世，哈尔即将继承王位，他突然惊人地拿自己和一个奥斯曼苏丹做比较，这个负面比较数十年来一直困扰着评论家们。当他打扮成新国王的模样进入威斯敏斯特宫时，他转向他的3个兄弟，告诉他们：

> 这一件富丽的新衣，国王的尊号，
> 我穿着并不像你们所想象的那样舒服。
> 兄弟们，你们在悲哀之中夹杂着几分恐惧；
> 这是英国，不是土耳其的皇室，
> 不是阿姆拉斯继承另一个阿姆拉斯，
> 而是哈利继承哈利。[30]

起初，哈尔的第一句成为国王的声明似乎足够直截了当。他向他的兄弟们保证，他的继位对他自己来说也和对他们来说一样突兀，他们没有什么可害怕的。哈尔向他的弟弟们保证，他们不会像穆拉德的 5 个弟弟那样在 1574 年被谋杀，或者——这与爱德华·巴顿的报告形成惊人的呼应——像他的 19 个儿子那样就在几年前被穆罕默德三世下令勒死。但也许这位君主强调得过多了。讲话的笨拙之处暴露了问题。哈尔使用了名为"连续重复"（germinatio）的修辞技巧，"哈利"和"阿姆拉斯"各自在一个句子中重复出现。哈尔声称他会学他的父亲，而非穆拉德，但是观众已经见识过作为精于算计的王位申索者的亨利四世的谋权篡位引发了内战。如果年轻的哈利跟老哈利一模一样，那么他也许会再次制造同样的宗派分歧。哈尔试图消除他的家族与专横的土耳其人之间的联系，却成功地让我们注意到了这个比较。每个人都希望改头换面的哈尔能够变形成为一个完美的基督教君主，但他们对他可能会变成土耳其人的恐惧仍然存在。

这种焦虑再次出现在创作于 1599 年夏的整部《亨利五世》——这组四联剧中的最后一部——中。对于几代英语读者来说，这部剧描写了英格兰最伟大的勇士国王，是对阿金库尔战役中亨利英勇的英格兰"兄弟队伍"在不可能的情况下战胜法国人的爱国主义庆祝。但敏锐的评论家们在亨利身上发现了更矛盾的一面。伟大的评论家威廉·黑兹利特（William Hazlitt）在哈尔身上看到了"一个非常和蔼可亲的怪物，一场非常精彩的盛会"，[31] 喜欢蛮力胜过对错。最近，美国评论家诺曼·拉布金（Norman Rabkin）将这位年轻的国王视为鸭/兔格式塔幻觉（观看者可以看到一只鸭或一只兔子，但不可能同时看到二者）的具体化身。拉布金相信这出戏同样指向两个不同的方向：亨利可以被看作好战的基督教勇士，也可以被看作诡计多端的马基雅维利式君主。[32] 在今天这个十字军观念比以往任何时代都更不能打动人心的时代，观众也同样习惯了亨利不近人情的圆滑。

莎士比亚从一开始构思亨利这个人物的那一刻起，这种矛盾就被植入了他的性格中。当他带领英国人与法国人展开一场道德上有问题的战争时，这位年轻的英国国王就开始显露出他性格中潜在的"土耳其人"的一面。在他的部队包围了哈弗勒尔（Harfleur）的场景中，亨利警告镇上的居民说，如果不投降，他就奸杀掳掠、放肆屠城：

> 你们那些赤裸裸的婴孩，被高高地挑在枪尖子上，
> 底下，发疯的母亲们在没命地嘶号，
> 那惨叫声直冲云霄，
> 好比当年希律王大屠杀时的犹太妇女一样。[33]

这一威胁让人想起了帖木儿屠杀大马士革的处女。而婴儿被挑在枪尖子上的画面，总是与土耳其人在中欧的暴行联系在一起，当时在欧洲大陆各地出版的小册子上都记载了这样的事。但它也利用了非常古老的一种戏剧传统：14 世纪的神秘剧。14 世纪的考文垂（Coventry）神秘剧《希尔曼与泰勒斯的盛大游行》（*The Pageant of the Shearmen and Taylors*）描绘了屠杀婴孩的场景。这出戏讲了犹太国王希律（Herod, King of Judaea）屠杀了伯利恒的全部新生婴儿，以防未来会出现一个犹太人的王威胁他的地位的故事。通过把亨利和希律联系在一起，莎士比亚将他呈现为一个暴戾的异教徒暴君。但在莎士比亚很可能在孩童时期就已经看过的《希尔曼与泰勒斯的盛大游行》中，也有希律王穿着"撒拉逊

人"的服装崇拜偶像（maumetrie，对穆罕默德的崇拜和宣誓）的场景。³⁴ 通过这些关联，亨利被赋予了许多面孔：他是率领士兵打败了法国的英勇英国国王，同时也是恐吓犹太人的异教徒希律王，以及崇拜偶像的穆斯林"穆罕默德"，威胁要屠杀"挑在枪尖子上"的无辜的基督徒，并且也许会促使全神贯注的观众重新考虑他在继位时对自己与凶残的苏丹穆拉德有任何关系的否认。

当然，与帖木儿、希律或穆拉德不同的是，亨利并没有屠杀哈弗勒尔的婴孩。我们对他的任何疑虑很快就会得到缓解，因为他接受了最典型的英国偶像、国家的主保圣人圣乔治。在哈弗勒尔城门前，他在吩咐他的士兵们要采取无情的"猛虎进攻"后，他将爱国主义与宗教加入到他著名的战斗口号之中："上帝保佑亨利、英格兰和圣乔治！"³⁵ 他那放荡不羁的哈尔王子的形象似乎转变得很彻底。但即使他搬出了纯洁的勇士圣乔治，也无法让所有人信服。

圣乔治是一个说明基督教和伊斯兰教传统在 16 世纪晚期是如何纠缠在一起的特别重要的例子。在有影响力的新教神学家，尤其是约翰·加尔文和约翰·福克斯那里，圣人几乎没有地位，他们抨击对圣人的崇拜是天主教"崇拜偶像"的又一个例子。在加尔文的《基督教要义》（*Institutes of the Christian Religion*，1536）中，他谴责了那些认为基督的"代祷在没有乔治和……其他幽灵的帮助下即归无效"的人。³⁶ 福克斯也同样对他们不屑一顾。在他 1570 年版的《行传与见证》中关于"土耳其人的历史"的章节里，他认为"如果上帝决定了他的儿子就足够了，那就让我们不要冒昧地把他和我们那些中看不中用的东西混为一谈。那些把圣乔治和圣德尼当作保护人带上战场与土耳其人奋战的人，无疑就把基督留在了家里"。³⁷ 如果伦敦主要是新教徒的观众看到亨利否认他与"阿姆拉斯"有联系以及受到土耳其化的诱惑，或许他们也从他扮演的圣乔治的角色中看出，他可能会陷入另一个陷阱，这一次是天主教的偶像崇拜。

使事情变得更复杂的是，圣乔治并不只是基督教的圣徒，他在伊斯兰信仰中也是一个重要人物。在基督教的图像学中，圣乔治被描绘成一个复活的殉道者，自十字军运动起，他以屠杀伊斯兰好战的异端"恶龙"的形象出现。³⁸ 但在伊斯兰教中，他被与希德尔（al-Khidr）联系起来，后者在《古兰经》中是真主的仆人，曾遇见了穆萨（Moses，即先知摩西），而在《圣训》中作为易勒雅斯（Elijah，即先知以利亚）的助手出现。在苏菲派传统中，他被称为"绿人"（the Verdant One），是一个神秘的勇士，有些文献称他是亚历山大大帝军队中的一名军官。还有一些版本声称，像圣乔治一样，希德尔在死于一个异教徒国王之手后复活。16世纪50年代，哈布斯堡王朝的外交官奥吉尔·盖斯林·德·比斯贝克（Ogier Ghiselin de Busbecq）经过奥斯曼帝国，记述了一个在安纳托利亚中部受托钵僧群体尊奉的相似人物的故事："有一个叫杰德尔勒（Chederle）的英雄，他有强壮的身体和非凡的勇气，他们宣称他和我们的圣乔治相同，他们归在他身上的成就和我们归在我们的圣徒身上的一样，也就是说，他屠杀了一条可怕的巨龙，救了一位少女。"³⁹ 比斯贝克说，"土耳其人对希腊教堂里的圣乔治画像很感兴趣，他们宣称他是他们的杰德尔勒"，当他们看到这些画像时，"他们会俯首膜拜，还亲遍整张画像，甚至连上面的马蹄子都不放过。他们宣称，圣乔治是个大力士，是著名的勇士，他经常与同样强大的恶灵决斗，而且大获全胜。"⁴⁰

尽管圣乔治有各种名字，在基督徒和穆斯林群体中都得到了广泛的认同，但直到莎士比亚创作《亨利五世》的时候，他才开始有了一个更加明显的英国属性。可能，莎士比亚并不知道伊斯兰教版本的圣乔治，但许多他的同时代人把这位圣徒放在了一个模糊的伊斯兰环境中，即使他们试图把他改造为一个更具有地方性的英国新教版本。圣乔治在东西方之间移动的最著名的例子出现在埃德蒙·斯宾塞（Edmund Spenser）的诗歌中，尤其是他的未完成的大型史诗《仙后》（The Faerie Queene）中。这部英语语言中最长的诗歌之一的上半部分于1590年出版，下半部分于1596年出版。今天很少有人读《仙后》，但当它的前三卷于1590年出版后，它很快成了最有影响力的英语诗歌之一。它是用古旧的中世纪式语言写成的，内容是一个读起来困难、复杂、大部分没有情节且看起来没完没了的寓言，在各种不同的解释中，它是关于伊丽莎白、英国和新教的。诗中的背景是斯宾塞所谓的"仙境"，那是一个受亚瑟王传说和包括阿里奥斯托（Ariosto）的《疯狂的奥兰多》（Orlando Furioso, 1516）和塔索（Tasso）的《耶路撒冷的解放》（La Gerusalemme liberate, 1581）在内（二者都是描述自十字军运动以来基督徒和穆斯林的冲突的著作）的意大利文艺复兴史诗启发的一处神秘的地方。和他这一代的许多其他英国作家一样，斯宾塞使用了穆斯林角色，我们可以通过各种如"撒拉逊人"和"佩尼姆人"（Paynims）的老式术语认出他们，这些术语是掩盖将新教和天主教之间的冲突戏剧化的幌子。

在试图创作一部英国版的欧洲史诗时，斯宾塞想象了几位骑士开始了一系列的冒险，他们受到了似乎无穷无尽的怪物、巨人、魔术师、异教徒和诱惑的考验，以追求6种关键的新教美德：圣洁、节制、贞节、友谊、正义和礼貌。《仙后》第一卷的标题是《红十字骑士（圣洁）的传说》。它的开场白似乎毫不含糊地确认了一个骑士的身份，因为：

> 胸前佩戴着一个血红的十字架，
> 这是他对垂死的主耶稣的珍贵记忆，
> 就为了耶稣，他佩戴那光荣的徽章。[41]

这位身穿白色衣服的"高贵的骑士"佩戴着一个血红的十字架，这与基督教十字军战士、圣殿骑士，当然还有圣乔治有关。他和乌娜（Una，"太一"）一起旅行，后者和她的"乳白色的小羊羔"一样"纯洁无瑕"，是斯宾塞诗中出现的伊丽莎白的几个化身中的头一个。红十字骑士的公开任务是"在战争中证明他的英勇"，保护乌娜的圣洁不受邪恶的伤害。斯宾塞起初不愿意明确地把红十字骑士与圣乔治联系在一起，因为他对加尔文和福克斯等新教改革者的同情意味着他拒绝崇拜圣徒。相反，他用他那令人费解的寓言方法，花了第一卷的剩余部分，把乔治重新改造成一个英国新教的普通人、一个王国的骑士，而不是一个天主教圣人。

结果是一系列对红十字骑士开始保护乌娜的冒险的扭曲描述。他被引向东方，进入一个被认为是圣地的地方，那里的邪恶术士阿基玛格欧（Archimago）——一个天主教偶像崇拜者，或"主要的偶像制造者"（arch-imagemaker）——把自己伪装成圣乔治。这是第一次明确提到圣乔治，斯宾塞描述阿基玛格欧的模仿非常令人信服，"圣乔治本人也会认为他是圣乔治"——这暗示了一个版本的圣乔治涉及"虚假的"、天主教的偶像崇拜。与此同时,"真正的圣乔治"红十字骑士被描述为已经"漂泊到远方"。他的旅行最终导致他遭遇了一系列穆斯林勇士(他常常与他们发生误会),第一个是"撒拉逊人"桑斯弗依(Sansfoy,"无信仰"):

> 最后他在路上偶遇
> 一个全副武装的无信仰的撒拉逊人,
> 他的大盾上写着鲜亮的字母
> 桑斯弗依。[42]

桑斯弗依和一个身穿朱红色衣服的名为杜埃莎(Duessa)的女性一起旅行,"她的头上戴着一顶波斯主教发冠",这使人把她和巴比伦大淫妇、天主教的主教、亚述女王塞米勒米斯(Semiramis),甚至是什叶派穆斯林军事团体"红帽军"(the Qizilbash)的红色头巾联系起来。红十字骑士征服了二者,然后上路进一步寻找精神启蒙。他打败了另一个被描述为"佩尼姆人"的名叫桑斯乔伊(Sansjoy,"无欢乐")的穆斯林勇士,然后走进了"圣洁"之家,这是分管各种形式的新教慈善行为的七圣侍的寓言化庇护所。在这里,斯宾塞最明确地提到了盎格鲁-伊斯兰的关系,那是当时的热门话题,即从奥斯曼人那里赎买英国俘虏:

> 第四个人被委任的职责是
> 让可怜的囚犯得到仁慈的救助,
> 用金钱赎买
> 在土耳其人和撒拉逊人那里的俘虏。[43]

这就是伦敦主教约翰·艾尔默在1582年呼吁的那种"慈善"——用金钱赎买英国俘虏,而威廉·哈本在整个16世纪80年代在君士坦丁堡时也在这件事上花费了很多时间。斯宾塞在这里用它作为红十字骑士的精神教育的一部分,让后者在第一卷结尾处自己的命运被揭示时做好准备,在那里,另一个名叫空特来省(Contemplation,"沉思")的寓言式人物突然将红十字骑士描述为"你这个来自英吉利民族的顽童",并让他前往圣地:

> 寻找你自己的旅程吧,然后我告诉你
> 最终你将会通向天堂,
> 你那充满痛苦的朝圣之旅,
> 将会和平地将你带到同一个耶路撒冷,
> 在那里你将会有一个受祝福的结局:
> 你将看到众位圣人,你也将跻身他们之间,
> 将保卫和庇护你自己的国家:
> 你将被称作圣乔治,
> 美丽的英格兰的圣乔治,胜利的标志。[44]

至此,红十字骑士被认为已经清除了骄傲和崇拜偶像的罪孽(在斯宾塞这样的新教徒看来,它们和天主教版本的圣乔治有联系),并准备好面对殉道,作为"美丽的英格兰"的(新教)守卫者返回。这很难算得上一种强烈的支持;红十字骑士从此在诗中消失,在下两卷中被亚瑟王所取代,后者是一个更为可信的算得上属于英国的角色,他将继续与各种"撒拉逊人"作战。[45]

在斯宾塞努力解决将圣乔治从天主教偶像转变为英国英雄的

问题时,他还找到了将他认为的天主教的表里不一和政治暴政与伊斯兰教的混为一谈的方法。在《仙后》第 5 卷中,亚瑟帮助了一位名叫梅西拉(Mercilla,伊丽莎白的另一个替身)的女性统治者,她正受到一位拥有"非法的权力并作恶"的苏丹的威胁,[46] 这是以腓力二世以及他准备的 1588 年无敌舰队的计划为原型的。这个苏丹被描述为"以最亵渎的方式咒骂和禁止"——指的是 1570 年腓力二世和庇护五世勾结起来对伊丽莎白施行绝罚——而他那"用钩子可怕地武装起来的"[47] 铁战车让人想到西班牙舰队的武装盖伦帆船。亚瑟最初打扮成"一个异教骑士"挑战苏丹,但只有当他亮出他的"非常明亮的盾牌",他才能打败他的对手。苏丹的战车倒塌了,"佩尼姆人被抛了出去",[48] 他的毁灭巧妙地呼应了西班牙舰队在加莱附近的命运。[49]

并不是只有斯宾塞一人认为英格兰和圣乔治与伊斯兰教有着复杂的关系。其他人中还有理查德·约翰逊(Richard Johnson),他是一个今天已经基本被遗忘的散文浪漫传奇流行作家。在他的《基督教世界的七个捍卫者的著名历史》(*The Famous History of the Seven Champions of Christendom*,1596)——《亨利五世》的一个创作来源——中,他将圣乔治的出身从土耳其的卡帕多西亚(Cappadocia)有些令人惊讶地挪到了考文垂。在约翰逊的著作中,圣乔治被笨拙地设定为"英国捍卫者"和新教偶像破坏者,尽管他的敌人仍然是信奉多神教的波斯穆斯林。和斯宾塞笔下该圣徒的经历一样,约翰逊让圣乔治向东旅行寻求冒险,途中受到了埃及王的女儿萨布拉(Sabra)的求婚,但他坚持道:"我是一个基督徒,而你是一个异教徒;我敬奉天堂的神,而你敬奉下面地上的幽灵。因此,如果你想得到我的爱和青睐,你就必须抛弃穆罕默德，接受我们基督教的洗礼。"萨布拉同意了，但他们被善妒的"摩洛哥黑骑士阿尔米德（Almidor）"出卖了。[50]

乔治被押往波斯接受死刑，在那里，约翰逊把乔治描写成一个激进的新教偶像破坏者："（圣乔治走进苏丹的宫廷）波斯人庄严地向他们的神祇穆罕默德、阿波罗和特尔米冈（Termigaunt）献祭，这一列非基督教的神祇让这位英国捍卫者十分不耐烦，他把画有波斯神祇的旗帜和横幅踩在脚下。"[51]结果，乔治被一个向穆罕默德宣誓的苏丹责骂，并被交给"近卫军"处死。当他殉道的时候，乔治发誓：

> 让暴君们想想，如果我得到了
> 现在因为叛徒的可怕的背叛而失去的东西：
> 我将成为虚假埃及的天谴，
> 然后再让摩洛哥血流成河。
> 天杀的巴巴里狗将为
> 后面的残酷事情感到恐惧。
> 波斯高塔将燃起滚滚浓烟，
> 高高在上的巴比伦将轰然倒地：
> 基督教世界的十字架将会渴望，
> 戴上高傲的埃及的三重王冠，
> 耶路撒冷和犹地亚将会看到，
> 无畏的基督教勇士让国王们垮台。[52]

和斯宾塞笔下的红十字骑士一样，约翰逊的圣乔治要在圣地与穆斯林有一番接触后才能殉道，并最终被英格兰接受为主保圣人。

斯宾塞和约翰逊在 16 世纪 90 年代写下的关于圣乔治的复杂遗产的大部分内容，都在莎士比亚的《亨利五世》中有所体现，在全剧结尾亨利和圣乔治最终引人注目地等同起来中达到高潮。在阿金库尔取得胜利后，亨利迎娶了法国的公主凯瑟琳，从而使两国达成和解。他那相当笨拙的求爱以他的求婚结束："我跟你俩，在圣德尼和圣乔治的撮合之下，混合生出一个半法兰西、半英格兰血统的男孩子来，有一天他会闯到君士坦丁堡去扯土耳其人的胡子——咱们会不会养出这么一个孩子来？"[53] 亨利提出要把英国和法国的主保圣人的血脉结合，"混合生出"一个能够满足他最初想要收复耶路撒冷（尽管在这里是要征服君士坦丁堡以及它的土耳其统治者）的渴望的混血十字军战士。这并不是浪漫的求婚，而是一个基督教扩张的激进提议，在此提议下，这个混合生出的英国和法国的继承人可以在伊斯兰世界的中心树立他的权威。当亨利通过与法国公主的联姻来增强自己的势力时，他暴露了自己是一个为了达到目的而说两种语言的人：希望那个热切期待中的男孩将抓住想象中的苏丹，实现收复从耶路撒冷到君士坦丁堡的圣地的基督教梦想。

然而，观众知道将来不会有十字军东征。因为正如陈腐的收场白所指出的：

> 亨利六世在襁褓里，就加上王冠，
> 登上宝座，君临着法兰西和英格兰。
> 只可叹国政操在许多人手里，
> 到头来丧失了法兰西，又害得英格兰遍地流血。

那段事迹常在咱们台上演出。[54]

在这个自我推销的时刻,莎士比亚提醒观众们,8年前他们已经看到了他对亨利六世的遭遇的描述。亨利的伟大胜利都是徒劳的。这个混合生出的男孩不会征服君士坦丁堡,相反,他将失去法国,而英格兰将陷入另一场内战。王朝的冲突周期将再次开启,卡莱尔主教关于自相残杀的预言——"和平将要安睡在土耳其人和异教徒的国内"——将会像一个无法驱散的幽灵一样再次应验。莎士比亚暗示,即使是在英格兰最伟大的统治的核心,也有一丝土耳其式暴政的味道。他认为,一个基督徒与一个土耳其人也许终究并没有太大的不同。

到了1600年,马洛的幽灵从莎士比亚的作品中消失了,后者只是偶尔会喜剧化地戏仿那些夸夸其谈而大体上无用的角色。但驱除马洛风格的过程让莎士比亚创作出了一个迷人的新混合形象,就是摩尔-土耳其人,被他用来为亨利五世这样的人物增添深度和复杂度。莎士比亚没兴趣对这类人物做道德判断:他显然对作为一种神学的伊斯兰教不感兴趣,让他感兴趣的是从基督教有关它的神话和误解中出现的人物。渐渐地,从马洛和皮尔那里继承下来的作为凶残恶棍的摩尔-土耳其人的刻板印象,在他那里转变成了更敏感然而更具有悲剧性、更矛盾的形象。莎士比亚笔下的摩尔人与英格兰和摩洛哥之间商品和劳动力交换的情况相符,充满异国情调,但令人不安。他们站在罗马和贝尔蒙特的门槛上,威胁着要侵扰国内的经济,还要奸污妇女、玷污血脉。对于一个对摩尔人有些了解的伊丽莎白时期的观众来说,这种面对面的遭遇显然是有可能的。与此相反,莎士比亚笔下的土耳其人则更多的是幽灵般的人物，是隐喻而非角色，很少出现在英国的海岸上，代表着压倒性的政治力量、军事力量和宗教差异，而它们仍然与伊丽莎白时代的国体密切相关。它们很快会合并在一起，帮助他创作出影响力最持久的悲剧主人公之一。

正当莎士比亚以一个不大可能实现的讨伐土耳其人的提议为《亨利五世》收尾时，有一群英国人在君士坦丁堡参与了一次不那么英勇但同样不同寻常的冒险，这将使伊丽莎白与奥斯曼帝国的关系回到国际政治议程的首位。1598年1月，爱德华·巴顿死于痢疾，年仅35岁，他作为英国驻高门大使的短暂但丰富多彩的任期突然结束了。他被默默地安葬在离君士坦丁堡只有很短船程的海贝利阿达岛（island of Heybeli Ada）上的一块基督教墓地里。苏丹从未正式承认巴顿的职位，因为后者备受争议的匈牙利之旅进一步推迟了他自穆罕默德继位以来就一直索要的王室礼品从伦敦派发。这使巴顿的继任者亨利·莱洛（Henry Lello）向伦敦索要礼物和任命书，同时在法国再次反对的情况下重新就英格兰的商业条约进行谈判。

不幸的是，莱洛既没有他的前任们那么机智，也没有他们那么有干劲。他的同事给他起了个绰号叫"迷糊蛋"，在报告他的缺点时，他们几乎忍不住幸灾乐祸。在他最早的一次与苏丹的见面中，他站在那里"像一个谦卑的助产士，开始用英语颤抖着讲话……听起来像一只鹅的叫声被切分为十六分音符"。[55]尽管他努力地适应自己在君士坦丁堡的职位，但他还是设法让英国相信，如果正常的英－奥关系想要延续下去，就必须立即送出礼品和任命书来确认他的职位。

就在伊丽莎白女王的顾问们讨论如何才能满足莱洛和穆罕默德的要求时，理查德·哈克卢伊特正处于将他的《主要航海》进行再版的最后准备阶段。哈克卢伊特把这本书的第一版献给了他的赞助人沃尔辛厄姆，不久后就把第二版献给伯利的儿子罗伯特·塞西尔，后者在父亲死后成了伊丽莎白的主要朝臣。塞西尔可能让哈克卢伊特借机尝试预先防止他人批评英国和土耳其结盟。哈克卢伊特写了一篇给塞西尔的献辞，他在其中援引了培根之前使用过的辩护思路。它首先提到了古代历史，认为："如果任何人反对我们与土耳其人和没有信仰者展开的新贸易，他将表明自己在古代的和新近的历史方面所知甚少，或者是故意带着偏见，或者是故意表现出较糟糕的幽默感。因为，谁不知道古代历史中的所罗门王出于需要与一个异教徒推罗王希兰结盟？"这是一个精心挑选的《旧约》中的类比。正如推罗王希兰给所罗门提供了建造耶路撒冷圣殿所需的木材一样，伊丽莎白女王也会与任何支持她在英格兰建立上帝的新教圣殿的人做生意。他接着说到了反对英格兰的天主教徒的虚伪，他们在君士坦丁堡都有常驻的商人，"谁不知道法国人、热那亚人、佛罗伦萨人、拉古萨人、威尼斯人和博洛尼亚人如今都和大君结盟了？在这许多年里一直在他的领土上贸易贩运"？在结尾处，他站在全球视角上提问：

只要去过世界的偏远地区旅行，或阅读过最近这个时代的历史著作，谁能不承认西班牙人和葡萄牙人在巴巴里、东印度群岛以及其他地方与摩尔人和许多外邦人、异教徒有正常的交往和贸易往来？而且，他们会给这些人津贴，雇佣他们提供服务和参与战争。这在其他基督教国家的大部分地方

> 都是司空见惯的,那么,为什么要责备我们呢? [56]

换句话说,没有人能责怪英国人与土耳其人或摩尔人合作,因为每个人都在这么做。

然而,随着一艘运送礼物的船即将离开伦敦前往君士坦丁堡的消息在 1599 年 1 月开始四处流传,许多旁观者表达了他们的忧虑。嗜好逸闻的日记作者约翰·张伯伦(John Chamberlain)写道,一份"贵重而稀奇的礼物将会被送给奥斯曼苏丹,这将使其他国家的人感到震惊,尤其是德意志人"。[57] 礼物是伊丽莎白女王亲自挑选的,它们确实"稀奇"。其中一个是送给萨菲耶皇太后的一辆价值 600 英镑的四轮马车,这是一个精明的决定,不仅延续了她们互赠礼物的传统,而且还让伊丽莎白女王与这个在儿子继位后被认为是土耳其宫廷中拥有最高权力的女人建立了友谊。另一件礼物则更加精巧——一个发条管风琴,这把风琴由兰开夏郡沃灵顿(Warrington)的一位名为托马斯·达勒姆(Thomas Dallam)的铁匠兼音乐家打造,他已经在女王面前演奏过,女王感到非常满意。爱德华·巴顿在 1595 年给伊丽莎白写信,建议她送给穆罕默德一个"公鸡外形的钟"。伊丽莎白女王显然觉得发条风琴(clockwork organ)比公鸡(cock)要好(可能是听起来更好一些)。2 月,这架风琴被包装起来,连同马车、一批布匹和一群工匠,包括达勒姆本人,都上了"赫克托"号(*Hector*)。这艘排水量为 300 吨的船是黎凡特公司开往君士坦丁堡的船。

1599 年 8 月 28 日,"赫克托"号抵达君士坦丁堡。在威尼斯大使吉罗拉莫·卡佩洛(Girolamo Capello)的报告中,抵达状况好坏参半。他指出,这艘船的货物"有一个设计巧妙的管风琴,它可以用来计时,自身也能演奏几个曲调;还有给苏丹的一辆马车和配件、一些银花瓶和几匹据说发霉并蛀坏了的布料"。[58] 实际情况甚至更加糟糕。莱洛震惊地发现,在漫长的海上旅途中,达勒姆的风琴已经损坏了,旁边是那批蛀坏的布料,他让穆罕默德正式承认他的大使身份的希望可能也要落空。达勒姆看到"风琴上的胶已经完全开了",还有"它的金属管被刮花、折断了",他将此归咎于"海浪的颠簸和这个国家的酷热"。

莱洛的法国和威尼斯同侪都对着那排破铜管笑了起来。除了对礼物大惊小怪,威尼斯大使还担心莱洛要在君士坦丁堡传播新教的长期野心。达勒姆抵达君士坦丁堡几周后,卡佩洛给上司写信道:

> 英国大使将于明天早上行吻手礼。他一直都在施展各种各样不切实际的计划,主要是想让大君给他一座加拉太的教堂,让随他而来的布道牧师使用。法国大使和我本人都认为,他的想法显然会严重影响我们神圣教会的名誉,因此我们与可怜的穆夫提讨论了这件事。他向我们保证全力支持我们;但现在我们已经向首席宦官求助了;我们不能不竭尽全力去阻止英国人这种过分、傲慢的要求,甚至在这里,他们也将大肆宣扬加尔文的亵渎与不敬。[59]

当法国人和威尼斯人担心莱洛的宗教野心时,这位脾气暴躁的英国人更在意的是达勒姆。他一定是怀着复杂的心情看着这位勤勉的兰开夏郡人很快就克服了最初的挫折,花了一个月的时间来修理他的风琴,然后在托普卡帕宫的一个个对此十分好奇、越来越期待的土耳其观众面前重新把风琴组装了起来。至少那辆马车完好无损地送到了，而且成功达到了目的，因为莱洛后来描述了苏丹和他的母亲乘坐该马车在城市里巡游的多少有些失当的景象。风琴修好之后，达勒姆受召给苏丹和一群观众表演。9月25日，他带着他的管风琴被领进了托普卡帕宫的内室。当苏丹走进来时，他要求全场肃静，这位来自兰开夏郡的 24 岁铁匠开始在世界上最强大的统治者面前演奏管风琴。达勒姆详述了接下来发生的事情：

> 所有人都保持安静，一点声响也没有，在场的人开始向大君［穆罕默德］致礼；在我把它设置好后，我留了一刻钟等待他来到这里。首先，钟敲了 22 下；接着，16 个铃铛的报时声响起，演奏了一首 4 个部分组成的歌曲。这一切结束后，两个在第二层的角落里的小人将手里拿着的银喇叭举至头前并吹出声响。音乐结束后，管风琴演奏了两次一首 5 个部分组成的歌曲。在风琴顶端 16 英尺高处，有一棵满是画眉鸟的冬青树，在音乐结尾处，鸟儿们叫了起来并拍了拍翅膀。还有其他各种各样让大君感到吃惊的动作。[60]

穆罕默德听得入了迷，他让达勒姆表演了两个多小时，而屈辱的莱洛被留在了外面，满腔怒气，因为他吻不到苏丹的手了。

这场独奏会对达勒姆来说是一场胜利。穆罕默德给了他价值 20 英镑的黄金，苏丹的顾问们恳求他"永远和他们在一起，这样我就能得到我想要的一切"。然后，他被带进了穆罕默德的"密室"，在那里他被允许仿效苏丹拔剑，并被允许挑选苏丹的女眷，"要么是他的两个妃子，要么是我自己能选择的最好的两个处女"。

为了刺激他的欲望，他甚至得到允许通过"墙上的格栅"窥视后宫的女人，在那里他看到了"大君的 30 个妃子"和"非常漂亮的少女"。

年轻的达勒姆显然十分欣喜地记录道，妃子们穿着"像雪一样白、像平纹细布一样精致的棉毛做的衣服；我能透过衣料看到她们大腿的肌肤"。他的那个鬼鬼祟祟的向导觉得这一切太过分了，他"跺着脚，让我看不下去，我非常不情愿，因为眼前的景象确实令我非常高兴"。[61]达勒姆是第一个有记载的看到苏丹后宫妃子的英国人。一个沃灵顿人竟然有这样的经历，真是不可思议。

有些令人惊讶的是，这些诱惑没有促使达勒姆继续留下，他打算离开。穆罕默德和莱洛都决心要留住他，1599 年 12 月，当带着萨菲耶送给伊丽莎白的礼物和外交信件的"赫克托"号即将驶往英国时，他被拉下了船。这位愤怒的风琴师最终说服了犹豫的大使，让他以生病为幌子悄悄溜走了，前往桑特岛，他在那里可以重新登上"赫克托"号。在达勒姆永远离开君士坦丁堡的路上，他有了最后一次感伤的遭遇。为了引导他穿过奥斯曼帝国的领土，他被指派了一名译员。他将其描述为"一个英国人，出生于兰开夏郡的乔利镇（Chorley），他的名字叫芬奇（Finch）。他在宗教上完全是一个土耳其人，但他是我们值得信赖的朋友"。[62]达勒姆到了希腊海岸后就告别了芬奇：两个短暂结为朋友的兰开夏郡人并肩站在希腊海岸上，基督徒向西走，已经"土耳其化"的改宗穆斯林返回东方。从伦敦出发到达君士坦丁堡，经过希腊时遇见一个在离他的家乡沃灵顿不超过 20 英里的乔利镇出生的人，达勒姆在将近一年的时间里走了超过 3500 英里的路程。我们可能永远也不会知道他们在这 10 天的徒步旅行中讨论了什么，或者是否聊到了他们的生活、信仰,以及令他们分开的选择。但无论他们之间交流了什么,二人似乎并没有太大的不同,无论他们各自信奉什么宗教。

1600 年 5 月,带着萨菲耶给伊丽莎白的礼物和信件的"赫克托"号在英国停靠。起初,一切看起来都很好。经过翻译的萨菲耶的信表示:"您给我们送来了一辆马车,它已经送到了,我们收到了。我们都非常喜欢这份礼物。"信中还详细列出了回送的礼物:"一件长袍、一条腰带、两条绣金浴巾、三条手帕,还有一顶镶嵌红宝石和珍珠的宝冠。"更重要的是,精心准备的礼物互赠似乎已经产生了理想的外交效果,穆罕默德批准了《英奥条约》。萨菲耶向伊丽莎白女王保证:

> 我会按照你所写的采取行动。在这方面要保持良好的心态。我经常告诫我的皇儿[穆罕默德]要按照条约行事。我不会忘记以这种方式跟他说话。愿真主保佑你在这方面不会遭受不幸。[63]

不幸的是,仔细观察后就会发现,信的原件是在君士坦丁堡匆匆写成的,是写给"英格兰国王"的,"愿他安享晚年"。[64] 而且不可否认的是,与送往君士坦丁堡的奢华马车和风琴相比,萨菲耶的礼物显得黯然失色。萨菲耶的基拉埃斯佩兰萨·马尔奇——6 年前就被指控私扣了一些送给伊丽莎白的礼物——也厚颜无耻地直接致信女王,问她是否可以给萨菲耶送来一些"各种稀有的保护面部的蒸馏水和擦手的芳香油脂",并且表示要为她效劳,尽管自己是"一个犹太女人,与女王陛下属于不同的民族"。[65]

对于香水和护手霜的请求，或许并不令人感到意外的是，没有任何有关伊丽莎白的回应的记录留存下来。

这次礼物交换将被证明是伊丽莎白统治下的英－奥关系的顶峰。尽管双方达成了条约，莱洛的大使身份也被认可了，但这位爱发牢骚的英国人却未能再现日益亲威尼斯的萨菲耶苏丹与巴顿所享有的那种友谊。他也一直被他的法国对手压过一头。一直努力支撑到1607年，他被召回英国，取而代之的是更有能力的托马斯·格洛弗（Thomas Glover）。格洛弗被他那怀恨在心的前任指控犯有重婚、通奸、鸡奸、家暴等罪行，最糟糕的是，他在苏丹面前佩戴了太多的珠宝和羽毛装饰。[66]

在君士坦丁堡，埃斯佩兰萨·马尔奇的运气甚至在"赫克托"号抵达伦敦之前就用光了。由于受够了后宫的政治控制和财政腐败，土耳其帝国骑兵奋起反抗萨菲耶苏丹，并迁怒埃斯佩兰萨。黎凡特公司的一名官员汉弗莱·科尼斯比（Humphrey Conisby）描述了当时的情况：

> 骑兵们把基拉从房子里拉了出来（这个犹太女人是皇太后最亲近的人，事实上，她和她的同伙统治了整个帝国；她死后留下了百万财产）。士兵们将她拖到大街上并拖至阿德里安堡门前，在那里杀死了她（她给了远超过他们能挣得的钱，以求饶命），他们把她的身体砍成小块，每一个能拿到的人都用刀挑着她的尸块穿过街巷，然后回到自己家。[67]

为了确保自己牢牢掌握权力，萨菲耶牺牲了埃斯佩兰萨，尽管这一事件严重削弱了她的影响力。她又活了5年，在此期间，她与穆罕默德密谋勒死了他的儿子马哈茂德（Mahmud），因为这个年轻人开始对他的祖母持续对他懒惰的父亲产生影响提出质疑。

托马斯·达勒姆的遭遇没有如此的富有戏剧性。回国后他结了婚，生了6个孩子，在接下来的30年里，他为剑桥大学的国王学院礼拜堂、牛津大学的圣约翰学院、伊顿公学、苏格兰皇家教堂和诺维奇、伍斯特和布里斯托尔的大教堂制作了一些当时质量最好的管风琴。根据他在《牛津国家人物传记大辞典》(*Oxford Dictionary of National Biography*)中的条目所示，达勒姆最大的成就就是"将两把手工制作的'双管风琴'与12到14个风管音栓（没有簧管、混合音栓或脚键盘）合并在一起作为英国大教堂以及内战前的大型学院教堂的标准配备"。[68] 或许吧。但他可能永远不会忘记他在苏丹面前的盛大表演，也不会忘记他窥视后宫及逃离苏丹宫殿的经历。

10

舍利热

到了 16 世纪末,许多伦敦人都听说过诸如艾德蒙·霍根、威廉·哈本还有托马斯·达勒姆这些英国商人、外交官和工匠在伊斯兰世界的旅行和冒险故事。但是,他们的故事往往是通过流言蜚语和口口相传、私人外交信件或手写稿件,以随机和不可靠的方式传播的。这些人当中很少有人有足够的社会地位或财力来将他们的游历事迹出版成书。达勒姆也许并未忘记他在君士坦丁堡的时光,但没有证据表明莎士比亚曾经见过这位谦逊的兰开斯特工匠,或读过关于他的管风琴的出版物。然而,在世纪之交,有一位在伊斯兰国家生活的英国人,他拥有足够的地位来广泛传播他的事迹,以至于他能在莎士比亚的一部喜剧中被随口提及而每个人都知道指的是谁。他就是安东尼·舍利爵士(Sir Anthony Sherley),一位英国骑士,他的恶名集中体现了伊丽莎白统治时期最后几年英国与伊斯兰世界的关系所带来的欲望和危险。

早在 1601 年初,舍利的名字就出现在上演莎士比亚的《第十二夜》(*Twelfth Night*)的伦敦舞台上。《第十二夜》是莎士比亚最成功的喜剧之一,描写的是一个与充满咄咄逼人的修辞的《亨利五世》不同的世界。该剧背景是达尔马提亚海岸(Dalmatian coast,从现代克罗地亚延伸至阿尔巴尼亚)上的伊利里亚

(Illyria)。这个地方似乎是想象出来的，而长相几乎一模一样的孪生兄妹塞巴斯蒂安（Sebastian）和薇奥拉（Viola）在这里遇到了海难，并千方百计寻找对方，剧情由莎士比亚更早期的《错误的喜剧》(Comedy of Errors，背景设在以弗所，这是今天土耳其的一座城市，自15世纪起就被奥斯曼帝国占据）改写而成。薇奥拉异装成一位年轻的男侍，化名"西萨里奥"（Cesario），在伊利里亚公爵奥西诺（Orsino）的门下当"一名太监"，[1]并代他向女伯爵奥利维娅（Countess Olivia）求婚。奥利维娅爱上了薇奥拉，但后者却爱上了奥西诺。在随后身份错位的闹剧中，奥利维娅傲慢的大管家马伏里奥（Malvolio）痴心妄想地以为他自己可以娶他的女主人，被她的流氓亲属托比·贝尔奇爵士（Sir Toby Belch）及其好友滑稽而残酷地暴露出来。最后矛盾化解，有情人终成眷属，受辱的马伏里奥在退场时把自己比喻为一只被狗引诱的熊，警告说："你们这批东西我一个都不放过。"[2]

尽管《第十二夜》充满了机智和幽默，但它却以暗恋、失落、悲伤、忧郁和悲剧性的情节为特征。一些评论家解释了它较为阴暗的一面，指出它是与《哈姆雷特》同时创作的，但它包含了令人惊讶的大量提及"东方"和伊斯兰世界的内容，整个16世纪90年代，莎士比亚和他同时代的人都关注着这些地方。莎士比亚创作这部戏剧的时候，伊利里亚并不是想象出来的地方，而是奥斯曼帝国统治着的一个地区，当时奥斯曼帝国控制着匈牙利的大部分地区、巴尔干半岛、美索不达米亚地区（现在的叙利亚、伊拉克和科威特）、埃及、巴勒斯坦、阿拉伯半岛西部、大部分高加索地区和伊朗西部。它的属国和半自治公国包括特兰西瓦尼亚、摩尔达维亚、克里米亚、的黎波里、突尼斯和阿尔及尔。

在创作《第十二夜》的时候,他清楚地意识到了帝国的规模,剧中充满了提及埃及盗贼、"鞑靼之门"、"著名"海盗、一个"叛教者"、异教徒,甚至还有一幅"增添了印度群岛的新地图"的内容。[3] 这幅地图指的是剑桥大学数学家爱德华·赖特(Edward Wright)的世界地图,在哈克卢伊特的《主要航海》第二版中用作图示。赖特的地图被广泛认为是当时最新的地图,包含了西班牙、葡萄牙和荷兰在东、西"印度群岛"的最新发现。[4] 莎士比亚还在剧中较早的部分多次提及薇奥拉的"太监"身份以暗指奥斯曼人,一说到"太监",观众就会联想到在整个奥斯曼帝国发生着的阉割与屈服,我们已经看到,在超过一代人的时间里,这一直都是伊丽莎白时代的旅行者故事和戏剧的一个特色。

《第十二夜》还有两处暗指波斯的"苏菲",极具时事性。在剧情过半的地方,托比爵士和他懦弱的朋友安德鲁·艾古契克爵士(Sir Andrew Aguecheek)以及小丑费边(Fabian)冒充奥利维娅给马伏里奥写了一封信,欺骗他说她爱他。费边对这个恶作剧十分满意,他说道,"即使苏菲给我一笔几千块钱的恩俸,我也不愿意错过这场好戏"。[5] 在后面的剧情中,当托比爵士鼓动安德鲁爵士与女扮男装的薇奥拉决斗时,他用对手的可怕来戏弄他:

> 嘿,老兄,他才是个魔鬼呢;我从来不曾见过这么一个泼货。我跟他连剑带鞘较量了一回,他给我这么致命的一刺,简直无从招架;至于他还起手来,那简直像是你的脚踏在地上一样万无一失(surely)。他们说他曾经给苏菲当过剑师。[6]

安德鲁被吓坏了,他被骗相信他即将面对的是一位以向可怕的波斯皇帝传授剑术而闻名的致命战士,而非同样被吓坏了的异装成西萨里奥的薇奥拉,而观众们当然知道她是一个年轻女侍,几乎连轻剑都拿不起来。

托比·贝尔奇爵士暗指的是两个真正的贵族流氓:安东尼·舍利爵士和他的弟弟罗伯特。观众马上就会听到他说出两兄弟名字的谐音——surely——并在头脑中唤起二人在波斯的冒险经历。到 1601 年初,由于至少有十几种书籍和小册子在虚荣、野心勃勃的安东尼·舍利爵士的暗中支持下印刷出来,舍利兄弟的冒险经历成了全伦敦街谈巷议的话题。安东尼爵士在 1598 年夏天离开英国前往意大利,但数月之后,他和他的弟弟罗伯特出现在沙阿阿巴斯一世的宫廷中。阿巴斯一世是安东尼·詹金森的老对手塔赫玛斯普沙阿的孙子、第五任萨法维王朝统治者。在莎士比亚创作《第十二夜》之前出版的几本游记都描述了舍利的非凡事业,它们声称他们非常成功,罗伯特被任命为沙阿的剑术大师,安东尼得到了一份每年 3 万克朗的俸禄,为沙阿训练军队。[7]

舍利兄弟的家族原本就以品行不端闻名。他们的父亲托马斯·舍利爵士是一个臭名昭著的朝臣和战时财务官,他从伊丽莎白在低地国家的军事行动中贪污了数十万英镑,因此被宣布破产,并被囚禁在舰队债务人监狱,他在苏塞克斯的威斯顿的房产被伊丽莎白扣押。他的长子也叫托马斯,是一个近乎可笑的不称职士兵兼可怕的海盗,同样因为在伦敦和君士坦丁堡的各种不轨行为而被囚禁,他在晚年被选为议会议员之前曾试图毒死自己,但未能成功。罗伯特最小,由于被安东尼抛弃,他在波斯被扣为人质达 10 年之久。尽管经历了这些苦难,罗伯特还是改信了天主教,娶了一位公主，回到了欧洲，为教皇工作，并在去世前身穿全套波斯服装让安东尼·凡·戴克爵士（Sir Anthony Van Dyck）为他画了肖像画。他在加兹温去世，被安葬在罗马。

在超过50年的时间里，三兄弟游历了低地国家、爱尔兰、斯堪的纳维亚半岛、意大利、西班牙、土耳其、非洲、波斯、印度、希腊、俄国、纽芬兰、加勒比海、墨西哥、亚速尔群岛和佛得角群岛。在不同时期，他们为英国君主和伯爵、法国国王、波斯沙阿、俄国沙皇、奥斯曼苏丹、哈布斯堡皇帝（一个是西班牙人，另一个是奥地利人）、摩洛哥国王和威尼斯人效命。三人都在可疑的情况下于英国境外被封爵：托马斯在爱尔兰、安东尼在法国、罗伯特在布拉格。三人都不服国教，并在人生的某个时刻接受了天主教。

从《第十二夜》中最早提及三兄弟的事迹开始，在他们生前身后，都有大量的戏剧、小册子、杂志和书籍庆祝他们的功绩。1625年，英国航海与发现的伟大编年史家哈克卢伊特的继任者塞缪尔·珀切斯写道："在我们英国的旅行者当中，我不知道是否还有任何人比安东尼·舍利爵士和罗伯特·舍利爵士这些尊贵的，我几乎要说是英勇的先生们更为可敬的了。"对珀切斯来说，他们的冒险经历胜过了古典神话中的，因为"若古老的'阿尔戈'号船员和古希腊伟人由于在亚洲的事迹而被正当地誉为英雄，那么我们应该如何看待舍利兄弟呢？他们不是来自较近的希腊海岸，而是来自欧洲世界之外的地方，甚至是与世界彻底隔离的不列颠（Et penitus toto divisus Orbe Britannia），他们不是沿海岸前行了一点距离（如前人所做的那样），而是深入亚洲海陆的腹地，直抵波斯中心"。[8]

通过引用维吉尔（Virgil）的史诗《埃涅阿斯纪》（Aeneid）中的一句拉丁语，珀切斯希望将舍利兄弟纳入英勇的帝国缔造者的谱系中，将英国的正派和常识传遍全球。他还认为他们之所以支持波斯的军事扩张，是为了铲除那些棘手的土耳其人："强大的奥斯曼帝国，基督教世界的恐怖，在一股舍利热下震颤，即将迎来它的命运。占据上风的波斯人已经学会了舍利的战争技艺，他们之前不知道使用弹药，现在拥有 500 尊铜炮和 6 万名火枪手。"[9] 这是那种相信技术是由优越的基督徒带到落后的东方的信念的一个早期例子。不出所料，维多利亚时代的人用浪漫的情调美化了珀切斯的情愫。1844 年的《绅士杂志》（Gentleman's Magazine）盛赞："英勇的舍利三兄弟！各自书写一段传奇！他们的父亲和他高贵的儿子们住在温斯顿，这位老骑士一定是多么骄傲啊！多么令人心碎的离别；多么凄惨的忧愁，一个又一个的儿子离开老父的家，到遥远的地方去寻求荣誉和名声！"[10]

这种赞誉来自舍利兄弟在回忆录和书信中自吹自擂的天才，以及他们对各种吹捧他们的冒险事迹的印刷出版物的赞助。早在 16 世纪 80 年代初，就有人开始指责这家人公然的自我增荣和腐败，而最近的一些更严肃的传记研究揭示，他们几兄弟在所到之处无不犯下一系列恶行，包括背叛、欠债、挪用公款、欺诈、间谍、改宗、异端、私掠、监禁、叛国、酗酒、私奔和谋杀。[11] 在所有针对舍利兄弟的攻击中，对安东尼爵士的攻击最一致、最恶毒。甚至连他的传记作者也很难欣赏他。著名的东方学者和语言学家爱德华·丹尼森·罗斯（Edward Denison Ross）爵士是安东尼最早的传记作家之一，他承认安东尼拥有极大的勇气和超凡的魅力，并"对东方思想具有罕见的洞察力"，但他总结道，他是"一个无可救药、寡廉鲜耻的阴谋者,无法一心一意地献身于任何人或事业。他具有海盗的天性,他的贪婪只能和他的奢侈相提并论"。他"多次易主,但从不内疚或后悔,当然,很少有一个人曾服务过这么多的君主"。根据罗斯的统计,他服务过的君主至少有7个:3个新教君主,2个天主教君主,1个逊尼派君主和1个什叶派君主。安东尼爵士不仅"脾气暴躁,爱吵架",更糟糕的是,他"丝毫没有幽默感"。[12]后来的一位传记作家甚至进一步谴责舍利是"一个天生的阴谋者、一个彻底的机会主义者,他的话永远不能相信,他的不诚实让我们倒吸一口气"。充其量,"他是一个完全邪恶的人,所有珍视名誉或财富的人都会避开他"。[13]

絮絮叨叨的舍利本人对这些恶评负有部分责任。与许多前往伊斯兰世界的佚名旅行者不同,他留下了大量的信件、小册子,甚至还有一部杂乱无章的虚荣的回忆录,名叫《安东尼·舍利爵士:他对波斯之旅的记述》(*Sir Anthony Sherley : His Relation of his Travels into Persia*, 1613)。尽管从舍利具有幻想性质的自我塑造中提取事实往往是困难的,但还是有支持性证据表明,自负的他从早年起便奉行机会主义。和大多数伊丽莎白时期的年轻贵族一样,安东尼·舍利和他父亲及哥哥托马斯一起去低地国家与西班牙人作战。1586年,他们都在莱斯特手下服役,但他的父亲开始挪用战争资金,一天晚上,在愚蠢的托马斯和连队士兵喝了一天的酒之后,西班牙人屠杀了这支连队。由于父亲和哥哥蒙受了耻辱,安东尼选择在战场上表现自己——英勇是他并不缺少的一种美德。在莱斯特死后,他攀上了伊丽莎白的新宠,同样放纵的埃塞克斯伯爵。

1591年,他随诺里斯的远征军来到法国,法国国王亨利四世授予他圣米歇尔骑士团的爵位。舍利很高兴,但当伊丽莎白得知他在未经她同意的情况下接受了一项外国荣誉时,她把他关进了监狱。舍利拒绝放弃这一头衔,以后来成为他的典型特征的长篇大论坚称"此事涉及他的声誉,比他的性命更珍贵,而他的性命和所有的一切掌握在女王陛下手中,他宁愿失去性命也不愿失去自己的名誉,他认为自己如若屈服将会活在耻辱之中,与其如此不如死去"。[14] 他被直接押回监狱。双方达成妥协后他被释放了,但从那时起,他只许别人管他叫安东尼爵士。

在狱中的一段生活似乎没有让舍利收敛他的野心。1594 年,他几乎立即又惹怒了女王,并被逐出宫廷,因为他于 1594 年秘密与埃塞克斯伯爵的表亲结婚。1596 年,他转而投向私掠船,并说服他父亲从低地国家的战争中调拨一大笔钱,用来装备一支船队,袭击位于几内亚湾的葡萄牙岛屿圣多美岛(São Tomé)。这是一次从一开始就注定要失败的远征。恶劣的天气和疾病迫使舍利放弃了最初的计划,并在佛得角群岛发动了一次微弱的攻击。由于担心葡萄牙人进行反击,他荒唐地决定横渡大西洋前往加勒比海。1597 年初,船队试图掠夺多米尼加和牙买加,但被兵变所困扰,最终艰难地途径纽芬兰空手而归。6 月,舍利回到英国,比他离开时更穷,而埃塞克斯在加的斯取得的成功使他黯然失色。为了弥补部分损失并逃离与他分居的妻子,他加入了埃塞克斯和莱利的夏季远征,目标是西班牙控制的亚速尔群岛,同行的还有年轻的诗人约翰·多恩,但以失利告终。他于 1597 年 10 月回国,迫不及待地想投身下一次冒险。

随着一次冒险的结束,另一次冒险开启了。是年年底,埃塞克斯派舍利去费拉拉执行一项弄巧成拙的计划,帮助该城统治家族的最后一位幸存成员堂切萨雷·德·艾斯特（Don Cesare d'Este）面对教皇克莱芒八世的权力申索坚守公爵领地。埃塞克斯希望用这场危机牵制西班牙和教皇的军力，否则他们将转过头对付英国。舍利明显是行贿、奉承和制造混乱的不二人选，1598年初，他没有得到女王的准许就带着一个由 25 名志愿者组成的队伍溜出了伦敦，后来再也没有返回英格兰。舍利对埃塞克斯提供的 8000 英镑的巨额预算并不满意，他在离开之前从他父亲那里骗走了价值超过 500 英镑的珠宝。托马斯爵士刚刚从债务人监狱获释，他在 12 月 30 日给伯利写信，声称"本人在万般无奈之下，迫不得已要抱怨安东尼·舍利对我做出的残忍行为"，并抗议珠宝被盗。"当我的手下聚集起来时，安东尼已经出城了，据闻他打算渡海，但是否获得了女王的许可，本人不得而知。他的［圣多美岛］航行让我的财产受损，他现在让处于绝望状态下的我更加崩溃，因为他从我这儿骗走了我决计无法偿还的钱财……这实在是造孽，让他年迈的可怜父母雪上加霜。"[15] 有关这位骄傲的老骑士和他高贵的儿子们的故事就到此为止了。

1598 年 1 月，舍利穿过英吉利海峡，带着他的团伙前往德意志，然后他被告知堂切萨雷已经逃离了费拉拉，那里现在受教皇控制，显然他的任务还未开始就已经结束了。舍利似乎毫不在意，而是为了寻找更大的机会接着前往威尼斯。这个城市的间谍和线人都对这个自命不凡的英国人的到来和他的意图议论纷纷。1598 年 3 月，有人写道：

> 这里来了一个叫舍利的先生……他途经荷兰来到这里，他在那里极受尊敬，受到了良好的接待（或据他说如此）。

不过,他对联省议会[荷兰的加尔文主义者]几乎没说什么好话,相反,他不停地赞美西班牙的伟大,甚至更多地赞美教皇的伟大,并说他收到了来自这一方和另一方的优渥提议……如果他聪明并受到良好忠告,就会少说话并更为感到敬畏……他挥霍无度,散尽钱财,把被他毁了的父亲的家产也挥霍一空,靠东挪西借在这里生活。[16]

这些评论提炼出了安东尼爵士毕生所表现出来的特点:恣意挥霍、自吹自擂、宗教和政治忠诚可疑、空洞的威胁和肆无忌惮的机会主义。

没过多久,舍利就发现了一个机会。在达·伽马于1497年到1499年的印度之行后,葡萄牙发现了通往这片市场的海上航线,威尼斯与东南亚的陆上贸易因此遭到沉重的打击。自1580年葡萄牙被西班牙吞并以来,腓力二世的帝国垄断了和东方间的海上贸易。其位于波斯湾霍尔木兹的葡萄牙要塞控制着进出海湾的海上交通,还有红海的大部分海上航线,这破坏了威尼斯的生意。然而,1597年时,有消息传到伦敦和威尼斯,说荷兰的一支船队打破了这一垄断,该船队通过好望角驶往爪哇,并载着一批香料和胡椒返回荷兰。埃塞克斯总是渴望发展一种能够扩大其政治影响力和挑战西班牙的国际战略,并开始探索建立英-荷海上联盟的可行性,该联盟能与波斯建立海上和陆上关系,并打破伊比利亚对该地区的控制。其结果是一个英-荷-波斯联盟,它不仅能挑战西班牙和葡萄牙的统治地位,还能挑战奥斯曼帝国的统治地位。[17]

在这一点上,埃塞克斯与伊丽莎白的亲土耳其政策有了冲突,但他更激进的顾问们却怂恿伯爵挑战在他们看来属于女王及他的对手伯利的更为安抚性的外交政策。正如我们将看到的那样，埃塞克斯派系日益好战的战略将在伊丽莎白统治时期面临的最严重的危机之一中达到顶峰；但在对伊丽莎白的英－奥友谊感到不满这一点上，它也发现自身与舍利家族这样的天主教支持者结成了一个不太可能的联盟。正是这个不太可能的联盟给了不安分的安东尼爵士一个绝好的机会：他将会在1598年暮春动身前往伊斯法罕（Isfahan），结交波斯沙阿。

人们不清楚是谁首次提出了这次冒险。在回忆录中，舍利自然声称这是他的想法，受到了埃塞克斯的批准，他写道，埃塞克斯"建议我（在我从威尼斯向他发出一小段提议后）来一趟波斯之旅"。他以他特有的冗长啰唆和好用新词的风格将这一决定描述为"我在那些国家身上看到有利可图，限制了西班牙国王的联合部分，并回应了女王陛下在土耳其和莫斯科的商贸活动；除此之外，有些国家可能已经找到适合印度航海的地方了，这不是没有可能的，荷兰传出了这样的说法，在英国也有私下议论"。他忍不住补充说，他正在制订"一些更私密的计划，我的命运，就是我所受的逼迫，使我落得这样的境遇，因此这些计划不能说出来"。

其他证据表明，在舍利那过度活跃的想象中播下波斯冒险之旅的种子的，是狡猾的威尼斯人。威尼斯政治家贾科莫·福斯卡里尼（Giacomo Foscarini）用舍利钟爱的夸张说法鼓励后者前去冒险，因为这将"对全基督教世界有益，尤其是对威尼斯，这样，在葡萄牙人成为那些地区的主人之前，那里的陆路交通将得到拓展"。必定绝非偶然的是，舍利接下来被介绍给一个波斯商人，后者向他讲了"他的国王苏菲的皇室，这使安东尼爵士非常高兴"。

他也结识了"一位伟大的旅行家,他刚从苏菲的宫廷来到威尼斯,名叫安吉洛[科拉伊(Corrai)],虽然在土耳其出生,但是一个虔诚的基督徒,他已经旅行了 16 年,能讲 24 种语言"。科拉伊还利用舍利的虚荣心,告诉他"波斯国王的价值,他是一个英勇的战士,对陌生人非常慷慨和开明,宫廷里面都有什么娱乐;他向安东尼保证,如果他到那里去,那他的见识将大为提升"。[18]

舍利不需要什么进一步的鼓励,1598 年 5 月,他离开威尼斯前往波斯。他为数不多的随行人员包括向导兼译员安吉洛、一个叫阿贝尔·潘松(Abel Pinçon)的法国人(为伯利工作的间谍)、几个英国绅士,包括活着回来记录了他们的冒险的乔治·梅因沃林(George Mainwaring)和威廉·帕里(William Parry),以及他的弟弟罗伯特。他们的哥哥托马斯爵士则无法同行,他从长期受苦的父亲和伯利那里拿到了钱,用来资助一次将成为灾难的私掠冒险。甚至在托马斯离开法尔茅斯之前,他的 6 艘船中就有一艘漏水了,另一艘损坏了,几名船员在一场搞砸了的礼炮表演中丧生。在一场叛乱中,400 名水手潜逃,这迫使他卖掉 4 艘船,只剩下 2 艘出航。如果说他的出航是一场闹剧,那么结果则非常尴尬。他试图袭击西班牙的西南海岸,但抛锚的地方离岸太远,登陆部队被困在海湾入口处的一个沙洲上。他最终放弃了这件丢人的事情,返程归国,这遭到了日记作家约翰·张伯伦的嘲讽,后者嘲笑托马斯·舍利唯一的成就是"两三个可以索要赎金的农民,如果他认为他无法[从他们身上]得到什么,他是不会自讨其辱地把他们带走的"。[19]

显然,这家人在后勤方面没什么天分。当安东尼爵士离开威尼斯前往波斯时,他留下了无法避免的债务,他也没能得到充足的物资供应（尽管这两者可能是相关的）。在他前往桑特岛的旅程开始几周后，他就把食物吃光了。他向意大利乘客讨要物资，但接济他的却是一帮波斯人，他们跟他分享了食物。愤怒的兄弟俩报复了一个倒霉的意大利人，指控他诽谤女王。安东尼爵士下令让人残忍地殴打他，当船长介入时，罗伯特爵士攻击了船长。他们一路到波斯都是这个样子。抵达桑特岛后，安东尼爵士给身在君士坦丁堡的"迷糊蛋"亨利·莱洛爵士写信，在信中坚称自己假扮成一名英国商人前往红海是为了执行女王的公务。他要求这位倒霉的大使给他发通行证并给他提供资费，使他能够在不受干扰的情况下穿越奥斯曼帝国领土。

在接下来的 6 个月里，舍利在奥斯曼帝国领土上坑蒙拐骗，一路走过克里特岛、的黎波里和阿勒颇，他在阿勒颇还从英国领事那里得到了更多的钱。有关他的行为的消息已经传到了伦敦，1598 年 12 月，约翰·张伯伦指出，"安东尼·舍利爵士从我们在君士坦丁堡的商人手中榨取了 400 英镑，在阿勒颇又搜刮了 500 英镑，他把这笔账记在埃塞克斯勋爵的名下，就离开去寻找发迹的机会了"。[20] 但是，像威廉·哈本这样熟悉黎凡特的人知道，舍利的路线充满了危险，他们一行人沿途不断遭到土耳其人的骚扰。乔治·梅因沃林回忆起在阿勒波的时候，"我真的不走运，遇到了一个土耳其人，以他的习惯来看他似乎是个殷勤的人，以如下方式欢迎我：用一只手迅速地揪住我的一只耳朵，带着我在街上走来走去"。围观的人边看边笑，并向梅因沃林扔石头，这时那个土耳其人"用棍子给我一击，我被打倒在地"。梅因沃林遍体鳞伤地回到英国领事的住处，驻地的近卫军把那个土耳其人找了出来，然后"猛地冲向他，给他一个背摔，在他的腿和脚上击打了20下，这样他就不能走或站着了"。据梅因沃林说，这种攻击及对其实施的猛烈惩罚是英国与土耳其之间经久不变的脆弱关系的表现，在"不同的时代"都有所发生。[21]

1598年9月初，当舍利一行人准备离开阿勒颇时，他们可能没有意识到地中海另一端发生的事将对欧洲的权力平衡和安东尼爵士的未来产生重大影响。71岁的腓力二世在马德里附近的埃斯科里亚尔的病榻上奄奄一息，深受热病、痛风和败血症之苦。这位国王以其特有的勤奋一直工作到生命最后一刻，在即将驾崩之时与法国签署了一项和约，并向英国提出了另一份和约。最终，统治了西班牙40多年后，他在9月13日去世。他那平凡的儿子腓力三世继承了王位。这位新国王没有他父亲那种不懈追求西班牙帝国在全球扩张的兴趣或能力，并看着帝国事务逐渐发生变化和衰落。

腓力二世去世时，舍利一行人向东走，穿过费卢杰之后于月底抵达了奥斯曼帝国控制的巴格达。他不是官方大使的消息很快传开来，英国商人拒绝借钱给他，除非他保证伊丽莎白或埃塞克斯已经批准了他的行程。更糟糕的是，巴格达多疑的土耳其总督扣押了舍利的货物，11月，一个同情他们的佛罗伦萨商人向他们通风报信，说君士坦丁堡已经下令逮捕他们，于是这个英国人及其同伙就逃走了。他们受到一帮奥斯曼近卫军的追击，在前往波斯领土途中加入了一群从麦加归来的什叶派朝圣者后才得以摆脱。乔治·梅因沃林报告说，他们沿途"看到了许多被毁坏的地方，犹太人和土耳其人告诉我们，那些是帖木儿曾经征服的地方，直至今日，他的名字在他们之间仍然记忆犹新"。[22]

他们穿越拉卡，在那里与一些土耳其人发生了冲突，然后到达巴比伦。威廉·帕里评估了被他称为"尼布甲尼撒塔"的一座塔，认为它"和圣保罗大教堂差不多高"。当他们终于进入波斯领土，帕里"认为我们来到了天堂，我们受到了极好地接待，这里的人民善良礼貌，与土耳其人截然不同"。[23] 1598年12月1日，他们终于到达了萨法维波斯的加兹温城。

舍利到来的时机再好不过了。36年前，安东尼·詹金森是第一个踏入该城的英国人，当时塔赫玛斯普沙阿刚与奥斯曼人签署了一项和约（见第2章），并且对与基督徒结盟不感兴趣；詹金森很快就被驱逐了。舍利到来的时候，塔赫玛斯普沙阿的曾孙阿巴斯沙阿刚刚打败了萨法维王朝的死敌乌兹别克人，结束了多年来的窝里斗。这位沙阿现在已经准备好再次与奥斯曼人为敌。他1588年即位成为第五位沙阿时只有17岁，从那以后，他见证了萨法维帝国发生的非凡转变。由于奥斯曼人在西方的扩张以及乌兹别克人在东北部的掠夺，他继承的是一个充满派系斗争的王国，与伊斯玛仪沙阿的辉煌时代相比，它的规模和地位均大幅下降。作为一个务实而无情的领袖，阿巴斯沙阿明白，如果他想生存下去，想让他的王国欣欣向荣，他必须想办法结束分裂，重组军队并收复失地。他立即与奥斯曼帝国签订了一份战略性和约，平息了国内分歧，并组建了一支新的常备军，其中包括火枪手和炮兵部队。他还做出了大胆的决定，将他的帝国首都从加兹温搬到了更地处中央的伊斯法罕。在一段时期里，这座城市经历了大规模的城区改造：在马拉喀什等其他伟大的伊斯兰城市经历大规模重新设计的时候，阿巴斯沙阿监督了伊斯兰世界最伟大的首都之一的建设。伊斯法罕建造了新的宫殿、清真寺、巴扎、宗教学校、浴场、堡垒、花园和公共道路，这些都为其赢得了"伊斯法罕是世界的一半"（Esfahān nesf-e jahān ast，另一半是天堂）的美誉。[24]

1598 年春，当他的新首都开始动工时，阿巴斯沙阿对乌兹别克人采取了行动。他于 4 月从伊斯法罕出发，8 月 9 日，他率领的万人大军在帕里扬城堡战役（Battle of Rabat-i-Pariyan）中击败了乌兹别克人，夺取了赫拉特（Herat）、尼沙布尔（Nishapur）和麦什德（Meshed）。当他带着凯旋的队伍回到伊斯法罕时，他获悉了舍利的到来。他命令一个叫马尔詹·伯克（Marjan Beg）的管家给舍利送去 20 磅的黄金，用作被召见前的花销。梅因沃林如释重负地注意到，舍利典型的轻蔑回应使管家感到高兴而非受到冷遇："据安东尼爵士高贵的头脑回忆，他踢翻了钱，回答说：'知道吗，勇敢的波斯人，我不是来向你的国王乞讨的，而是听闻他伟大的声誉后，认为最好花点时间来拜访他，亲吻他的手，在他高贵的战争中支持他。'"[25]

舍利对声望的言论、他的冒险以及对财富的藐视似乎完美契合波斯宫廷的风气，因为梅因沃林声称，舍利的回答令马尔詹·伯克印象深刻，后者回复说："原谅我，勇敢的陌生人，根据您高贵的回答，我现在将您也视为一位君主。"舍利否认了，但显然很高兴。他终于得到了他认为应得的王者礼遇。同样令人兴奋的是，到了该打扮一下的时候了。他们"打扮得衣冠楚楚，备好马匹"，准备会见沙阿。[26]

就在 1599 年 12 月底，舍利一行人被传唤到距加兹温 4 英里的地方面见沙阿。舍利兄弟身穿奢华的波斯服装，"安东尼爵士本人身穿金丝织就的华服，他的长袍、上衣和挂在一条奢华腰巾上的佩剑价值 1000 克朗，上面镶满珍珠和钻石，据说他头上的头巾价值1万先令，他的靴子点缀着珍珠和红宝石"。[27]当他们走近时，阿贝尔·潘松看到了国王冷酷无情、令人恐惧的一面。阿巴斯沙阿正在举行"凯旋式进入"加兹温，"他让人用结实而沉重的长矛的矛尖挑着他在乌兹别克打败的2万个鞑靼人的头颅"。梅因沃林估计只有1200个，但无论数量是多少，这都是一个旨在给加兹温居民留下深刻印象的"可怕景观"，但也毫不意外地吓到了这些新来的基督徒。[28]

这时，阿巴斯沙阿出现了。潘松形容他"大约30岁，身材矮小但很匀称，非常英俊，有着乌黑的胡子和头发……他有强大而活跃的头脑，身体极其敏捷，这是锻炼的结果"。[29]梅因沃林说："在我们第一次见到国王的时候，安东尼爵士和他的弟弟下了马并亲吻国王的脚；因为这是这个国家的时尚……在那之后，国王非常庄严地看着他们，后来又看了看我们大家，一句话也没对安东尼爵士说。"[30]安东尼爵士在回忆时努力掩饰这种过分卑微的姿态，说他"亲吻了他的马镫；对他说了很短促的话，当时时间仓促"。相反，他急于强调，阿巴斯告诉他，英国人"给了他无限的荣誉，为他而做这样的旅行"。[31]其他消息来源说，他向阿巴斯说了更多恭维奉承的话，这听起来与他絮叨的特点更相符。据说，他一开始就说："我是一个士兵，比那些笔杆子要直接，我也不善言辞。"然后，他提出要做"拥有最优秀的美德的陛下的一个臣民，如果我不能以我的鲜血证明我的忠诚和顺从，那我就谦卑地趴在尊贵的陛下面前，任凭处置，至少让这些鲜血可以给尊贵的陛下带来点乐趣"。[32]

同样，关于阿巴斯的反应也有不同的说法，但由于它们都来自舍利的党羽，因此它们无一例外是正面的。梅因沃林声称，沙阿拥抱并亲吻了兄弟俩,"并牵着安东尼爵士的手,发誓说他们应该义结金兰,所以他总是以兄弟相称"。[33] 帕里甚至声称,舍利立刻"用入侵土耳其领土的强烈欲望迷住了国王",后者威胁着要立即发动一场战争。[34]

不管这些说法的真实性如何,这些英国人肯定是受到了皇室的欢迎。他们受到了豪华的款待,花了两个多月的时间在沙阿的宫廷里宴饮和狩猎。他们互换马匹、骆驼、骡子、武器和珠宝等礼物,如果报告可信,那么安东尼爵士和阿巴斯沙阿"在娱乐时和在宴会上"形影不离,手挽着手在城市街道上行走。这个英国人甚至被授予了米尔扎(mirza)的头衔,而该头衔原本只授予穆斯林的王公。不足为奇的是,安东尼爵士盛赞阿巴斯的美德,说他"身材矫健匀称、结实灵活……心灵无比高贵、睿智、勇敢、开明、温和、仁慈,而且极度拥护正义"。他甚至赞扬了波斯统治者的政治继承方法:与奥斯曼统治者相反,阿巴斯在继位时并没有绞杀他的兄弟,宽宏大量的他只是让他们失明了。[35]

很难评判两人的友谊的真实性。波斯的档案中没有任何可以告诉我们阿巴斯沙阿对安东尼爵士的看法的记录,而这个英国人的回忆录和他支持者的报告要么太模糊,要么非常偏颇。然而,尽管毫无疑问地被夸大了,但随后的事件表明,舍利和阿巴斯的亲密程度超过了任何其他伊丽莎白时代的英国人和穆斯林统治者之间的关系。当然,像詹金森、霍根和哈本这样的人从来没有和一个波斯的、奥斯曼的或摩洛哥的统治者结成如此密切的关系。他们只是地位低下的商人,追求的是卑微的商业计划。舍利会对把自己与他们相提并论感到恐惧:即使他的外交简报是非官方的,甚至可能没有得到埃塞克斯的认可。相反,他热衷于宣扬自己的贵族身份。两人在精神上的关系更接近葡萄牙国王塞巴斯蒂安和英国叛国者托马斯·斯图克利爵士的关系。但舍利和斯图克利都主要将自己视为勇士,几乎没有时间对金钱和商业进行不合适的讨论。

宗教是一个复杂得多的问题。舍利一伙肯定比詹金森有进步,他们更了解伊斯兰的什叶派和逊尼派之间的区别,主要集中在萨法维人和奥斯曼人的信仰的对比上。威廉·帕里明白,萨法维人的信仰"和土耳其人的一样,但在宗教上略有区别。波斯人只崇拜穆罕默德和阿里[阿里·伊本·艾比·塔利卜],而土耳其人除了崇拜这两人之外,还崇拜穆罕默德的其他 3 个仆人。波斯人仍然痛骂这 3 个仆人"。[36] 帕里还了解到,"他们自负地认为,基督是一个非常伟大的先知和一个最神圣、最虔诚的人,但绝对不能和穆罕默德相提并论:因为(他们说)穆罕默德是最后一位先知,万物因他而完美、圆满"。帕里并没有谴责这种信仰,他只是说:"他们还说,因为上帝没有妻子,因此基督不可能是他的儿子。"[37]

潘松假设他的基督徒读者对逊尼派和什叶派之间的分裂有足够的了解,因此"没有必要论及他们[波斯人]和土耳其人在对《古兰经》的解释以及在虚假先知的位次和尊严问题上产生的仇恨与不和",只是说了"波斯人对土耳其人深恶痛绝"。他还做了一个象征性的姿态让阿巴斯回归基督教:承认后者是一个"伊斯兰教徒",但"他脖子上总是挂着一个十字架,以表示他对耶稣基督的尊敬"。潘松的同化尝试到此为止了,就在前面几段,他还屈从于更为熟悉的刻板印象,谴责阿巴斯是一个折磨臣民的暴君,"对他们惨无人道,稍有冒犯就砍头处死、乱石砸死、卸成四块、活活剥皮,然后将他们活着喂狗或一直跟随他左右的 40 名食人肉者"。[38]

安东尼爵士对阿巴斯的宗教当然有自己的看法。他已经发现沙阿的"政府与我们所谓的野蛮政府大不相同",以至于他奉承地将其与柏拉图的"理想国"相提并论。[39] 在他们混合使用拉丁语、波斯语、意大利语,甚至可能还有西班牙语交谈了几个星期后,他反思了阿巴斯的神学信仰,认为那是一种积极的马基雅维利主义:

> 因为,国王知道人们思想的统一、统一的宗教对一个国家的安宁是多么有效,同理,人们思想的不统一、几个宗教并存极易扰乱一个国家的平静,因此,他极为警惕地把领土上所有遵循 Ussen [奥斯曼] 和 Omar [欧麦尔] 的解释的派别都镇压下去,并使他的人民忠于阿里:(依我判断)他不是因为良心更支持这一个而非另一个,而是要首先铲除内部派系,然后确保自己更加坚定地对付土耳其人。[40]

舍利合理地得出结论,沙阿的什叶派信仰和他镇压奥斯曼和欧麦尔的逊尼派追随者一样具有政治战略意义,但这可能更多地揭示的是他自己的宗教倾向,而不是阿巴斯的。

舍利一伙人在加兹温狂欢了近 3 个月之后,沙阿邀请他们陪同他前往他的新首都伊斯法罕。在他们到达后,安东尼爵士开始了一项微妙的任务,即找到一种讨论他的政治使命主题的方法。有生以来第一次,他似乎表现出了那么一点基督徒的敏感性,他提议和波斯沙阿结盟"以推动他在这样一个合适的时间对抗土耳其人",而当阿巴斯向他展示他的新城市的辉煌时,他含糊其词,搪塞了过去。最后,"借着国王与我和我弟弟在花园中独处的机会",舍利使用越来越隐晦和迂回的语言,提出了他所谓的"事业"。他认为,"土耳其人的极端暴政"继续威胁着波斯人,如果阿巴斯想要"收复从他的国家被强行夺走的东西",有一个解决办法:"如果他乐意与基督教君主建立友谊",那么阿巴斯就能建立一个什叶派-基督教联盟来击败奥斯曼人,并获得对中亚的控制权。[41]

沙阿的顾问们一听说舍利的提议就怒不可遏,接着就展开了一场旷日持久的辩论。许多人警告阿巴斯:"这些基督徒……被派来扰乱陛下国家的安宁。"他不该因为"乞求基督教君主的友谊"而危及与土耳其人来之不易的和平,也不应暴露任何军事弱点。而且,尽管阿巴斯最近战胜了乌兹别克人,但他的军队还未强大到能面对更强大的奥斯曼人。

其他人则更为支持舍利的提议。一位顾问指出:"这位基督徒带来了一名铸炮师:让他辅助陛下您。"尽管没有任何记录显示舍利的团队中有这样一位专家,而且这听起来像是另一件这位英国人吹牛皮说能办到的事。几周过去了都没有沙阿表示同意的消息,舍利抱怨这次谈话"让我身心饱受折磨",于是他卧床不起。[42] 与此同时,一名土耳其大使抵达伊斯法罕,警告阿巴斯要遵守他们的停战协议,要求他将领土割让给穆罕默德三世,并要求将他的一个儿子作为人质送往君士坦丁堡,以示屈服。看起来,在奥斯曼人压倒性的政治和军事优势面前,舍利可能会像詹金森一样被毫不客气地逐出波斯。

此时,阿巴斯出乎意料地拜访了病床上的舍利。如果舍利的话可信,那么一场非同寻常的对话接踵而至。沙阿一开始就说"他没有太大的意愿"贬低自己的身份去与一群分裂的基督教势力结盟,"真主已经赐予了他"像波斯"这样如此富足、如此尚武的领土"。舍利回应称,阿巴斯必须尽早面对土耳其人,因为他们对波斯的政治要求和军事行动"只会有增无减"。他承认,基督徒的确分裂,但他认为,包括西班牙和教廷在内的许多势力已经在与奥斯曼帝国作战,且将会"接纳您的友谊,尊重陛下的名号,并以君主联盟的方式团结起来"。他还建议沙阿可以用另一种方式打击奥斯曼帝国的霸权:"就算基督宗教是非常可恨的,只要允许信仰自由,并保障基督徒的贸易、商品和人身安全",阿巴斯就能绕过君士坦丁堡对该地区的商业和朝圣路线的控制,并能使他接触到欧洲的"军械制造商、各种武器和弹药的制造商"。[43]

舍利的提议至少可以说是乐观的,但值得注意的是,阿巴斯对此做出了回应。他同意"给那些最伟大的基督教君主写信,使他们致力于我们的目标",并且允许"他们的商人来我们的领土"。阿巴斯明确表示,舍利要负责实施这项倡议。"而且因为你一直是这件事的发起者和推动者,你也应该是它的践行者,向我保证,我的荣誉只有在你手中才不会受损。"舍利欣喜若狂:他现在要求获得代表沙阿在欧洲的利益的权利,并要求有权像一个波斯的米尔扎一样与国王和皇帝交往。1598年,舍利受新教徒埃塞克斯伯爵的差遣,离开英国前往意大利去干扰西班牙和教皇的政策,如今,他变成了提议建立一个反奥斯曼帝国的波斯-欧洲天主教统治者大联盟的中间人。考虑到伊丽莎白的官方政策依然大体上亲奥斯曼帝国,因此这是一个非同寻常的事态发展。当舍利担任沙阿派往欧洲的大使的职务时,他一定知道自己已经没有可能与女王或她的顾问修复关系了。也许他相信他可以一手改变女王的外交政策。也许他的傲慢自大使他不再在乎这一点了。

和之前的情况一样，很难评估舍利的说法的真实性，因为在波斯方面几乎没有发现任何证据。在土耳其大使提出挑衅性要求后，沙阿可能已经决定向欧洲派遣一个大使了，以对抗奥斯曼帝国。梅因沃林回忆说，阿巴斯立即"赶走了土耳其大使……命令他告诉他的土耳其主子［穆罕默德三世］，除非在战场上相会，否则后者将永无宁日"。[44] 无论沙阿究竟在这个英国人的床边说了什么，1599 年 4 月，阿巴斯开始举办一轮奢华的宴会，为舍利的大使之旅践行。沙阿准备了"大苏菲致基督教君主的到任凭证"，指出舍利"出于自愿从欧洲来到这些地方"，而且"当这位绅士来到你们这些基督教君主面前时，你们可以像对我提要求一样向他提要求，像相信我那样相信他"。舍利还被阿巴斯授予了允许"所有基督徒到波斯进行贸易"的商业特权。这些特权指出，波斯"向所有基督徒和他们的宗教开放"，并包括一项"所有基督教商人在不受干扰或骚扰的情况下进出我们的领土的专利"。[45] 与伊丽莎白和奥斯曼帝国以及萨阿德王朝统治者的联盟相比，这些都是令人瞩目的让步，能使英格兰与从马拉喀什经君士坦丁堡到伊斯法罕绵延 4300 英里的伊斯兰世界建立前所未有的商业和外交关系。

舍利现在沉醉于自己的伟大当中，并开始规划他的大使工作。他愉快地同意了阿巴斯的意见，让他的弟弟罗伯特爵士留在波斯，表面上是为了帮助沙阿做军事准备，但显然是被当成人质以确保安东尼爵士返回。或许作为进一步的保障，阿巴斯还任命他信任的一名部落骑兵侯赛因·阿里·伯克·巴亚特（Husain Ali Beg Bayat）作为一名大使加入舍利的大使团队，同行还有 4 名波斯秘书官，包括阿里·伯克的侄子乌鲁克·伯克（Uruch Beg）。队伍中最令人惊讶的一名成员是一个叫尼科洛·德·梅洛（Nicolò de Mello）的葡萄牙奥古斯丁会修士，他来到伊斯法罕，不仅声称自己是东印度群岛的西班牙联络官（负责罗马教廷和它在东印度群岛的传教士之间保持联系的代理人），还说他是已故葡萄牙国王塞巴斯蒂安一世失散多年的兄弟。德·梅洛引起了舍利的兴趣，后者把他引荐给沙阿，但修士立刻谴责了这个英国人和他的使命。舍利迅速采取行动缓和局面并"堵住了这个神父的嘴"，他向梅洛解释说，他"很遗憾他没有理解我的目的，这是为全基督教世界服务的，他可以通过参与这项神圣的使命使自己变成一个伟大的人"。[46] 舍利承认，与一个充满敌意的奥古斯丁会修士和一名波斯骑兵军官一起旅行是一个冒险的计划，但他还是邀请德·梅洛加入了他的队伍。

1599 年 5 月，在波斯逗留了 5 个月之后，舍利和他的大使团准备离开。这是一群至少由 24 人拼凑而成的团队，除了仆人，包括两位大使（舍利和阿里·伯克），奥古斯丁会和方济各会修士，一群波斯随从和长期受苦的梅因沃林、帕里和潘松，还有 32 箱给基督教君主的礼物。他们背负的政治使命使他们不可能经由奥斯曼帝国的领土返回欧洲，而且由于阿巴斯渴望与俄国新沙皇鲍里斯·戈杜诺夫（Boris Godunov）建立更紧密的商业关系，因此大使团便向北走到里海，从那里沿伏尔加河北上前往莫斯科。卸下了在波斯宫廷中的半帝王身份后，安东尼爵士几乎立刻开始为所欲为，尽管这一次他似乎有一些正当理由。几乎就在他们刚上路的时候，帕里就知道德·梅洛已经"承认他只是一个普通的奥古斯丁会修士，并以一种开玩笑的语气进一步坦承他在听完别人妻子的忏悔后如何勾引她们"，他最喜欢的莫过于"晚上和一个妓女厮混"。当方济各会的修士们透露了有关梅洛口是心非的更多细节时,舍利在余下的旅程中一直让全副武装的人监视着他。然而,这个英国人也已经和阿里·伯克·巴亚特还有那些波斯人就各种未具体说明的"不端行为"发生了激烈的争吵。当他们到达里海后,恶劣的天气使整个火药味十足的使团受到威胁。当风暴来袭时,"四处响起鬼哭狼嚎和祈祷声",潘松回忆道。"我们宗教〔新教〕以一种方式祈祷,几个葡萄牙僧侣把'上帝的羔羊'(Agnus Dei)的塑像扔进海里去平息它,嘴里念念有词,重复着'圣母玛利亚''圣约翰',还有晚祷。伊斯兰教徒祈求'阿里,阿里·穆罕默德',但我最害怕的是魔鬼会带着这群乌合之众下地狱。"[47]他们于1599年11月到达莫斯科,但整支队伍的情绪仍很紧张。

如果计划是让新沙皇成为阿巴斯和舍利的欧洲-波斯大联盟的第一个成员,这将是一次惨痛的失败。戈杜诺夫是一个精明干练的政治家,在留里克王朝绝后后继任沙皇,并且对任何可能威胁到他可疑的掌权方式的外交举措都持怀疑态度。舍利一行人刚抵达,就被"一群穿着金布外衣的大腹便便的家伙"逮捕并关押了10天。当他和阿里·伯克获得沙皇的接见时,与大使身份地位相关的问题引发了诸多外交事件中的第一起。阿巴斯任命了两位大使,二人却没有明确的等级关系,此举造成了明显的混乱,在沙皇要求先见那些波斯人而不是舍利时,这种混乱浮上了水面。舍利"完全不同意按照那个顺序见沙皇……尤其是他是一名基督徒,而他们是异教徒"。[48]舍利在礼仪问题上出奇地敏感,这使他与沙皇和波斯大使都疏远了;戈杜诺夫"激怒和骚扰了"他,而阿里·伯克则怂恿德·梅洛谴责舍利是一个出身低微的间谍,只关心自己的利益，不关心别人的。鲍里斯的官员没收了阿巴斯的介绍信，信中含糊不清的表达似乎证实了俄国人的怀疑；舍利再次被逮捕了。

这个英国人鲁莽和放纵的行为成功地救了他，这已经不是第一次了。当被鲍里斯传唤去回应德·梅洛的指控并"被那个忘恩负义的修士进一步激怒时，他无法抑制内心的那团怒火，即使这样可能会让他立即死亡，他往那个胖修士的脸上用力打了一拳，他的愤怒和强烈的复仇愿望使他力量倍增，于是修士像被闪电击中一样，倒地不起"。[49] 值得注意的是，俄国人并没有因为这种暴力行为而逮捕舍利，而是对他的"勇气和坚定决心"印象深刻，并迅速撤销了对他的指控。作为回应，他提到梅洛在莫斯科逗留期间曾秘密举行罗马天主教弥撒。信奉东正教的沙皇十分憎恶天主教并宣布其为违法，因此他立即将德·梅洛驱逐到白海的索洛维茨基修道院（Solovetsky Monastery，在20世纪20年代成为苏联最早的古拉格集中营之一）。

舍利的荣誉在一定程度上恢复了，他在莫斯科过冬，准备在1600年的春天离开。以任何借口让沙皇鲍里斯加入波斯联盟的可能性现在已经都不存在了，他给伦敦的支持者写信，为自己的行为辩护，并为自己返回英国做好了准备。2月份，他致函他的资助人埃塞克斯伯爵的顾问安东尼·培根（Anthony Bacon），后者是女王顾问弗朗西斯的兄长。舍利在信中夸耀他在波斯取得的成就。"我已经为我们的商人打开了通往东印度群岛的道路"，他幻想着，结果是"他们将比葡萄牙人拥有更多的权力，他们可以像在伦敦和圣奥尔本斯之间一样安全地通过波斯"。舍利继续编造更多的纯属幻想的宏伟计划，声称自己与"塔布尔［拉合尔］国王"、"东印度群岛最强大的国王"、莫卧儿皇帝阿克巴大帝通信。他宣称阿克巴"渴望得到我的一些熟悉战争的人来训练他的部下",而且他准备派当时在波斯和他弟弟待在一起的托马斯·鲍威尔(Thomas Powell)队长前去协助阿克巴攻击葡萄牙人。舍利不切实际的计划并没有就此结束。他还有一个甚至更疯狂的征服东印度群岛的计划,涉及不幸的葡萄牙王位申索者堂安东尼奥(1595年在巴黎死于贫困)的私生子。他建议,"如果堂安东尼奥的任何一个儿子进入他〔阿克巴〕的国家,都将会获得金钱和人员的协助,以收复东印度群岛的其他地方"。不出所料,培根没有认真对待葡萄牙叛国者联合莫卧儿印度人在印度洋上驱逐哈布斯堡控制的葡萄牙人这种骇人听闻的幻想。

无论如何,安东尼·培根在伦敦有更紧迫的事情要处理。前一年,他的主人埃塞克斯被任命为爱尔兰总督(Lord Lieutenant),任务是击败由泰隆伯爵休·奥尼尔(Hugh O'Neill, Earl of Tyrone)领导的该国天主教首领。随后的军事行动完全是一场灾难。埃塞克斯不顾女王的明确命令,与奥尼尔达成了一项屈辱的和平协议,并于1599年9月逃离爱尔兰返回伦敦。他的鲁莽行为使他失宠于伊丽莎白,伊丽莎白在1599年至1600年冬天将他软禁在伦敦。当舍利编造出更多离谱的宏大政治战略故事时,少数几个能确保他光荣回归英格兰的人之一正在丧失这样做的能力。

1600年6月,舍利与他的同伙离弃了莫斯科,沿着安东尼·詹金森的路线前往白海上的阿尔汉格尔斯克(Arkhangelsk)。他在那里显然已经获悉伯爵被捕和政治上被孤立,他给埃塞克斯写信告诉他:"听闻阁下的不幸遭遇,我深感悲痛,但我对您的忠诚一如既往。"⁵⁰ 这并不妨碍他会见莫斯科公司的商人,并给埃塞克斯的竞争对手罗伯特·塞西尔写信,后者已于 1596 年取代他的父亲成为国务秘书,让埃塞克斯的党羽大失所望。舍利知道自己在没有王室许可的情况下离开英国是一种耻辱,更糟糕的是,他促成了一个现在威胁破坏伊丽莎白与奥斯曼人的友好关系(女王目前忙于与萨菲耶苏丹精心交换礼物)的波斯联盟。他以一贯花哨华丽、无意间显得滑稽的风格试图表示悔恨:"可是,我在心中跪下,承认我的过错是巨大的,因为我没有得到女王陛下仁慈的恩惠的祝福就离开了她。"但他接着夸口说:"我已经为她的子民打开了其他国家的宝藏,"又补充说,"我只是用波斯国王的恩宠和爱来换取她的荣耀。"随后,他为进一步推迟回国而道歉。"这也不是出于我的意愿,"他不能令人信服地坚持说,"我首先要去见德意志皇帝〔哈布斯堡王朝的神圣罗马帝国皇帝鲁道夫二世〕。"不过,他还是忍不住给女王提了一个小小的建议,指出沙皇鲍里斯有一个女儿,如果伊丽莎白能找到一位合适的"能让她纤尊称为表亲的高贵绅士",那么英-俄联姻将"为她的商人带来无限的好处"。⁵¹

罗伯特·塞西尔对此不以为然。他给君士坦丁堡的大使亨利·莱洛写信,后者是舍利的表里不一的另一个受害者,信中抱怨安东尼爵士高傲自大,"他以大使的身份会见欧洲各国君主,联合他们与波斯人结盟,这也是他去莫斯科的目的"。塞西尔报告说,女王对舍利的鲁莽计划的愤怒已经加剧,因为他"斗胆给女王写信说要来见女王……为此,女王陛下对他更加不满……因为她绝不会允许他进入这个王国"。⁵²

回国的路现在已经堵死了。舍利或许已经知道这一点,因为他的行为变得更加冲动和古怪。当大使团准备离开阿尔汉格尔斯克时，波斯人指控他偷了沙阿送给基督教君主的32箱礼物，并通过当地的莫斯科公司代理人出售。舍利矢口否认，声称自己已经打开了箱子，但发现这些礼物令人尴尬，只值40万克朗估价的一小部分。舍利说，他已经悄悄地把它们送回了波斯，而不是冒着被羞辱的风险将它们送给欧洲统治者。无论发生了什么，礼物再也没有出现，而对舍利从其中获利的指责让大使团的其他成员感到羞愧难当。

6月下旬，大使团驶出了阿尔汉格尔斯克，首先前往施塔德（State），然后于1600年8月30日抵达德意志海岸上的埃姆登（Emden）。在接下来的3个月里，他们在德意志各地旅行，当他们向南前往布拉格的鲁道夫的宫廷时，一路上受到了又惊又喜的君主们的招待。他们无惊无险地于10月11日抵达布拉格，用鲁道夫的钱过上了奢侈的生活。和往常一样，舍利很快就欠下了一大堆债务，并让宫廷画家埃吉迪乌斯·萨德勒尔（Aegidius Sadeler）把他的肖像刻在阿里·伯克的肖像的旁边。威尼斯大使皮耶罗·杜奥多（Piero Duodo）报告说，"虽然我们还不知道这个大使团的使命是什么"，但他相信"是一件重要的事，还与一纸书面条约有关。还有其他更疯狂的谣言，说波斯人将成为基督徒"。[53]

几个星期后，两位大使就得到了好奇的鲁道夫皇帝的接见。杜奥多怀着极大的兴趣观察了事件进程，11月8日他向威尼斯元老院汇报："波斯国王的大使们昨日获得接见。这位英国人用西班牙语讲话，那位国王对皇帝陛下[鲁道夫]提议的实质内容是，他将武装反抗土耳其人，并且也将使阿拉伯人和格鲁吉亚人与他并肩作战。"[54] 威尼斯人满意地注意到，西班牙大使对拟议中的联盟感到震惊：通过提议将香料贸易路线转移到陆路上来，经由俄国进入低地国家，该联盟威胁到了西班牙的利益。

舍利和阿里·伯克无疑给鲁道夫留下了深刻的印象，因为他几乎立刻就对他们的演讲做了正式回应，宣布接受它们是"令人高兴的"，并且他会提议"与其他基督教君主结盟，对抗土耳其人"，他"不间断地在与他们斗争"。他指出，他"已经试图与其他君主结成联盟。他将尽最大的努力确保缔结这样一个联盟；同时，他承诺他将尽全力继续这场战争，不遗余力地破坏土耳其人的势力。他会召开一次帝国会议，筹集资金，并敦促所有基督教国家加入他；他将派遣大使，并努力禁止基督徒与土耳其人做生意"。如果波斯人"与格鲁吉亚人和莫斯科人站在他这边做同样的事"，他们就有望组织一个不可抗拒的军事联盟，而且"来年春天就能展开一场联合进攻了"。[55]

鲁道夫的好战言辞实际上和基督教数百年来对发动十字军的无效呼吁相差无几。这些提议几乎立刻开始破灭了。鲁道夫的顾问们建议舍利和阿里·伯克回去向沙阿汇报，说皇帝会派自己的使者向他正式提议建立军事和政治联盟。他们的拒绝引起了怀疑：当所有人都知道伊丽莎白与土耳其人结盟时，这位虚荣而挥霍的英国人是否有权提议与波斯建立一个泛欧联盟？即使在政治上是可行的，但威尼斯外交官杜奥多指出，共同对奥斯曼帝国发起持久战争在后勤上也是不可能的。1600年至1601年的冬天，这个精明的威尼斯人正忙于发现舍利的计划，他得意扬扬地给威尼斯总督写信："我怀疑有一些秘密谈判，而且我的怀疑是正当的。"他对舍利的陈腐计划和日益窘迫的经济情况给出了一份毁灭性的评价。"他的目标是将印度贸易完全从埃及转移到莫斯科去。计划很宏大，但不可能完成。我已经看过他的外交凭证；他们没有授予他大使的头衔，和他在一起的波斯人才有。他花了很多钱，还准备了礼物。虽然他的生活费用是陛下支付的，但他还是欠下了4.6万塔勒［德国旧银币名］的债务；他的债主对他穷追不舍。"[56]

现在是舍利再次动身的时候了，1601年2月，他离开布拉格，留下了大笔债务，前往意大利。他随身带着鲁道夫的祝福和2000多弗罗林。随着缔结联盟的提议被悄然放弃，这一定更像是一笔遣散费，如释重负的鲁道夫很高兴摆脱这个惹人厌的英国人和他身边闷闷不乐的波斯人。慢慢地，但毫无疑问地，舍利面前的门开始关闭了。他计划前往威尼斯，但当他提前派使者前去告知他即将抵达时，他们带回的消息说，一个土耳其代表团正在威尼斯，考虑到舍利身上的反奥斯曼人的外交凭证，他"不便"入城。他们转而经由佛罗伦萨前往罗马，在佛罗伦萨，一名美第奇家族的代表给出了一个糟糕的评价："这个英国人在我看来身体并不强壮健康。我对这个人一无所知。他的面容不讨我喜欢。我觉得如果我们一起去一家小酒馆吃饭，最后付款的那个人会是我。"[57]

事情似乎对舍利造成了伤害，他在去罗马的路上一直和阿里·伯克就他们的正式头衔和丢失的礼物争吵。"他们是在这样的敌对状态下来到这里的"，西班牙大使于1601年4月初说道，"他们大打出手"，不得不将他们分开。[58] 教皇克莱芒八世对他们的行为视而不见，大张旗鼓地接待了他们。和鲁道夫二世一样，他希望——有些乐观——波斯人能够提供一个挑战奥斯曼帝国的军事霸权的机会。法国红衣主教阿诺·德奥萨特（Arnaud d'Ossat）对此不太确定；他报告说"教皇已经让他们住在靠近圣彼得大教堂的博尔戈（Borgo）"，他们在那里争夺最好的公寓，没有人为他们安排面见教皇，因为"每个人都声称有权先于同伴"。作为一名基督徒，舍利声称要优先，但阿里·伯克指控他没有正式的外交凭证，并重申了对他偷窃波斯人本来可以送给教皇克莱芒的礼物的指控。他们一到就吵了一架，甚至回到住所后"在楼梯上扭作一团"。这是另一个滑稽的场景，但对舍利这样一个傲慢自大的人来说，当德奥萨特这样的政治家开始认为他是荒谬的、他的使命有点滑稽的时候，这也是可悲的。德奥萨特冷冷地写道："也许能找到什么人来告诉他们，由于他们两个由同一位君主派来完成同一项任务的人都无法达成一致，那么他们将会发现很难使这么多的基督教君主和其他人组成联盟摧毁土耳其帝国。"[59]

困难似乎无法解决，最终他们达成一项妥协：两人都被称为"陈情者"，分别与教皇会面。4月25日，舍利先见了教皇，他按照波斯的习俗在克莱芒面前盘腿而坐，向后者保证："上帝已经深深感动了他的主人［阿巴斯沙阿］的心，后者及其整个王国可能都会皈依。"第二天，当阿里·伯克指责舍利的各种"欺诈和诡计"（从信奉伊斯兰教到窃取给教皇的礼物）时，教皇对这一消息的满心欢喜就烟消云散了。外交上的共识是，克莱芒站在波斯人这一边，"因为他总是说话前后一致。这个英国人无疑是个骗子，虽然他是个健谈的人，而且消息灵通"。[60]

就在这个时候，关于舍利的赞助人埃塞克斯伯爵的消息从伦敦传到了罗马。1601年2月8日星期天，心怀不满的埃塞克斯离开了他在斯特兰德大街上的家，和300名武装支持者一同进了城。但伦敦人拒绝支持他，到了周日晚上，他因叛国罪被捕。2月25日，他在伦敦塔被斩首。[61] 备感震惊的舍利失去了赞助人，开始四处寻找另一个。4月，西班牙大使给国王腓力三世（于1598年继承了父亲的王位）写信介绍了舍利的情况。"这个英国人十分依赖埃塞克斯伯爵，"他说，"自从后者被囚禁并死亡以来，他完全失去了再次站在女王面前的希望……［因此］如果陛下愿意的话，他决定效忠陛下。"

然而，德奥萨特也向法国宫廷禀告，说舍利拜访了他，并"希望成为我的仆人"，为亨利四世服务。这位狡猾的红衣主教劝告国王要谨慎，说西班牙人"已经利用和审问了"舍利，"为了把他争取到他们身边，给了他不少好处，既是因为他们对抗英格兰的古老大计，也因为波斯和土耳其的这些事务。可能因为他远离自己的国家，需要钱财，他会接受西班牙人的一个职位，因为他们更愿意为恶行花钱。"[62]

另一件事似乎把舍利推向了西班牙人的怀抱。4月30日，罗马的英国学院院长耶稣会会士罗伯特·帕森斯（Robert Parsons）给英格兰的另一位会士写了一封信，对舍利提出了非同寻常的说法。在信中，帕森斯坚持认为，安东尼爵士"自［1598年］第一次来到威尼斯以来，就一直否认自己是一名新教徒，因为他接受了［天主教］……自从他在布拉格和这里以来，他常常每隔七八天就忏悔一次。"帕森斯还报告说，在复活节期间，舍利曾在英国学院就餐，在那里他讨论了"在波斯传播宗教［传教工作］的可能性"。帕森斯还说，舍利"也不想再返回英格兰了，因为埃塞克斯伯爵和他大部分的重要朋友都去世了"，而且"他欠了女王2.2万英镑的债"。[63]诚实和谦逊从来不是舍利突出的品质，但即使以他的标准来看，这些揭露出来的改宗和叛变行为也是令人震惊的。他从未坦承自己叛教的确切时间、地点和真实性；也许这是真事，但其中同样带有绝望的色彩。他在波斯时曾声称宗教是一种务实的统一人们的思想的东西，只不过是一个马基雅维利者的"玩具"，或许这就是体现他的言论的另一个例子。或许他现在迷失在如此错综复杂的欺骗网络中，以至于再也不能区别信与不信。或许他再也不在乎了。

1601年5月10日，教皇克莱芒正式遣散了大使，给了二人每人1000克朗，以尽快摆脱他们。他们宣称目的地是西班牙，为的是把沙阿的信函交给国王腓力三世，但实际上，大使团已经被内讧、敌对和叛教摧毁了。波斯人的厨子、理发师和次官都改信了天主教并发誓要留在罗马，而受辱的阿里·伯克则立即动身前往西班牙。途中，他幸存的随行人员中的另外三人改宗了，包括他的侄子乌鲁克·伯克，后者受洗后成为堂胡安（Don Juan），定居西班牙，写了一部关于他的冒险故事的丰富多彩的回忆录。由于某种原因，舍利没有和他们一起旅行，而是留在了罗马。在这一阶段，他的活动变得比以往任何时候都更加令人捉摸不透。他给苏格兰的斯图亚特王朝国王詹姆斯六世写信说愿意为后者服务，或许他知道詹姆斯是最有可能接替年迈的伊丽莎白的人。詹姆斯似乎已经上了舍利的当，在接下来的几年里，他将被证明是一个非常宽容的盟友。舍利阴郁地写道，他就要离开罗马了，"除了教皇本人，没人知道我要去哪里"。其中暗示的信息很清楚：尽管他的大使职务被撤销，但他的改宗让他可以为克莱芒做间谍。他是否真的提出过这样的建议，如果他提出了，又是否已被接受，都不得而知。到1601年5月底，舍利曾一度宣称要代表伊斯兰教、新教和天主教的利益为英格兰、苏格兰、西班牙、法国、波斯和教皇工作。其中唯一缺少的重要势力就是奥斯曼帝国，但他通往那里的道路是封闭的（就算他曾想要为它服务），因为他的一个仆人偷走了他的波斯信件，将它们送到了君士坦丁堡。

在离开罗马的时候，舍利是个叛教者，他（或许）为所有人服务，但没有人想要他。波斯大使团已经解散了，他需要一个新的赞助人和一段新的冒险。他唯一的选择就是前往威尼斯，他在1601年夏末到达那里。早在3年前他就到过那里，以英国新教徒的身份提议打破西班牙对波斯贸易的控制。现在他至少为两个天主教势力效力，并因试图建立一个反对奥斯曼帝国的欧洲-波斯联盟而臭名昭著。威尼斯人正试图与苏丹穆罕默德三世谈判另一项协议，因此他们和其他所有人一样，对舍利的出现抱着极大的怀疑。舍利来到这里，声称代表了苏格兰国王詹姆斯的利益，也代表了西班牙人（可能还有教廷）的利益，这使他引起了塞西尔的两个间谍的关注，他们注视着他的一举一动。

和往常一样，麻烦很快就找上门了。一颗子弹射进了他的房屋，他沉迷酒精，而且又受到了策划阴谋、盗窃和欠债的指控。1602年6月，塞西尔的一名间谍带着委婉的怀疑态度写道，舍利"最近在这座城市里遭到了袭击，或至少让外界看来是这样的，他的一个同伙受了重伤；而他自己则很庆幸躲过了一劫，被从桥上推下了水中"。舍利的家仆私下里嘀咕，说犯人可能是土耳其人雇的一名犹太人，尽管塞西尔的一名间谍报告说，更有可能是一个来找他支付葡萄酒账单的债主。多年来，舍利欺骗了几十个商人，他们一定希望把他从桥上推下去；唯一让人惊讶的是，竟然这么久之后才有人这么做。

到1603年春天，舍利的行为变得越来越反复无常；他向西班牙人提出了越来越荒谬的计划，要求允许他返回英国，甚至还讨好一位新来的波斯商人。对威尼斯人来说，这一切都太过分了，他们在 3 月份逮捕并囚禁了他。当有关他那无能的哥哥托马斯爵士的消息在那年春天到达威尼斯时,他的处境就更加岌岌可危了。2 月份,托马斯在基克拉底群岛(Cyclades Islands)袭击了威尼斯船队后,被奥斯曼人俘虏,现在正在君士坦丁堡的监狱里饱受折磨。加上罗伯特爵士仍然在波斯做人质,三兄弟现在被 3 个不同的外国势力囚禁着。托马斯爵士的私掠行为被视为舍利家族反威尼斯活动的又一例证,对安东尼没有任何好处。

正当一切似乎都已失去的时候,至少在短期内让舍利得救的消息从英国传来。1603 年 3 月,伊丽莎白女王在里士满宫去世。当大多数英格兰人哀悼时,舍利一定会为之庆幸,因为女王的去世使他最大的支持者之一苏格兰国王詹姆斯六世登上了英国王位。詹姆斯从来不以识人著称,曾因收到舍利冗长的信件而感到开心,并在 5 月时给威尼斯当局写信,坚称安东尼爵士"并不像别人描绘的那样是一个糟糕的臣民"。他要求威尼斯人交出一个舍利兄弟,并代表另一个与奥斯曼人交涉。[64] 托马斯爵士两年后才被安全释放,但安东尼爵士在 1603 年 6 月就重获了自由。詹姆斯似乎立即认识到自己犯了错误,因为他在 1604 年 2 月颁发了一张许可证,允许舍利"在海外停留一段时间,并向他可能经过的地方的君主〔和〕陌生人推荐舍利"。[65] 这让舍利在国外获得了某种英国人的正式身份,但这并不是一个强有力的支持,而关于让他返回英国的讨论也被悄悄取消了。舍利几乎立即复归他的老路,将有关土耳其军队调动的情报传递给布拉格的鲁道夫二世,并向后者承诺"我仍在为陛下工作,并准备好为你的事业做出任何牺牲"。[66] 12 月 1 日,威尼斯当局一致投票决定将他永远驱逐出这座城市。给了他 4 天的时间让他离开,否则将以死刑论处。他和詹姆斯无论说什么都不会改变威尼斯人的主意，几天之内，舍利就永久离开了威尼斯。

随着詹姆斯国王的登基和舍利最终被威尼斯人流放，他的波斯大使任务结束了。詹姆斯对与波斯或奥斯曼帝国结盟毫无兴趣；他的主要目标是与西班牙和平相处，这使得舍利几乎无法施展什么外交手段（而非他越来越古怪的行为使然）。但这并不是他传奇流浪故事的结尾。他返回布拉格后，1605 年从那里前往摩洛哥，提出在阿尔及尔发起一场摩尔人针对土耳其人的战争，但不出所料，结果什么也没发生。1606 年，他为马德里的西班牙宫廷工作，说服轻信的腓力三世出资修建一支私掠船队，结果造成了灾难性的后果。1607 年，舍利兄弟的故事变得非常著名，一群老练的剧作家写了一部关于他们的功绩的剧本，名叫《英格兰三兄弟的艰苦事业》(The Travailes of the Three English Brothers)，尽管它远远没有捕捉到他们冒险的全然奇异之处。

到这个时候，由于安东尼爵士杳无音信，阿巴斯沙阿感到非常沮丧，这是可以理解的。1608 年，他派罗伯特爵士去执行一项类似的任务。罗伯特爵士并没有在他哥哥不在的日子里无所事事，他改信了天主教，娶了一个切尔卡西亚酋长的女儿，19 岁的桑普索尼娅（Sampsonia），由加尔莫罗会赐教名特蕾莎（Teresa）。他游历了整个欧洲，被教皇封为伯爵，然后去了马德里。1611 年 4 月，他与兄长在阔别 12 年后终于重聚了。哥哥对他们的重聚的直接反应是向西班牙当局告发罗伯特是一名英国间谍。最终，最小的弟弟使哥哥们黯然失色：罗伯特爵士继续服侍詹姆斯国王和他的儿子查理一世，直到 1628 年去世。托马斯爵士从狱中获释后回到英国，他情绪低落、一贫如洗，1633 年死在怀特岛上。

安东尼爵士仍然留在西班牙,成为一个日益边缘化和可怜的人物,靠西班牙给的微薄的养老金生活。他的头脑中仍然充满了不可能实现的想要获得权势和影响力的梦想,但他深受债务之苦,"几乎没有钱给他买面包",住在"一个小酒馆里,比一家英国小酒馆好不了多少"。他以某种方式说服罗伯特把他对波斯大使团的记述带回伦敦,并在1613年以《安东尼·舍利爵士:他对波斯之旅的记述》为名出版,但是没有引起太多的注意。16世纪20年代,他为新国王腓力四世的大臣们写了两篇同样简明扼要的论文,为他和西班牙更大的荣耀提出了更多让人迷惑的计划。最后对舍利有所着墨的是英国驻西班牙大使弗朗西斯·科廷顿(Francis Cottington),他写道:"这个可怜的人有时会来我家,他和以往一样充满虚荣心,并使自己相信有朝一日自己能成为一位伟大的君主,而就眼下而言,他想要双鞋穿。"[67] 他非常落魄,最终在16世纪30年代的一个不为人知的日子里在西班牙默默无闻地去世了。

在伊丽莎白统治的最后几年里,没有什么人的东方冒险经历比安东尼·舍利爵士的更加广为人知。他的事迹太离奇了,莎士比亚都没有必要为它们写一出戏:只需在《第十二夜》中顺便提一下,观众就可以想象出一个夸夸其谈、大摇大摆、略显可笑的贵族。他的一生是一场悲喜剧,讲的是一个陷入危险、无情的世界的人,渴望为苏丹、沙阿和皇帝提供服务而获得国际声誉,但却沦落到流亡和遭受辱骂的境地,甚至没有足够的钱买面包和衣服。最终,舍利不像那个滑稽的贵族流氓托比·贝尔奇爵士,而是像悲剧性的马伏里奥:一个在社会中急切向上爬的人,在实施晋升计划中被羞辱,怒斥他的敌人——波斯人、土耳其人、俄国人，甚至是密谋反对他的英国狗，并且仍然计划报复他们所有人。作为一个不服国教的天主教徒，他最终与什叶派穆斯林结盟反对伊丽莎白时期的英格兰与奥斯曼苏丹之间的新教–逊尼派联盟，舍利的例子证明，这些关系在伊丽莎白统治结束时已经变得非常复杂。但这种关系也充满了危险和幻灭。和许多在他之前的伊丽莎白时期的人一样，他前往东方，希望从各种穆斯林统治者手中获得财富和职位晋升，但结果却是幻灭和流离失所，成了异乡的陌生人，再也不知道何处是故乡了。

有些人更多地把舍利和莎士比亚联系了起来，尽管不是很可信。1888 年，蒂斯河畔丁斯戴尔（Dinsdale-on-Tees）的牧师斯科特·瑟蒂斯（Scott Surtees）加入了关于莎士比亚戏剧作者的时髦辩论，出版了一本名为《埃文河畔斯特拉特福德的威廉·莎士比亚，他的墓志铭被发掘出来，戏剧的作者水落石出》（*William Shakespeare, of Stratford-on-Avon, His Epitaph Unearthed, and the Author of the Plays run to Ground*）的小册子。瑟蒂斯没有支持像弗朗西斯·培根爵士或牛津伯爵这样更为明显的人选，而是把注意力集中到一个更国际化的人那里，这个人拥有海战和陆战经验，熟悉法律、贸易和外交，了解"几乎每一个已知国家的习惯和方式、风俗、服饰、礼仪、法律"，包括阿勒颇、阿尔及尔、百慕大群岛、塞浦路斯、希腊、印度、毛里塔亚尼、墨西哥、波斯、罗马、俄罗斯、突尼斯、威尼斯、维罗纳和维也纳，并痴迷于给他笔下的人物取名"安东尼奥"。于是，瑟蒂斯得意扬扬地问："除了安东尼'的新写法'（Anthony "writ new"），这个四处可见的安东尼奥还能是别的什么吗？"就瑟蒂斯而言，有关作者身份的争议的答案显而易见："写了这些剧本的只可能是安东尼·舍利。"[68]

11

不止一个摩尔人

1599年6月,就在安东尼·舍利爵士离开伊斯法罕前往莫斯科几周后,英国商人兼间谍贾斯珀·汤姆森(Jasper Thomson)在马拉喀什给他伦敦的亲戚理查德·汤姆森(Richard Thomson)写了一封信。贾斯珀在信中描述了他最近与曼苏尔的首席秘书卡伊德·阿祖兹(al-Caid Azouz)的会面,并在信中说阿祖兹发现"我在土耳其工作过几年,在大君[穆罕默德三世]亲自进入匈牙利的最后一次旅程中,我也在场"。曼苏尔命令阿祖兹花"整夜时间"来询问汤姆森"有关大君及其所作所为的细节(因为我认为没有什么比听到土耳其人诸事不顺能更让国王高兴的了)"。当汤姆森谈到奥地利人最近在匈牙利战胜土耳其人的消息时,阿祖兹把话题转到了英格兰与奥斯曼帝国的关系上。他"很想知道女王为什么需要土耳其人的帮助来对付西班牙人"。汤姆森温和地抗议说"从来没有这样的要求",但在"谈了很多"关于伊丽莎白对西班牙和奥斯曼帝国的政策,以及英国驻法军队的规模后,阿祖兹问这个英国人:

> 我是否可以认为女王愿意再派一支有2万名步兵的军队在西班牙某个港口登陆,并且用船运载来自巴巴里的2万人

员和马匹,从而联合起来征服这个国家;他说,毫无疑问,如果女王陛下和国王在行动上联合起来,就有可能实现这一点。[1]

他想知道汤姆森是否有"用言辞就能说服女王的朋友"。这个英国人的回复是谨慎的,这是可以理解的。汤姆森家族为罗伯特·塞西尔爵士服务,他们总是在寻找值得转告伦敦的主人的情报;尽管如此,贾斯珀还是不能对阿祖兹的提议擅作主张。他告诉这个摩洛哥人自己不知道女王对西班牙的最新政策,特别是1598年9月腓力二世去世后的最新政策,但他告诉后者,如果曼苏尔是认真的,"他最好派一个大使觐见女王陛下与之谈判,我保证他会得到一个官方的答案"。他在信的结尾提到1591年曼苏尔负责征服宋海的军事指挥官返回的消息。"他带来了30头满载未提炼的黄金(tyber)的骆驼",他写道,估计黄金价值超过60万英镑,相当于伊丽莎白的全年收入,是国债的两倍。他还提到了带回来的"大量胡椒、独角兽的角和制作染料用的某种特殊木材。……他把这些都献给国王,还有50匹马,大量的太监、小矮人、男女奴隶,此外还有宋海国王的15个贞女女儿,他送给国王做了妃嫔。你必定注意到了他们所有人都长着煤黑色的头发,因为那个国家的人没有其他颜色的头发"。[2] 和同时代在伊斯兰国家工作的许多人一样,汤姆森在冷静的现实政治和耸人听闻的异国情调之间能够没有任何困难地进行转换。

从英国和摩洛哥统治者在接下来几个月的一系列通信中判断,阿祖兹的提议在伦敦显然得到了认真的对待。1600年3月,伊丽莎白写信要求释放摩洛哥人关押的 9 名荷兰俘虏；6 月，曼苏尔告诉她，他将派遣一个外交使团，伪装成（有点不太可能地）途经伦敦抵达阿勒颇的贸易代表团。该使团将由曼苏尔的顾问阿卜杜·瓦希德·本·马苏德·安努里（Abd al-Wahid bin Masoud bin Muhammad al-Annuri）率领，他被授予了"口头上秘密"讨论英-摩联合攻击西班牙提议的权力。[3] 然而，有关该计划的消息开始泄露，马拉喀什的英国商人很快也开始猜测。其中一个名叫约翰·韦林（John Waring）的人给罗伯特·塞西尔写信，告知安努里的使团即将出发，随行的还有"9 个很久以前被巴巴里人掳走的荷兰人，他们成了巴巴里国王穆莱·哈默特（Mully Hamett）的奴隶"。他说："最有可能的情况是，上述俘虏会跟着摩尔人一个接一个来到女王陛下或阁下面前，承认女王陛下的慷慨和恩赐。"[4] 使团背后的真正动机可以隐藏在贸易以及基督教俘虏例行遣返的幌子下，这也使荷兰的加尔文主义者对伊丽莎白颇有好感。

几周后，贾斯珀·汤姆森的表亲乔治向塞西尔发送了一份更详细的报告，说明对安努里及其随行人员的期待。尽管他承认他们的任务是"秘密的，没人知道他们此行的理由"，但他与很多摩洛哥人有私人接触，这意味着，他可以向他的主人提供一份关于全体船员的详尽报告。其中包括两名著名商人："赛德·阿尔海吉·梅萨［哈吉·穆萨］"，在他受人指控向曼苏尔隐瞒宝石后而失去了领导代表团的机会，以及"阿尔海吉·巴哈奈特"，他也被授权代表使团的商业利益。他们身边有一个汤姆森的朋友，名叫"赛德·阿布达拉·杜德尔［阿卜杜拉·杜达尔］，是一个安达卢斯人［摩里斯科人］和一名译员，他告诉我他将和女王陛下说意大利语；但我认为他将会说他的母语西班牙语"。汤姆森还详细地描述了安努里。安努里是"天生的摩尔人，但属于菲斯人的种族，一般摩尔人认为他们低人一等"，因为菲斯在 1548 年才被并入萨阿迪王朝。汤姆森警告塞西尔说，尽管安努里拥有"敏锐的才智和写作的天赋"，但他是一个骄傲自负的人，"心灵卑鄙"，缺乏"教养"。这种谴责应被谨慎对待，因为汤姆森也告诉塞西尔，安努里"非常依赖韦林的朋友，毫无疑问，到这个地方贸易的商人都对他慷慨大方"。[5] 在他写这份报告的同时，乔治的三个表兄弟和韦林卷入了一场旷日持久的关于商品和金钱的法律纠纷，非常棘手，以至于伊丽莎白给曼苏尔写信要求他进行干预。[6] 后者是否这样做了尚不清楚，但这场纠纷表明，如果汤姆森认为安努里应该受到怀疑，那么乔治·汤姆森也一样。

1600 年整个春天，摩洛哥大使的到来受到人们的期盼，当时双方的外交人员就他的出使细节进行协商。6 月底，一个由 16 人组成的代表团登上了"鹰"号（*Eagle*）离开摩洛哥。当他们向北航行时，英国间谍给罗伯特·塞西尔写信，告诉他一艘西班牙战船曾试图拦截"鹰"号，并补充说："这里的西班牙人报告说，我们的女王（上帝长久以来一直保佑的女王！）已经死了。"[7]

8 月 8 日，"鹰"号在多佛停靠，巴巴里公司的代表会见了安努里，并将他们一行人带到伦敦。塞西尔把他们委托给托马斯·杰拉德（Thomas Gerard）照顾，后者是斯塔福德郡一位著名的地主和国会议员。这个举动很精明。杰拉德曾是埃塞克斯的密友和支持者，但自从伯爵从爱尔兰回来后，他看到埃塞克斯的光芒正在衰退，遂改变了自己的政治忠诚。塞西尔渴望进一步确保杰拉德的忠诚。

8 月 11 日，杰拉德给塞西尔写信，确认他已经见到安努里，并安排后者及其随行人员住在安东尼·拉德克利夫（Anthony Radcliffe）在斯特兰德大街上的房子里，那里靠近皇家交易所。拉德克利夫是前伦敦郡长，也是裁缝商人行会的会长，是接待摩洛哥代表团的绝佳人选，因为他可以让他们与伦敦的商人团体保持联系。8月15日，摩洛哥人在伦敦塔码头（Tower Wharf）登陆，然后被4辆四轮马车接往拉德克利夫的家里。杰拉德报告说，并不是附近所有人都对使团的到来感到高兴。一些观察家担心，"他们的衣着和行为都很奇怪"。[8] 杰拉德已经与伦敦的巴巴里商人接洽，让他们承担"大使的饮食费用，但他们都哭穷，除非女王陛下出资，否则这将由他自己承担"。"为了不招致他人的流言蜚语，他们被安排住在一座单独的房屋里，他们在那里独自进餐。"[9] 5天后，他们骑马穿过齐普塞街（Cheapside）来到威斯敏斯特，乘船前往兰贝斯（Lambeth），然后乘坐马车到10英里外的萨里郡（Surrey）的无双宫觐见女王。

一位目击者相当详细地描述了王室为摩洛哥大使来访所做的精心准备："从汉普顿宫运来华贵的帷帐和家具；非常强壮的守卫穿着华丽的外套；那些侍卫（皇家卫队）手握斧头；（嘉德）骑士团的勋爵们戴着他们独特的衣领；宫廷里到处是爵爷和贵妇。"安努里"穿过一队荷戟卫兵，被带到议会大厅休息；然后他被带到客厅，经过私室，最后来到长廊上；女王陛下非常威严地坐在远端，接见他们"。[10] 摩洛哥人和英国代表团省掉了繁文缛节，开始着手讨论手头的事务。

他们用西班牙语交谈，外交官兼廷臣刘易斯·卢克诺爵士（Sir Lewis Lewkenor）为女王翻译，内容主要涉及两国之间的商业关系，但其中一位英国廷臣报告说："在他们离开前，使团的译员用意大利语说，想要私下讲些什么，女王批准了。"[11] 他们讨论的东西没有可靠的记录留存下来，但其中一名英国外交官写道，在伊丽莎白接见安努里的最后，她召见了荷兰大使，并隆重地移交了 9 名荷兰囚犯，她曾经担保释放他们，这是安努里进行访问的条件。[12] 根据这一说法，她似乎是在利用释放俘虏向观看的荷兰人炫耀她对摩洛哥的影响力。另一位名为罗兰·怀特（Rowland Whyte）的商人对荷兰人被招来的原因给出了不同的解释。怀特说："他们是为女王陛下给奥斯曼苏丹的信而来，巴巴里国王的一个兄弟逃到了苏丹那里投诉他。"[13] 一个观点强调的是英格兰与荷兰人和摩尔人结成的反天主教联盟；另一个观点强调的是伊丽莎白与奥斯曼苏丹的联盟。不管实际上说了什么，很多在场的人都将此理解为天主教西班牙在政治上和神学上最强大的 3 个敌人召开的一场会议，他们的实际商议事项远远超出了贸易协定。

觐见女王后，摩洛哥代表团返回位于伦敦市中心的住所。在接下来的几个月里，伊丽莎白的许多廷臣相信，乍看之下只是另一个贸易代表团——无可否认来自异域——的使团实际上试图秘密发起一个新的军事联盟，预谋入侵西班牙，还可能协同攻击曼苏尔的另一个劲敌奥斯曼帝国，尽管伊丽莎白一直以来与后者保持友谊。一旦达成，这样的联盟将使基督徒互相敌对，使穆斯林互相敌对，这是一个前所未有的不洁的联盟。

第二次觐见被安排在 3 周后，这一次是在萨里的奥特兰兹宫（Oatlands Palace）。罗兰·怀特写道，安努里"私下里与女王谈话；他的事务处理得非常隐秘，至今仍未曝光。据说，如果女王陛下愿意提供船只，帮他把他征服的西印度群岛部分地区的宝藏安全运到他的港口，他就向她开出优厚的条件"。¹⁴ 无论如何，对于怀特声称摩洛哥人试图让伊丽莎白帮助他穿越大西洋偷运新大陆财富的说法，并无真相。但他混乱不清的报道确实与发生的事情有一定联系。

安努里在奥特兰兹宫对伊丽莎白的提议实际上是盎格鲁－伊斯兰关系史上最大胆的提议之一。在1600年9月13日的一份备忘录中，安努里解释说他正在组建一个正式的军事联盟，致力于使英国和摩洛哥的舰队联合攻击西班牙。在伦敦"秘密地与威严的女王交谈"，谈论"西班牙国王的各种背信弃义及不断的背叛"后，安努里认为，"如果威严的女王陛下与他的主人威严的皇帝建立永久的友谊，并合力对抗他们共同的敌人西班牙国王，将是一种造福全人类的慈悲与人道行为"。英格兰和摩洛哥将一起入侵西班牙，实现摩洛哥人长久以来的梦想——穆斯林重新征服安达卢斯。安努里写道：

> 他将会对西班牙发动战争，因为我们的国土离得很近。此外，我们有一支庞大的骑兵和步兵部队与各种弹药，以及火药和其他一切发动战争需要的东西，还有大量的小麦和其他供给。我们的森林中都是用来造船的树，还有战争用的铁。威严的女王陛下应该在西班牙占据临近我们的任何据点或城市，并愿意提供士兵、军火或金钱，我的主人皇帝将注意到这一切，因为皇帝将会批准女王陛下向他索要的任何东西，这是受到他们之间长久以来的友谊约束的。¹⁵

摩洛哥国王的提议不仅仅是对西班牙发动一场进攻。安努里

还奉命提出了一个更大胆的联合攻击西班牙在美洲和远东地区的殖民地的建议:

> 如果两位威严的统治者建立联盟,他们也可以从西班牙手中夺取东、西印度群岛,以此加强女王陛下和皇帝的实力,削弱西班牙国王,因为他作为西班牙国王的力量完全来自他对东、西印度群岛的控制。
>
> 在小麦、军需、火药、补给以及步兵和金钱方面,皇帝会满足威严的女王陛下的舰队的需要。他最好的方式是提供步兵,因为他的人更适应东、西印度群岛的炎热。事实上,皇帝陛下已经在几内亚征服了尼日尔河畔的一个非常强大的王国,他在那里占领的土地行军90天才能走完,夺取了8.6万个城池,并为它们提供士兵和军需物资等所需的一切;他的人已经习惯了那里的炎热气候。[16]

现在,曼苏尔与伊丽莎白的关系使他相信可以彻底摆脱天主教西班牙的世界。这看起来荒谬牵强,但伊丽莎白的顾问们的反应表明,穆斯林统治者威胁要开辟反对西班牙的新战线的任何提议都被严肃地加以考虑了。

最后,女王及其顾问们反对拟议中的联盟。也许他们害怕与奥斯曼帝国的密切商业和外交关系破裂。他们反而以自己的提议作为回复。他们似乎相信安努里并不是汤姆森最初认为的菲斯人,而是"重归"伊斯兰教的摩里斯科人。塞西尔知道,曼苏尔对摩里斯科人的忠诚抱有深刻的怀疑,尽管他们和摩尔人一样憎恨西班牙人。基于这一假设,伊丽莎白的顾问给安努里提供了一个机会，让他加入英国军队正在进行的更为真实的和西班牙战斗的机会，此时主要是在海上而不是在陆地上发动的。这实际上是企图把安努里"变成"一个双重间谍。

也许他们误判了他的出身或忠诚，或者二者兼而有之，大使似乎拒绝背叛曼苏尔。然而，使团中至少有一个人，即译员阿卜杜拉·杜达尔，毫无疑问是一个母语为西班牙语的摩里斯科人（或"安达卢斯人"），而且看起来他和哈吉·穆萨领导了某种对安努里的反抗，可能是因为他们有兴趣接受英国的提议。10月15日，不知疲倦的日记作者约翰·张伯伦说："巴巴里人本周某个时刻会回家；我们的商人和水手不会把他们带到土耳其，因为他们认为对异教徒太友好或太亲近是世界上令人憎恶、可耻的事。"然而，张伯伦展示了许多英国人对摩尔人表现出来的与此相反的看法，他继续说："然而，如此遥远的各不相同的民族的人都齐聚于此，欣赏我们的示巴女王（Queen of Sheba）的荣耀和壮丽，这对我们来说也是不小的荣誉。"[17]《旧约》中的东方女王示巴拜访所罗门的故事被张伯伦颠倒了，他将伊丽莎白视为一个年迈的活着的示巴，等待着来自世界另一边的探访。6天后，张伯伦指出："巴巴里人昨天在宫廷告假，不久就会离开；但他们中最年长的人［哈吉·穆萨］是某种神职人员或先知，已经离开了这个世界到地狱中（apud inferos）做预言，去寻找他们的中保穆罕默德。"[18]

在张伯伦开了这个相当蹩脚的玩笑后，接着又有报道提出了更为阴暗的指责。伦敦的编年史家约翰·斯托（John Stow）写道："他们毒害了他们在格拉纳达出生的译员，因为他赞扬英格兰的财富和慷慨。人们认为他们受人尊敬的年迈的朝圣者［哈吉·穆萨］

之所以遭受这样的暴行，原因是他们为了避免他彰显英格兰的荣誉以使他们受辱。人们通常根据他们的举止判断他们是间谍而不是可敬的大使，因为他们尽其所能地损害英国商人。"[19]

安努里是不是在斯特兰德大街上谋杀了代表团中的两名反叛分子，然后命令代表团成员仓促离去的？还是说，摩洛哥代表团成员之间关于谋杀和叛乱的谣言是由各商业和政治派别之间的分歧产生的恶意诽谤？随着越来越多的人猜测议论，枢密院开始讨论采取行动反对英国商人人为抬高巴巴里糖价，并请求黎凡特公司支付运送摩洛哥代表团前往阿勒颇的费用。

作为对安努里最初提议建立全面军事联盟的回应，伊丽莎白故意给曼苏尔写了一封含糊其词的信，对其中的细节只字不提，只感谢他"表达了很多真挚的善意"，并希望"我们的这些信能表达我们最深切的感激之情"。她提醒曼苏尔，"我们一直清楚地意识到，多年来，陛下一直非常尊重我们在臣民之间的贸易和协议方面的长期通信"，但随后她提出了一个问题，即"有人欠了我们几个臣民相当数额的钱款，他们以及商人们在摩洛哥受到了最严厉的对待"。她还提到释放荷兰商人，指出这强调了"我们承诺保护那些像我们一样承认耶稣是所有人的救主和救赎主的人的福祉"。

这很难算是企图鼓励拟议中的英－摩联盟对抗西班牙。她接着暗示了使团在其成员之间以及在更大的伦敦社区内引发的冲突。她在信中写道："我们考虑了陛下的请求，用船只把你的大使们送到阿勒颇，我们不愿拒绝这样的恩惠或其他任何更大的恩惠。"然而，她承认，"出于许多重大关切，我们获悉并被告知，这样的行动将给我们的船只和大使本身带来诸多不便和麻烦。因此，我们非常大胆地将这些情况通报给你的大使，并确保陛下不会因他们遵从我们的意愿和指示而追究他们的过错"。[20] 她不愿透露的是，黎凡特公司心怀不满的商人拒绝为安努里前往阿勒颇的旅程付款。不管斯特兰德大街上紧闭的门后发生了什么，摩洛哥人似乎要回家了。

然而，一个月后的 1600 年 11 月 17 日，安努里和他的随行人员仍在伦敦，公开庆祝在白厅举行的伊丽莎白登基 42 周年纪念日的庆典活动。由于安努里身穿黑色长袍、头缠白色亚麻头巾，腰挂装饰华丽的钢弯刀，他立即与人群区别开来。他的外表和风度使他既是一个气度不凡的旅行者，也是一个颇有异国情调的陌生人。

安努里和他的随行人员在院子一端的华盖下观看了英格兰一些最著名的领主和骑士之间的一场骑马比武，伴随着号角的鸣响以及随从吟唱诗歌，这些精心打扮、穿着盔甲的人走进赛场。成千上万的伦敦人前来观看盛会——"这么多人聚集在一起，"约翰·斯托写道，"这个地方以前从未有过如此盛况。"[21]

如果安努里抬头，就会瞥见女王和她的女嫔们正在宫殿走廊的一个窗口后观看比赛，从这段距离他可能看不到她变黑的牙齿。"一个缺陷，"德意志旅行者保罗·亨兹耐尔（Hentzner）写道，"英国人大量食用糖，他们似乎受到了影响。"[22] 自从伊丽莎白登基以来，摩洛哥食糖的进口使女王喜欢上了水果蜜饯，这对她的牙齿造成了严重的损害。法国大使德·布瓦西耶先生（Monsieur de Boissie）和他的俄罗斯同僚格里戈里·米库林（Grigorii Mikulin）均被赐予伊丽莎白身边的座席，但安努里和他的随从只能站在女王的臣民中。

自伊丽莎白即位以来，整整 42 年过去了，她每年都要举办一场精心筹备的盛典仪式庆祝她的登基日。全国在这一天都以布道、公共宴会、教堂鸣钟、祈祷和篝火晚会纪念童贞女王的统治。1600 年的骑马比武的规划旨在展示一个和平的王国。女王的主要对手腓力二世早在两年前已去世，尽管英国仍在与西班牙正式交战，但后者入侵的威胁已经消退。而在比武场光鲜的表面和喧闹的表演背后，伊丽莎白统治了 40 多年的看似坚不可摧的大厦已开始崩塌。

安努里的画像是在这个时期的某个时刻画的。也许这一事件与使团推迟离开并不是没有关系的。这幅画像似乎是为了纪念一个特定的外交事件——安努里在白厅庆典上的正式亮相，或者可能是为了一份正式条约——而画的，画面的左边写着日期"1600"、他的英国化的名字和他的年龄（"42"），右边写着他的头衔（"代表巴巴里国王出使英格兰的使者"）。这幅画在某种程度上显然与伊丽莎白登基纪念日庆典有关，因为在这幅画上如此醒目的安努里的年龄与伊丽莎白的在位时间是一致的，这肯定不是巧合。这幅画像可能是为了回应伊丽莎白和塞西尔试图纪念安努里的来访而绘制的，此次来访预期将建立一个盎格鲁-摩里斯科联盟，或者与曼苏尔达成妥协，建立一个反西班牙联盟，但不会发动全面入侵。委托或画了这幅画的人仍然是个谜，但这幅画像为它的主题提供了诱人的一瞥，并且作为留存下来的最早的描绘在英国生活的一位穆斯林的画像而令人瞩目。这幅画像的存在让人吃惊，因为伊斯兰教禁止人物画像——尤其是因为，曼苏尔比许多其他穆斯林统治者更遵守圣训，反对人物肖像，他从不露出面庞，在公众面前讲话时会戴上面纱。

就在安努里观看伊丽莎白周年庆典的同一天，女王的印刷商出版了一本约翰·波利（John Pory）的《非洲的地理历史，作者摩尔人约翰·莱昂用阿拉伯语和意大利语写成，他出生在格拉纳达，在巴巴里长大》（*A Geographical Historie of Africa, written in Arabicke and Italian by Iohn Leo a More, borne in Granada, and brought up in Barbarie*）。波利书名中的"摩尔人"或摩洛哥人在他的基督教读者中更著名的名字是非洲人莱昂（Leo Africanus），尽管他的教名是哈桑·伊本·穆罕默德·伊本·穆罕默德·伊本·艾哈迈德·瓦赞（al-Hasan ibn Muhammad ibn Muhammad ibn Ahmad al-Wazzan）。瓦赞是一个在格拉纳达出生的穆斯林，在菲斯长大，1518年穿越地中海时被基督教军队俘虏。他在被囚时改信了天主教，并于16世纪20年代在罗马写下了他对非洲的描述；后来分别用拉丁语、意大利语和法语出版，之后波利把它译成了英语。波利把这本书献给了罗伯特·塞西尔，这可能表明它来得特别及时，"因为摩洛哥大使（本书也特别详尽地描写了其国王的领地）最近跟阁下讨论了一些国家大事"。[23] 波利的书给女王的大臣们提供了关于一个穆斯林盟友的重要信息，英国即将批准与之正式结盟。

伊丽莎白不会赞成与巴巴里王国全面结盟，但她会考虑做她的水手最擅长的事，那就是在加勒比海上袭击西班牙舰队，如果曼苏尔能信守他的诺言来支付费用的话。同意这样一项计划显然超出了安努里的权限，1601年1月，协商似乎已经停滞，因为公众对摩洛哥人的敌意越来越明显。

当塞西尔的一个间谍菲利普·霍尼曼（Philip Honeyman）声称安努里的任务是"了解这里的商品是如何销售的，以及我们从他们的糖中得到了多少利润，这样他就可以相应地提高价格。商人们对他的到来并不感到高兴"时，他为这种敌意提供了一种可能的解释。[24] 而约翰·斯托提出了另一个观点：

> 尽管女王向他们展示了善意，他们在6个月间的全部食物和其他供给全由女王提供，但他们对我们的基督教和国家怀着根深蒂固的憎恨，因为他们不能忍受向任何英国穷人提供任何形式的施舍和救济，无论是以金钱还是碎肉，他们留着这些碎肉卖给那些愿意出价最高的穷人。他们只在自己的房屋里宰杀绵羊、羊羔、家禽之类，当他们杀任何东西的时候，都把脸转向东方；他们用念珠，向圣徒祈祷。[25]

在嘲笑了摩洛哥人的宗教惯例后，斯托继而质疑他们的商业活动的诚意：

> 然而，他们来使的主要借口是要求女王陛下继续对他们的国王给予特别的恩惠，并恳求她给予海军援助，用于各种特殊用途，主要是为了保护他从几内亚获得的财宝，然而英国商人却不这么认为，因为在他们在伦敦居住的半年时间里，他们费尽心机悄悄打听从他们国家进口的商品或英国出口的不同商品的价格、重量、计量单位和各种差异。[26]

在将近6个月之后，由摩尔人使团引发的外交、宗教和商业上的紧张局势终于结束了。由于看不到达成军事或外交协议的希望，而且伦敦的巴巴里和黎凡特商人因为认为安努里在搜集敏感的商业情报而愈发不满,显然,他们现在该离开了。

当他们开始计划离开时,事态的发展加速了他们的离开。1601年1月,伊丽莎白发布了一则公告,直接关系到安努里的随从。其内容如下:

> 然而,为自己的天然臣民提供良好生活和幸福的女王陛下,在这种饥荒的困难时期极为痛苦,在了解到大量的黑人和黑摩尔人(如她被告知的)由于她和西班牙国王之间的纠纷而被带入这个王国后表示了强烈的不满;他们在这里得到了养育和支持,这让渴望得到他们享受的救济的她自己的臣民非常恼怒,同时也因为他们大部分人是不了解基督或他的福音的异教徒:已经下发了一条特殊的法令,上述这类人必须全速被清空,并被赶出女王陛下的王国。[27]

这则公告是英国政治形势恶化的一个迹象。由于收成不好、人口减少和圈地运动的破坏性影响,该国正陷入饥荒。伊丽莎白对权力的控制正在松动,她的直接反应一如自古以来政治领导人面对危机时的反应:打击经济移民、逃避宗教迫害的难民和"外国人",尽管在这个案例中,考虑她与摩洛哥的长期联盟的商业利益毫无意义。公告中提出的驱逐黑人和摩尔人的提议也不完全是它们表面看起来的那样。伊丽莎白已经"任命了吕贝克的商人卡斯珀·范·岑登(Casper van Zenden)把他们快速运走"。范·岑登是个特别无所顾忌之人,他在4年前就想到了驱逐黑奴并在西班牙贩卖他们的点子。正是奸诈的已破产的老托马斯·舍利爵士发现了一个有利可图的商机,于是在1601年向塞西尔请愿成功授予范·岑登许可证，他大概从中分到了一定比例的不光彩的利润。[28]

无论这种伪善的做法是否与安努里做出离开的决定有任何关系，伦敦街头发生的其他更戏剧性的事件很可能加快了这一进程。2月初，埃塞克斯发动了不成功的叛乱，到月底他已经被审判和处决了。埃塞克斯是枢密院里好战派的代表：如果有人能实行像曼苏尔提议的那种鲁莽的英-摩联合攻击，那就是埃塞克斯。但他的死使塞西尔的更谨慎的派系处于支配地位。不顾伊丽莎白盟友的热切期望，与西班牙的战争被排除在政治议程之外。

伦敦在叛乱失败后陷入混乱，安努里和他幸存的随从悄悄地溜走了。1601年2月27日，他们回到了摩洛哥。曼苏尔随后给伊丽莎白的信表明，安努里对他的忠诚是不可动摇的，并且还澄清了有关安努里的出身的困惑。曼苏尔在5月份写道："这个安达卢斯人来到我们的高门前，向我们转告了你和他讨论的并传达给他的所有意图和计划。我们用心倾听，直至完全理解了内容，并对你所策划的一切变得警觉起来。"曼苏尔证实了安努里是摩里斯科人，他显然满意地解释说，他知道伊丽莎白的全部秘密计划，即为一场由英国单独领导的对西班牙的进攻在使团内招募西班牙出生的穆斯林。他不会支持任何盎格鲁-摩里斯科联盟，因为正如他向伊丽莎白解释的那样，他担心摩里斯科人可能会回归基督教，或者像他所说的那样，"我们担心他们会被敌人"西班牙人"影响而反对我们"。[29]

尽管如此，曼苏尔仍然希望伊丽莎白能在美洲对西班牙发动联合攻势。他提醒她，"你说在那次行动中要调用的舰队将需要价值10万英镑的财宝，我们应该秘密地协助你，让西班牙人察觉不到"。他告诉她，钱"已经准备好了"；她所需要做的就是派"一艘结实的大船和一些会计人员"来取它。他所关心的另一个问题是穆斯林对美洲的殖民统治。"因为我们的意图,"他愉快地写道,"不是进入这片土地劫掠它然后离开,而是要占有它,使它永远处于我们的统治之下,并且——在真主的帮助下——把它并入我的和你的国土。"他郑重地总结道:"如果你的权势和指挥能在那里被我们的军队看到,所有的摩尔人都将在真主的帮助下与你们和我们联合起来。"[30] 这是第一次也是最后一次有人提议组建一个新教徒–穆斯林联盟统治拉丁美洲,如果真主这样安排的话。

伊丽莎白对以某种方式利用曼苏尔的力量威胁西班牙十分感兴趣,她赞扬安努里"极其谨慎",并派她的代理人亨利·普兰内尔(Henry Prannell)继续在摩洛哥协商。[31] 但攻击西班牙的好战要求已随埃塞克斯消逝:政治意愿和女王的大部分个人力量都已消失了。宫廷出于政治和商业原因与摩洛哥结盟的兴趣似乎已告一段落。

尽管最高政治领导层对英–摩联盟的热情有所减弱,但伊丽莎白核心圈子外的人对摩洛哥代表团的兴趣仍然强烈。甚至就在安努里抵达伦敦时,这座城市的作家们仍在继续出版基督教与伊斯兰教令人担忧的关系的著述和译作,而剧作家们的剧本则利用了伊丽莎白时代英国与萨阿迪和奥斯曼王朝的联盟所产生的政治、宗教和间谍活动等劲爆的混合素材。

1600年春,一位名叫拉尔夫·卡尔(Ralph Carr)的律师出版了《穆罕默德信徒或土耳其人的历史》(*The Mahumetane or Turkish History*),这是一部对有关奥斯曼帝国的起源和崛起的各种法语和意大利语记述的译著。它覆盖了整个伊斯兰教的历史,从先知穆罕默德——其中将之描述为"异教徒和偶像崇拜者"——讲起,最终是对最近的马耳他冲突和"大约30年前土耳其人和威尼斯人之间的塞浦路斯战争"的冗长描述。[32]

卡尔还反思了伊斯兰教内部的宗教分裂,描述了穆罕默德的堂弟阿里·伊本·艾比·塔利卜(被他称为"哈莱"[Haly]),如何"改变或者更确切地说是废除了"穆罕默德的宗教法令,"并且自己创造发明,通过这项宗教创新,或者更确切地说是迷信,撒拉逊人产生了"逊尼派和什叶派的"惊人分裂"。卡尔的结论是,"尽管土耳其人和波斯人事实上都是穆罕默德信徒,但他们的仪式不同,观点相异,都认为对方是异端"。[33] 卡尔的叙述典型地反映了伊丽莎白时代对奥斯曼帝国崛起的模棱两可的反应。他在一个地方说:"在我看来,你会发现他们在每件事情上都比前人更为出色,而非低人一等。"而在另一个地方,他对读者发出的警告让人联想到伊拉斯谟:这是一个"讲述随之而来的危险的故事,当我们每天可悲地看到我们邻居的房子着火的时候,这危险离我们的家门并不太遥远"。[34]

英国人与摩洛哥人以及奥斯曼人之间的关系带来了既兴奋又危险的感觉,这持续激发了很多戏剧的创作,它们醉心于利用观众对这种关系的难以抑制的着迷。在卡尔的书出版后几个月内,大约在1600年末或1601年初,出现了一部叫《欲望的统治;或淫荡的皇后》(*Lust's Dominion, or The Lascivious Queen*,还有一个名字叫《西班牙摩尔人的悲剧》[*The Spanish Moor's Tragedy*])的戏剧,可能是莎士比亚的助手托马斯·德克尔(Thomas Dekker)写的,不过事实证明,很难说这部戏出于一人之手,因为它涉及其他几位剧作家在不同方面的合作。[35] 这是一部恶心而血腥的戏剧，可以追溯到皮尔、格林、基德和马洛创作的"土耳其人"和"摩尔人"戏剧（直到19世纪早期，人们把这类戏剧的创作归于他们），但它又增加了一个新话题：字面意思上的摩尔人跟西班牙人上床。

戏剧表演的中心人物是伊莱泽（Eleazer），他是摩尔人，是菲斯和巴巴里的王子，与一位西班牙贵族妇女玛丽亚结了婚。尽管他的军事能力令人钦佩，但在他的父亲被西班牙人打败后，他"落入西班牙暴君之手"，成了腓力二世宫廷中的一名皇室囚犯。尽管他被描述成"魔鬼""巴巴里的奴隶""狗"和"黑色魔鬼"[36]（"黑色"这个词在剧中出现了28次），伊莱泽夸口说他的血"像西班牙最好、最骄傲的一样红和高贵"。[37] 与以往舞台上的摩尔人不同，伊莱泽具有高尚的品格，作为一个基督教社群的成员而被人接受。

这出戏的开场让人想起了莎士比亚的《泰特斯·安德洛尼克斯》，伊莱泽被揭露为被戴绿帽子的、垂死的西班牙国王腓力的妻子、"淫荡的皇后"的"男宠"和情人。国王死后宫廷分成两个敌对派系；一个试图驱逐伊莱泽，但他避开了被放逐的命运，并发誓要为自己屈辱的囚禁生涯和父亲败在西班牙手上复仇。西班牙人和摩尔人无法控制的激情和"欲望"不可避免地导致了内战，伊莱泽谋杀了他的对手，并在一串放纵的恶行和马基雅维利式的口是心非中牺牲了皇后和他的妻子，最终篡夺了"西班牙的皇椅"。[38] 国王的儿子腓力（大体上以西班牙国王腓力三世为原型）在自己的脸上抹上"地狱之油"，伪装成一个摩尔人刺杀了伊莱泽，后者短暂的恐怖统治方告结束。就像亚伦和巴拉巴一样，伊莱泽至死也不悔改，对前来声称他将"在完美的邪恶方面胜过你们所

有人"的魔鬼大喊。³⁹腓力即位时全剧结束,他宣布:

> 对于这个野蛮的摩尔人,以及他的黑色队伍,
> 让所有的摩尔人被驱逐出西班牙! ⁴⁰

这出戏是在伊丽莎白要求把"黑摩尔人"驱逐出英国的公告四处传布时上演的;后来,1609 年,腓力三世正式下令将所有的摩里斯科人都驱逐出西班牙。⁴¹这出戏可被视为对伊丽莎白一世和腓力三世的摩尔人政策的严肃评论。然而德克尔的戏剧更有歧义。在戏剧结尾,西班牙国王仍然是摩尔人的打扮,半心半意地原谅了他的"淫荡"母亲与伊莱泽的婚外情。《欲望的统治》的目的不是就英格兰与摩尔统治者预期中的结盟所蕴含的潜在危险提出严肃的外交建议,而是沉浸在一种戏剧性的幻想中,西班牙天主教徒和摩尔人穆斯林在其中被视为同一个背教者的两面。英国的新教观众可以对该剧接下来的暴力、激情、暴政和鲜血目瞪口呆并笑出声来,剧中的反英雄伊莱泽会让他们感到同等程度的震惊和欣喜,这个摩尔人在西班牙宫廷制造混乱时可以受到赞美,但他可能得不到英国人的信任。

1601 年末或 1602 年初,莎士比亚开始创作一部关于穆斯林的新剧,世界观与德克尔的戏剧相近,他可能读过或看过德克尔的戏剧。场景设在奥斯曼人、威尼斯人和摩尔人出没的地中海世界,对这一代的黎凡特公司和巴巴里公司的雇员和伦敦戏迷来说,这都是他们所熟悉的。它的悲剧主角包含了马洛和皮尔的戏剧中充满异国情调、夸夸其谈的人物的元素,以及最近在《欲望的统

治》等戏剧中与西班牙相关的黑摩尔人的元素。这个剧本在《亨利五世》之外讲述了另一个很难评价的英雄勇士的故事。他的忠诚度令人生疑,但是因为要和强敌作战,不得不用他,他娶了一个自己族群之外的人,最后在剧中被推到了身体和情感的极限。这出戏的背景也回到了威尼斯,探讨如果勇敢的摩洛哥王子猜对了匣子并娶了高贵的鲍西娅会发生什么。这出戏将被称为《奥赛罗》。

与《哈姆雷特》《麦克白》和《李尔王》并列,《奥赛罗》通常被认为是莎士比亚最伟大的悲剧之一,它们都是在 1600 年至 1606 年间长达 6 年的惊人创作高峰期中创作的。这部剧的背景回到了威尼斯,我们不再是与商人或犹太人为伍,而是遇到了奥赛罗,一个生活在基督教世界中的摩尔人,他是一部政治的、浪漫的和军事的戏剧的中心,既是主人又是俘虏。在这部戏中,一切都并非表面看上去的样子。黑人和白人、种族和性别、所见与所信、善良与邪恶都在莎士比亚的一些最激烈的语言和戏剧情节中受到无情的考验。它还被称为一部"可能性的悲剧",考验着观众是否相信它是真的。[42] 甚至它的日期也受到诸多猜疑。这出戏于 1604 年 11 月首次上演。近期的文集编辑们认为,莎士比亚可能在 1601 年、1602 年之交的冬天,在《欲望的统治》第一轮演出后的几个月内就开始创作了,是基于和他的更早期的戏剧《哈姆雷特》(约 1600)、《第十二夜》(约 1601)的相似之处创作的。

1622 年,该剧第一个印刷版本出现,被冠名为《威尼斯的摩尔人奥赛罗的悲剧》,是袖珍的四开本。仅仅一年后,第二版就出现在著名的第一对开本文集中的"悲剧"条目下,标题相同。然而,第二版有 3685 行,比第一版多 160 行。对开本在某个地方被加进了 30 多个段落（或者，它们是从四开本中被删除的，随后又得到了恢复）。更令人困惑的是，两个版本都是在 1616 年莎士比亚去世后出版的，人们因此几乎不可能确定哪个版本最接近莎士比亚的原意。编辑们无法提供确凿的证据来说明这些变化是如何发生以及为什么发生的。一些人认为四开本代表了该剧的第一个版本，可能是为了缩短演出时间，而对开本则代表了他修订后的"重新考虑"。其他人声称，这些变化是在印刷工坊的杂乱环境中，手稿经过排字工人、校对人员和印刷人员多人之手后导致的难以避免的结果，四开本可能是对开本的简化版本。[43]

这出戏的两个版本的问题因长期存在的种族问题而变得更加复杂。300 多年来，英语世界的大多数莎士比亚专家都对奥赛罗的黑皮肤和他与"美丽的"苔丝狄蒙娜（Desdemona）看似"不自然"的结合充满恐惧，而到了 20 世纪后期，他们对该剧中具有的公然的种族歧视也同样深恶痛绝。早在 1693 年，批评家托马斯·赖默（Thomas Rymer）就想知道，为什么莎士比亚会写出一部戏剧，让威尼斯人"会把一个黑人选为他们的将军，或者信任一个摩尔人来保护他们"，最后这个习惯于把黑人看作仆人的人冷嘲热讽地总结道："我们身边的一个黑摩尔人也许会被升为小号手，但是莎士比亚至少把他升成副将。"[44] 塞缪尔·泰勒·柯勒律治（Samuel Taylor Coleridge）也完全否认奥赛罗的种族身份，声称"不能把他视为黑人"，因为"设想这个美丽的威尼斯女孩爱上一个真正的黑人是一件可怕的事情"。[45] 直到去殖民化时代的到来和非裔美国人民权运动兴起之后，人们才开始重新深刻评价该剧中的种族政治。1997 年，出生于尼日利亚的小说家本·奥克里（Ben Okri）写道，黑人作家普遍认为"观看《奥赛罗》很痛苦"。奥克里认为,"如果它起初不是一部关于种族的戏剧……那么它的历史使它成了这样一部戏剧"。[46]

奥克里说得对:《奥赛罗》最初并不是作为一部与我们今天理解的"种族"(race)这个词相关的戏剧出现的。我们这种"种族"观念——根据体貌特征(比如肤色)或种族特征来鉴别人群——是18世纪进入英语语言中的。它源自中世纪法语中的"rasse"一词,意思是通过共同血统相连的一群人,西班牙语中的"raca"和葡萄牙语中的"raca"都是指世系和家谱。[47]莎士比亚就是这样使用这个词的,如马克·安东尼在《安东尼和克里奥帕特拉》(Antony and Cleopatra,1607—1608)中提到罗马的"合法家族"(lawful race)。[48]关键是莎士比亚对"摩尔人"这个词的使用。在《奥赛罗》中,莎士比亚利用了它的双重含义:"穆罕默德信徒"或穆斯林,以及"摩尔人"或黑皮肤。这出戏使用了这两种含义,但对于越来越漠视该词与宗教的联系的占压倒性多数的世俗西方观众来说,作为种族差异的一个标志的黑皮肤成了该词的主导意思。

这个高军阶的摩尔人不是莎士比亚凭空发明出来的:就像这个时期大多数剧作家一样,他借鉴了其他作家的故事和想法,并直接从他以前使用过的材料中汲取灵感。意大利人乔瓦尼·巴蒂斯塔·吉拉尔迪(Giovanni Battista Giraldi)通常被人称为钦齐奥(Cinthio),他写了一系列短篇故事,取名为《寓言百篇》(Hecatommithi,1565),它就像薄伽丘的《十日谈》(Decameron,1353)一样,是围绕着一个道德故事展开的。在钦齐奥的故事中,莎士比亚据之改编为奥赛罗的角色被简单地称为"一个摩尔人,一个非常勇敢的人"。他的黑皮肤只被提及一次,故事中没有土耳其人,而悲剧故事主要在国内发生。莎士比亚剧中的伊阿古(Iago)的灵感来源也是没有名字的,只是被简单地称为"旗官"(the Ensign),只有奥赛罗的妻子有一个专有的名字:迪丝狄蒙娜(Disdemona)。在钦齐奥的版本中,尽管这两个人合谋质疑迪丝狄蒙娜的美德,但把她打死的却是旗官。在故事中,这两个人的死亡只被报道为发生在很久以后,奥赛罗因参与此事被流放而亡,旗官则是在被拷打后。钦齐奥的故事是一个标准的道德化故事的例子,谴责丈夫和妻子的不忠,这种故事我们可以从薄伽丘一直追溯到苏格拉底那里。莎士比亚给这个故事带来的是伊丽莎白时期一代英国人在安努里的使团那里达到顶峰的对摩尔人形象的恐惧和痴迷。

这出戏的开场白立刻定下了全剧对摩尔人的态度的基调,非常模棱两可。伊阿古登台后称自己是"这位黑将军麾下的一名旗官",他的上级奥赛罗这次提拔军官没有选他。他遇到爱上苔丝狄蒙娜的富有而愚蠢的罗德利哥(Roderigo),说服他去败坏苔丝狄蒙娜的名声,说她嫁给了奥赛罗。他告诉疑惑的罗德利哥,"我要是做了那摩尔人,我就不会是伊阿古。虽说我跟随他,其实还是跟随我自己",他最后说:"我不是实在的我。"[49] 伊阿古对自己和奥赛罗的隐晦提及开启了莎士比亚最让人不安的一段关于心理操纵的描写。伊阿古要渗入到奥赛罗的心灵里去摧毁它。他"不是实在的我",在全剧结束时,无疑任何角色几乎都没有给观众留下他们是谁和他们是什么的明确意识。在一部如今经常被认为是关于种族的戏剧中,伊阿古的台词具有浓厚的宗教色彩,当时的观众都不会意识不到这一点。他与《旧约》里的上帝相反,后者在其中说:"我是我所是。"(《出埃及记》3:14)。在这个舞台上,尽管摩尔人还没有出场，但观众已经在伊阿古身上见到了一个版本，他的行为很像"不信神明的"的黑摩尔人亚伦。当10年前创作《泰特斯·安德洛尼克斯》时，莎士比亚跟随潮流把摩尔人描绘成一个邪恶的外邦人，摧毁了高贵的勇士泰特斯。他在《奥赛罗》中的第一项令人不安的创新就是将这些角色颠倒过来，让意大利副将成了反派角色，让摩尔人成了高贵的勇士。

在20行内，伊阿古站在苔丝狄蒙娜的父亲勃拉班修（Brabantio）的房子外面的阴影里，嘲弄勃拉班修：

> 哼！先生，有人偷了您的东西去啦，还不赶快披上您的袍子！
> 您的心碎了，您的灵魂已经丢掉半个；
> 就在这时候，就在这一刻工夫，一头老黑羊
> 在跟您的白母羊交尾哩！起来，起来，
> 打钟惊醒那些酣睡的市民，
> 否则魔鬼要让您抱外孙啦。[50]

从由父亲家里拐走苔丝狄蒙娜到野蛮的性行为和代表着魔鬼，伊阿古指责着那个摩尔人——至今仍未被指出姓名，甚至不曾登场——的一切。当勃拉班修要求伊阿古和罗德利哥解释自己的话时，伊阿古再一次想象奥赛罗和苔丝狄蒙娜发生了性关系，并警告可能会生出"罪恶的"后代。他刺激勃拉班修说："宁愿让您的女儿给一头巴巴里马骑了，替您生下一些马子马孙，攀一些马（jennets）亲马（coursers）眷！"[51]

伊阿古用巴巴里马的形象来确定奥赛罗是北非人，并描述了

异种交配的淫乱景象。他的辱骂今天看来相当晦涩——"jennets"是西班牙种小马,"coursers"也是骏马,以速度和耐久力著称——但通过使用与育马相关的书面语言,伊阿古试图诱发勃拉班修的礼仪感。他暗讽了奥赛罗与苔丝狄蒙娜的婚姻破坏了礼仪和血统的自然秩序。正是这种隐含的种族主义使人在观看莎士比亚的戏剧时感到非常不舒服;今天,这是一种以嘲笑黑人为乐的表现白种基督徒优越感的语言。伊阿古带着窥视的快感阐述他的观点,说:"您的令爱现在正在跟那摩尔人干那件禽兽一样的勾当哩。"[52]

罗德利哥的台词(仅出现在 1623 年的对开本里,1622 年的四开本里没有)重复了伊阿古的诽谤,并声称苔丝狄蒙娜在"一个贪淫的摩尔人的粗野的怀抱里"。[53] 她

> 已经干下了一件重大的逆行了,
> 把她的责任、美貌、智慧和财产,
> 全部委弃在一个到处为家、漂泊流浪的
> 异邦人的身上。[54]

最终,让勃拉班修采取行动的是对这个摩尔人异邦人而非黑皮肤的指控。没有罗德利哥这番额外的话,观众就把伊阿古视为一个恶毒的、孤独的声音;伴随着这番话,一组攻击这个摩尔人的声音开始出现。尽管关于奥赛罗的说法和报道自相矛盾,此时观众都还没见到他。莎士比亚似乎一直在斟酌自己到底想让观众在奥赛罗登场前如何看待这个摩尔人。这与伦敦各派系在该剧创作不到一年前对安努里的出现存在意见分歧如出一辙。

当奥赛罗最终在下一场中登场时,伊阿古随他登场,后者暗示勃拉班修他将试图在威尼斯元老院败坏奥赛罗的名声。就在剧中奥赛罗的第二段台词中,他郑重答道:

> 随他怎样发泄他的愤恨吧;
> 我对贵族们所立的功劳,
> 就可以驳倒他的控诉。世人还没有知道——
> 要是夸口是一件荣耀的事,
> 我就要到处宣布——我是高贵的祖先的后裔。[55]

和安努里一样,奥赛罗拥有"敏锐的才智和写作的天赋",以及对他的高贵血统几乎不受抑制的吹嘘。他那几乎是傲慢的自信回应证明他绝不是一匹"巴巴里马",而且他打算"驳倒"任何针对他的指控。

据说安努里曾在伦敦多次露面,莎士比亚可能见过他,或者是在莎士比亚所在的戏剧公司张伯伦勋爵剧团(Lord Chamberlain's Men)于1600—1601年冬季在伊丽莎白的宫廷中表演时见过他,当时这个摩洛哥人正与伊丽莎白和她的顾问们进行协商。在第三场中,当奥赛罗被威尼斯元老院传唤时,场景中满是像安努里所面对的王室观众,而非钦齐奥故事中的任何人物。正如伊丽莎白的顾问们正在考虑土耳其事务一样,威尼斯公爵和元老们聚在一起商量如何应对威尼斯面临的安全威胁:"一支土耳其舰队在向塞浦路斯岛进发。"[56]钦齐奥提到过塞浦路斯——《寓言百篇》是在1573年该岛落入苏丹塞利姆二世之手前写成的——但没提到过土耳其人。莎士比亚在这里把他们作为一种对威尼斯人的利益的模糊、象征性的威胁引入。当威尼斯人讨论如何对抗土耳其人的威胁时,勃拉班修和奥赛罗登场。然后,威尼斯公爵在整个剧本中第一次称呼奥赛罗的真名:

> 英勇的奥赛罗,我们必须立刻派你出去
> 向我们的公敌土耳其人作战。
> (向勃拉班修)
> 我没有看见你;欢迎,高贵的大人,
> 我们今晚正需要你的指教和帮助呢。[57]

当奥赛罗被当成"英勇的"人而受到欢迎时,勃拉班修最初受到了忽视,然后因为他没有参与重要的国家决策而受到指责。所有关于奥赛罗肤色的言论都消失了:他是一位"英勇的"和"勇敢的"军事领袖,威尼斯人需要他来抵御土耳其人的攻击。此时此刻,奥赛罗看起来和听起来都像摩洛哥王子,一个高贵的摩尔人,成功地追求并迎娶了鲍西娅,挥舞着他的弯刀,承诺再次与土耳其人作战。现在,莎士比亚让两种类型的摩尔人都出现在了舞台上:恶魔般的黑摩尔人亚伦以伊阿古的名义重生,而侠义的摩洛哥王子被重新塑造成一个异国雇佣兵奥赛罗,后者的名字听起来有些让人不舒服,因为它很像他为了保卫第二故乡而必须面对的奥斯曼人的名字。

奥赛罗引发的焦虑是难以消除的。勃拉班修指责他使用巫术诱拐了苔丝狄蒙娜,当被要求为自己辩解的时候,奥赛罗发表了精彩演讲,以"反驳"勃拉班修的指控:

> 她的父亲很看重我,常常请我到他家里,
> 每次谈话的时候,总是问起我过去的历史,
> 要我讲述我一年又一年所经历的
> 各次战争、围城和意外的遭遇;
> 我就把我的一生事实,从我的童年时代起,
> 直到他叫我讲述的时候为止,原原本本地说了出来。
> 我说起最可怕的灾祸,
> 海上陆上惊人的奇遇,
> 间不容发的脱险,
> 在傲慢的敌人手中
> 被俘为奴,和遇赎脱身(redemption)的经过,
> 以及旅途中的种种见闻;
> 那些广大的岩窟、荒凉的沙漠、
> 突兀的崖嶂、巍峨的峰岭;
> 接着我又讲到彼此相食的野蛮部落,
> 和肩下生头的化外异民;
> 这些都是我的谈话的题目。
> 苔丝狄蒙娜对于这种故事,总是出神倾听。[58]

这段台词在其夸张的修辞手法上带有帖木儿——听起来,年轻的奥赛罗甚至可以为这位斯基泰皇帝而战——的色彩,但莎士比亚用它来吸引观众,并解释了奥赛罗是如何来到威尼斯的。奥赛罗描述了他是如何被勃拉班修请到家里——和他戏剧上的先例亚伦和摩洛哥王子非常像——来讲述他作为一名童兵的故事的(就像他告诉元老们的那样,从7岁开始)。他讲了充满异国情调的

旅行故事，包括史诗般的战斗和与食人族和无头怪物这样的可怕种族的相遇，令苔丝狄蒙娜着迷。正是这些提及的内容使莎士比亚文集的编辑们认为该剧创作于 1601 年后的某个时刻。1601 年，菲利蒙·霍兰（Philemon Holland）出版了他的普林尼《自然史》的英译本《世界史》（Historie of the World），其中有关于埃塞俄比亚的食人族和无头人——他们的眼睛和嘴长在胸上——的故事。[59] 但如果莎士比亚读过普林尼的非洲幻想故事，那么他也可能会看到过贾斯珀·汤姆森等英国旅行者、外交官关于战争、奴役和巨额财富的报道。汤姆森给英国的民众带回来了关于黄金、独角兽、小矮人和妃嫔的故事。

奥赛罗的台词中尤为引人注目的是关于他如何在威尼斯落脚的描述。我们假设，作为一个摩尔人他是在摩洛哥（或者莎士比亚在剧中后面部分所谓的"毛里塔尼亚"[Mauretania]）长大的，但他的童年是一片空白。他声称自己被"傲慢的敌人"俘虏，卖作奴隶，然后经历了某种形式的赎身。有趣的是，对伊丽莎白时代的人来说，"redemption"既意味着"从罪恶中解脱"，也意味着"从奴役状态下解放出来"：奥赛罗被买下，获得了自由，并通过洗礼得到救赎，成为伊丽莎白时期舞台上的第一位摩尔人基督徒。这可能表明，在基督徒拯救奥赛罗并使其改宗前，俘虏奥赛罗并将他卖作桨帆船奴隶的是土耳其人。至于他是否和许多其他 16 世纪在毛里塔尼亚的柏柏尔人一样是穆斯林或异教徒，他没有说。不管什么情况，观众看到的都是一个从一种宗教改信另一种宗教的角色，这样的转变轻松地令人生疑。莎士比亚似乎在问，在已经背弃一种宗教后，奥赛罗还有多大的可能性会同样轻松地改信另一种？

有许多类似的暧昧不明的改宗的例子可以让莎士比亚从中汲取灵感,最近的一个是 1586 年土耳其人奇纳诺在圣凯瑟琳教堂受洗(见第 6 章)。哈桑·伊本·穆罕默德·伊本·穆罕默德·伊本·艾哈迈德·瓦赞(非洲人莱昂)也是一例。瓦赞的《非洲的地理历史》英译本于 1600 年 11 月出版,正值伊丽莎白登基日的庆祝活动以及安努里的摩洛哥使团在伦敦逗留。如果莎士比亚像许多人相信的那样读过瓦赞的著作,他就会发现许多毛里塔尼亚的居民被归为"异教徒"和穆斯林。和奥赛罗一样,瓦赞在 1518 年从开罗返回菲斯时被基督徒海盗俘获后皈依了基督教。就像奥赛罗一样,他的出生名字被抛弃了,取而代之的是一个基督徒名字——非洲人莱昂。但只有瓦赞知道自己 1520 年在罗马接受的洗礼是真心的还是迫不得已,或者是介于两者之间的一个策略性决定。仅仅 7 年后他就回到了北非,似乎又已经回归了伊斯兰教。[60] 然后是另一个摩尔人安努里,有关他的身份的矛盾假设围绕着他。他能说会道,自视甚高,但他要么来自菲斯,因此不是一个"真正的"萨阿迪摩洛哥人;要么是一个生来是穆斯林但被迫改信基督教的摩里斯科人,在曼苏尔统治下回归伊斯兰教,并受到了与英国新教徒联手打击西班牙天主教徒的邀请。不管他的确切出身是怎样的,安努里只不过是另一个例子,说明了宗教皈依是如何被纳为帝国和外交事务的组成部分的。

听着奥赛罗神秘而诱人的传奇、怪物和战争故事,公爵不得不承认:"像这样的故事,我想我的女儿听了也会着迷。"莎士比亚给了他的异邦人一段历史,所以他站在我们面前,不像伊阿古那样,他宣布:"这就是我使用的唯一的巫术。"[61]

勃拉班修的指控受到反驳后,奥赛罗同意前往塞浦路斯领导

"对土耳其人的战争"。当苔丝狄蒙娜成功请求和她的新婚丈夫一起前往时,勃拉班修边走出去边告辞道:

> 留心看着她,摩尔人,不要视而不见:
> 她已经愚弄了她的父亲,她也会把你欺骗。[62]

第一幕结束时,奥赛罗将前往塞浦路斯,这出戏看起来像要以喜剧收尾。就像莎士比亚早期的许多喜剧一样,这出戏有两个显然不般配的恋人,他们面对着一位父亲的愤怒和一个心怀不满的人物企图破坏这段关系的阴谋。通过退隐到另一个世界,如一片森林或一座岛屿中,随后的冲突和混乱就能得到解决,每个人都会和解。但在《奥赛罗》中,一旦情节转到塞浦路斯,该剧就从喜剧不可挽回地转向悲剧。

在塞浦路斯登陆后,一支威尼斯先遣队发现"土耳其人遭受这场风暴的突击,不得不放弃他们进攻的计划",而且土耳其人的舰队已被吹散。奥赛罗抵达后,浮夸、志得意满地宣称:"我们的战事已经结束,土耳其人全都淹死了。"[63] 看起来,土耳其的威胁似乎只是把主角带到塞浦路斯的一种笨拙的情节设计,但莎士比亚将土耳其人从军事威胁逐渐变成了一种更加隐蔽的心理威胁。当伊阿古施计使罗德利哥和副将迈克尔·凯西奥(Michael Cassio)发生酒后争吵时,奥赛罗出面干预,对他们的分歧感到震惊,这与土耳其著名的军事纪律形成了鲜明对比:

> 难道我们都变成土耳其人了吗?
> 上天不许土耳其人来打我们,我们倒自相残杀起来

了吗?

> 为了基督徒的面子,停止这场粗暴的争吵。[64]

这个观点对许多知道伊拉斯谟在《对土耳其人的战争》中发出的警告的人来说很熟悉:如果基督徒想要根除土耳其人,他们必须首先将野心、愤怒、憎恨和嫉妒这些"土耳其"特质从心中驱逐出去。然而,这些正是伊阿古在塞浦路斯释放的、在奥赛罗心中滋养的邪恶,他试图说服奥赛罗相信苔丝狄蒙娜与凯西奥有染。

当奥赛罗开始接受这种"罪恶的"欺骗时,他和伊阿古开始表现出土耳其人的特点,变得越来越残忍和诡诈。观众从一开始就知道伊阿古会毁掉奥赛罗,部分是因为前者的名字是西班牙语中的雅各。圣雅各,或圣地亚哥,是西班牙的主保圣人,我们已经看到,他俗称"摩尔人屠戮者"。[65] 伊阿古认为自己也有可能土耳其化,他对妻子爱米利娅(Emilia)和苔丝狄蒙娜开玩笑说女人在性行为上两面三刀,若说谎"否则我就是一个土耳其人"。[66] 奥赛罗也使用了这种对比。一旦伊阿古使他相信苔丝狄蒙娜的通奸行为,他们就立誓要杀了她,伊阿古担心奥赛罗会放弃。奥赛罗的回复具有壮观的地理范围,让人想起了帖木儿:

> 决不,伊阿古。正像黑海的寒涛滚滚奔流,
> 奔进马尔马拉海,直冲达达尼尔海峡,
> 永远不会后退一样,
> 我的风驰电掣的流血的思想,
> 在复仇的目的没有充分达到以前,

也决不会踟蹰回顾,化为绕指的柔情。[67]

奥赛罗的复仇像海水流入海洋一样不可逆转,但他使用的喻体不是随意选择的。黑海水流流经君士坦丁堡进入马尔马拉海,然后穿过达达尼尔海峡进入爱琴海。通过将奥赛罗与奥斯曼帝国的标志性地形联系在一起,莎士比亚给前者本已复杂的身份又多加了一重:摩尔人、改宗者、异教徒、恢复原信仰者,最后是凶残、愤怒的土耳其人。

就在奥赛罗开始表现得像个奥斯曼土耳其人时,苔丝狄蒙娜却朝相反的方向发展,直到她最后非同寻常地与巴巴里认同。在第四幕中,奥赛罗公开指责苔丝狄蒙娜不忠,并在送她及她的侍女伊阿古的妻子爱米利娅回到她的卧室前打了她。在全剧最令人心酸、最亲密的一个场景中,也就是被称为"杨柳之歌"(Willow Song)的场景,爱米利娅为苔丝狄蒙娜脱衣,准备睡觉,她们讨论了婚姻和不忠。爱米利娅攻击奥赛罗诽谤苔丝狄蒙娜,但苔丝狄蒙娜为他辩护,说"我是那么喜欢他",[68] 原谅了他的愤怒。突然间,她想起了童年时的一首《杨柳之歌》('Willow Song'),那是一支古老的都铎叠歌,讲述了一个被抛弃的、劫数难逃的情人:

> 我的母亲有一个侍女名叫巴巴里:
> 她跟人家谈恋爱,她的情人发了疯,
> 把她丢了。她有一支《杨柳之歌》,
> 那是一支古老的曲调,可是正好说中了她的命运;
> 她到死的时候,嘴里还在唱着它。那支歌今天晚上

> 老是萦回在我的脑际；我的烦乱的心绪，
> 使我禁不住侧下我的头，
> 学着可怜的巴巴里的样子把它歌唱。[69]

　　她开始唱巴巴里被情人抛弃的歌，但唱到第一节末尾时，她记错了最后一句："不要怪他，我甘心受他笑骂——/ 不，下面一句不是这样的。"[70] 这是剧中最具毁灭性的时刻之一：苔丝狄蒙娜承认她非常爱奥赛罗，甚至甘心受他公开羞辱她的名声，即使她没有做错任何事。她根据自己的情况改编了这首歌，不仅弄错了最后一句，而且把被抛弃的情人的性别从男性变成了女性。[71]

　　有那么一瞬间，她成了她母亲的巴巴里女仆。"巴巴里"的意思是，这个女人来自巴巴里，是威尼斯国家的忠实仆人（也可能是奴隶），没有本名——这和伊阿古侮辱的威尼斯摩尔人奥赛罗和巴巴里马没什么不同。当奥赛罗像亨利五世一样一直想要变成土耳其人时，苔丝狄蒙娜将自己视为一个巴巴里女仆。他们都经历了"罪恶的"和不可挽回的变形，并在几个小时内都将死亡。

　　在谋杀了苔丝狄蒙娜并发现自己犯了可怕的错误后，奥赛罗就攻击"顶着人头的恶魔"伊阿古，问他为什么"陷害我的灵魂和肉体"。[72] 在莎士比亚笔下的任何一个恶棍所说的最令人毛骨悚然的双行诗中，伊阿古也土耳其化，说自己是一个沉默的奴隶，这让人立即联想到土耳其人：

> 什么也不要问我；你们所知道的，你们已经知道了。
> 从这一刻起，我不再说一句话。[73]

他再也不说话了，被人带走去受折磨；和他的先例，另一个"顶着人头的恶魔"亚伦一样，处死他也还是便宜了他。

在意识到自己的悲剧处境后，奥赛罗准备结束自己的生命，但是在他经历了最后一次令人震惊的转变之后。当威尼斯人试图逮捕他时，他在最初登场的地方结束了自己的生命，并讲了一个故事：

> 且慢，在你们未走以前，再听我说一两句话。
> 我对于国家曾经立过相当的功劳，这是执政诸公所知道的；
> 那些话现在也不用说了。当你们把这种不幸的事实报告他们的时候，
> 请你们在公文上老老实实照我本来的样子叙述，
> 不要徇情回护，也不要恶意构陷；你们应当说
> 我是一个在恋爱上不智而过于深情的人；
> 一个不容易发生嫉妒的人，可是一旦被人煽动以后，
> 就会糊涂到极点；一个像印度人（Indian）
> 一样糊涂的人，会把一颗比他整个部落所有的财产更贵重的
> 珍珠随手抛弃；一个不惯于流妇人之泪的人，
> 可是当他被感情征服的时候，
> 也会像涌流着胶液的阿拉伯胶树
> 一般两眼泛滥。请你们把这些话记下，
> 再补充一句说：在阿勒颇地方，曾经有一个
> 裹着头巾的敌意的土耳其人

> 殴打一个威尼斯人，诽谤我们的国家，
> 那时候我就一把抓住这受割礼的狗子的咽喉，
> 就这样把他杀了。
> （他以剑自刎。）[74]

奥赛罗自始至终是一个讲故事的人，他要求威尼斯当局听他讲述他作为国家忠实仆人的最后一个故事。包括他如何天真地在伊阿古手中受骗的、他如何失去了珍贵的"珍珠"苔丝狄蒙娜，以及威尼斯应该记住他那段在阿勒颇杀死一个诽谤威尼斯的土耳其人的时光。

在这段台词中，奥赛罗没有提及自己的黑皮肤或信奉的基督教。相反，他先把自己比作印度人，然后再比作一个土耳其人。两种比较都充满了矛盾。他对苔丝狄蒙娜的所作所为就像一个印度人抛弃了一颗比他整个部落所有财产都更贵重的珍珠。"Indian"是该剧1622年四开本版本中使用的词，但在1623年对开本中使用的是"Iudean"。这是通往奥赛罗内心的关键。普林尼谈到过印度的财富和当地抛弃珍珠的居民的所谓的无知，尽管莎士比亚在这里也可能指的是美洲土著印第安人。

大多数现代编者选择了四开本中的"Indian"，尽管当他们在其他地方遇到这样的问题时，默认的立场是选用对开本提供的版本，因为后者被视为"更好"、更晚和更长的文本。从种族角度看，似乎很明显的是，与摩尔人相匹配的更有可能是一个印度人，而非一个"Iudean"（犹太人）。但是，正如我们所看到的，伊丽莎白时代的人相信，在拒绝接受耶稣为神的儿子的问题上，犹太人和穆斯林（包括摩尔人）是一体的。四开本中的"Iudean"既可以指加略人犹大背叛基督的行为，也可以指希律王处死他的妻子玛利安美（Mariamne），二者作为奥赛罗行为的隐喻都是绝对合理的。[75] 哪个是真实的情况？是莎士比亚在修订文本时改变了主意，还是有人悄悄改了它？我们可能永远也不会知道，但令人惊讶的是，这个无法解决的问题捕捉到了奥赛罗那多因素决定的性格，部分是穆斯林，部分是基督徒，部分是犹太人甚至异教徒。

这种混合在最后几句台词中有最不同寻常的体现。奥赛罗带我们来到阿勒颇，安东尼·詹金森在该剧创作的 50 年前就是在这座叙利城市中第一次见到苏丹苏莱曼大帝的，就在前一年，安努里声称他将前往这里，而如今，这里产生了一种截然不同的悲剧性共鸣。奥赛罗从他在巴巴里的故乡一直向东走了很远，经由威尼斯和塞浦路斯深入奥斯曼帝国的达达尼尔海峡、阿拉伯半岛，最后到达叙利亚。他杀死的土耳其人是"裹着头巾"和"受割礼的"，表明这些不是他所拥有的属性。如果他没有受过割礼，那么他肯定不可能生来就是穆斯林或改信伊斯兰教。他也没有被描述为与裹着华丽头巾的安努里在服饰上极为相似。但在他杀死这个土耳其人的过程中，奥赛罗上演了莎士比亚所有作品中最引人注目的自我分裂的悲剧时刻。他一直被诠释为一名忠诚的基督教士兵，通过保卫威尼斯对抗土耳其人并消灭心中的异端来赎罪，或者被诠释为最终拥抱了他内心深处的野蛮的一个恶魔般的、凶恶的背教者，成了一个凶残、愤怒的土耳其人，达到一代剧作家描绘土耳其人的巅峰。当然，他同时也是一个非常矛盾的人物，体现了伊丽莎白时代英格兰与伊斯兰世界之间的矛盾关系。在这里，就在奥赛罗说出"这样"的一瞬间，他成了一个土耳其人。

《奥赛罗》是伊丽莎白时期戏剧对土耳其人和摩尔人 10 多年

的迷恋的巅峰之作。就在两年前,莎士比亚写了一部复仇悲剧《哈姆雷特》,超越了以往所有的例子,重新定义了这一类型。奥赛罗这个人物也类似,把当时舞台上出现的穆斯林角色的各个方面结合在了一起。他具备帖木儿的夸夸其谈、亚伦的邪恶、摩洛哥王子忧郁的高贵和深埋在亨利五世内心中的愤怒的土耳其人。那时的观众和现在一样,没有被要求同情奥赛罗,而是因为这个最矛盾的角色和他的强敌伊阿古释放出的可怕偏见、刻板印象和暴力幻想而内疚地感到快乐,因为他们知道这毕竟只是一场表演,很安全。

莎士比亚不可能知道,他是在伊丽莎白时代英格兰与伊斯兰世界关系的顶峰时期写出了《奥赛罗》的,而这段关系即将戛然而止。伊丽莎白女王从未看过这出戏。她于1603年3月24日去世,享年69岁。她统治英国长达45年之久,在此期间,她击退了外国天主教的侵略,坚定地将新教确立为国教,建立了一个稳定但有些臃肿的政府,并扩大了她在国外的商业和政治利益(在伊斯兰世界中取得了最大的成功)。接替她的是表亲苏格兰斯图亚特王朝国王詹姆斯六世,他将作为詹姆斯一世统治英国。他对效仿伊丽莎白不抱幻想,如果想让他继承的这个国家的未来有繁荣的希望的话,那么他需要与欧洲的剩余部分建立直接联系。

在罗伯特·塞西尔的指导下,詹姆斯几乎立即与天主教西班牙展开了和平谈判。在经历了半个世纪的自我放逐之后,他渴望把英国带回欧洲的经济和政治生活。1604年夏天,另一个使团从南方而来,但这次的大使是一个西班牙天主教徒。所有关于英-摩联盟对抗西班牙的想法都已成为历史,因为詹姆斯再也不想在海外发动战争了。那年8月,西班牙和英国的外交官签署了《伦敦条约》(Treaty of London),结束了两国长达19年的战争。这是对新教英格兰在基督教欧洲中的生存权利的默许，尽管是非常谨慎的。詹姆斯国王结束了英国与欧洲其他国家的外交孤立。

就在那个月，艾哈迈德·曼苏尔死于瘟疫。他的3个儿子为成功继位而战，摩洛哥王国陷入血腥的内战，暂时结束了与英国的所有外交和商业关系。在伊丽莎白去世的9个月后，伊丽莎白的另一位伟大的穆斯林盟友苏丹穆罕默德三世死于突发性心脏病。穆罕默德在8年任期中的大部分时间里都在国外作战和解决宫廷中的麻烦，几乎没有时间培养他父亲与伊丽莎白建立的同盟关系。当西班牙人和英国人在萨默塞特宫里坐下来签订《伦敦条约》时，英-奥联盟留下的唯一可见的迹象是他们之间的桌子上铺着一块大毛毯。

1604年11月1日，詹姆斯和他的新宫廷成员在白厅的宴会厅观看了《奥赛罗》，这是该剧有记录的第一次演出。这出戏的演出有许多矛盾之处，其中之一是一个名叫詹姆斯的国王看到与他同名的邪恶人物摧毁了一个摩尔人，但詹姆斯或许从观看奥赛罗杀了受割礼、裹头巾的土耳其人中得到了安慰。9年前，作为苏格兰的国王，詹姆斯写了一首相当平淡无奇的诗，名叫《勒班陀》('Lepanto')，庆祝的是神圣联盟于1571年取得的胜利：

> 勒班陀海湾中发生的战役，
> 交战双方是受洗的民族
> 和受割礼、裹头巾的土耳其人。[76]

新国王对与摩尔人或他在其他地方所谓的"不忠的土耳其人"结盟毫无兴趣。伊丽莎白时代已经结束，随之结束的是英格兰与伊斯兰世界的联盟。

后　记

当莎士比亚准备告别伦敦舞台并于 1611 年退休回到斯特拉特福德时，英国人已经是地中海东部贸易的领军人物。黎凡特公司每年向土耳其出口价值 25 万英镑的英国商品，这促使该公司的一名商人刘易斯·罗伯茨爵士（Sir Lewis Roberts）写道，该公司"已经发展到了成为英格兰（无可比拟的）最繁荣、利润最高的公司的高度"。[1]该公司开始面临一家新的股份制公司的竞争，那就是东印度公司，后者于 1600 年 12 月——安努里在伦敦期间——被授予皇家许可证，它的目的是在印度洋和太平洋的广阔商业地区进行贸易，范围从好望角向东一直延伸至麦哲伦海峡。到 17 世纪 30 年代，东印度公司出口了超过 10 万英镑的金条，并从印度和印度尼西亚群岛进口了价值 100 多万英镑的胡椒和香料，这些地方有着信奉各种不同宗教的贸易团体。

与黎凡特公司一样，东印度公司在发展早期并没有参与国家的外交或军事政策，这种政策曾使伊丽莎白时代的英国与穆斯林统治者建立了非常亲密的联盟关系。詹姆斯与西班牙的和解使他与欧洲其他国家更紧密地团结在一起，反对奥斯曼帝国的扩张，当时土耳其人正从欧洲脱身，专注于波斯人对其东部边境的威胁。这位新国王对伟大的幻想使他相信他的使命就是统一基督教世界，这导致了英国与西班牙的和平相处，而且他还与希腊东正教会的主要人物通信，向他们提出了与英国教会建立基督教联盟的建议。这对他讨好奥斯曼帝国的新苏丹艾哈迈德一世（Ahmed I）起不到什么作用。²

与伊丽莎白在 16 世纪 80 年代试图使奥斯曼帝国卷入与西班牙的战争形成鲜明对比的是，詹姆斯没有兴趣在中欧三十年战争（1618—1648）期间要求他们提供军事援助，由于他在 1613 年决定将他的大女儿伊丽莎白·斯图亚特（Elizabeth Stuart）嫁给帕拉丁选帝侯和波希米亚王位的一位申索者弗雷德里克五世（Frederick V），他的统治后期一直受到这场战争的困扰。此外，詹姆斯的兴趣已被吸引到西方的美洲新大陆。1606 年，他批准创立弗吉尼亚公司（Virginia Company），这是一家旨在解决美洲东北海岸上的英国殖民地问题的新股份制公司。该公司很难与西班牙在美洲的统治地位相抗衡，但它代表着英国外交和商业政策在全球范围内发展的开端，该政策不再以地中海和伊斯兰世界为中心。

从该时期的戏剧可以看出这种地缘政治的转变。莎士比亚再也没有以《亨利六世》和《奥赛罗》中的那种细节和力度描绘摩尔人和土耳其人。然而，对于 17 世纪初伦敦移民和难民日益增长的规模和困境，他仍有话要说。大约在 1603 年至 1604 年的某个时候，他参与修订了其他几位剧作家（包括托马斯·德克尔）创作的剧本《托马斯·莫尔爵士》（*Sir Thomas More*），该剧将亨利八世的那位著名的顾问的生活和时代戏剧化了。³ 剧中的第六场现在被认为是由莎士比亚起草的，而且是莎士比亚唯一留存下来的戏剧手迹。它是对 1517 年臭名昭著的五朔节骚乱的回应，当时英国的工匠们袭击了外国居民——或者用当时的说法，"外地人"或"外国人"——他们指责后者垄断了贸易，抢夺了"本地"的工作机会。16世纪的伦敦的各个地方都发生过这样的骚乱,较近的一些发生在16世纪90年代早期,因此这是一个高度敏感的政治话题(就像它在今天再度成为敏感政治话题一样)。在第六场中,莎士比亚再现了莫尔试图平息暴乱者的场景,后者要求"赶走外地人",莫尔回答说:

> 假如外来者被驱逐,你们的喧嚣
> 也让英格兰的威严倒地
> 假如你们看到那些可怜的外地人
> 他们的孩子蜷在他们的背上,带着寒碜的行李
> 沉重缓慢地走向港口和海岸,准备离开
> 就算如你们所愿,登上王位
> 权威的声音也为你们的吵闹而掩盖
> 哪怕你们光鲜亮丽,满腹经纶
> 你们又得到了什么呢?告诉你们:
> 你们只会证明强势和高压如何取得胜利
> 秩序如何遭到破坏,这样一来
> 你们之中没有人能安度晚年
> 因为别的暴徒也会按照他们的妄想
> 以同样的手段,同样的理由和权利
> 将你们吞噬,人就像贪婪的鱼
> 互相为食。[4]

这是对排外主义的一种强有力的、感人的否决,它认为如果暴民统治战胜了弱势群体和法治,它将释放一种邪恶的、无政府

主义的个人主义，每个人都将"互相为食"。为了证明自己的观点，托马斯·莫尔询问骚乱者，如果他们的角色与外国人的角色颠倒过来会发生什么。他们就会发现自己在寻求庇护：

> 如果此时国王出于仁慈
> 怜悯犯了罪过的人们
> 对你们的重大过错只给轻微的惩处
> 将你们流放出境：你们又能到哪里去呢？
> 按照你们身上背负的罪过，哪个国家会收留你们？
> 无论是法兰西、佛兰德斯
> 还是德国的任何一个省、西班牙或是葡萄牙
> 你们到任何英格兰之外的地方
> 都难免会变成外地人：你们乐意吗？
> 倘若那里的人也如你们一样蛮横
> 也爆发出可怕的暴乱
> 不让你们在那里有一寸栖息之地
> 磨利他们的刀刃抵上你的喉咙
> 仿佛上帝一般，将你们像狗一样踹开
> 不承认也不曾创造了你们
> 人世的一切只是他们的特权
> 你们没有任何资格享用
> 若是你们如此，你们将做何感想？
> 今天的外地人正是如此
> 你们不近人情时也是如此！[5]

莫尔的演讲奏效了，骚乱者解散了。他富有同情心地呼吁对外地人和外国人宽容，但这似乎与一位喜欢在自己的戏剧中识别外国人和外地人然后再将他们驱逐的剧作家不相符。从亚伦和摩洛哥王子到夏洛克和奥赛罗，我们在整本书中已经讨论了许多这样的外国人。但也许深埋在这些戏剧中的是一种对宽容和和解的不变的同情，这在另一部戏剧的片段中得到了最清晰的表达。[6] 这无疑是400年后它们还能吸引我们的注意力的原因之一。

人们在莎士比亚接近职业生涯尾声时创作的一部戏剧中能够找到这种对和解的渴望。1611年左右，他最后一次将戏剧背景设定为地中海，这是他最后几部戏剧中的一部：《暴风雨》（*The Tempest*）。该剧开场是在一艘飘摇于风暴中的船上，船上载着那不勒斯国王阿隆佐（Alonso, King of Naples）和米兰公爵安东尼奥（Antonio, Duke of Milan），还有参加婚礼的其他人；他们在将阿隆佐的女儿克拉莉贝尔（Claribel）嫁给未提及名字的突尼斯国王后返回意大利。他们的船在突尼斯和那不勒斯之间的一个小岛上失事，这个小岛就是安东尼奥被篡位的哥哥普洛斯彼罗（Prospero）和他的女儿米兰达（Miranda）被流放的荒岛。从篡权的弟弟手中逃脱后，普洛斯彼罗和他的女儿被冲到了岛上，还有所有他从图书馆里抢救出来的书。在魔法的指导下，普洛斯彼罗在岛上建立了一种生活方式，他和他的"精灵"爱丽儿（Ariel）[7] 以及他曾经的同伴、现在的奴隶凯列班（Caliban）一起在岛上生活。但是这个岛的历史更为悠久：爱丽儿被岛上的先前的居民——凯列班的母亲，"恶毒的女巫西考拉克斯（Sycorax）"[8]——囚禁在一株裂开的松树中。女巫死后，爱丽儿被释放，这个"荒岛"由普洛斯彼罗统治，他的女儿、他的奴隶以及他的精灵助手住在这里。

几个世纪以来，评论家们一直在讨论普洛斯彼罗的岛屿的位置，有些人认为它在爱丽儿所说的"地中海"上，还有人指出，在同一段台词中，普洛斯彼罗谈到了"永远为波涛冲打的百慕大群岛"。[9] 这一点，再加上凯列班与美国原住民有明显相似之处，使得许多学者（主要是美国人）认为这出戏的背景是美洲的"美丽新世界"。这样的解释指向了来自最近在弗吉尼亚建立的詹姆斯敦殖民地的报告，1609 年，一支英国舰队被派往那里支援被围困的英国殖民地。这支舰队遭到暴风雨袭击，在百慕大群岛失事，但每个人都奇迹般地幸存下来，并设法抵达了詹姆斯敦。

即使莎士比亚读过这样的报道，他的戏剧仍然植根于地中海世界过去和现在的神话和历史。他提醒观众凯列班的母亲出生在"阿尔及尔"，[10] 在 16 世纪末和 17 世纪时，这里是奥斯曼帝国的一个要塞。莎士比亚的故事来源之一是罗马诗人维吉尔关于罗马帝国的建立的经典史诗《埃涅阿斯纪》。史诗的主人公埃涅阿斯（Aeneas）从特洛伊前往罗马，途中经过迦太基，他在那里遇见了女王狄多（Dido）。剧中的廷臣们甚至为狄多和古迦太基相对于 16 世纪突尼斯的地理位置争得面红耳赤。其中一个坚持认为："这个突尼斯，足下，就是迦太基。"[11] 这场争论也旨在提醒观众帝国的短暂性本质。

和在维吉尔的诗中一样，莎士比亚把北非和欧洲之间的鸿沟想象得很大。突尼斯和那不勒斯之间的海上通道不足 370 英里，但"突尼斯女王"克拉莉贝尔被描述为居住在北非的穆斯林地区，"她住的地区那么遥远，一个人赶一辈子路，可还差五六十里才到得了她的家"。[12] 阿隆佐的一位廷臣指责他没有把女儿嫁给一个欧洲君主,"却宁愿把她捐弃给一个非洲人"。[13] 莎士比亚又一次创作了一个关于一位基督徒女性(先是鲍西娅,然后是苔丝狄蒙娜,最后是克拉莉贝尔)嫁给一个北非男人(摩洛哥王子、奥赛罗,现在是突尼斯的国王)的故事。在《暴风雨》中,随着殖民、跨种族婚姻、共和主义和革命的各种梦想在这些人物到达或反思这个"荒岛"时纷纷预演,远方变得近在咫尺。

但在这出戏中,克拉莉贝尔、突尼斯国王和阿尔及尔女巫西考拉克斯仍在遥远的地方,而且从未出现在舞台上。然而,该岛的地理位置和历史的丰富可能性仍埋藏在它的多层含义中。在伦敦上演的影响着整个地中海地区成千上万的英国男人、女人,甚至孩子的贸易故事,以及私掠活动、海盗行为、奴役和改宗的威胁几乎完全消失了。只有在爱丽儿、凯列班、突尼斯、阿尔及尔、那不勒斯和百慕大群岛的一些隐含地理信息和历史中才能略微寻到它们的踪迹。只有被刻意标记为无关紧要的,《暴风雨》中的地理信息才是重要的:这个岛不在任何地方又无处不在,是希腊语"eu-topos"和"ou-topos"意义上的一个乌托邦,同时指"好地方"和"不在任何地方"。莎士比亚明白,到了1611年,詹姆斯国王的外交和经济政策使他统治下的英格兰放眼东、西方,一边盯着希腊、罗马、西班牙和奥斯曼帝国的地中海"旧世界",一边展望着大西洋的美洲"新世界"。他的戏剧利用这种新的全球意识,讲述了一个关于不确定的住所和穿过地中海多层地理历史的冲突的身份的故事。

《暴风雨》为伊丽莎白时期的英格兰与伊斯兰世界的关系画上一个完满的句号。由于本书中描述的政治和宗教原因,莎士比亚是在一个孤立于天主教欧洲的政权的统治下成长起来的,这种孤立促使该政权与马拉喀什、阿尔及尔、突尼斯、君士坦丁堡、加兹温和伊斯法罕等不同地方的穆斯林统治者结盟。随着詹姆斯国王登基，该政策突然终止，随之终止的是伊丽莎白时期戏剧舞台上表现强大、雄辩、野蛮的土耳其人、摩尔人和波斯人的传统。詹姆斯一世统治时期的新一代剧作家将以不同的方式重新创造这些人物。

正如我们所看到的，舍利兄弟已经有了一部以他们为主角的戏剧，1607 年，《英格兰三兄弟的艰苦事业》首次在幕帷剧院（Curtain Theatre）上演。罗伯特·达博内（Robert Daborne）写了《一个基督徒的土耳其化》（*A Christian Turned Turk*, 1612），讲的是英国海盗和改信伊斯兰教的约翰·沃德（John Ward）的故事，沃德给自己取名优素福·雷斯（Yusuf Reis），在突尼斯过着奢华的生活。1623 年，菲利普·马辛杰（Philip Massinger）的悲喜剧《背教者》（*The Renegado*）首次公演，背景也设定在私掠行为横行的突尼斯首都，在那里，基督徒和背教的意大利人拒绝了穆斯林宫廷的诱惑，逃回了意大利。与《暴风雨》不同的是，像马辛杰这样的戏剧反映了当时在地中海地区生活和工作的英国男女、一些俘虏，还有一些（自愿或被迫）改信伊斯兰教的人的情况。但是，这些作者的关注点与马洛、皮尔和莎士比亚的不同，他们感兴趣的主要是历史事件，他们的腔调滑稽好笑，他们的目的纯粹是娱乐，缺乏 16 世纪 90 年代的那种紧迫话题，也缺乏对信仰新教的英格兰随时都可能被入侵（更有可能被天主教国家而非伊斯兰军队入侵）的恐惧。在新兴的全球经济中，伊斯兰世界只是詹姆斯一世时期的英国人发现自己被卷入的地区中的一个部分。现在，新教徒和穆斯林之间在宗教和政治上和解所产生的威胁——或希望——已经成为过去。

仿佛是为了强调这一转变，1632 年，伦敦布商托马斯·亚当斯（Thomas Adams）在剑桥大学捐赠了英国第一个阿拉伯语教授的职位，目的是"在我们与东方国家的贸易中为国王和国家提供良好服务，在天赐的好时机里扩大教会的边界，把基督教传播给那些仍处于黑暗中的人们"。[14] 1636 年，牛津大学效仿了这一做法，当时的校长威廉·劳德大主教（Archbishop William Laud）任命在阿勒颇工作的英国牧师爱德华·波考克（Edward Pococke）为第一位劳狄安阿拉伯语教授（Laudian Professor of Arabic，这个教职至今仍然存在，最近由一名女性担任，这在历史上还是首次）。[15] 1649 年，《古兰经》的第一个英译本出版了，书名为《穆罕默德的古兰经》(*The Alcoran of Mahomet*)，是根据安德烈·杜·瑞尔（André Du Ryer）的法语译本《穆罕默德的古兰经，从阿拉伯语译为法语》(*L'Alcoran de Mahomet translaté d'arabe en françois*) 翻译而成的。[16] 讲阿拉伯语的伊斯兰国家成了学术研究的主题，该研究承诺（尽管并不总能实现）消除那些推动了几个世纪以来驱使英国人对这一主题的认识、为莎士比亚和他的同时代人提供了非常丰富的创作资源的幻想、误解和偏见。英格兰现在将试图通过东方学者的学术研究和对语言学、考古学和比较宗教学的苦心研究来遏制伊斯兰世界。

与政治脱钩有利于学术研究。奥斯曼帝国漫长而缓慢的衰落以及从 17 世纪末开始从西欧的边界撤军，使欧洲学者得以重新创造"东方"。东方变成了一个充满英国情调和感官享乐的世界，它也被认为是专制和落后的，包括英国人在内的欧洲人需要对那里强加秩序、理性和启蒙（尽管只是按照他们自己的方式）。伊丽莎白一世时期的东方岛屿英格兰长期以来几乎是伊斯兰国家的一个同盟国，现在成了一座东方主义的岛屿，一套有关伊斯兰教的神话和误解被另一套掩盖在西方智识探询的外表下的神话和误解所取代。随着时间的推移，随着帝国主义和东方主义这一更宏大、更令人难忘的寓言盛行，英格兰与伊斯兰教的早期关系被悄然遗忘。但这是另一个时代的历史的一部分。

英格兰和伊斯兰国家之间有着较长时间的联系，本书中讲述的故事只是其中的一段，这是在欧洲宗教改革时期的一系列非常特殊的情况下产生的。英国历史仍然倾向于认为，伊丽莎白时期是由盎格鲁－撒克逊人的农业传统所界定的，有着永恒不变的节奏，种族纯正，全是白种人。但是，正如我希望这本书所展示的那样，这座岛屿上的民族的故事还有其他的面貌，涉及其他文化，在伊丽莎白时期，其中之一是伊斯兰教；如果掩盖伊斯兰教在过去所发挥的作用，只会使这段故事变得贫瘠。现在，当人们对伊斯兰教和基督教之间的"文明的冲突"做了大量论述时，我们也应适时记住，这两种信仰之间的联系要深得多，也远比许多当代评论家（无论是自由派还是保守派）似乎所理解的要更加复杂。我们还需要记住，在 16 世纪，像奥斯曼帝国这样的伊斯兰帝国在军事力量、政治组织和商业活动范围方面要远超伊丽莎白时代的英国这种相对无关紧要的小国的力量和影响力。事实证明，伊斯兰教的所有表现形式——帝国的、军事的和商业的——都是英国民族故事的一部分。

在穆斯林群体和基督教群体都缺乏宽容和包容的时候，鼓励宽容和包容的一个方式是向它们表明，在 4 个多世纪前，绝对的神学信仰往往屈服于战略考虑、政治压力和对财富的追求。在一个政治和宗教效忠变化无常的时期，穆斯林和基督徒被迫找到了一种混乱和不安共存的共同语言，而不顾其宗教的正式禁令。尽管时有过激的宗教言论，但和现在一样，当时欧洲基督教国家和伊斯兰国家之间的冲突既是由神学所定义的，也是由对权力和优先地位的争夺所定义的，这个故事是基督徒、穆斯林和任何其他自称英国人的人的遗产的一部分。

今天的英国是一个多元文化社会，有大量的穆斯林。过去半个世纪的事态发展加上最近发生的国际事件，要求这个国家再次面对它与伊斯兰教的关系，尽管这与伊丽莎白时期的情况大不相同，当时几乎不存在大规模的移民和多元文化主义的概念。

随着英帝国在 20 世纪中叶崩溃，包括南亚穆斯林在内的各种不同群体大规模移民英国，（主要）由此产生的文化融合的动力如今受到了质疑，因为政治家和各种宗教派别的媒体都指责英国穆斯林未能融入民族文化。20 世纪 60 年代末，我出生在英格兰北部的布拉德福德，我和穆斯林、印度教徒和锡克教徒一起在利兹的学校上学，我们一起玩耍和学习，但我们几乎没有谈论过关于宗教信仰和宗派分歧的话题。那不是一种多元文化的田园生活，但也不是由神学的绝对真理定义的。这就是我对英国性（Englishness）的感受，现在我意识到这在一定程度上解释了我写这本书的原因。伊斯兰教与英国之间的关系是一段漫长且往往很难处理的历史，如果我这本书对理解这段关系能做出小小的贡献，它就是有价值的。

注 释

注释中使用的缩写

APC	*Acts of the Privy Council*
Castries	Henri de Castries et al., eds., *Sources inédites pour l'histoire du Maroc*, 26 vols. (Leiden: Martinus Nijhoff, 1905–1965)
CP	Cecil Papers at Hatfield House, Hertfordshire, UK
CSPD	*Calendar of State Papers, Domestic*
CSPF	*Calendar of State Papers, Foreign*
CSPS	*Calendar of State Papers, Spain*
CSPV	*Calendar of State Paper, Venice*
Hakluyt	Richard Hakluyt, *The Principal Navigations, Voyages, Traffiques and Discoveries of the English Nation*, 7 vols. (London: Everyman's Library/J. M. Dent, 1907)
LP	*Letters and Papers, Foreign and Domestic, Henry VIII*
ODNB	*Oxford Dictionary of National Biography*
OED	*Oxford English Dictionary Online*
TNA	The National Archives of the United Kingdom

以上列出的所有官方政府记录和参考书均可在网上查阅。所有对莎士比亚戏剧的引用（除了《奥赛罗》）都取自斯蒂芬·格林布拉特等人编辑的《诺顿莎士比亚全集》（New York: W. W. Norton, 1997）。

序言

1. Quoted in Susan A. Skilliter, *William Harborne and the Trade with Turkey, 1578–1582: A Documentary Study of the First Anglo-Ottoman Relations* (Oxford: Oxford University Press, 1977), p. 69.
2. Quoted in ibid., pp. 69–70.

3. Caroline Finkel, *Osman's Dream: The Story of the Ottoman Empire, 1300–1923* (London: John Murray, 2005), pp. 164–78.
4. Leslie Peirce, *The Imperial Harem: Women and Sovereignty in the Ottoman Empire* (Oxford: Oxford University Press, 1993).
5. Skilliter, *William Harborne*, p. 37.
6. Edward Hall, *Hall's Chronicle: Containing the History of England during the reign of Henry the Fourth, and the succeeding Monarchs, to the end of the reign of Henry the Eighth* (London: British Museum, 1809), p. 513.
7. Miriam Jacobson, *Barbarous Antiquity: Reorienting the Past in the Poetry of Early Modern England* (Philadelphia: University of Pennsylvania Press, 2014), pp. 2–4.
8. See "Muslim, n. and adj." OED.
9. See "Islam, n." OED.
10. Richard Knolles, *The General Historie of the Turkes, from the first beginning of that Nation to the rising of the Othoman Familie* (London, 1603), sig. B47.
11. *Othello*, 1.1.135. 全书所有对这部戏剧的引用都来自 E. A. J. Honigmann, ed., *Othello*（Walton-on-Thames: Arden/Thomas Nelson, 1997）。
12. Ibid., 1.3.140.
13. Ibid., 1.3.133–34.
14. John Ayre, ed., *The Early Works of Thomas Becon* (Cambridge: Cambridge University Press, 1843), p. 239.
15. Quoted in Noel Malcolm, "Positive Views of Islam and of Ottoman Rule in the Sixteenth Century: The Case of Jean Bodin," in *The Renaissance and the Ottoman World,* ed. Anna Contadini and Claire Norton (Farnham: Ashgate, 2013), pp. 197–220; at p. 212.

1 征服突尼斯

1. CSPS, vol. 13, *1554–1558,* no. 60, p. 49.
2. John Elder, "The Copy of a Letter Sent into Scotland, of the Arrival and Landing, and Most Notable Marriage of the Most Illustrious Prince, Philip of Spain," in *The Chronicle of Queen Jane,* ed. J. G. Nichols (London: Camden Society, 1850), appendix x, pp. 139–40.
3. Ibid.
4. Ibid.
5. Quoted in Henry Kamen, *Philip II* (New Haven: Yale University Press, 1997), p. 59.

6. Elder, "Copy of a Letter," pp. 139–40.
7. Quoted in Alexander Samson, "Changing Places: The Marriage and Royal Entry of Philip, Prince of Austria, and Mary Tudor, July–August 1554," *Sixteenth Century Journal* 36, no. 3 (2005), pp. 761–84; at p. 767.
8. CSPV, vol. 5, *1534–1554,* no. 898, p. 511. 我感谢亚历山大·萨姆森提请我注意这一点，并允许我阅读他即将发表的关于这一问题的著作。
9. Quoted in James D. Tracy, *Emperor Charles V, Impresario of War: Campaign Strategy, International Finance, and Domestic Politics* (Cambridge: Cambridge University Press, 2002), pp. 155–56.
10. On the campaign, see Hendrick J. Horn, *Jan Cornelisz Vermeyen, Painter of Charles V and His Conquest of Tunis: Paintings, Etchings, Drawings, Cartoons and Tapestries,* 2 vols. (The Hague: Davaco, 1989).
11. CSPS, vol. 13, *1554–1558,* no. 227, p. 236.
12. LP, vol. 9, *August–December 1535,* no. 596, p. 200.
13. Thomas Burman, *Reading the Qur'ân in Latin Christendom, 1140–1560* (Philadelphia: University of Pennsylvania Press, 2009).
14. 对这些偏见的经典解释，见 Norman Daniel, *Islam and the West: The Making of an Image*（Edinburgh: Edinburgh University Press, 1960）。
15. Margaret Meserve, *Empires of Islam in Renaissance Historical Thought* (Cambridge, Mass.: Harvard University Press, 2008); Nancy Bisaha, *Creating East and West: Renaissance Humanists and the Ottoman Turks* (Philadelphia: University of Pennsylvania Press, 2004).
16. Dorothee Metlitziki, *The Matter of Araby in Medieval England* (New Haven: Yale University Press, 1977).
17. See Suzanne Conklin Akbari, "The Non-Christians of *Piers Plowman,*" in *The Cambridge Companion to Piers Plowman,* ed. Andrew Cole and Andrew Galloway (Cambridge: Cambridge University Press, 2014), pp. 160–78; at p. 170.
18. Quoted in Michael J. Heath, *Crusading Commonplaces: La Noue, Lucinge and Rhetoric Against the Turks* (Geneva: Droz, 1986), p. 15.
19. Burman, *Reading the Qur'ân,* pp. 110–16.
20. Quoted in Ina Baghdiantz McCabe, *Orientalism in Early Modern France: Eurasian Trade, Exoticism and the Ancien Regime* (Oxford: Berg, 2008), pp. 33–34.
21. Adam S. Francisco, *Martin Luther: A Study in Sixteenth-Century Polemics and*

Apologetics (Leiden: Brill, 2007), pp. 69–70.
22. Martin Luther, "On the War Against the Turk," in *Luther's Works,* vol. 46, trans. Robert C. Schultz (Philadelphia: Concordia Press, 1962–1971), pp. 157–205.
23. CSPV, vol. 3, *1520–1526,* no. 616, p. 297.
24. Sir Thomas More, "A Dialog Concerning Heresies," in *The Yale Edition of the Complete Works of St. Thomas More,* ed. Thomas Lawler et al., vol. 6, Parts I and II, *A Dialog Concerning Heresies* (New Haven: Yale University Press, 1981), pp. 1–435; at p. 236.
25. "Instruction Given to the Emperor by the Most Reverend Cardinal Campeggio at the Diet of Augsburg, 1530," in Leopold von Ranke, *The History of the Popes During the Last Four Centuries,* 3 vols. (London: Bell & Sons, 1913), vol. 3, p. 40.
26. Gülru Necipoğlu, "Süleyman the Magnificent and the Representation of Power in the Context of Ottoman-Hapsburg-Papal Rivalry," *Art Bulletin* 71, no. 3 (September 1989), pp. 401–27.
27. Dorothy Vaughan, *Europe and the Turk: A Pattern of Alliances* (Liverpool: Liverpool University Press, 1954).
28. Desiderius Erasmus, "A Most Useful Discussion Concerning Proposals for War Against the Turks, Including an Exposition of Psalm 28," trans. Michael J. Heath, in *The Collected Works of Erasmus,* ed. Dominic Baker-Smith, vol. 64, *Expositions of the Psalms* (Toronto: Toronto University Press, 2005), pp. 201–66; at pp. 218, 231, 258–59.
29. Ibid., p. 242.
30. J. R. Tanner, ed., *Tudor Constitutional Documents, 1485–1603* (Cambridge: Cambridge University Press, 1922), p. 124.
31. John Foxe, *The Unabridged Acts and Monuments Online* (Sheffield: HRI Online Publications, 2011); available at www.johnfoxe.org, 1563 ed., book 5, p. 957.
32. Eamon Duffy, *Fires of Faith: Catholic England Under Mary Tudor* (New Haven: Yale University Press, 2009).
33. Samson, "Changing Places."
34. Ian Lancashire, *Dramatic Texts and Records of Britain: A Chronological Topography to 1558* (Cambridge: Cambridge University Press, 1984), p. 213.
35. Hakluyt, vol. 2, pp. 227–28.
36. Ibid., p. 267.

37. Ibid., p. 253.
38. Ibid., pp. 318–29.
39. Robert Batchelor, *London: The Selden Map and the Making of a Global City, 1549–1689* (Chicago: University of Chicago Press, 2014), p. 40.
40. Peter Barber, *The Queen Mary Atlas* (London: Folio Society, 2005), pp. 3–81.

2 苏丹、沙皇和沙阿

1. David Loades, *Elizabeth I: A Life* (London: Hambledon Press, 2003), p. 138.
2. E. Delmar Morgan and C. H. Coote, eds., *Early Voyages and Travels to Russia and Persia by Anthony Jenkinson and Other Englishmen*, 2 vols. (London: Hakluyt Society, 1886), vol. 2, p. 341.
3. Anthony Jenkinson, "The Manner of the Entering of Süleyman the Great Turk with his Army into Aleppo," in ibid., vol. 1, pp. 1–5.
4. Quoted in Palmira Brummett, "The Myth of Shah Ismail Safavi: Political Rhetoric and 'Divine' Kingship," in *Medieval Christian Perceptions of Islam*, ed. John Tolan (New York: Routledge, 2000), pp. 331–59; at p. 343.
5. Quoted in Max Scherberger, "The Confrontation Between Sunni and Shi'i Empires: Ottoman-Safavid Relations Between the Fifteenth and the Seventeenth Century," in *The Sunna and Shi'a in History*, ed. Ofra Bengio and Meir Litvak (New York: Palgrave, 2011), pp. 51–68; at p. 55.
6. Quoted in Palmira Brummett, *Ottoman Seapower and Levantine Diplomacy* (Albany: State University of New York Press, 1994), p. 36.
7. Quoted in ibid., p. 29.
8. Ibid.
9. Morgan and Coote, *Early Voyages and Travels to Russia*, vol. 1, pp. 5–6.
10. Hakluyt, vol. 1, p. 390.
11. Morgan and Coote, *Early Voyages and Travels to Russia*, vol. 1, p. 30.
12. Ibid., pp. 58, 97.
13. Ibid., pp. 84–85.
14. Ibid., pp. 87–88.
15. Ibid., p. 93.
16. Ibid., p. 97.
17. Ibid., pp. 108–9.
18. Ibid., p. 58.

19. Daryl Palmer, *Writing Russia in the Age of Shakespeare* (Aldershot: Ashgate, 2004), p. 54.
20. Morgan and Coote, *Early Voyages and Travels to Russia,* vol. 1, pp. 112–13.
21. Ibid., pp. 113–14.
22. Ibid., p. 125.
23. Ibid., p. 126.
24. Ibid., pp. 143, 133.
25. Ibid., p. 140.
26. Kathryn Babayan, *Mystics, Monarchs, and Messiahs: Cultural Landscapes of Early Modern Iran* (Cambridge, Mass.: Harvard University Press, 2002), pp. 295–348.
27. Jean-Do Brignoli, "Princely Safavid Gardens: Stage for Rituals and of Imperial Display and Political Legitimacy," in *Middle East Garden Traditions: Unity and Diversity,* ed. Michael Conan (Washington, D.C.: Dumbarton Oaks, 2007), pp. 113–39.
28. Morgan and Coote, *Early Voyages and Travels to Russia,* vol. 1, pp. 153–54.
29. Ibid., pp. 145–47.
30. Colin P. Mitchell, "Am I My Brother's Keeper? Negotiating Corporate Sovereignty and Divine Absolutism in Sixteenth-Century Turco-Iranian Politics," in *New Perspectives on Safavid Iran,* ed. Colin P. Mitchell (London: Routledge, 2011), pp. 33–58.
31. Morgan and Coote, *Early Voyages and Travels to Russia,* vol. 1, pp. 144, 148.
32. Ibid., pp. 149–50.
33. Ibid., pp. 155–56.
34. Kenneth Andrews, *Trade, Plunder and Settlement: Maritime Enterprise and the Genesis of the British Empire, 1480–1630* (Cambridge: Cambridge University Press, 1984), pp. 76–86; Jane Grogan, *The Persian Empire in English Renaissance Writing, 1549–1622* (Basingstoke: Palgrave, 2014), pp. 20–21.
35. Andrea Bernadette, "Elizabeth I and Persian Exchanges," in *The Foreign Relations of Elizabeth I,* ed. Charles Beem (Basingstoke: Palgrave, 2011), pp. 169–99; at pp. 184–85. 伊波莉塔似乎对当时的女性肖像画产生了重要影响，包括 Marcus Gheeraerts 约 1590 年创作的《波斯夫人》。
36. Quoted in Morgan and Coote, *Early Voyages and Travels to Russia,* vol. 1, p. cxlix.

3 争夺巴巴里

1. Hakluyt, vol. 4, p. 32.
2. Ibid., p. 34.
3. T. S. Willan, *Studies in Elizabethan Foreign Trade* (Manchester: Manchester University Press, 1959), pp. 98–99.
4. Ibid., pp. 113, 314.
5. CSPF, vol. 5, *1562,* no. 103, p. 54.
6. "Garrard, Sir William (c. 1510–1571)," ODNB.
7. Quoted in Gustav Ungerer, "Portia and the Prince of Morocco," *Shakespeare Studies* 31 (2003), pp. 89–126; at p. 100.
8. Quoted in Willan, *Studies in Elizabethan Foreign Trade*, p. 127.
9. "Felton, John (d. 1570), Roman Catholic Martyr," ODNB.
10. "The Bull of Excommunication, 1570," in *Tudor Constitutional Documents, 1485–1603,* ed. J. R. Tanner (Cambridge: Cambridge University Press, 1922), pp. 143–46.
11. "Felton, John," ODNB.
12. Robert Horne, Bishop of Winchester, *An Answeare Made by Rob. Bishoppe of Wynchester, to a Booke entituled, The Declaration of svche Scruples, and staies of Conscience, touchinge the Othe of the Supremacy, as M. Iohn Fekenham, by wrytinge did deliuer vnto the L. Bishop of Winchester, with his Resolutions made thereunto* ... (London, 1566), p. 102v.
13. Nate Probasco, "Queen Elizabeth's Reaction to the St. Bartholomew's Day Massacre," in *The Foreign Relations of Elizabeth I,* ed. Charles Beem (Basingstoke: Palgrave, 2011), pp. 77–100.
14. Quoted in Sophia Menache, *Clement V* (Cambridge: Cambridge University Press, 1998), p. 106.
15. Jerry Brotton and Lisa Jardine, *Global Interests: Renaissance Art Between East and West* (London: Reaktion, 2000); Christine Isom-Verhaaren, *Allies with the Infidel: The Ottoman and French Alliance in the Sixteenth Century* (London: I. B. Tauris, 2011).
16. Andrew C. Hess, "The Moriscos: An Ottoman Fifth Column in Sixteenth-Century Spain," *American Historical Journal* 74, no. 1 (1968), pp. 1–25.
17. Andrew C. Hess, *The Forgotten Frontier: A History of the Ibero-African Frontier* (Chicago: University of Chicago Press, 1978), pp. 85–90.

18. 在基督教与伊斯兰教交流的背景下对这场战争做出的最新最好的描述见 Noel Malcolm, *Agents of Empire: Knights, Corsairs, Jesuits and Spies in the Sixteenth-Century Mediterranean World*（London: Allen Lane, 2015）, pp. 151–174。
19. Quoted in Benjamin Paul, "'And the moon has started to bleed': Apocalyptism and Religious Reform in Venetian Art at the Time of the Battle of Lepanto," in *The Turk and Islam in the Western Eye, 1450–1750,* ed. James G. Harper (Aldershot: Ashgate, 2011), pp. 67–94; at p. 69.
20. Raphael Holinshed, *The Third Volume of Chronicles* (London, 1587), pp. 1226–27.
21. Kervyn de Lettenhove, *Relations politiques des Pays Bas et de l'Angleterre sous le règne de Philippe II,* 11 vols. (Louvain, 1882–1900), vol. 6, p. 225.
22. Letters of William Herle Project, Center for Editing Lives and Letters, www.livesandletters.ac.uk; transcript ID: HRL/002/HTML/022.
23. Kenneth Andrews, *Trade, Plunder and Settlement: Maritime Enterprise and the Genesis of the British Empire, 1480–1630* (Cambridge: Cambridge University Press, 1984), p. 111.
24. Castries, vol. 1, p. 201.
25. Ibid.
26. Ibid., p. 202.
27. Ibid., pp. 204–5.
28. Ibid., pp. 212–13.
29. Ibid., pp. 226–27.
30. CSPF, vol. 12, *1577–1578,* August 9, 1577, no. 94, p. 68.
31. Quoted in Andrew C. Hess, "The Battle of Lepanto and Its Place in Mediterranean History," *Past and Present* 57 (1972), pp. 53–73; at p. 54.
32. Quoted in Susan A. Skilliter, *William Harborne and the Trade with Turkey, 1578–1582: A Documentary Study of the First Anglo-Ottoman Relations* (Oxford: Oxford University Press, 1977), p. 37.
33. Hakluyt, vol. 3, p. 51.
34. Skilliter, *William Harborne,* pp. 1–2.
35. "Stucley, Thomas (c. 1520–1578)," ODNB.
36. Charles Edelman, ed., *Three Stukeley Plays* (Manchester: Manchester University Press, 2005), p. 7.
37. Quoted in Susan Iwanisziw, "England, Morocco, and Global Geopolitical Upheaval," in *Envisioning an English Empire,* ed. Robert Appplebaum and John

Sweet (Philadelphia: University of Pennsylvania Press, 2005), pp. 152–71; at p. 163.

38. John Polemon, *The Second Part of the Booke of Battailes, Fought in Our Age Taken out of the Best Authors and Writers in Sundrie Languages* (London, 1587), p. 79.

39. E. W. Bovill, *The Battle of Alcazar: An Account of the Defeat of Don Sebastian of Portugal at El-Ksar El-Kebir* (London: Batchworth, 1952), p. 97.

40. Edelman, *Stukeley Plays,* p. 15.

41. Polemon, *Booke of Battailes,* p. 86.

42. Bovill, *Battle of Alcazar,* p. 145.

4 君士坦丁堡的合适人选

1. Quoted in Susan A. Skilliter, *William Harborne and the Trade with Turkey, 1578–1582: A Documentary Study of the First Anglo-Ottoman Relations* (Oxford: Oxford University Press, 1977), pp. 28–30.

2. On Harborne's life see "Harborne, William (c. 1542–1617)," ODNB.

3. Zeynep Çelik, *The Remaking of Istanbul: Portrait of an Ottoman City in the Nineteenth Century* (Berkeley: University of California Press, 1993), pp. 22–29.

4. Emine Fetvaci, *Picturing History at the Ottoman Court* (Bloomington: Indiana University Press, 2013), pp. 43–46.

5. Skilliter, *William Harborne,* p. 45.

6. Hakluyt, vol. 3, p. 51.

7. Skilliter, *William Harborne,* pp. 62–64.

8. Ibid., p. 63.

9. Ibid., p. 49.

10. Hakluyt, vol. 3, p. 52.

11. Ibid., pp. 52–53.

12. Skilliter, *William Harborne,* p. 54.

13. Ibid., p. 59.

14. CSPF, vol. 14, *1579–1580,* no. 71, p. 77.

15. Rayne Allinson, *A Monarchy of Letters: Royal Correspondence and English Diplomacy in the Reign of Elizabeth I* (Basingstoke: Palgrave, 2012), pp. 131–50.

16. Skilliter, *William Harborne,* p. 51.

17. CSPS, vol. 2, *1568–1579,* no. 609, pp. 705–6.

18. Ibid., p. 706.
19. Ibid., p. 710.
20. Hakluyt, vol. 3, p. 54.
21. Cornell H. Fleischer, *Bureaucrat and Intellectual in the Ottoman Empire: The Historian Mustafa Ali (1541–1600)* (Princeton, N.J.: Princeton University Press, 1986), pp. 72–73.
22. Skilliter, *William Harborne*, pp. 79–80.
23. Hakluyt, vol. 3, p. 58.
24. Ibid., p. 61.
25. Skilliter, *William Harborne*, p. 120.
26. Ibid., p. 151.
27. Quoted in Andrew P. Vella, *An Elizabethan-Ottoman Conspiracy* (Valletta: Royal University of Malta Press, 1972), pp. 41–42.
28. Skilliter, *William Harborne*, p. 159.
29. Vella, *Elizabethan-Ottoman Conspiracy*, p. 46.
30. Ibid., pp. 46–47.
31. Skilliter, *William Harborne*, pp. 155–57.
32. De Lamar Jensen, "The Ottoman Turks in Sixteenth-Century French Diplomacy," *Sixteenth Century Journal* 16, no. 4 (1985), pp. 451–70.
33. Vella, *Elizabethan-Ottoman Conspiracy*, pp. 64–65.
34. Skilliter, *William Harborne*, p. 166.

5 不洁的联盟

1. Quoted in T. S. Willan, *Studies in Elizabethan Foreign Trade* (Manchester: Manchester University Press, 1959), p. 155.
2. John Wheeler, *A Treatise of Commerce* (London, 1601), p. 13.
3. Hakluyt, vol. 3, p. 65.
4. Stephen Gosson, *The School of Abuse* (London, 1579), sig. D3r.
5. Stephen Gosson, *Playes Confuted in Five Actions* (London, 1582), sig. G8r.
6. Peter Thomson, *Shakespeare's Professional Career* (Cambridge: Cambridge University Press, 1992), p. 69.
7. Andreas Höfele, *Stage, Stake and Scaffold: Humans and Animals in Shakespeare's Theater* (Oxford: Oxford University Press, 2011).
8. Robert Wilson, *The Three Ladies of London*, 1.11–17. 全书所有对这部戏剧的引用

都来自 Lloyd Edward Kermode, ed., *Three Renaissance Usury Plays*（Manchester: Manchester University Press, 2009）, pp. 79–163。

9. Ibid., 2.222.
10. Ibid., 2.228, 241.
11. Ibid., 3.32.
12. Ibid., 3.42–46.
13. Ibid., 3.53–57.
14. Jonathan Gil Harris, *Sick Economies: Drama, Mercantilism and Disease in Shakespeare's England* (Philadelphia: University of Pennsylvania Press, 2003).
15. Lloyd Edward Kermode, "Money, Gender and Conscience in Robert Wilson's *The Three Ladies of London*," *Studies in English Literature 1500–1900* 52, no. 2 (2012), pp. 265–91.
16. Wilson, *Three Ladies*, 9.3–9.
17. Ibid., 9.26–27.
18. Ibid., 9.34.
19. Ibid., 14.13.
20. Ibid., 14.15–16.
21. Ibid., 14.20.
22. Ibid., 14.49.
23. Ibid., 14.58–59.
24. Alan Stewart, "'Come from Turkey': Mediterranean Trade in Late Elizabethan London," in *Remapping the Mediterranean World in Early Modern English Writings,* ed. Goran Stanivukovic (Basingstoke: Palgrave, 2007), pp. 157–78.
25. Wilson, *Three Ladies,* 17.103.
26. Norman Jones, *God and the Moneylenders: Usury and the Law in Early Modern England* (Oxford: Blackwell, 1989); Craig Muldrew, *The Economy of Obligation: The Culture of Credit and Social Relations in Early Modern England* (Basingstoke: Palgrave, 1998).
27. John Aylmer to Lord Mayor of London, September 23, 1582, London Metropolitan Archive (LMA) COL/RMD/PA/01 f. 199r. 关于这封信的意义的讨论，见 Matthew Dimmock, "Early Modern Travel, Conversion, and Languages of 'Difference,'" *Journeys* 14, no. 2（2013）, pp. 10 - 26。我感谢 Professor Dimmock 提请我注意这封信。
28. CSPS, vol. 3, *1580–1586,* no. 265, pp. 366–67.

29. Alfred C. Wood, *A History of the Levant Company* (London: Oxford University Press, 1935), pp. 12–13.
30. Susan A. Skilliter, *William Harborne and the Trade with Turkey, 1578–1582: A Documentary Study of the First Anglo-Ottoman Relations* (Oxford: Oxford University Press, 1977), p. 183.
31. Hakluyt, vol. 3, pp. 85–88.
32. Quoted in Nabil Matar, "Elizabeth Through Moroccan Eyes," in *The Foreign Relations of Elizabeth I*, ed. Charles Beem (Basingstoke: Palgrave, 2011), pp. 145–67; at p. 147.
33. Castries, vol. 1, p. 391.
34. CSPS, vol. 3, *1580–1586*, no. 150, p. 199.
35. Quoted in Willan, *Studies in Elizabethan Foreign Trade*, p. 167.
36. Castries, vol. 1, pp. 413–16.
37. Ibid., pp. 418–19.
38. Ibid., p. 419.
39. "Barton, Edward (1562/3–1598)," ODNB.
40. Hakluyt, vol. 3, p. 109.
41. CSPV, vol. 8, *1581–1591*, no. 131, pp. 55–56.
42. Bodleian Library MS. Landsdowne 57, f. 66r, Oxford.
43. Hakluyt, vol. 3, p. 114.
44. Quoted in H. G. Rawlinson, "The Embassy of William Harborne to Constantinople, 1583–88," *Transactions of the Royal Historical Society*, 4th series, vol. 5 (1922), pp. 1–27; at p. 8.
45. CSPV, vol. 8, *1581–1591*, nos. 126, 130, pp. 50–53.
46. Ibid., no. 131, p. 56.
47. CSPF, vol. 17, *January–June 1583*, addenda, May 12 and 23, 1583, no. 738.
48. J. Horton Ryley, *Ralph Fitch: England's Pioneer to India and Burma* (London: Unwin, 1899).
49. *Macbeth*, 1.3.6.
50. Castries, vol. 1, p. 459.
51. Ibid., p. 460.
52. Hakluyt, vol. 4, pp. 268–73.
53. Ibid., vol. 3, pp. 146–47, 150.
54. Ibid., p. 159.

55. Colin Martin and Geoffrey Parker, *The Spanish Armada* (London: Hamish Hamilton, 1989), pp. 89–90.
56. Letters of William Herle Project, Center for Editing Lives and Letters, www.livesandletters.ac.uk; transcript ID: HRL/002/PDF/325.
57. Conyers Read, *Mr. Secretary Walsingham and the Policy of Queen Elizabeth*, 3 vols. (Oxford: Clarendon Press, 1925), vol. 3, p. 226.
58. Ibid., p. 228.
59. Quoted in Arthur Leon Horniker, "William Harborne and the Beginning of Anglo-Turkish Diplomatic and Commercial Relations," *Journal of Modern History* 14, no. 3 (1942), pp. 289–316; at p. 315.
60. Castries, vol. 1, p. 545.
61. Hakluyt, vol. 4, p. 274.
62. Quoted in Mercedes García-Arenal, *Ahmad al-Mansur: The Beginnings of Modern Morocco* (Oxford: Oneworld, 2009), p. 115.
63. Hakluyt, vol. 4, p. 274.
64. Emily Gottreich, *The Mellah of Marrakesh: Jewish and Muslim Space in Morocco's Red City* (Bloomington: Indiana University Press, 2007).
65. Nabil Matar, *Islam in Britain, 1558–1685* (Cambridge: Cambridge University Press, 1998), pp. 22–23.
66. Carsten L. Wilke, *The Marrakesh Dialogs: A Gospel Critique and Jewish Apology from the Spanish Renaissance* (Leiden: Brill, 2014).
67. Hakluyt, vol. 4, p. 274.
68. Castries, vol. 1, pp. 480–83.
69. Willan, *Studies in Elizabethan Foreign Trade*, pp. 253–55.
70. Wood, *Levant Company*, p. 17.
71. CSPV, vol. 8, *1581–1591*, no. 336, p. 154.

6 伊莎贝尔女苏丹

1. Meredith Hanmer, D. of Diuinitie, *The Baptizing of a Turke: a sermon preached at the Hospitall of Saint Katherin, adioyning vnto her Maiesties Towre the 2. of October 1586. at the baptizing of one Chinano a Turke, borne at Nigropontus* (London: Robert Waldegrave, 1586).
2. D. B. Quinn, *Explorers and Colonies: America, 1500–1625* (London: Hambledon Press, 1990), pp. 198–204.

3. APC, England, vol. 14, *1586–1587*, p. 205.
4. Bodleian Library MS. Tanner 77, f. 3v, Oxford.
5. Hakluyt, vol. 3, p. 150.
6. Nabil Matar, *British Captives from the Mediterranean to the Atlantic, 1563–1760* (Leiden: Brill, 2014), pp. 71–75; Daniel Vitkus, ed., *Piracy, Slavery, and Redemption: Barbary Captivity Narratives from Early Modern England* (New York: Columbia University Press, 2001).
7. C. E. Bosworth, *An Intrepid Scot: William Lithgow of Lanark's Travels in the Ottoman Lands, North Africa and Central Europe, 1609–21* (Aldershot: Ashgate, 2006), p. 115.
8. Quoted in Gerald MacLean, *Looking East: English Writing and the Ottoman Empire Before 1800* (Basingstoke: Palgrave, 2007), ch. 3, n15.
9. Hakluyt, vol. 3, p. 131.
10. Edward Webbe, *The Rare and Most Wonderfull Things Which Edward Webbe an Englishman Borne, Hath Seene and Passed in His Troublesome Travailes, in the Cities of Jerusalem, Damasko, Bethlehem and Galely: and in the Landes of Jewrie, Egypt, Grecia, Russia, and Prester John* (London: William Wright, 1590).
11. "Webbe, Edward (b. 1553/4)," ODNB.
12. Bodleian Library MS. Tanner 77, f. 4r.
13. Ibid.
14. Quoted in Susan A. Skilliter, *William Harborne and the Trade with Turkey, 1578–1582: A Documentary Study of the First Anglo-Ottoman Relations* (Oxford: Oxford University Press, 1977), p. 36.
15. Bodleian Library MS. Tanner 77, f. 4r.
16. Roger M. Savory, *Iran Under the Safavids* (Cambridge: Cambridge University Press, 1980), pp. 72–75.
17. Conyers Read, *Mr. Secretary Walsingham and the Policy of Queen Elizabeth*, 3 vols. (Oxford: Clarendon Press, 1925), vol. 3, pp. 329–30.
18. Ibid., p. 330.
19. Quoted in Arthur Leon Horniker, "William Harborne and the Beginning of Anglo-Turkish Diplomatic and Commercial Relations," *Journal of Modern History* 14, no. 3 (1942), pp. 289–316; at pp. 309–10.
20. Bodleian Library MS. Tanner 77, ff. 4r–5r.
21. Ibid., f. 4r.

22. Quoted in H. G. Rawlinson, "The Embassy of William Harborne to Constantinople, 1583–88," *Transactions of the Royal Historical Society,* 4th series, vol. 5 (1922), pp. 1–27; at p. 15.
23. CSPF, vol. 22, *July–December 1588,* pp. 97–110.
24. Hakluyt, vol. 3, p. 368.
25. Castries, vol. 1, p. 502.
26. The description of these events is based on Gustav Ungerer, "Portia and the Prince of Morocco," *Shakespeare Studies* 31 (2003), pp. 89–126; at pp. 97–98.
27. Quoted in Nabil Matar, "Elizabeth Through Moroccan Eyes," in *The Foreign Relations of Elizabeth I,* ed. Charles Beem (Basingstoke: Palgrave, 2011), pp. 145–67; at p. 150.
28. Ibid., pp. 150–51.
29. David Loades, *Elizabeth I: A Life* (London: Hambledon Press, 2003), p. 253.
30. Matar, "Elizabeth Through Moroccan Eyes," p. 150.
31. Hakluyt, vol. 4, p. 275.
32. Ibid.
33. Quoted in Matar, "Elizabeth Through Moroccan Eyes," p. 152.
34. Hakluyt, vol. 4, p. 275.

7 伦敦的土耳其化

1. Castries, vol. 1, pp. 513–14.
2. R. B. Wernham, "Elizabeth and the Portugal Expedition of 1589," *English Historical Review* 66, no. 258 (1951), pp. 1–26.
3. Castries, vol. 1, pp. 516–17.
4. T. S. Willan, *Studies in Elizabethan Foreign Trade* (Manchester: Manchester University Press, 1959), pp. 229–32.
5. Robert Wilson, *The Three Ladies of London,* Prolog, 1–2.
6. Christoper Marlowe, Tamburlaine the Great, Part 1, Prolog, 1–8. 两部 *Tamburlaine the Great* 中的引文全部来自 *Christopher Marlowe: Doctor Faustus and Other Plays*, ed. David Bevington and Eric Rasmussen (Oxford: Oxford University Press, 1995）, pp. 1–68。
7. C. H. Herford, Percy Simpson, and Evelyn Simpson, eds., *Ben Jonson: The Complete Works,* 11 vols. (Oxford: Clarendon Press, 1925–1963), vol. 8, p. 587.
8. Thomas Nashe, "To the Gentlemen Students of Both Universities," in Robert

Greene, *Greene's Arcadia or Menaphon* (London, 1589), sig. A2.
9. Robert Greene, *Perimedes the Black-Smith* (London, 1588), sig. A3r. 厚底靴是演员经常穿的靴子。
10. Marlowe, *Tamburlaine, Part 1,* 3.3.40–47.
11. Ibid., 4.2.2.
12. Ibid., 4.2.31–32.
13. John Michael Archer, "Islam and Tamburlaine's World Picture," in *A Companion to the Global Renaissance: English Literature and Culture in the Era of Expansion,* ed. Jyotsna Singh (Oxford: Blackwell, 2009), pp. 67–81; at pp. 76–77.
14. Marlowe, *Tamburlaine, Part 2,* 1.1.137–42.
15. Ibid., 5.1.171–74.
16. Ibid., 5.1.185–89.
17. Ibid., 5.1.190–95.
18. Ibid., 5.1.196, 198.
19. Ibid., 5.3.42–53.
20. David Riggs, "Marlowe's Life," in *The Cambridge Companion to Christopher Marlowe,* ed. Patrick Cheney (Cambridge: Cambridge University Press, 2004), pp. 24–40.
21. Title page of the first edition of the two parts of Christopher Marlowe, *Tamburlaine the Great* (London, 1590).
22. George Peele, *The Battle of Alcazar,* 1. Prolog, 6–7, 16. 皮尔戏剧的全部引文来自 Charles Edelman, ed., *Three Stukeley Plays*（Manchester: Manchester University Press, 2005）, pp. 59–128。
23. See "Moor, n.2." OED.
24. Leo Africanus, quoted in Jerry Brotton, "Moors," in *The Oxford Companion to Shakespeare,* ed. Michael Dobson and Stanley Wells (Oxford: Oxford University Press, 2011), p. 304.
25. Peele, *Battle of Alcazar,* 1.1.64–65.
26. Ibid., 1.1.10–11.
27. Ibid., 2.2.15–16.
28. Ibid., 2.2.69–82.
29. Emily C. Bartels, *Speaking of the Moor: From Alcazar to Othello* (Philadelphia: University of Pennsylvania Press, 2008), pp. 21–44.
30. George Peele, "A Farewell Entitled to the Famous and Fortunate Generals of Our

English Forces," in *The Works of George Peele*, ed. Alexander Dyce, 2 vols. (London: William Pickering, 1829), vol. 2, pp. 169–72: at p. 170. "Poo" is an archaic word for poll, or head.
31. Wernham, "Elizabeth and the Portugal Expedition," first part, pp. 19–23.
32. Quoted in R. B. Wernham, "Elizabeth and the Portugal Expedition of 1589 (Continued)," *English Historical Review* 66, no. 259 (1951), pp. 194–218; at p. 207.
33. Nabil Matar, *Britain and Barbary, 1589–1689* (Gainesville: University Press of Florida, 2005), pp. 18–19; Mercedes García-Arenal, *Ahmad al-Mansur: The Beginnings of Modern Morocco* (Oxford: Oneworld, 2009), pp. 84–85.
34. Castries, vol. 1, pp. 532–34.
35. Ibid., pp. 537–38.
36. Ibid., pp. 536–37.
37. Matar, *Britain and Barbary*, p. 19.
38. Quoted in Nabil Matar, "Elizabeth Through Moroccan Eyes," in *The Foreign Relations of Elizabeth I*, ed. Charles Beem (Basingstoke: Palgrave, 2011), pp. 145–67; at p. 152.
39. *The Fugger Newsletter, Second Series: Being a Further Selection from the Fugger Papers Specially Referring to Queen Elizabeth and Matters Relating to England During the Years 1568–1605* (London: John Lane, 1926), p. 217.
40. Quoted in García-Arenal, *Ahmad al-Mansur*, p. 105.
41. Matar, "Elizabeth Through Moroccan Eyes," p. 154.
42. Peter Berek, "Tamburlaine's Weak Sons: Imitation as Interpretation Before 1593," *Renaissance Drama* 13 (1982), pp. 55–82; at p. 58.
43. 格林戏剧的全部引文来自 Daniel Vitkus, ed., *Three Turk Plays from Early Modern England*（New York: Columbia University Press, 2000）, pp. 55–148。
44. Greene, *Selimus*, 10.16, 12.20, 2.98, 2.102, 2.105.
45. Ibid., Conclusion, 5–6.
46. Robert Greene, *Alphonsus, King of Aragon*, 3.3.1248, s.d. 这部戏剧的全部引文来自 W. W. Greg, ed., *Alphonsus, King of Aragon, 1599*（Oxford: Malone Society, 1926）。
47. Ibid., 5.1.2077.
48. Jonathan Gil Harris, *Untimely Matter in the Time of Shakespeare* (Philadelphia: University of Pennsylvania Press, 2009), pp. 77–81.

49. Christopher Marlowe, *The Jew of Malta*, 1.1.37, 127. 这部戏剧的全部引文来自 Bevington and Rasmussen, *Christopher Marlowe*, pp. 247–322。
50. Ibid., 2.3.216.
51. Ibid., 5.5.83–85.
52. Ibid., 2.3.175–81, 192–99.
53. James Shapiro, *Shakespeare and the Jews* (New York: Columbia University Press, 1996).
54. Marlowe, *The Jew of Malta*, 1.1.19–24.
55. Ibid., 1.1.37.
56. Charles Nicholl, *The Reckoning: The Murder of Christopher Marlowe* (London: Jonathan Cape, 1992).

8 穆罕默德的鸽子

1. R. A. Foakes, ed., *Henslowe's Diary*, 2d ed. (Cambridge: Cambridge University Press, 2002), pp. 16–18. 关于《亨利六世》的三个部分是按什么顺序写的，以及和谁一起写的，见 Gary Taylor, "Shakespeare and Others: The Authorship of *Henry the Sixth, Part One*," *Medieval and Renaissance Drama* 7（1995）, pp. 145–205。
2. James Bednarz, "Marlowe and the English Literary Scene," in *The Cambridge Companion to Christopher Marlowe*, ed. Patrick Cheney (Cambridge: Cambridge University Press, 2004), pp. 90–105; Jonathan Bate, *The Genius of Shakespeare* (London: Picador, 1997), p. 108.
3. Quoted in the introduction to *Henry VI, Part 1*, in *The Oxford Shakespeare*, ed. Michael Taylor (Oxford: Oxford University Press, 2003), p. 2.
4. *Henry VI, Part I*, 1.2.52–54.
5. Ibid., 1.2.72, 84.
6. Ibid., 1.2.140–45.
7. Meredith Hanmer, D. of Diuinitie, *The Baptizing of a Turke: a sermon preached at the Hospitall of Saint Katherin, adioyning vnto her Maiesties Towre the 2. of October 1586. at the baptizing of one Chinano a Turke, borne at Nigropontus* (London: Robert Waldegrave, 1586), p. 9.
8. Sir Walter Raleigh, *The History of the World*, 6 vols. (Edinburgh, 1820), vol. 2, p. 170.
9. Thomas Nashe, "The Terrors of the Night, or a Discourse of Apparitions," in *The*

Unfortunate Traveler and Other Works, ed. J. B. Steane (London: Penguin, 1972), p. 214.
10. Wallace T. MacCaffery, *Elizabeth I: War and Politics 1558–1603* (Princeton, N.J.: Princeton University Press, 1992), pp. 137–83; Chris Fitter, "Emergent Shakespeare and the Politics of Protest: *2 Henry VI* in Historical Contexts," *English Literary History* 72, no. 1 (2005), pp. 129–58.
11. Quoted in Matthew Dimmock, *New Turkes: Dramatizing Islam and the Ottoman Empire in Early Modern England* (Aldershot: Ashgate, 2005), p. 163.
12. "Barton, Edward (1562/3–1598)," ODNB; De Lamar Jensen, "The Ottoman Turks in Sixteenth Century French Diplomacy," *Sixteenth Century Journal* 16, no. 4 (1985), pp. 451–70; at p. 468.
13. Quoted in Nancy Lyman Roelker, *One King, One Faith: The Parlement of Paris and the Religious Reformations of the Sixteenth Century* (Berkeley: University of California Press, 1996), p. 412.
14. Quoted in MacCaffery, *Elizabeth I*, p. 178.
15. Richard Verstegen, *A Declaration of the True Causes of the Great Troubles, Presupposed to be Intended against the Realm of England* (Antwerp, 1592), p. 48.
16. Ibid., pp. 48–49.
17. Francis Bacon, "Certain Observations made upon a Libel Published this Present Year, 1592," in *The Letters and the Life of Francis Bacon*, ed. James Spedding, 7 vols. (London, 1861–1874), vol. 1, pp. 146–208; at p. 204.
18. CSPD, vol. 3, *1591–1594*, no. 79, April 27, 1594.
19. Hakluyt, vol. 4, p. 8.
20. Leslie P. Peirce, *The Imperial Harem: Women and Sovereignty in the Ottoman Empire* (Oxford: Oxford University Press, 1993), pp. 224–28; Susan Skilliter, "Three Letters from the Ottoman 'Sultana' Safiye to Queen Elizabeth I," in *Documents from Islamic Chanceries,* ed. S. M. Stern (Cambridge, Mass.: Harvard University Press, 1965), pp. 119–57.
21. Quoted in Skilliter, "Three Letters," pp. 131–32.
22. Arthur Golding, trans., *The xv bookes of P. Ovidius Naso, entytuled Metamorphosis* (London, 1567), sig. B1.
23. *Titus Andronicus,* 3.1. s.d.
24. Ibid., 2.4.12.
25. Ibid., 3.1.184.

26. T. S. Eliot, "Seneca in Elizabethan Translation," in *Selected Essays, 1917–1932* (London: Faber & Faber, 1932), pp. 65–105.
27. Quoted in Dominic Shellard, *Kenneth Tynan: A Life* (New Haven: Yale University Press, 2003), p. 137.
28. www.theguardian.com/commentisfree/2014/may/12/theater-blood-gore-titus-andronicus.
29. *Titus Andronicus*, 4.2.65.
30. Ibid., 5.1.63–64.
31. Ibid., 4.2.91.
32. Ibid., 5.3.178.
33. 对于皮尔写下该剧第一幕和其他三个场景的情况，见 Brian Vickers, *Shakespeare, Co-Author: A Historical Study of Five Collaborative Plays*（Oxford: Oxford University Press, 2002）, pp. 148–243。
34. *Titus Andronicus*, 5.3.120.
35. Ibid., 2.3.34–36.
36. Ibid., 3.1.203–4.
37. Ibid., 5.1.124–44.
38. Ibid., 5.3.184–89.
39. Ibid., 5.1.21.
40. Ibid., 5.1.68, 71.
41. Ibid., 5.1.73–83.
42. Castries, vol. 2, pp. 89–90.
43. R. B. Wernham, *The Return of the Armadas: The Last Years of the Elizabethan War Against Spain, 1595–1603* (Oxford: Oxford University Press, 1994), pp. 91–113; Edward Tenace, "A Strategy of Reaction: The Armadas of 1596 and 1597 and the Spanish Struggle for European Hegemony," *English Historical Review* 118, no. 478 (2003), pp. 855–82; Paul E. J. Hammer, "Myth-making: Politics, Propaganda and the Capture of Cadiz in 1596," *Historical Journal* 40, no. 3 (1997), pp. 621–42.
44. Castries, vol. 2, pp. 93–94.
45. Quoted in Wernham, *Return of the Armadas*, p. 107.
46. Quoted in Nabil Matar, "Elizabeth Through Moroccan Eyes," in *The Foreign Relations of Elizabeth I*, ed. Charles Beem (Basingstoke: Palgrave, 2011), pp. 145–67; at p. 156.

47. See Nabil Matar, *Britain and Barbary, 1589–1689* (Gainesville: University Press of Florida, 2005), p. 21.
48. Wernham, *Return of the Armadas*, pp. 130–69.
49. *The Merchant of Venice*, 4.1.304–5.
50. Ibid., 4.1.382.
51. Quoted in James Shapiro, *Shakespeare and the Jews* (New York: Columbia University Press, 1996), p. 73.
52. *The Merchant of Venice*, 3.1.49–54.
53. Ibid., 3.1.54–61.
54. Ibid., 4.1.169.
55. Ibid., 1.2.109–10.
56. Ibid., 2.1.1–7.
57. Ibid., 2.1.8–12.
58. Ibid., 2.1.24–26.
59. Ibid., 2.7.78–79.
60. T. S. Willan, *Studies in Elizabethan Foreign Trade* (Manchester: Manchester University Press, 1959), p. 296.

9 逃离苏丹宫殿

1. Quoted in H. E. Rosedale, *Queen Elizabeth and the Levant Company* (London, 1904), p. 18.
2. Quoted in ibid., p. 27.
3. Quoted in ibid., pp. 27–28, 39.
4. Quoted in Gerald MacLean, *The Rise of Oriental Travel: English Visitors to the Ottoman Empire, 1580–1720* (Basingstoke: Palgrave, 2004), p. 40.
5. "Barton, Edward (1562/3–1598)," ODNB.
6. Quoted in Franklin L. Baumer, "England, the Turk and the Common Corps of Christendom," *American Historical Review* 50, no. 1 (1944), pp. 26–48; at p. 35.
7. Alfred C. Wood, *A History of the Levant Company* (London: Oxford University Press, 1935), pp. 22–24.
8. Anders Ingram, "English Literature on the Ottoman Turks in the Sixteenth and Seventeenth Centuries," PhD thesis, University of Durham, 2009, pp. 388–95; available at Durham E-Theses Online: http://etheses.dur.ac.uk/86/. See also his book *Writing the Ottomans: Turkish History in Early Modern England* (Basingstoke:

Macmillan, 2015).

9. 关于从奥斯曼帝国领土进口的地毯、毛毯和其他东西，见 Gerald MacLean, *Looking East: English Writing and the Ottoman Empire Before 1800*（Basingstoke: Palgrave, 2007），pp. 27–62。

10. Karen Hearn, *Dynasties: Painting in Tudor and Jacobean England, 1530–1630* (London: Tate Publishing, 1996), p. 64.

11. Jean Lobbet to Philip Sidney, Strasburg, July 5, 1575, in *The Correspondence of Sir Philip Sidney,* ed. Roger Kuin, 2 vols. (Oxford: Oxford University Press, 2012), vol. 1, p. 483.

12. R. W. Maslen, ed., *An Apology for Poetry (or The Defense of Poesy): Philip Sidney* (Manchester: Manchester University Press, 2002), p. 105.

13. Charles Lethbridge Kingsford, "Essex House, Formerly Leicester House and Exeter Inn," *Archaeologia, or Miscellaneous Tracts Relating to Antiquity* 73 (1923), pp. 1–51.

14. Lionel Cust, "The Lumley Inventories," *Walpole Society* 6 (1918), pp. 15–35.

15. Robert Brenner, *Merchants and Revolution: Commercial Change, Political Conflict, and London's Overseas Traders, 1550–1653* (Cambridge: Cambridge University Press, 1993), pp. 25, 42.

16. *The Taming of the Shrew,* 2.1.345.

17. *The Comedy of Errors,* 4.1.104.

18. Santina M. Levey, *The Embroideries at Hardwick Hall: A Catalog* (London: National Trust Books, 2007), pp. 380–85; Hakluyt, vol. 2, pp. 201–3.

19. Wood, *Levant Company,* p. 24; T. S. Willan, "Some Aspects of English Trade with the Levant in the Sixteenth Century," *English Historical Review* 70, no. 276 (1955), pp. 399–410.

20. Sir William Foster, ed., *The Travels of John Sanderson in the Levant, 1584–1602* (London: Hakluyt Society, 1931), pp. 32, 33.

21. Gillian White, "'That whyche ys nedefoulle and nesesary': The Nature and Purpose of the Original Furnishings and Decoration of Hardwick Hall, Derbyshire," PhD thesis, University of Warwick, 2 vols., 2005, vol. 1, p. 99.

22. Levey, *The Embroideries at Hardwick Hall,* pp. 99–109.

23. Matthew Dimmock, *New Turkes: Dramatizing Islam and the Ottoman Empire in Early Modern England* (Aldershot: Ashgate, 2005), pp. 167–68.

24. *Richard II,* 4.1.125–32.

25. *Henry IV, Part 1*, 1.1.12–13.
26. Ibid., 1.1.19–27.
27. Ibid., 5.2.85.
28. Ibid., 2.4.94–97.
29. *Henry IV, Part 2*, 2.4.136, 141, 155.
30. Ibid., 5.2.44–49.
31. William Hazlitt, *Characters of Shakespeare's Plays* (London, 1817), p. 192.
32. Norman Rabkin, "Rabbits, Ducks and *Henry V*," *Shakespeare Quarterly* 28, no. 3 (1977), pp. 279–96.
33. *Henry V*, 3.4.38–41.
34. Nabil Matar and Gerald MacLean, *Britain and the Islamic World, 1558–1713* (Oxford: Oxford University Press, 2011), p. 28; Jonathan Burton, *Traffic and Turning: Islam and English Drama, 1579–1624* (Newark: University of Delaware Press, 2005), p. 163; Deanne Williams, *The French Fetish from Chaucer to Shakespeare* (Cambridge: Cambridge University Press, 2004), pp. 51–52.
35. *Henry V*, 3.1.34.
36. John Calvin, *Institutes of the Christian Religion*, ed. John Allen, 2 vols. (London: Thomas Regg, 1844), vol. 2, pp. 94–95.
37. John Foxe, *The Unabridged Acts and Monuments Online;* available at www.johnfoxe.org, 1570 ed., Book 6, p. 893.
38. Ronald Lightbown, *Carlo Crivelli* (New Haven: Yale University Press, 2004), p. 117.
39. Edward Seymour Forster, ed., *The Turkish Letters of Ogier Ghiselin de Busbecq* (1927; repr., Oxford: Oxford University Press, 1968), pp. 54–55.
40. Ibid., pp. 56, 131.
41. Edmund Spencer, *The Faerie Queene*, Book 1.1.2. 斯宾塞这首诗的全部引文来自 Edmund Spencer, *The Faerie Queene*, ed. Thomas P. Roche（Penguin, London, 1978）。
42. Ibid., Book 1.2.12.
43. Ibid., Book 1.10.40.
44. Ibid., Book 1.10.61.
45. Brotton and Jardine, *Global Interests*, pp. 13–23.
46. Spencer, *The Faerie Queene*, Book 5.8.51.
47. Ibid., Book 5.8.28.

48. Ibid., Book 5.8.41.
49. Benedict Robinson, *Islam and Early Modern English Literature* (Palgrave, Basingstoke, 2007), pp. 33–56.
50. Richard Johnson, *The Most Famous History of the Seven Champions of Christendom* (London, 1596), pp. 16, 21.
51. Ibid., p. 23.
52. Ibid., p. 101.
53. *Henry V*, 5.2.193–96.
54. Ibid., Epilog, 9-13.
55. Foster, *Travels of John Sanderson*, p. 242.
56. Hakluyt, vol. 1, p. 43.
57. CSPD, vol. 6, *1598–1601*, January 31, 1599, p. 156.
58. CSPV, vol. 9, *1592–1603*, no. 814, p. 375.
59. Ibid., October 2, 1599, no. 817, p. 377.
60. Thomas Dallam, "The Diary of Master Thomas Dallam, 1599–1600," in *Early Voyages and Travels in the Levant*, ed. J. Theodore Bent (London: Hakluyt Society, 1893), pp. 1–99; at pp. 67–68.
61. Ibid., pp. 74–75.
62. Ibid., p. 84.
63. Quoted in Leslie P. Peirce, *The Imperial Harem: Women and Sovereignty in the Ottoman Empire* (Oxford: Oxford University Press, 1993), p. 228. This amends the version translated in Susan Skilliter, "Three Letters from the Ottoman 'Sultana' Safiye to Queen Elizabeth I," in *Documents from Islamic Chanceries*, ed. S. M. Stern (Cambridge, Mass.: Harvard University Press, 1965), pp. 119–57; at p. 139.
64. Skilliter, "Three Letters," p. 139, n57.
65. Ibid., p. 143.
66. Alison Games, *The Web of Empire: English Cosmopolitans in an Age of Expansion, 1560–1660* (Oxford: Oxford University Press, 2008), p. 171.
67. Quoted in Skilliter, "Three Letters," p. 153.
68. "Dallam, Thomas (bap. 1575, d. in or after 1630)," ODNB.

10 舍利热

1. *Twelfth Night*, 1.2.52.
2. Ibid., 5.1.365.

3. Ibid., 3.2.67–68.
4. Patricia Parker, "*Twelfth Night:* Editing Puzzles and Eunuchs of All Kinds," in *Twelfth Night: New Critical Essays,* ed. James Schiffer (London: Routledge, 2011), pp. 45–64; at p. 47. On Wright's map, see Helen Wallis, "Edward Wright and the 1599 World Map," in *The Hakluyt Handbook,* ed. D. B. Quinn, 2 vols. (Cambridge: Hakluyt Society, 1974), vol. 1, pp. 69–73.
5. *Twelfth Night,* 2.5.156–57.
6. Ibid., 3.4.243–48.
7. See Richard Wilson, "'When Golden Time Convents': *Twelfth Night* and Shakespeare's Eastern Promise," *Shakespeare* 6, no. 2 (2010), pp. 209–26.
8. Samuel Purchas, *Hakluytus Posthumus, or Purchas His Pilgrimes,* 20 vols. (Glasgow: James MacLehose, 1905), vol. 1, p. 374.
9. Quoted in R. M. Savory, "The Sherley Myth," *Iran* 5 (1967), pp. 73–81.
10. *Gentleman's Magazine,* n.s., vol. 22 (1844), p. 474.
11. See Sir Edward Denison Ross, *Sir Anthony Sherley and His Persian Adventure* (London: Routledge, 1933); Boies Penrose, *The Sherleian Odyssey: Being a Record of the Travels and Adventures of Three Famous Brothers During the Reigns of Elizabeth, James I, and Charles I* (London: Simpkin Marshall, 1938); D. W. Davies, *Elizabethans Errant: The Strange Fortunes of Sir Thomas Sherley and His Three Sons, as Well in the Dutch Wars as in Muscovy, Morocco, Persia, Spain, and the Indies* (Ithaca, N.Y.: Cornell University Press, 1967); Kurosh Meshkat, "Sir Anthony Sherley's Journey to Persia, 1598–1599," PhD thesis, Queen Mary University of London, 2013.
12. Ross, *Sir Anthony Sherley,* pp. 86–87.
13. Penrose, *Sherleian Odyssey,* p. 245.
14. CP, Part 4, May 2, 1594, p. 522.
15. CP, Part 8, December 30, 1597, p. 526.
16. CP, Part 8, March 1598, pp. 116–17. See Sanjay Subrahmanyam, *Three Ways to Be an Alien: Travails and Encounters in the Early Modern World* (Waltham, Mass.: Brandeis University Press, 2011), pp. 91–92. A different translation appears in Davies, *Elizabethans Errant,* pp. 80–81.
17. Subrahmanyam, *Three Ways,* pp. 93–95; Davies, *Elizabethans Errant,* pp. 81–83.
18. George Mainwaring, "A True Discourse of Sir Anthony Sherley's Travel into Persia," in *The Three Brothers; or, The Travels and Adventures of Sir Anthony, Sir*

Robert and Sir Thomas Sherley, in Persia, Russia, Turkey, and Spain (London: Hurst, Robinson, 1825), pp. 23–96; at p. 26.
19. CSPD, vol. 7, *1601–1603*, June 27, 1602, p. 209.
20. CSPD, vol. 6, *1598–1601*, no. 6, p. 130.
21. Mainwaring, "A True Discourse," pp. 34–35.
22. Ibid., p. 55.
23. William Parry, *A New and Large Discourse of the Travels of Sir Anthony Sherley Knight, by Sea and over Land to the Persian Empire* (London: Felix Norton, 1601), pp. 15, 18.
24. On Shah Abbas and Isfahan, see Roger M. Savory, *Iran Under the Safavids* (Cambridge: Cambridge University Press), pp. 76–103, 154–76.
25. Mainwaring, "A True Discourse," p. 60.
26. Ibid., pp. 60–61.
27. Quoted in Ross, *Sir Anthony Sherley*, p. 121.
28. Quoted in ibid., p. 154.
29. Quoted in ibid., p. 158.
30. Mainwaring, "A True Discourse," p. 68.
31. Sir Anthony Sherley, *Sir Anthony Sherley his Relation of his Travels into Persia* (London: Nathaniel Butter, 1613), p. 64.
32. *A True Report of Sir Anthony Sherley's Journey* (London, 1600), sig. A4r.
33. Mainwaring, "A True Discourse," p. 69.
34. Parry, *A New and Large Discourse*, p. 21.
35. Sherley, *His Relation*, p. 29.
36. Parry, *A New and Large Discourse*, p. 23.
37. Ibid., p. 24.
38. Quoted in Ross, *Sir Anthony Sherley*, pp. 159, 162, 163.
39. Sherley, *His Relation*, p. 29.
40. Ibid., p. 74.
41. Ibid., pp. 79–82.
42. Ibid., pp. 83–85, 96, 106.
43. Ibid., pp. 113, 115–17.
44. Mainwaring, "A True Discourse," p. 92.
45. *A True Report*, sig. B1.
46. "Two Letters from Anthony Sherley from Russia," in Ross, *Sir Anthony Sherley*, p.

239.
47. Quoted in ibid., p. 167.
48. Parry, *A New and Large Discourse,* pp. 33–34.
49. Ibid., p. 35.
50. CP, Part 10, July 8, 1600, p. 227.
51. Quoted in Ross, *Sir Anthony Sherley,* pp. 244–46.
52. Quoted in ibid., p. 37.
53. CSPV, vol. 9, *1592–1603,* no. 925, p. 431.
54. Quoted in Ross, *Sir Anthony Sherley,* p. 41.
55. CSPV, vol. 9, *1592–1603,* no. 943, p. 438.
56. Ibid., no. 940, p. 437.
57. Quoted in Davies, *Elizabethans Errant,* p. 132.
58. Quoted in ibid., p. 133.
59. Quoted in Ross, *Sir Anthony Sherley,* p. 47.
60. Quoted in Penrose, *Sherleian Odyssey,* pp. 107–8; Davies, *Elizabethans Errant,* pp. 134–35.
61. "Devereux, Robert, second earl of Essex (1565–1601)," ODNB.
62. Quoted in Ross, *Sir Anthony Sherley,* pp. 49–50.
63. Quoted in Evelyn Philip Shirley, *The Sherley Brothers: An Historical Memoir of the Lives of Sir Thomas Sherley, Sir Anthony Sherley and Sir Robert Sherley, Knights* (London, 1848), p. 33.
64. Quoted in Penrose, *Sherleian Odyssey*, p. 125.
65. Quoted in ibid., pp. 127–8.
66. Quoted in ibid., p. 256.
67. TNA, SP 94/23/258. Cottington to Naunton, 12 December 1619.
68. Scott Surtees, *William Shakespeare, of Stratford-on-Avon, His Epitaph Unearthed, and the Author of the Plays run to Ground* (London: Henry Gray, 1888), pp. 21–22. On Sherley and Surtees, see Subrahmanyam, *Three Ways,* pp. 79–80. See also Jonathan Sell, *Rhetoric and Wonder in English Travel Writing, 1560–1613* (Aldershot: Ashgate, 2006), pp. 105–11.

11 不止一个摩尔人

1. Castries, vol. 2, pp. 143–45.
2. Ibid., p. 146.

3. Ibid., p. 160.
4. Ibid., pp. 161–62.
5. Ibid., pp. 165–67.
6. T. S. Willan, *Studies in Elizabethan Foreign Trade* (Manchester: Manchester University Press, 1959), pp. 302–3.
7. Castries, vol. 2, p. 187.
8. Sir Henry Sydney, *Letters and Memorials of State*, 2 vols. (London: Arthur Collins, 1746), vol. 2, p. 211.
9. Quoted in Bernard Harris, "A Portrait of a Moor," in *Shakespeare and Race*, ed. Catherine M. S. Alexander and Stanley Wells (Cambridge: Cambridge University Press, 2000), pp. 23–36; at p. 28.
10. Sydney, *Letters and Memorials*, vol. 2, p. 212.
11. Ibid.
12. Quoted in Harris, "A Portrait of a Moor," p. 29.
13. Sydney, *Letters and Memorials*, p. 212.
14. Ibid., p. 214.
15. Castries, vol. 2, p. 178.
16. Ibid., pp. 178–79.
17. Ibid., p. 192.
18. Ibid., p. 199.
19. John Stow, *Annales, or a Generale Chronicle of England* (London: John Windet, 1603), p. 791. See also Castries, vol. 2, p. 203.
20. Castries, vol. 2, pp. 194–95.
21. Stow, *Annales*, p. 1405.
22. Paul Hentzner, *Paul Hentzner's Travels in England, During the Reign of Queen Elizabeth*, trans. Horace Walpole (London: Edward Jeffery, 1797), p. 34.
23. *A Geographical Historie of Africa, written in Arabicke and Italian by Iohn Leo a More, borne in Granada, and brought vp in Barbarie* (London, 1600), sig. A2.
24. Ibid., p. 200.
25. Stow, *Annales*, p. 791.
26. Ibid.
27. P. L. Hughes and J. F. Larkin, eds., *Tudor Royal Proclamations*, 3 vols. (New Haven: Yale University Press, 1964), vol. 3, pp. 221–22.
28. CP, Part 10, p. 399; D. W. Davies, *Elizabethans Errant: The Strange Fortunes of*

Sir Thomas Sherley and His Three Sons, as Well in the Dutch Wars as in Muscovy, Morocco, Persia, Spain, and the Indies (Ithaca, N.Y.: Cornell University Press, 1967), pp. 187–88.
29. Quoted in Nabil Matar, *Britain and Barbary, 1589–1689* (Gainesville: University Press of Florida, 2005), p. 27.
30. Castries, vol. 2, pp. 208–9.
31. Ibid., p. 196.
32. Ralph Carr, *The Mahumetane or Turkish Historie Containing Three Books* (London: Thomas Este, 1600), unpaginated "Preface," and p. 103.
33. Ibid., p. 5.
34. Ibid., p. 1.
35. *Lust's Dominion* 中的全部引文来自 Fredson Bowers, ed., *The Dramatic Works of Thomas Dekker,* 4 vols.（Cambridge: Cambridge University Press, 1961）, vol. 4, pp. 115–230。关于该剧复杂的作者和年代问题，见 Charles Cathcart, "*Lust's Dominion; or, The Lascivious Queen:* Authorship, Date, and Revision," *Review of English Studies* 52, no. 207（2001）, pp. 360–75。
36. Dekker, *Lust's Dominion,* 1.1.151–52.
37. Ibid., 1.2.158.
38. Ibid., 1.2.156.
39. Ibid., 5.3.166.
40. Ibid., 5.3.182–83.
41. Emily C. Bartels, *Speaking of the Moor: From Alcazar to Othello* (Philadelphia: University of Pennsylvania Press, 2008), pp. 118–37.
42. Joel B. Altman, *The Improbability of Othello: Rhetorical Anthropology and Shakespearean Selfhood* (Chicago: University of Chicago Press, 2010).
43. 对该剧的创作年代和文本历史的最全面和最新的叙述见 E. A. J. Honigmann, *The Texts of "Othello" and Shakespearian Revision*（London: Arden, 1996）and his Arden Shakespeare edition of *Othello,* pp. 344–67。
44. Thomas Rymer, "A Short View of Tragedy" [1693], in *The Critical Works of Thomas Rymer,* ed. Curt Zimansky (New Haven: Yale University Press, 1956), pp. 132–64; at p. 133.
45. Thomas Middleton Raysor, ed., *Coleridge's Shakespeare Criticism,* 2 vols. (Cambridge, Mass.: Harvard University Press, 1930), vol. 1, p. 47.
46. Ben Okri, "Leaping Out of Shakespeare's Terror: Five Meditations on *Othello,*" in

A Way of Being Free (London: Phoenix, 1997), pp. 71–87; at pp. 72, 80.

47. "Race," OED.
48. *Antony and Cleopatra*, 3.13.107.
49. *Othello*, 1.1.33, 56–57, 64.
50. Ibid., 1.1.85–90.
51. Ibid., 1.1.109–12.
52. Ibid., 1.1.114–15.
53. Ibid., 1.1.127.
54. Ibid., 1.1.124, 132–35.
55. Ibid., 1.2.17–22.
56. Ibid., 1.3.8.
57. Ibid., 1.3.49–52.
58. Ibid., 1.3.127–45.
59. 编辑们根据这些引用的内容确定该剧创作于1601年后不久。
60. Natalie Zemon Davis, *Trickster Travels: In Search of Leo Africanus, a Sixteenth-Century Muslim Between Worlds* (New York: Hill & Wang, 2006).
61. *Othello*, 1.3.172, 170.
62. Ibid., 1.3.293–94.
63. Ibid., 2.1.21–22, 201.
64. Ibid., 2.3.166–68.
65. Barbara Everett, "'Spanish' *Othello:* The Making of Shakespeare's Moor," *Shakespeare Survey* 35 (1982), pp. 101–12; Eric Griffin, "Unsainting James: or, *Othello* and the "Spanish Spirits' of Shakespeare's Globe," *Representations* 62 (1998), pp. 58–99.
66. *Othello*, 2.1.114.
67. Ibid., 3.3.456–63.
68. Ibid., 4.3.17.
69. Ibid., 4.3.24–31.
70. Ibid., 4.3.51–52.
71. Ernest Brennecke, "'Nay, That's Not Next!': The Significance of Desdemona's 'Willow Song,'" *Shakespeare Quarterly* 4, no. 1 (1953), pp. 35–38.
72. *Othello*, 5.2.298–99.
73. Ibid., 5.2.300–301.
74. Ibid., 5.2.336–54.

75. Honigmann, ed., *Othello,* pp. 342–43; Richard Levin, "The Indian/Iudean Crux in *Othello,*" *Shakespeare Quarterly* 33, no. 1 (1982), pp. 60–67.
76. Quoted in James Craigie, ed., *The Poems of James VI of Scotland* (Edinburgh: Blackwood, 1955), p. 202.

后记

1. Bruce McGowan, *Economic Life in Ottoman Europe: Taxation, Trade and the Struggle for Land, 1600–1800* (Cambridge: Cambridge University Press, 1981), p. 21; Alfred C. Wood, *A History of the Levant Company* (London: Oxford University Press, 1935), p. 42; Lewis Roberts, *A Merchant's Mappe of Commerce* (London, 1638), pp. 79–80.
2. W. B. Patterson, *King James VI and I and the Reunion of Christendom* (Cambridge: Cambridge University Press, 1997), pp. 196–219.
3. John Jowett, ed., *Sir Thomas More: Original Text by Anthony Munday and George Chettle* (London: Arden, 2011).
4. Ibid., 6.83–98.
5. Ibid., 6.138–56. In his essay "On 'Montanish Inhumanyty' in *Sir Thomas More,*" *Studies in Philology* 103, no. 2 (2006), pp. 178–85, Karl P.
6. The point is made in Charles Nicholl, *The Lodger: Shakespeare on Silver Street* (London: Penguin, 2007), pp. 175–88.
7. *The Tempest,* 1.2.194.
8. Ibid., 1.2.259.
9. Ibid., 2.1. 235, 230.
10. Ibid., 1.2.263.
11. Ibid., 2.1.82.
12. Ibid., 2.1.242–43.
13. Ibid., 2.1.125.
14. Quoted in Christopher Brook, Roger Highfield, and Wim Swaan, *Oxford and Cambridge* (Cambridge: Cambridge University Press, 1988), p. 180.
15. G. J. Toomer, *Eastern Wisedome and Learning: The Study of Arabic in Seventeenth-Century England* (Oxford: Oxford University Press, 1996), pp. 111–26.
16. 1649年的译本的译者仍然存在争论，有一些列的候选人：Alexander Ross, Thomas Ross 和 Hugh Ross。See Noel Malcolm, "The 1649 English Translation

of the Koran: Its Origins and Significance," *Journal of the Warburg and Courtauld Institutes* 75 (2012), pp. 261–95; Mordechai Feingold, "'The Turkish Alcoran': New Light on the 1649 English Translation of the Koran," *Huntington Library Quarterly* 75, no. 4 (2012), pp. 475–501.

出版后记

在《十二幅地图中的世界史》一书中，伦敦大学玛丽王后学院文艺复兴研究中心教授杰里·布罗顿已经充分让我们领略了文化交流、人的思想与外部世界的关系等话题所富含的趣味。在本书中，作者再次通过英国历史上的一段插曲，向我们展示了不同信仰、不同文化的民族之间的接触会触发怎样的有趣的故事，这段往事对身处全球化的今天的我们也是有借鉴意义的。

需要特别在此说明的是，书中涉及大量伊丽莎白时期的英国文学著作，其中的一部分我们借鉴了现有的中译本，并根据上下文做了一定的调整，其中包括朱生豪译莎士比亚剧作、南京师范大学华明教授译马洛《帖木儿大帝》、四川大学曹明伦教授译菲利普·西德尼《爱星者与星》等，在此特别表示感谢。

服务热线：133-6631-2326　188-11142-1266
服务信箱：reader@hinabook.com

后浪出版公司
2018年6月

© 民主与建设出版社，2024

图书在版编目（CIP）数据

女王与苏丹 /（英）杰里·布罗顿著；张珉璐译
. -- 北京：民主与建设出版社，2019.7（2024.6重印）
书名原文：This Orient Isle
ISBN 978-7-5139-2515-0

Ⅰ.①女… Ⅱ.①杰…②张… Ⅲ.①英国—中世纪
史—通俗读物 Ⅳ.①K561.3-49

中国版本图书馆CIP数据核字(2019)第114136号

This Orient Isle: Elizabethan England and the Islamic World by Jerry Brotton
Copyright © 2016 by Jerry Brotton
First published 2016 in Great Britain in the English language by Penguin Books Ltd.
All rights reserved.
封底凡无企鹅防伪标识者均属未经授权之非法版本
Simplified Chinese translation © 2019 by Ginkgo (Beijing) Book Co., Ltd.
本书中文简体版权归属于银杏树下（北京）图书有限责任公司
版权登记号：01-2024-2920
地图审图号：GS（2019）2504号

女王与苏丹
NÜWANG YU SUDAN

著　　者	［英］杰里·布罗顿
译　　者	张珉璐
筹划出版	银杏树下
出版统筹	吴兴元
责任编辑	王　颂
特约编辑	张　鹏
封面设计	墨白空间·陈威伸
出版发行	民主与建设出版社有限责任公司
电　　话	（010）59417749　59419778
社　　址	北京市海淀区西三环中路10号望海楼E座7层
邮　　编	100142
印　　刷	北京盛通印刷股份有限公司
版　　次	2019年8月第1版
印　　次	2024年6月第3次印刷
开　　本	889毫米×1194毫米　1/32
印　　张	12.75
字　　数	300千字
书　　号	ISBN 978-7-5139-2515-0
定　　价	80.00元

注：如有印、装质量问题，请与出版社联系。

A Plan of Southwark